Le sage héritage d'Hermès Trismégiste

Recueil de trois enseignements d'Hermès Trismégiste

par

Thiéfaine Lebeau

Illustrations de couvertures par " Le dernier avatar d'Hermès"

ISBN : 9798368217482

LE KYBALION

ÉTUDE SUR LA PHILOSOPHIE HERMÉTIQUE DE L'ANCIENNE ÉGYPTE ET DE L'ANCIENNE GRÈCE

PAR

TROIS INITIÉS

Traduit de l'anglais par M. André Durville

ORDRE DES CITATIONS DU KYBALION

"Les lèvres de la sagesse sont closes, excepté aux oreilles de la Raison."

"Sous les pas du Maître les oreilles de ceux qui sont prêts à comprendre sa doctrine s'ouvrent toute grandes"

"Quand les oreilles de l'élève sont prêtes à entendre, c'est alors que viennent les lèvres pour les remplir de Sagesse."

"Les principes de la vérité sont au nombre de sept ; celui qui les connaît et qui les comprend possède la clef magique
qui ouvrira toutes les Portes du Temple avant même de les toucher."

"Le Tout est Esprit ; l'Univers est Mental"

"Ce qui est en Haut est comme ce qui est en Bas ; ce qui est en Bas est comme ce qui est en Haut."

"Rien ne repose ; tout remue ; tout vibre".

"Tout est Double ; toute chose possède des pôles ; tout a deux extrêmes ; semblable et dissemblable ont la même
signification ; les pôles opposés ont une nature identique mais des degrés différents ; les extrêmes se touchent ; toutes
les vérités ne sont que des demi-vérités ; tous les paradoxes peuvent être conciliés."

"Tout s'écoule, au dedans et au dehors ; toute chose a sa durée ; tout évolue puis dégénère ; le balancement du pendule
se manifeste dans tout ; la mesure de son oscillation à droite est semblable à la mesure de son oscillation à gauche ; le
rythme est constant."

"Toute Cause a son Effet ; tout Effet a sa Cause ; tout arrive conformément à la Loi ; la Chance n'est qu'un nom donné
à la Loi méconnue ; il y a de nombreux plans de causalité, mais rien n'échappe à la Loi."

"Il y a un genre en toutes choses ; tout a ses Principes Masculin et Féminin ; le Genre se manifeste sur tous les plans."

"L'Esprit, de même que les métaux et les éléments, peut passer d'un état à un état différent, d'un degré à un autre, d'une
condition à une autre, d'un pôle à un autre pôle, d'une vibration à une autre vibration. La Vraie Transmutation Hermétique est un Art Mental"

"Derrière l'Univers du Temps et de l'Espace se cache toujours la Réalité Substantielle, la Vérité Fondamentale."

"Ce qui est la Vérité Fondamentale, la Réalité Substantielle, n'a nul besoin d'une dénomination spéciale, mais les
Hommes Eclairés l'appellent LE TOUT."

"Dans son Essence, LE TOUT EST INCONNAISSABLE."

"Cependant, l'exposé de la Raison doit être reçu avec la plus grande hospitalité et traité avec respect."

"L'Univers est Mental ; il est contenu dans l'âme DU TOUT."

"LE TOUT crée dans son Esprit Infini des Univers sans nombre qui existent pendant des milliers de siècles ; et

cependant, pour LE TOUT, la création, l'évolution, le déclin et la mort d'un million d'Univers ne paraît pas plus long
qu'un clignement de paupières."

"L'Esprit Infini DU TOUT est le sein des Univers."

"Au sein de l'Esprit Paternel et Maternel, les enfants mortels sont chez eux."

"Il n'existe personne, dans l'Univers, qui soit sans Père, ni Mère."

"Les demi-initiés, reconnaissant la non-réalité relative de l'Univers, s'imaginent qu'ils peuvent défier ses Lois ; ce sont
des sots insensés et présomptueux qui vont se briser contre les écueils et que les éléments déchirent à cause de leur
folie. Le véritable initié, connaissant la nature de l'Univers, se sert de la Loi contre les lois, du supérieur contre
l'inférieur, et par l'Art de l'Alchimie, il transmute les choses viles en des choses précieuses ; c'est ainsi qu'il triomphe.
La Maîtrise ne se manifeste pas par des rêves anormaux, des visions et des idées fantastiques, mais par l'utilisation des

forces supérieures contre les forces inférieures, en évitant les souffrances des plans inférieurs en vibrant sur les plans
supérieurs. La Transmutation, non pas une négation présomptueuse est l'épée du Maître."

"S'il est vrai que Tout est dans LE TOUT, il est également vrai que LE TOUT est dans Tout. Celui qui comprend
parfaitement cette vérité possède déjà un grand savoir."

"Ce qui est en Haut est comme ce qui est en Bas ; ce qui est en Bas est comme ce qui est en Haut."

"Rien ne repose ; tout remue ; tout vibre."

"Tout est Double ; toute chose possède des pôles ; tout a deux extrêmes ; semblable et dissemblable ont la même
signification ; les Pôles opposés ont une nature identique mais des degrés différents ; les extrêmes se touchent ; toutes
les vérités ne sont pas des demi vérités ; tous les paradoxes peuvent être conciliés."

"Tout s'écoule, au dedans et au dehors ; toute chose a sa durée ; tout évolue puis dégénère ; le balancement du pendule

se manifeste dans tout ; la mesure de son oscillation à droite est semblable à la mesure de son oscillation à gauche ; le
rythme est constant."

"Toute Cause a son effet ; tout effet a sa cause ; tout arrive conformément à la Loi ; la Chance n'est qu'un nom donné à
la Loi méconnue ; il y a de nombreux plans de causation, mais rien n'échappe à la Loi."

"Il y a un genre en toutes choses ; tout a ses Principes Masculin et Féminin ; le Genre se manifeste sur tous les plans."

"Posséder le Savoir, si on ne le manifeste pas et si on ne l'exprime pas dans ses Actes est comme la thésaurisation d'un
précieux métal, une chose vaine et folle. Le Savoir, comme la Santé est destiné à Servir. La Loi de l'Utilisation est Universelle, celui qui la viole souffre parce qu'il s'oppose aux forces naturelles."

"Pour changer votre état d'esprit ou vos états mentaux, modifiez votre vibration."

"Pour détruire une mauvaise période de vibration, mettez en activité le Principe de Polarité et concentrez votre pensée sur le pôle opposé de celui que vous voulez annihiler. Tuez l'indésirable en modifiant sa Polarité."

"L'Esprit, aussi bien que les métaux et les éléments, peut être transmuté d'état à état, de degré à degré, de condition à
condition, de pôle à pôle, de vibration à vibration."

"Le Rythme peut être neutralisé par une application correcte de l'Art de la Polarisation."

"Rien n'échappe au Principe de la Cause et de effet ; mais il existe plusieurs Plans de Causalité et tout individu peut
utiliser les lois des Plans Supérieurs pour maîtriser les Lois des Plans Inférieurs."

"Le sage sert sur le plan supérieur mais est servi sur le plan inférieur. Il obéît aux lois venant d'en haut, mais sur son
propre plan et sur les plans inférieurs, il est maître et donne des ordres. D'ailleurs en agissant ainsi, il constitue une
partie du Principe au lieu de s'y opposer. Le sage fait partie de la Loi ; en comprenant bien ses mouvements il l'utilise
au lieu d'en être l'esclave aveugle. Le sage, par rapport à l'homme ordinaire peut être comparé au nageur habile, allant

et venant de tous côtés ; par rapport à la bûche qui est emportée de tous côtés ; cependant le nageur et la bûche, le
sage et l'imbécile sont également sujets à la loi. Celui qui comprend cette vérité est bien dans la voie de la maîtrise."

"La Vraie Transmutation Hermétique est un Art Mental."

"LE TOUT est ESPRIT ; l'Univers est Mental."

LIVRE

PREFACE

Le KYBALION est certainement un livre sortant de l'ordinaire et marqué du sceau de la sagesse et du mystère. Son titre même est étrange : par sa racine, KBL, peut-être pourrait-il être rattaché à la Kabbale ; en tout cas, ous croyons savoir que le Maître psychiste américain, W. W. Atkinson, n'est pas resté étranger à sa publication, et nous le félicitons d'avoir contribué à reconstituer pour notre époque les vestiges d'une science, jadis toute-puissante. Car ce petit livre est très profond, sous son apparente simplicité : trop profond, même, pourrait-on dire. J'ai eu l'occasion de commenter ailleurs ses préceptes, et un de mes honorables critiques (dans une Revue anglaise, publiée aux Indes), nous a fait à tous les deux – le KYBALION et moi – l'honneur de répéter ses sept Lois en prouvant péremptoirement, par le contexte, que leur portée dépassait (et de beaucoup, malheureusement) son intellect. A présent, me direz-vous, l'incompréhension est parfois une des formes les plus raffinées de la flatterie involontaire... Les métaphysiciens de notre époque ne sont que trop, hélas, accoutumés à cette sorte de flatterie. Au point que, si le public les approuve, ou dit les comprendre, ils commencent à craindre d'avoir laissé échapper quelque bévue. En général, le privilège de voir plus avant que les autres se paye cher sur cette terre. Singulier et contradictoire état d'esprit de la foule humaine, qui est à la fois irrésistiblement attirée par le Progrès et qui abreuve en même temps d'outrages ceux qui s'efforcent de lui en ouvrir la voie. Bien heureux encore quand elle ne les crucifie pas ! Mais cela, par bonheur, ne se fait plus guère de nos jours... Donc, passons. Il existe, au-dessus de toutes les autres (qui en sont comme des rejetons abâtardis) une Philosophie éternelle et universelle, dont l'origine se perd dans la nuit des âges. Semblable à ces grands fleuves dont les eaux deviennent de plus en plus troubles et bourbeuses à mesure qu'elles s'éloignent davantage de leur source, la grande Philosophie éternelle se souille et se contamine dans son conflit avec les passions humaines, pour finalement devenir ce que nous nommons "les systèmes philosophiques". Mais le Principe reste pur, malgré cet abondant limon qu'il charrie, et les Sages peuvent le retrouver, partout et toujours identique à lui-même, sous l'innombrable diversité des apparences. C'est de ce Principe immuable que traite le KYBALION. C'est lui la source même de toute la Philosophie Hermétique. La voix du Maître des Maîtres, du premier Pharaon de l'Egypte, du trois fois grand Hermès, profère une fois de plus les secrets de l'Eternelle Sagesse, qui ont déjà retenti à travers plus d'une centaine de siècles. Les Lois suprêmes qui président à la manifestation des Mondes – et de nous-même – y sont exposées dans leur plus pure simplicité. Le grand problème de la Vie, cette éternelle énigme que le Sphinx fatal pose à tous les Œdipes l'un après l'autre : ce problème ne peut être résolu que par la Science. Et non pas par la vaine science moderne, qui, exclusivement analytique et matérielle, est d'une impuissance lamentable quand il s'agit de rassembler ses rameaux épars pour en former un édifice tant soit peu systématique et homogène. C'est la Science ancienne seule qui, synthétique de sa nature, de son essence, de sa substance même, nous offre la possibilité de nous arracher aux griffes du Sphinx. Les Lois de la Vie sont plus importantes que la Matière de la vie, parce que, connaissant les premières, nous dominons la seconde : le Sphinx est notre esclave et non plus notre bourreau. Sous le nom d'Art Royal, ou d'Art Sacré, les anciens sacerdotes Egyptiens professaient et pratiquaient tout un ensemble de doctrines qui n'est parvenu jusqu'à nous que par sa réputation et quelques rares vestiges. Ces doctrines, dans leur ensemble, embrassaient tous les rapports de l'Homme avec la Nature, et leur pratique rendait l'Initié Roi de l'Univers matériel : d'où Art Royal. Mais, comme ces doctrines étaient basées sur le grand axiome sacré de l'Unité du Tout, on pouvait encore considérer l'Art Royal sous son aspect de science du Premier Principe, c'est-à-dire Science de Dieu, et le dire Art Sacré. Les anciens étaient trop profondément pénétrés du premier axiome hermétique : le Tout est Un, pour songer jamais à séparer – comme nous l'avons fait – la Science de la Religion ou de la Philosophie. Ce fut là la première de nos erreurs et la source de toutes les autres. Mais, pour les anciens Egyptiens, toute la Nature était la Vie, et la vie était Dieu : donc, quiconque étudiait la Nature devenait, par cela-même, sacerdote de l'Eternel. Et inversement, tout membre du Collège sacerdotal, en s'instruisant dans cette sainte théologie devenait un savant naturaliste. Toutefois – et c'est là que la différence avec les Modernes prend les proportions d'un abîme – pour les anciens Egyptiens la Nature comprenait tous les Mondes Invisibles, aussi bien que ce Monde Visible dans lequel se cantonne la science moderne. Ils étudiaient le Monde des Causes avec autant d'ardeur que nous le Monde des Effets. De sorte que l'Art Sacré était toujours et partout la Science de la Vie : de la vie dans l'Invisible, aussi bien que de cette vie qui tombe sous nos sens. Et d'ailleurs, l'Homme n'était point pour eux un hors d'œuvre de la Nature : ils le jugeaient simplement un petit monde dans le grand, et les mêmes Lois qui régissaient le grand s'appliquaient aussi bien au petit. Il est à la fois risible et pitoyable, aux yeux des Initiés modernes, de voir attribuer la découverte de la Loi d'Evolution à Darwin, ou celle du mouvement de la terre à Galilée, pour ne citer que deux faits précis. Quiconque est le moins du monde versé dans les Sciences anciennes, sait que ces deux lois entre mille autres (que nous n'avons pas encore eu le loisir de "découvrir") étaient une parcelle de l'Art Royal. De même, tout ce que Mesmer a bien voulu ressusciter de nos jours sous le nom de "Magnétisme Animal" est une autre bribe du même Art. La Chimie (dont la racine Khem est le nom même de l'Egypte), est d'une origine purement Hermétique, et la Transmutation (ou application de l'Evolution aux métaux) était une branche de l'Art Sacré. La Magie, bien entendu (et une Magie telle que nous ne la connaissons plus de nos jours, par suite de l'absence de Maîtres assez évolués pour pouvoir la pratiquer) faisait encore partie de l'Art. Bref, on pourrait dire assez exactement que l'Art Sacré des Sacerdotes Egyptiens était la synthèse de toutes nos sciences modernes, avec la Philosophie, la Religion et bien d'autres Rites en plus. D'ailleurs le seul but de cet Art Sacré était ouvertement d'accélérer l'Evolution du Sage qui le pratiquait, ce qui, nécessairement, présuppose la connaissance de la Loi d'Evolution. Voilà donc, dans son ensemble, quel est le sujet, le but du KYBALION.

Mais, pour en aborder l'étude fructueuse il est indispensable de commencer par s'élever au-dessus des méthodes habituelles à la science moderne : leur tourner le dos, pour ainsi dire. Et c'est la logique pure qui nous y conduit. Car enfin, si la science moderne, avec tous ses développements, nous avait dotés d'une vie saine, harmonieuse, belle et parfaitement heureuse, personne n'aurait l'idée saugrenue de chercher autre chose. Mais comme, bien au contraire, ses tentatives jusqu'à ce jour n'ont abouti qu'à une civilisation manifestement défectueuse, à une dégénérescence menaçante de la race et à des calamités de toute sorte, il est évident qu'il faut nous tourner d'un autre côté pour dompter le Sphinx qui toujours rôde, destructeur, autour de nous. Notre conscience nous permet de juger l'arbre par le fruit qu'il porte. Au lieu d'essayer vainement d'étreindre le faisceau, infiniment développé, des manifestations de la Nature, tâchons de maîtriser plutôt le petit nombre des Causes qui les déterminent. Décidons-nous à saisir les rênes de l'attelage du char de la Vie au lieu de tenter maladroitement de le diriger en poussant aux roues. La tâche est plus digne de nous et le résultat sera certainement plus heureux. Reconnaissons sans fausse honte que nous sommes – nous autres modernes – de simples enfants en ce qui concerne la Sagesse, et remontons intrépidement le cours des âges pour retrouver le fil du Labyrinthe que nous avons laissé échapper par mégarde. Il n'y a pas de honte à s'être trompé : comme le dit si bien le proverbe latin : c'est humain. Mais la faute lourde (et grave dans ses conséquences) commence quand on prétend s'entêter dans l'erreur et qu'on veut la faire triompher à tout prix. On engage ainsi la lutte avec le Sphinx sur son propre terrain, là où il est le plus fort : dans l'Empire du Mal ; cela, c'est son domaine privé : nul ne peut s'y aventurer sans succomber. Laissons une bonne fois nos yeux s'ouvrir à la vraie Lumière, et nos oreilles à la voix éternelle de la Nature ; cessons notre poursuite insensée des Effets, en la remplaçant par la connaissance et la maîtrise des Causes. Dès lors, le Sphinx vaincu deviendra un aussi bon esclave qu'il était un maître mauvais et cruel. Toutes les calamités que nous subissons ne sont pas sans remède : elles sont le résultat direct de nos contraventions insouciantes aux Lois de la Nature. Rentrons dans le chemin direct de l'Évolution, conformons-nous aux Lois de la Vie, et tout aussitôt, nous verrons naître autour de nous la Paix et l'Harmonie. Car – et c'est par là que je veux terminer – la Science Synthétique est tout aussi importante à pratiquer que la Science Analytique. Tout le monde sait qu'il ne suffit pas de connaître les remèdes qu'on devrait appliquer : il faut les appliquer. De même, dans les Sciences psychiques, il ne suffit pas de savoir qu'il faudrait agir ou penser de telle ou telle manière : il faut – et il faut de toute nécessité – conformer sa vie à sa conscience ; il faut imperturbablement pratiquer ce qu'on sait. Ce sont les Actes qui comptent, aussi bien dans le domaine de l'idéal que dans le monde matériel.

Les Lois du Kybalion sont idéalement belles, mais si on ne les réalise pas en pratique, elles seront comme un festin splendide devant lequel on se laisserait mourir de faim.

Albert L. CAILLET.
Paris, Mars 1917.

INTRODUCTION

C'est avec un grand plaisir que nous présentons à l'attention des étudiants et des investigateurs des Doctrines secrètes ce petit ouvrage basé sur les anciens enseignements hermétiques. On a tellement peu écrit sur ce sujet malgré les innombrables références à ces enseignements publiées dans les nombreux ouvrages sur l'occultisme, que les vrais chercheurs des vérités de l'Arcane se réjouiront sans aucun doute de la publication du présent volume. Le but de cet ouvrage n'est pas d'innover une doctrine ni une philosophie spéciale, il est de donner aux étudiants un exposé de la Vérité qui servira à assembler et à concilier les nombreux fragments de connaissances occultes qu'ils peuvent avoir acquis, et qui, parfois semblent, en apparence, contraires les uns aux autres ; souvent par cela même, ils conduisent au découragement et au dégoût ceux qui débutent dans ces études. Notre intention n'est pas d'ériger un nouveau Temple du Savoir, mais de placer dans les mains de l'étudiant une

Maîtresse-Clef, avec laquelle il lui soit possible d'ouvrir les portes les plus profondément cachées du Temple du Mystère qui se trouvent dans les quelques corridors où il a déjà pénétré. Aucune partie de la science occulte connue du monde n'a été aussi précieusement conservée que les fragments des Enseignements hermétiques qui sont parvenus jusqu'à nous pendant les centaines de siècles qui se sont écoulés, depuis la mort de son grand fondateur, Hermès Trismégiste, "l'Ecrivain des Dieux" qui vécut dans l'ancienne Egypte aux jours où la race actuelle des hommes était dans son enfance. Contemporain d'Abraham, et, si la légende est vraie, instructeur de ce vénérable sage, Hermès était et est encore le Grand Soleil central de l'Occultisme, dont les rayons ont servi à illuminer les innombrables enseignements qui ont été promulgués depuis cette époque. Toutes les doctrines fondamentales qui se rattachent aux enseignements ésotériques de chaque race remontent à Hermès. Même les plus anciens enseignements de l'Inde ont indubitablement leurs racines dans les enseignements hermétiques originaux. De la région du Gange de nombreux occultistes avancés se rendirent en Egypte et vinrent s'asseoir auprès du Maître. Ils obtinrent de lui la Maîtresse-Clef qui expliqua et concilia leurs divergences de vues ; c'est ainsi que la Doctrine Secrète fut nettement établie. D'autres pays, vinrent également de nombreux savants et tous considéraient Hermès comme le Maître des Maîtres ; bien que, pendant les innombrables siècles qui nous séparent de lui, de nombreux apôtres aient repris ses théories et se soient écartés du chemin qu'il avait indiqué. Son influence fut si grande qu'il est toujours possible d'établir une certaine ressemblance fondamentale entre les théories nombreuses et souvent divergentes propagées aujourd'hui par les occultistes de ces différents pays. Celui qui étudie les Religions et les compare entre elles est capable de percevoir l'influence exercée par la Doctrine hermétique quels que soient leurs noms actuellement connus, que ce soit une religion morte on une religion en pleine vigueur à notre époque. Il existe toujours entre elles un certain rapport malgré des faits souvent contradictoires et la Doctrine Hermétique agit comme la Grande Réconciliatrice. La vie d'Hermès semble avoir eu pour but de semer les graines de la Vérité qui ont poussé et se sont développées en tant que formes étranges, plutôt que d'établir une école de philosophie qui aurait dominé la pensée du monde. Malgré tout, durant chaque siècle, les vérités originales qu'il a enseignées ont été conservées intactes dans leur pureté première par un certain nombre d'hommes ; ceux-ci, refusant d'admettre à leurs idées un grand nombre d'étudiants et de curieux à inertie développée, ont ponctuellement suivi la doctrine hermétique et ont réservé leurs vérités pour ceux qui étaient bien préparés à les comprendre et à les appliquer. Ces vérités ont été répandues verbalement, confidentiellement, parmi ces quelques hommes. Ainsi, il y a toujours un petit nombre d'Initiés pour chaque génération et dans chaque pays ; ils ont conservé vivante la flamme sacrée de l'Enseignement Hermétique et toujours cherché à utiliser leurs lumières pour rallumer les feux moins ardents du monde extérieur quand la vérité semblait s'obscurcir, s'assombrissait par négligence, et que sa flamme semblait prête à s'éteindre. Il y a toujours eu quelques adeptes pour soigner pieusement l'autel de la vérité sur lequel restait constamment allumée la lampe Perpétuelle de la Sagesse. Ces hommes ont voué leur vie au travail d'amour que le poète a si bien défini en ces termes :

« 0 ne laissez pas la flamme s'éteindre ! Elle est chérie d'âge en âge

dans sa caverne obscure ; dans ses, temples sacrés, elle est chérie. Elle est nourrie par les purs ministres de l'amour ; ne laissez pas la flamme

s'éteindre ! »

Ces hommes n'ont jamais cherché l'approbation populaire ni une suite

nombreuse d'admirateurs. Ils furent indifférents à ces choses car ils

savaient combien peu, dans chaque génération, il y a d'individus prêts à

assimiler la vérité ou qui la reconnaîtraient si elle se présentait à eux. Ils

ont réservé la "nourriture substantielle aux hommes" pendant que d'autres fournissaient le "lait aux nouveau-nés". Ils ont conservé leurs perles de sagesse pour les

quelques élus qui reconnaissaient leur valeur et qui les portaient dans leurs cœurs au lieu de les donner aux matérialistes vulgaires qui les auraient souillées de boue et les auraient assimilées à leur répugnante nourriture mentale. Malgré tout, ces hommes n'ont jamais oublié ni perdu de vue les enseignements originaux d'Hermès en ce qui concerne la vulgarisation des paroles de Vérité à ceux qui sont préparés à les recevoir ; cet enseignement est défini dans le Kybalion comme suit :
"Sous les pas du Maître, les oreilles de ceux qui sont prêts à comprendre
sa doctrine s'ouvrent toutes grandes." Et encore ceci : "Quand les oreilles
de l'élève sont prêtes à entendre, c'est alors que viennent les lèvres pour
les remplir de Sagesse." Mais leur attitude habituelle s'est toujours trouvé
strictement d'accord avec cet autre aphorisme hermétique qui se trouve
également dans le Kybalion : "Les lèvres de la Sagesse sont closes, excepté aux oreilles de la Raison."
Beaucoup de gens ont violemment critiqué les actes des Hermétistes et
ont crié partout qu'ils ne manifestaient pas l'esprit original du maître avec
leur politique de réclusion et de réticence. Mais un rapide regard en arrière, sur les pages de leur histoire, montrera la sagesse des Maîtres qui

n'ignoraient pas la folie d'enseigner au monde des choses pour lesquelles il n'était pas préparé ou qu'il ne voulait pas admettre. Les hermétistes n'ont jamais cherché à être des martyrs ; ils se sont tenus silencieusement à l'écart avec un sourire de pitié sur leurs lèvres closes ; pendant ce temps le "païen tournait autour d'eux avec rage et fracas", habitué qu'il était à torturer et à égorger les enthousiastes honnêtes mais égarés, qui s'imaginaient pouvoir introduire dans une race de barbares la vérité, susceptible d'être seulement comprise par les élus qui ont déjà fait quelques pas dans la Voie.

L'esprit de persécution n'est pas encore complètement disparu de tous les pays. Il y a certains enseignements hermétiques qui, s'ils étaient publiquement promulgués, feraient s'élever contre leurs propagateurs, un

grand cri de mépris et d'injure de la part de la multitude et l'on entendrait

de nouveau : "Crucifiez-le ! Crucifiez-le !"

Dans ce petit ouvrage nous nous sommes efforcés de donner une idée

des enseignements fondamentaux du Kybalion ; nous y avons décrit plutôt que les détails approfondis les Principes actifs, vous laissant le soin de les appliquer vous mêmes. Si vous êtes un véritable élève vous serez capable de mettre en action et d'utiliser ces principes ; si vous ne l'êtes pas, efforcez-vous d'en devenir un, sinon les Enseignements hermétiques ne seront pour vous que "des mots, des mots et encore des mots".

Trois Initiés.

CHAPITRE I
La Philosophie hermétique

"Les lèvres de la sagesse sont closes, excepté aux oreilles
de la Raison."

Le KYBALION.

C'est de l'ancienne Égypte que nous viennent les enseignements
ésotériques et occultes fondamentaux qui ont si puissamment influencé les philosophies de toutes les races, des nations et des peuples depuis plusieurs milliers d'années. L'Égypte, patrie des pyramides et des sphinx était le berceau de la Sagesse cachée et des enseignements mystiques. Tous les pays ont emprunté à ses Doctrines Secrètes. L'Inde, la Perse, la Chaldée, la Médée, la Chine, le Japon, la Syrie, l'ancienne Grèce, Rome et les autres nations anciennes prirent libéralement leur part à la fête du Savoir que les Hiérophantes et les Maîtres du Pays d'Isis avaient si abondamment pourvue pour ceux qui étaient préparés à partager la somme de Science Mystique et Occulte dévoilée par les Maîtres de cette antique contrée. Dans l'ancienne Égypte ont vécu des Adeptes et des Maîtres qui n'ont jamais été surpassés et rarement égalés durant

les siècles qui les ont séparés du grand Hermès. En Égypte se trouvait la Loge des Mystiques. Par la porte de ces Temples entrèrent les Néophytes qui, plus tard, comme Hiérophantes, Adeptes, et Maîtres parcoururent les quatre coins du monde, portant avec eux le précieux savoir qu'ils désiraient ardemment transmettre à ceux qui étaient préparés pour le recevoir. Tous ceux qui étudient les sciences occultes reconnaissent ce qu'ils doivent aux vénérables Maîtres de l'antiquité.

Parmi ces grands Maîtres de l'Ancienne Egypte, vécut un homme que les Maîtres considéraient comme le "Maître des Maîtres". Cet homme, si vraiment c'était un "homme", habita l'Egypte dans les temps les plus reculés. On le connaissait sous le nom d'Hermès Trismégiste. Il était le père de la Sagesse Occulte, le fondateur de l'astrologie et de l'alchimie. Les détails de sa vie sont perdus pour l'histoire, tant sont nombreuses les

années qui nous séparent de lui ; cependant quelques uns des anciens pays de l'antiquité se sont disputé, il y a des milliers d'années, l'honneur de sa naissance. La date de son séjour en Egypte, qui constitue sa dernière incarnation sur notre planète, ne nous est pas connue à l'heure actuelle ; on l'a fixée aux premiers jours des plus anciennes dynasties égyptiennes, longtemps avant Moïse. Les auteurs les plus compétents le considèrent comme contemporain d'Abraham ; quelques traditions juives vont même jusqu'à affirmer qu'Abraham a acquis d'Hermès lui-même une grande partie de ses connaissances mystiques.

Dans les années qui suivirent sa disparition du plan de vie terrestre (la tradition rapporte qu'il a vécu 300 ans dans la chair), les égyptiens déifièrent Hermès et le nommèrent Thoth. Plus tard, le peuple de l'ancienne Grèce le compte aussi au nombre de ses nombreux dieux ; il le nomme "Hermès, le dieu de la Sagesse". Les égyptiens ont révéré sa mémoire pendant de nombreux siècles, pendant des dizaines de siècles, l'appelant "l'Ecrivain des Dieux" et lui rendant son ancien titre de "Trismégiste" qui signifie le "Trois-Fois-Grand", le "Grand des Grands", le "Plus Grand des Grands", etc. Dans tous les pays de l'antiquité, le nom d'Hermès Trismégiste synonyme de "Fontaine de Sagesse" était très honoré. Aujourd'hui, nous utilisons encore le mot "hermétique" dans le sens de "secret fermé, de manière à ce que rien ne puisse échapper", etc., et cela, en raison du fait que les disciples d'Hermès ont toujours eu pour principe d'observer le secret dans leurs enseignements. Ils ne voulaient pas "jeter des perles aux pourceaux" ; ils préféraient donner du "lait aux enfants" et de la "viande aux hommes fats", deux maximes familières aux lecteurs des descriptions chrétiennes mais qui ont été cependant utilisées par les Egyptiens, de nombreux siècles avant notre ère. Cette politique de dissémination prudente de la vérité a toujours caractérisé les hermétistes, même jusqu'à nos jours. On peut trouver les Doctrines hermétiques dans tous les pays, au sein de toutes les religions, mais on ne peut jamais les rapporter à aucun pays en particulier ni à aucune secte religieuse spéciale. Cela est dû à la crainte, de la part des anciens apôtres, de voir la Doctrine secrète se transformer en une croyance. La Sagesse de cette idée est évidente, pour tous ceux qui ont étudié l'histoire. L'ancien occultisme de l'Inde et de la Perse dégénéra et fut en grande partie perdu parce que ses apôtres devinrent des prêtres ; ils mélangèrent ainsi la théologie à la philosophie ; il en résulta que l'occultisme de l'Inde et de la Perse se perdit graduellement au milieu de la masse des superstitions religieuses, des cultes, des croyances et des "dieux". Il en fut ainsi pour l'ancienne Grèce et Rome. Il en fut ainsi pour les enseignements hermétiques des gnostiques et des premiers chrétiens qui dégénérèrent sous l'influence de Constantin, dont la poigne de fer amalgama la philosophie et la théologie, enlevant à l'école chrétienne ce qui était sa véritable essence, son esprit et l'obligeant à tâtonner pendant plusieurs siècles avant de retrouver le chemin de son ancienne foi ; en effet, tout montre aux observateurs attentifs que dans notre vingtième siècle, l'Eglise lutte pour revenir à ses anciens enseignements mystiques. Mais il y a toujours eu quelques esprits dévoués qui ont conservé vivante la flamme, la soignant précieusement, et ne lui permettant pas de s'éteindre. Grâce à ces cœurs dévoués et à ces esprits intrépides, nous avons toujours à un degré quelconque avec nous la vérité. Mais elle ne peut la trouver dans les livres. Elle a été transmise du Maître à l'élève, de l'Initié à l'Hiérophante, de la lèvre à l'oreille. Les rares fois où elle a été écrite, on a voilé sa signification en termes d'alchimie et d'astrologie, si bien que seuls, ceux qui ont possédé la clef ont pu la lire correctement. Cette mesure a été nécessaire pour éviter les persécutions des théologiens du moyen-âge qui poursuivaient la Doctrine secrète avec le feu, l'épée, le bûcher, le gibet et la croix. C'est pourquoi, à cette époque, on ne trouve qu'un petit nombre d'ouvrages sérieux sur la Philosophie hermétique. On trouve d'ailleurs d'innombrables allusions à leur sujet dans les nombreux ouvrages modernes, écrits sur les différentes parties de l'occultisme. Du reste la Philosophie hermétique est la seule Maîtresse-Clef capable d'ouvrir les portes des enseignements occultes. Dans les premiers jours de l'antiquité il existait un certain nombre de doctrines hermétiques fondamentales que le maître transmettait à l'élève et qui étaient connues sous le nom de "Kybalion" ; le sens exact et la signification de ce mot ont été perdus depuis plusieurs siècles. Cet enseignement, cependant, est connu de quelques personnes à qui il a été transmis verbalement, de génération en génération, à travers les siècles. Ces principes n'ont jamais été écrits ni imprimés, aussi loin qu'il nous est possible de nous reporter. C'était simplement une collection de maximes, d'axiomes et de préceptes qui étaient complètement incompréhensibles pour les profanes, mais que les adeptes comprenaient parfaitement une fois expliqués et amplifiés par les Initiés hermétiques à leurs néophytes. Ces enseignements constituaient véritablement les principes fondamentaux de "l'Art de l'Alchimie hermétique" ; celui-ci, contrairement aux croyances générales, donne la prépondérance aux Forces mentales plutôt qu'aux éléments matériels, à la transmutation d'une sorte de vibrations mentales en vibrations d'une autre sorte plutôt qu'à la transformation d'une sorte de métal en une autre. La légende de la "Pierre philosophale" capable de transformer en or un vil métal n'était qu'une allégorie de la Philosophie hermétique, bien comprise seulement des adeptes du véritable hermétisme. Dans ce petit ouvrage, dont voici la première leçon, nous conseillons à nos élèves, comme il est recommandé dans le Kybalion, et comme nous l'expliquons nous-mêmes, d'étudier les enseignements hermétiques avec l'humble attitude de l'adepte qui, bien que portant le titre d'Initié, travaille toujours aux pieds d'Hermès, le Maître. Plus loin, nous vous donnons un grand nombre de maximes, d'axiomes et de préceptes du Kybalion accompagnés des explications et des éclaircissements qui nous ont paru nécessaires pour rendre les enseignements plus facilement compréhensibles aux adeptes modernes, en particulier lorsque le texte

original est écrit à dessein en termes obscurs. Les maximes originales, les axiomes et les préceptes du Kybalion sont imprimés dans cet ouvrage en italique, dans tous les cas le texte original a été conservé. Notre travail personnel est imprimé en caractères ordinaires dans le corps de la page. Nous espérons que les nombreux élèves à qui nous offrons aujourd'hui ce petit ouvrage, tireront de l'étude de ces pages autant de profit qu'en ont tiré ceux qui les ont précédés sur le chemin de la Maîtrise, durant les siècles qui se sont écoulés depuis Hermès Trismégiste, le Maître des Maîtres, le Grand des Grands. Parmi les paroles du Kybalion on trouve celles-ci ;

"Sous les pas du Maître les oreilles de ceux qui sont prêts à comprendre sa doctrine s'ouvrent toute grandes."

LE KYBALION.

"Quand les oreilles de l'élève sont prêtes à entendre, c'est alors que viennent les lèvres pour les remplir de Sagesse."

LE KYBALION.

Si l'on en croit les Enseignements, ce passage de l'ouvrage attirera
l'attention de ceux qui sont prêts à les comprendre. Et, quand l'élève sera
prêt à recevoir la Vérité, c'est alors que lui viendra ce petit livre. Telle est
la Loi. Le Principe hermétique de la Cause et de l'Effet sous son aspect de la Loi d'Attraction, rassemblera les lèvres et les oreilles, l'élève et
l'ouvrage. Qu'il en soit ainsi.

CHAPITRE II

Les Sept principes hermétiques

"Les principes de la vérité sont au nombre de sept ; celui qui les connaît et qui les comprend possède la clef magique qui ouvrira toutes les Portes du Temple avant même de les toucher."

LE KYBALION.

Les Sept principes hermétiques, sur lesquels la Philosophie
hermétique tout entière est basée, sont les suivants :
1. Le Principe de Mentalisme.
2. Le Principe de Correspondance.
3. Le Principe de Vibration.
4. Le Principe de Polarité.
5. Le Principe de Rythme
6. Le Principe de Cause et d'Effet.
7. Le Principe de Genre.

Ces sept principes seront discutés et commentés au fur et à mesure que
nous avancerons dans ces leçons. Cependant, dès maintenant, nous allons
donner une courte explication de chacun.

1. Le Principe de Mentalisme

"Le Tout est Esprit ; l'Univers est Mental".

LE KYBALION.

Ce Principe implique cette vérité que "Tout est Esprit". Il explique que
le Tout qui est la Réalité Substantielle se trouvant dans toutes les manifestations et les apparences extérieures que nous connaissons sous le
nom "d'Univers Matériel", "Phénomène de la Vie", "Matière", ("Energie", et en un mot tout ce qui est apparent (à nos sens matériels) est Esprit lequel, en lui-même, est inconnaissable et indéfinissable, mais qui peut être considéré et pensé comme un Esprit Universel, Infini, Vivant. Il explique encore que le monde ou l'univers "phénoménal" n'est qu'une simple Création Mentale du Tout sujette aux Lois des Choses Créées ; que l'univers considéré dans son entier ou dans ses parties, existe dans l'Esprit du Tout, que c'est dans cet Esprit "que nous vivons, que nous agissons et que nous sommes nous-mêmes". Ce Principe, en établissant la Nature Mentale de l'Univers, explique facilement tous les divers phénomènes mentaux et psychiques qui occupent une si grande place dans l'attention publique et qui, sans explications, ne sont pas compréhensibles et défient toute interprétation scientifique. Comprendre ce grand Principe hermétique du Mentalisme permet à l'individu de saisir avec facilité les lois de l'Univers Mental, et de les appliquer à son bien-être et à son perfectionnement. L'Etudiant hermétique est capable d'appliquer intelligemment les grandes Lois Mentales au lieu de s'en servir au hasard. En possession de la Maîtresse-Clef, l'étudiant peut ouvrir les innombrables

portes du temple mental et psychique du savoir, et y pénétrer librement et intelligemment. Ce principe explique la véritable nature de "l'Energie", du "Pouvoir" et de la "Matière" et pourquoi et comment ils sont subordonnés à la Maîtrise de l'Esprit. Un des vieux Maîtres hermétiques a écrit il y a bien longtemps : "Celui qui comprend la vérité de la Nature Mentale de l'Univers est déjà bien avancé sur le Chemin de la Maîtrise." Ces paroles sont aussi vraies aujourd'hui qu'elles l'étaient au temps où elles furent écrites. Sans Maîtresse-Clef, la Maîtrise est impossible, et l'élève s'en va frapper en vain aux innombrables portes du Temple.

2. Le Principe de Correspondance

"Ce qui est en Haut est comme ce qui est en Bas ; ce qui est en Bas est comme ce qui est en Haut."

LE KYBALION.

Ce Principe implique la Vérité qu'il y a toujours un rapport constant entre les lois et les phénomènes des, divers plans de l'Etre et de la Vie. Le vieil axiome hermétique l'explique en ces termes. "Ce qui est en Haut est comme ce qui est en Bas ; ce qui est en Bas est comme ce qui est en Haut". Comprendre ce principe confère les moyens de résoudre bien des

paradoxes obscurs et bien des secrets cachés de la Nature. Il existe des

plans de vie que nous ignorons complètement ; mais quand nous leur

appliquons le Principe de Correspondance, nous devenons capables de
comprendre plus loin qu'il ne nous aurait été possible de le faire autrement. Il se manifeste et s'applique partout dans l'univers, sur les divers plans de l'univers matériel, mental et spirituel ; c'est une Loi Universelle. Les anciens hermétistes le considéraient comme un des instruments mentaux les plus importants à l'aide duquel l'homme était capable de renverser victorieusement les obstacles qui surgissaient en face de l'Inconnu. C'est à lui qu'il fut possible d'écarter le Voile d'Isis au point d'entrevoir dans un éclair une partie de la figure de la déesse. De même que la connaissance des Principes de Géométrie permet à l'astronome assis dans son laboratoire de mesurer la distance des astres et de suivre leurs mouvements, de même la connaissance du Principe de Correspondance permet à l'homme de déduire intelligemment l'Inconnu du Connu. En étudiant la monade, il comprend l'archange.

3. Le Principe de Vibration

"Rien ne repose ; tout remue ; tout vibre".

LE KYBALION.

Ce Principe implique la vérité que "tout est en mouvement", "tout vibre", "rien n'est à l'état de repos", faits que la science moderne accepte et que toute nouvelle découverte scientifique tend à vérifier. Il y a des milliers d'années que les Maîtres de l'ancienne

Egypte ont énoncé ce Principe hermétique. Il explique que les différences existant entre les diverses manifestations de la Matière, de l'Energie, de l'Ame, et même de l'Esprit, sont la conséquence d'une proportion inégale de Vibrations. Depuis le Tout, qui est l'Esprit Pur, jusqu'aux formes les plus grossières de la matière, tout vibre ; plus grande est la vibration, plus haute est la position sur l'échelle. La vibration, de l'Esprit est tellement intense et si infiniment rapide qu'elle est pratiquement en repos, de même qu'une roue qui tourne avec une grande rapidité paraît arrêtée. A l'autre extrémité de l'échelle il y a les formes grossières de la matière dont les vibrations sont si lentes qu'elles paraissent ne pas exister. Entre ces deux pôles opposés, il y a des millions et des millions de degrés différents de vibrations. Depuis le corpuscule et l'électron, depuis l'atome et la molécule jusqu'aux mondes et aux univers, tout se meut, tout vibre. Cela est vrai également pour l'énergie et pour la force, qui ne sont que des degrés différents de vibration ; cela est vrai encore pour le plan mental dont les vibrations régissent l'état, et même pour le plan spirituel. L'étudiant en hermétisme qui comprend bien ce Principe et ses formules appropriées est capable de contrôler ses propres vibrations mentales aussi bien que celles des autres. Les Maîtres utilisent également ce Principe de diverses manières pour triompher des phénomènes de la nature. "Celui qui a compris les principe de la Vibration, s'est emparé du sceptre du pouvoir", a dit un ancien écrivain.

4. Le Principe de Polarité

"Tout est Double ; toute chose possède des pôles ; tout a deux extrêmes ; semblable et dissemblable ont la même signification ; les pôles opposés ont une nature identique mais des degrés différents ; les extrêmes se touchent ; toutes les vérités ne sont que des demi-vérités ; tous les paradoxes peuvent être conciliés."

LE KYBALION.

Ce Principe implique la vérité que "tout est double", "tout a deux pôles", "tout a deux extrêmes" ; ces phrases sont de vieux axiomes hermétiques. Elles expliquent les anciens paradoxes qui ont rendu perplexes tant de gens et que l'on a exprimés comme il suit : "La thèse et l'antithèse ont une nature identique, mais des degrés différents" ; "les contraires sont semblables et ne diffèrent que par leur degré" ; "les pôles opposés peuvent se concilier" ; "les extrêmes se touchent" ; "tout est et n'est pas, en même temps" ; "toutes les vérités ne sont que des demi vérités" ; "toute vérité est à moitié fausse" ; "il y a deux faces à chaque chose", etc., etc. Le Principe de Polarité explique que, dans toute chose, il y a deux pôles, deux aspects opposés, et que les "contraires" ne sont en réalité que les deux extrêmes du même objet entre lesquels sont intercalés des degrés différents. Par exemple : le chaud et le froid bien "qu'opposés" sont en réalité une seule et même chose ; ils se distinguent simplement par une différence de degrés. Consultez votre thermomètre et voyez s'il vous est possible de découvrir où le "chaud" se termine et où le "froid" commence ! Il n'existe pas un "chaud absolu" ni un "froid absolu" ; ces deux termes "chaud" et "froid" indiquent simplement des degrés différents de la même chose, et cette "même chose" qui se manifeste comme "chaud" et "froid" est une simple forme, une Variante de la Vibration., Ainsi "chaud" et "froid" ne sont que les "deux pôles" de ce que nous appelons "Chaleur", et les phénomènes qui les accompagnent sont les manifestations du Principe de Polarité. Le même Principe est vrai dans le cas de "Lumière" et "Obscurité", qui sont une seule et même chose, la distinction consistant en une différence de degrés entre les deux pôles du phénomène. Quand la "nuit" nous quitte-t-elle et quand le "jour" commence-t-il ? Quelle différence y a-t-il entre "Grand et Petit ?" Entre "Facile et Difficile ?" Entre "Blanc et Noir ?" Entre "Tranchant et émoussé ?" Entre "Calme et Inquiet ?" Entre "Haut et Bas ?" Entre "Positif et Négatif ?" Le Principe de Polarité explique ces paradoxes et aucun autre ne peut le remplacer. C'est encore, le même Principe qui agit dans le plan mental. Prenons un exemple extrême, mais radical, celui de la "Haine et de l'Amour", deux états mentaux en apparence totalement différents. Et encore, il y a différents degrés dans la Haine et dans l'Amour ; il y a même des sentiments intermédiaires pour lesquels nous employons les mots de "Sympathie" et "d'Antipathie" qui arrivent à se confondre si étroitement qu'on a souvent beaucoup de difficulté à savoir si quelqu'un vous est sympathique, antipathique ou s'il vous est indifférent. Ces sentiments opposés ne sont que des degrés différents d'un sentiment unique, comme vous le comprendrez si vous voulez bien y réfléchir un petit instant. Mieux que tout cela, et les hermétistes y attachent une importance bien plus considérable, il est possible de changer, dans son propre esprit et dans l'esprit des autres, des vibrations de Haine en vibrations d'Amour. Beaucoup d'entre vous, qui lisez ces lignes, ont fait l'expérience personnelle de la transition rapide involontaire qui peut se faire entre l'Amour et la Haine, et vice versa, en votre propre personne et en celle des autres. Vous comprendrez alors qu'il vous est possible de réaliser cette chose à l'aide de votre Volonté, en utilisant les formules hermétiques. Le "Bien" et le "Mal" ne sont que des pôles différents d'une même chose ; l'hermétiste connaît l'art de transformer le Mal en Bien, par l'application du Principe de Polarité. En somme, "l'Art de Polarisation" devient une phase de "l'Alchimie Mentale", connue et pratiquée par les Maîtres anciens et modernes de l'Hermétisme. La compréhension de ce Principe permet de modifier sa propre Polarité aussi bien que celle des autres, si l'on veut consacrer le temps et l'étude nécessaire pour devenir un maître de l'art.

5. Le Principe de Rythme

"Tout s'écoule, au dedans et au dehors ; toute chose a sa durée ; tout évolue puis dégénère ; le balancement du pendule se manifeste dans tout ; la mesure de son oscillation à droite est semblable à la mesure de son oscillation à gauche ; le rythme est constant."

LE KYBALION.

Ce principe implique la vérité qu'il se manifeste dans toute chose un mouvement mesuré d'allées et venues, un flux et un reflux, un balancement en avant et en arrière, un mouvement pareil à celui d'un pendule, quelque chose de semblable à la marée montante et descendante, à une mer pleine et à une mer basse ; ce mouvement d'allées et venues se produit entre les deux pôles, dont le Principe de Polarité décrit il y a quelques instants, nous a montré l'existence. Il y a toujours une action et une réaction, un progrès et un recul, un maximum et un minimum. Il en est ainsi pour tous les. éléments de l'Univers, les soleils, 'les mondes, les hommes, les animaux, l'esprit, l'énergie et la matière. Cette loi se manifeste dans la création et la destruction des mondes, dans le progrès et la décadence des nations, dans la vie de toute chose et enfin dans l'état mental de l'homme ; c'est pour cette dernière chose que les hermétistes estiment plus importante la compréhension du principe. Les hermétistes l'ont bien compris ; ils ont trouvé que son application était universelle ; ils ont aussi découvert certains moyens pour annihiler en eux-mêmes ses effets par l'usage des formules et des méthodes appropriées. Ils appliquent la

Loi Mentale de la Neutralisation. Ils ne peuvent annuler le Principe ni arrêter son cours, mais ils ont appris à éviter ses effets sur eux-mêmes à un certain degré qui dépend de leur degré de Maîtrise. Ils ont appris à l'utiliser, au lieu d'être utilisés par lui. C'est en cela et en des méthodes similaires que consiste l'Art des hermétistes. Le Maître en hermétisme se polarise lui-même au point où il veut rester ; puis il neutralise le balancement Rythmique du pendule qui tendrait à le transporter vers l'autre pôle. Tous ceux qui ont acquis un certain degré de Maîtrise-personnelle agissent ainsi dans une certaine mesure, plus ou moins inconsciemment ; le Maître, au contraire, le fait consciemment, par l'usage de sa Volonté ; il finit par atteindre un degré d'Equilibre et de Fermeté Mentale presque incroyable de la part des masses qui sont tirées en avant et en arrière comme un pendule. Ce Principe et le Principe de Polarité et les méthodes pour les contrecarrer, les neutraliser, ont été minutieusement étudiés par les hermétistes, et les utiliser constituent une partie importante de l'Alchimie Hermétique Mentale.

6. Le Principe de Cause et d'Effet

"Toute Cause a son Effet ; tout Effet a sa Cause ; tout arrive conformément à la Loi ; la Chance n'est qu'un nom donné à la Loi méconnue ; il y a de nombreux plans de causalité, mais rien n'échappe à la Loi."

LE KYBALION.

Ce Principe implique le fait qu'il existe une Cause pour tout Effet produit et un Effet pour toute Cause. Il explique que : "Tout arrive conformément à la Loi" ; que "jamais rien n'arrive fortuitement" ; que le Hasard n'existe pas ; que, puisque il y a des plans différents de Cause et d'Effet, et que le plan supérieur domine toujours le plan inférieur, rien ne peut échapper entièrement à la Loi. Les hermétistes connaissent jusqu'à un certain point l'art et les méthodes de s'élever au-dessus du plan ordinaire de la Cause et de l'Effet. En s'élevant mentalement à un plan supérieur, ils deviennent la Cause au lieu d'être l'Effet. Les foules se laissent docilement emmener ; elles obéissent à tout ce qui les entoure, aux volontés et aux désirs de ceux qui sont plus puissants qu'elles, à l'hérédité, à la suggestion, et à toutes les autres causes extérieures qui les dirigent comme de simples pions sur l'Echiquier de la Vie. Les Maîtres, au contraire, s'élevant sur le plan supérieur, dominent leurs sentiments, leur caractère, leurs qualités et leurs pouvoirs aussi bien que ce qui les environne ; ils deviennent des Maîtres au lieu d'être des pions. Ils jouent le jeu de la vie au lieu d'être joués et dirigés par la volonté des autres et par les influences extérieures. Ils se servent du Principe au lieu d'être ses outils. Les Maîtres obéissent à la Causalité du plan supérieur, mais ils règnent sur leur propre plan. Il y a, dans cette affirmation une véritable fortune de connaissances hermétiques. Le comprenne qui pourra.

7. Le Principe de Genre

"Il y a un genre en toutes choses ; tout a ses Principes Masculin et Féminin ; le Genre se manifeste sur tous les plans."

LE KYBALION.

Ce Principe implique la vérité que le Genre existe en tout ; les Principes Masculin et Féminin sont constamment en action. Cela est vrai, non seulement sur le Plan Physique, mais encore sur le Plan Mental et même sur le Plan Spirituel. Sur le Plan Physique, le Principe se manifeste sous la forme du sexe ; sur le Plan Supérieur, il prend des formes plus élevées, mais il est toujours le même. Aucune création physique, mentale ou spirituelle n'est possible sans lui. La compréhension de ses Lois jettera la lumière sur bien des sujets qui ont constamment rendu perplexes l'esprit des hommes. Le Principe du Genre agit toujours pour créer et pour régénérer. Toute chose, tout individu, contient les deux Eléments Masculin et Féminin ou le grand Principe lui-même. Tout Elément Mâle a son Elément Féminin ; tout Principe Féminin contient le Principe Mâle. Si vous voulez comprendre la Philosophie de la Création et de la Régénération Mentale et Spirituelle, vous devez étudier et comprendre ce
Principe hermétique. Il renferme la solution d'un grand nombre des mystères de la Vie. Nous tenons à vous

avertir qu'il n'a aucune parenté avec les nombreuses théories fondamentales, pernicieuses et dégradantes,
avec les enseignements et les pratiques qui sont répandues sous des titres
de fantaisie et qui ne sont qu'une prostitution du Grand Principe naturel du Genre. De telles réminiscences des anciennes formes infamantes du
Phallicisme tendent à ruiner l'intelligence, le corps et l'esprit ; la Philosophie hermétique s'est toujours élevée avec indignation contre ces
enseignements dégradés qui conduisent à la luxure, aux passions immodérées et à la perversion des principes de la Nature. Si ce sont eux que vous recherchez, quittez immédiatement ce livre ; l'Hermétisme n'a rien qui puisse vous être utile. Pour ceux qui sont purs, tout est pur ; pour
ceux qui sont vils, tout est vil.

CHAPITRE III
La Transmutation mentale

"L'Esprit, de même que les métaux et les éléments, peut passer d'un état à un état différent, d'un degré à un autre, d'une condition à une autre, d'un pôle à un autre pôle, d'une vibration à une autre vibration. La Vraie Transmutation Hermétique est un Art Mental".

LE KYBALION.

Comme nous l'avons, déjà dit, les hermétistes ont été les premiers alchimistes, les premiers astrologues et les premiers psychologues et c'est
Hermès qui a été le fondateur de toutes ces écoles de la pensée. De l'Astrologie est sortie l'Astronomie moderne ; de l'Alchimie est sortie la Chimie moderne ; de la Psychologie mystique est née la psychologie de nos écoles. Mais, on ne doit pas supposer que les anciens ignoraient et que les écoles modernes croient leur propriété spéciale et exclusive. Les
hiéroglyphes gravés sur les monuments de l'ancienne Egypte prouvent, de toute évidence, que les anciens avaient une connaissance parfaite de l'astronomie ; d'ailleurs, les Pyramides ont été construites dans le but de servir à l'étude de cette science. Ils n'ignoraient pas non plus la Chimie ; en effet, les fragments des écritures anciennes qui sont parvenus jusqu'à nous montrent qu'ils étaient familiers avec les propriétés chimiques des corps ; à vrai dire, les anciennes théories concernant la Physique sont lentement vérifiées par les découvertes toutes récentes de la science moderne, surtout en ce qui concerne la constitution de la matière. Il n'est pas non plus permis de supposer qu'ils ignoraient les découvertes soi-disant modernes en Psychologie ; bien au contraire, les Egyptiens étaient particulièrement érudits en science psychologique, surtout dans les branches que les écoles modernes ignorent encore mais qui, malgré tout, commencent à paraître au jour sous le nom de "sciences psychiques" ;

celles-ci rendent bien perplexes les philosophes d'aujourd'hui, mais ils commencent cependant à admettre "qu'il pourrait bien, après tout, y avoir quelques vérités en elles." En réalité, en dehors de la Chimie, de l'Astronomie et de la Psychologie matérielle (il s'agit ici de la psychologie dans sa phase d'action mentale) les anciens possédaient une connaissance étendue d'Astronomie transcendantale, c'est-à-dire d'astrologie, de chimie transcendantale appelée alchimie, de psychologie transcendantale c'est-à dire psychologie mystique. Ils possédaient le Savoir Intérieur aussi bien que le Savoir Extérieur, tandis que les savants modernes ne possèdent que ce dernier. Parmi les nombreuses branches secrètes de connaissances qu'avaient les Hermétistes, se trouvait celle qui est connue sous le nom de Transmutation Mentale et constitue le sujet de cette leçon. "Transmutation" est un mot communément employé pour désigner l'art ancien de la transmutation des métaux grossiers en or. Le mot "Transmuter" signifie "changer une nature, une forme ou une substance en une autre ; la transformer" (Webster). Par suite, la "Transmutation Mentale" est l'art de changer, de transformer des états, des formes et des conditions mentales en d'autres conditions de nature différente. Il vous est maintenant facile de comprendre que la Transmutation Mentale n'est que "l'Art de la Chimie Mentale", ou si vous préférez, une forme de Psychologie Mystique pratique. Mais ce mot signifie encore plus qu'il ne paraît. La Transmutation, l'Alchimie ou la Chimie sont assez importantes dans leurs effets sur le Plan Mental pour ne pas être mises en doute. Si "l'Art de la Chimie Mentale" s'en tenait là, il serait tout de même une des branches d'études les plus importantes connues de l'homme. Mais, ce que nous avons dit ne constitue qu'un commencement. Voyons pourquoi. Le Premier des Sept Principes Hermétiques est le Principe du Mentalisme, dont l'axiome est : "Le TOUT est Esprit" ; "l'Univers est Mental", ce qui signifie que la Réalité de l'Univers est Esprit et que l'Univers, lui-même, est Mental, c'est-à-dire qu'il "existe dans l'Esprit DU TOUT". Nous étudierons complètement ce Principe dans les prochaines leçons ; voyons dès maintenant si son effet est véritable. Si l'Universel est Mental, la Transmutation Mentale doit être l'art de modifier les conditions de l'Univers, en ce qui concerne la Matière, la Force et l'Esprit. Vous voyez donc que la Transmutation Mentale est vraiment la "Magie" dont les anciens écrivains ont tant parlé dans leurs ouvrages mystiques, mais pour laquelle ils ont donné si peu d'instructions pratiques. Si Tout est Mental, l'art pourra permettre à tout individu de transmuter ses conditions mentales ; il pourra rendre le Maître contrôleur des conditions matérielles aussi bien que de celles ordinairement appelées mentales. Dans tous les cas, seuls les Alchimistes Mentaux avancés ont été capables d'atteindre le degré de pouvoir suffisant pour être à même de contrôler les conditions physiques les plus imposantes comme les éléments de la Nature, la production ou la cessation des tempêtes, la production ou la cessation des tremblements de terre et les autres grands phénomènes physiques. Le fait que de tels hommes ont existé et qu'il en existe encore aujourd'hui est accepté de tous les occultistes avancés de nos différentes écoles. Que les Maîtres existent et qu'ils aient en leur possession ces pouvoirs, les meilleurs professeurs l'affirment à leurs élèves, ayant vu des faits, des exemples qui les justifient dans de telles croyances et de telles affirmations Ces Maîtres ne font pas une exhibition publique de leurs pouvoirs ; au contraire, ils s'isolent des foules dans le but de suivre plus consciencieusement le Chemin de l'Idéal. Nous mentionnons leur existence à cet endroit de notre livre, pour appeler votre attention sur le fait que leur pouvoir est entièrement Mental, et qu'il agit en suivant les lois de la Transmutation Mentale supérieure et du Principe Hermétique du Mentalisme. "L'Univers est Mental". Mais les élèves et les hermétistes inférieurs aux Maîtres, aux Initiés et aux Professeurs sont également capables de réaliser avec facilité la Transmutation sur le Plan Mental. En résumé, tout ce que nous appelons "phénomène psychique", "influence mentale", "science mentale", "phénomène de pensée nouvelle", etc., obéit aux mêmes lois générales ; de quelque nom qu'on désigne le phénomène, il n'y a jamais qu'un seul principe invoqué. L'élève et le praticien de la Transmutation Mentale agissent dans le Plan Mental, transformant les conditions et les états mentaux en des conditions et des états différents, grâce à un certain nombre de formules plus ou moins efficaces. Les divers "traitements", "affirmations", dénégations", etc., des écoles de la science mentale, ne sont que des formules de l'Art hermétique, souvent très imparfaites et peu scientifiques. La majorité des praticiens modernes est très ignorante, si on la compare aux anciens maîtres, car il lui manque les connaissances fondamentales sur lesquelles tout l'ouvrage est basé. Non seulement il est possible à quelqu'un de changer ou de transmuter ses propres états mentaux à l'aide des Méthodes hermétiques, mais encore il lui est possible de modifier les états des autres ; d'ailleurs il en est constamment ainsi, quelquefois inconsciemment mais plus souvent consciemment de la part de quelques individus qui ont compris les lois et

les principes de protection personnelle. Mieux encore, comme un grand nombre d'adeptes et de praticiens de la science mentale moderne le savent, toute condition matérielle inhérente à l'esprit des autres individus peut être modifiée ou transmutée grâce à un désir ardent, à une volonté puissante, et aux "agissements" de ceux qui désirent changer leurs conditions de vie. Le publie est généralement si bien informé à notre époque de ces sortes de choses qu'il ne nous a pas paru nécessaire de décrire longuement leurs procédés ; notre but est plutôt de montrer simplement que l'Art et le

Principe hermétique se trouvent sous toutes sortes de pratiques, si
différentes qu'elles puissent paraître, qu'elles soient bonnes ou mauvaises ; la force, en effet, peut être utilisée dans deux directions contraires, suivant le Principe hermétique de la Polarité. Dans ce petit ouvrage, nous décrirons les principes, fondamentaux de la Transmutation Mentale, celui qui les lira aura beaucoup de chances pour bien comprendre les Principes sous-jacents, et posséder ainsi la Maîtresse Clef susceptible d'ouvrir les nombreuses portes du Principe de Polarité. Nous allons continuer maintenant par l'étude du premier des Sept Principes Hermétiques, le Principe du Mentalisme, qui explique la vérité que "LE TOUT est Esprit ; l'Univers est Mental", selon les paroles du Kybalion. Nous recommandons à nos élèves la plus grande attention et une étude très sérieuse de cet important Principe, car c'est vraiment le Principe fondamental de toute la Philosophie Hermétique, et de l'Art Hermétique de la Transmutation Mentale.

CHAPITRE IV
Le Tout

"Derrière l'Univers du Temps et de l'Espace se cache toujours la Réalité Substantielle, la Vérité Fondamentale."

LE KYBALION.

"Substance" signifie : "ce qui se trouve sous n'importe quelle manifestation extérieure ; c'est l'essence, la réalité essentielle, la chose en
elle-même", etc. "Substantiel" signifie : "Actuellement existant, étant l'élément essentiel, étant réel", etc. "Réalité" signifie : "l'état d'une chose
réelle, vraie, durable, solide, fixe, permanente, actuelle", etc. Derrière toute apparence et toute manifestation extérieure, il doit toujours y avoir une Réalité Substantielle. Telle est la Loi. L'homme qui considère l'Univers, dont il constitue une unité, ne peut voir que les changements qui se produisent dans la matière, dans les forces et dans les états mentaux. Il voit que vraiment rien n'existe, mais que tout naît et évolue. Rien ne reste en repos ; tout naît, grandît et meurt ; à l'instant même où une chose atteint son apogée elle commence à décliner ; la loi du rythme se manifeste constamment ; il n'y a en aucune chose ni réalité ni qualité durable, ni fixité, ni substantialité ; rien n'est permanent, tout change. Cet homme voit toutes les choses naître d'autres choses et prendre une autre forme ; il voit constamment une action et une réaction, un flux et un reflux, une construction et une démolition, une création et une destruction, la naissance, l'évolution et la mort. Rien ne reste stable, tout
Change. Si c'est un penseur, il comprend que chacune de ces choses changeantes ne doit être que l'apparence, la manifestation extérieure de

quelque Pouvoir sous-jacent, de quelque Réalité substantielle. Les penseurs, sans exception, dans tous les pays et dans tous les temps, ont compris la nécessité de l'existence de cette réalité substantielle. Toutes les philosophies dignes de porter ce nom ont été basées sur cette pensée. Les hommes ont donné à cette Réalité substantielle de nombreux noms ; quelques-uns l'ont désignée sous le nom de Déité ; d'autres l'ont appelée "l'Energie Infinie et Eternelle" ; d'autres encore ont essayé de l'appeler "Matière" ; mais tous ont reconnu son existence. Elle est évidente par elle-même ; elle n'a besoin d'aucun argument, d'aucune preuve. Dans ces leçons, nous avons suivi l'exemple de quelques-uns des plus grands penseurs anciens et modernes du monde des Maîtres hermétistes. Nous avons appelé ce Pouvoir sous-jacent, cette Réalité Substantielle du nom Hermétique de "le Tout" ; nous estimons que ce mot est le plus facile à comprendre des nombreuses expressions appliquées par l'homme à la chose qui est au-dessus de n'importe quel nom et de n'importe quelle dénomination. Nous acceptons et nous enseignons le point de vue des grands penseurs hermétiques de tous les temps aussi bien que celui de ces esprits illuminés qui ont atteint les plans supérieurs de l'être ; tous affirment que la nature profonde du Tout est Inconnaissable. Il doit, en effet, en être ainsi, car personne ne peut comprendre son être et sa nature propre, même à l'aide du Tout lui-même. Les hermétistes croient et enseignent que le Tout, "en lui-même, est et doit toujours être Indéfinissable." Ils considèrent toutes les théories, toutes les conjectures et toutes les spéculations des théologiens et des métaphysiciens, concernant la nature profonde du Tout, comme l'effort enfantin d'esprits mortels pour saisir le secret de l'Infini. De tels efforts ont toujours échoué et doivent échouer toujours par la nature même du travail. Celui qui poursuit de telles enquêtes parcourt de tous côtés le labyrinthe de la pensée ; il finit par s'égarer, par perdre tout raisonnement, toute action, toute conduite saine et raisonnable et par devenir impropre au travail de la vie. Il ressemble à l'écureuil qui court avec frénésie sur la roue mobile de sa cage ; voyageant toujours et n'aboutissant nulle part, il reste prisonnier et se trouve toujours à l'endroit d'où il est parti. Plus présomptueux encore sont ceux qui tentent d'attribuer au Tout leur personnalité, leurs qualités, leur caractère et leurs propres attributs, lui octroyant les émotions, les sentiments et les caractéristiques humaines, lui donnant même les plus grands défauts de l'humanité, tels que la jalousie, la tendance à la flatterie et aux éloges, le désir des honneurs et la cupidité, et tout ce qui subsiste des Jours où notre race était encore à son enfance. De telles idées ne sont pas dignes d'hommes et de femmes éclairés et doivent être rapidement écartées. A cet endroit il nous paraît convenable de signaler que nous faisons une distinction entre la Religion et la Théologie, entre la Philosophie et la Métaphysique. Pour nous, la religion n'est qu'une réalisation intuitive de l'existence du Tout ; la Théologie, c'est la tentative des hommes de lui attribuer une personnalité, des qualités et des caractéristiques, de lui octroyer leurs théories concernant leurs affaires, leur volonté, leurs désirs, leurs plans et de se faire les "intermédiaires" entre lui et le peuple. Pour nous, la Philosophie est une recherche en vue de connaître les choses connaissables et pensables ; tandis que la Métaphysique est la tentative de mener l'enquête plus profondément, en dehors des limites ordinaires, dans des régions inconnaissables et impensables, et dans les mêmes intentions que la Théologie. En conséquence., la Religion et la Philosophie sont pour des choses qui ont leurs racines dans la Réalité, tandis que la Théologie et la Métaphysique nous apparaissent comme des roseaux brisés, enracinés dans les sables mouvants de l'ignorance et ne constituant qu'un support fragile pour l'intelligence et l'esprit de l'homme. Nous ne voulons pas insister auprès de nos élèves pour leur faire accepter cette définition ; nous la mentionnons simplement pour bien définir notre position. D'ailleurs, dans ces leçons, nous ne parlerons que très modérément de Théologie et de Métaphysique. Pendant que la nature essentielle du Tout est Inconnaissable, il existe certaines vérités liées à son existence que l'esprit humain se trouve disposé à accepter. Un examen de ces rapports constitue un sujet intéressant d'enquête, surtout quand ils se concilient avec les théories des Illuminés des plans supérieurs.

Nous vous conseillons énergiquement de faire dès maintenant cette enquête.

"Ce qui est la Vérité Fondamentale, la Réalité Substantielle, n'a nul besoin d'une dénomination spéciale, mais les Hommes Eclairés l'appellent LE TOUT."

LE KYBALION.

"Dans son Essence, LE TOUT EST INCONNAISSABLE."

LE KYBALION.

"Cependant, l'exposé de la Raison doit être reçu avec la plus grande hospitalité et traité avec respect."

LE KYBALION.

La raison humaine que nous devons écouter religieusement tant qu'il nous est possible de penser, nous renseigne comme il suit au sujet du Tout et, cela, sans chercher à écarter le voile de l'Inconnaissable.

1. Le Tout doit être Tout ce qui est réellement. Il ne peut rien exister
en dehors du Tout, sinon Le Tout ne serait pas Le Tout.

2. Le Tout doit être Infini, car rien ne peut définir, confirmer, limiter ou restreindre Le Tout. Il doit être infini dans le Temps, c'est-à dire éternel ; il doit avoir

constamment existé, car il n'existe rien qui ait été susceptible de le créer ; quelque chose ne peut pas descendre de rien : s'il "n'avait pas existé", même pendant un très court instant, il "n'existerait" pas actuellement ; il doit être destiné à exister constamment dans l'avenir, car rien ne peut le détruire ; il ne pourra jamais "ne pas être", même pendant un moment, parce que quelque chose ne peut jamais devenir rien. Il doit être Infini dans l'Espace ; il doit être Partout, car il n'y a pas de place en dehors du Tout ; il ne peut être que continu dans l'Espace, sans fêlure, sans coupure, sans séparation ou sans interruption, car il n'existe rien qui puisse le briser, séparer ou interrompre sa continuité et rien qui puisse "fermer les brèches". Il doit être Infini en Pouvoir, c'est-à-dire Absolu, car rien n'est susceptible de le limiter, de le restreindre, de le réprimer, de le confiner, de le déranger ou de le maîtriser ; il n'est soumis à aucun autre Pouvoir, parce qu'il n'existe aucun autre Pouvoir.

3. Le Tout doit être Immuable, c'est-à-dire non sujet à modifier sa nature intime, car rien n'est capable d'opérer des changements en lui ; il n'existe rien en quoi il puisse se changer, ni d'où il puisse venir. On ne peut rien lui ajouter ni rien lui retrancher ; on ne peut l'augmenter ni le diminuer ; il ne peut devenir plus grand ou plus petit à quelque point de vue que ce soit. Il doit avoir toujours été et doit rester toujours exactement comme il est aujourd'hui : Le Tout ; il n'a jamais été, il n'est pas

actuellement et ne sera jamais autre chose en quoi il puisse se changer. Le Tout étant Infini, Absolu, Eternel et Inchangeable, il doit naturellement s'en suivre que rien de fini, de changeable, d'éphémère et de conditionné puisse être Le Tout. Et comme il n'y a rien en dehors Du Tout, toutes les choses finies doivent être Nulles en Réalité. Ne vous effrayez pas ; nous n'avons pas l'intention, sous le couvert de la Philosophie hermétique de vous faire parcourir le champ de la Science Chrétienne. Il est possible de concilier ces deux états en apparence contradictoires ; prenez patience, nous y arriverons quand le moment sera venu. Nous voyons autour de nous que ce qu'on appelle "Matière", constitue la fondation physique de toutes les formes existantes. Le Tout est-il simplement de la Matière ? Pas du tout ! La Matière ne peut manifester de la Vie ni de l'Intelligence, et comme la Vie et l'Intelligence se manifestent dans l'Univers, Le Tout ne peut être Matière, car rien ne peut atteindre plus haut que sa propre source, rien ne se manifeste dans l'effet qui ne soit déjà dans la cause, rien n'existe comme conséquence qui ne soit pas déjà antécédent. En effet, la Science Moderne nous informe qu'il n'existe en réalité aucune chose que l'on puisse appeler Matière ; ce que nous appelons Matière n'est simplement qu'une "énergie ou une force interrompue", c'est à-dire, une énergie ou une force possédant un degré très faible de vibration. Comme un écrivain l'a dit récemment "la Matière s'est confondue en Mystère". La Science Matérielle elle-même a abandonné la théorie de la Matière et repose maintenant sur la base de "l'Energie". Le Tout est-il donc simplement de l'Energie ou de la Force ? Pas, en tous cas, de l'Energie ou de la Force comme les matérialistes l'entendent, car leur énergie et leur force sont aveugles, mécaniques, et dénuées de Vie ou d'Intelligence. La Vie et l'Intelligence ne peuvent provenir en aucun cas d'une Energie ou d'une Force aveugle pour la raison que nous avons donnée il y a un moment : "Rien ne peut atteindre plus haut que sa propre source ; rien n'est appliqué qui ne soit déjà impliqué ; rien ne se manifeste dans l'effet qui ne soit déjà dans la cause.". Ainsi Le Tout ne peut pas être une simple Energie ni une simple Force ; s'il en était ainsi, il ne pourrait pas y avoir dans l'existence des choses telles que la Vie et l'Intelligence ; or, nous savons que ces choses existent car nous sommes Vivants et nous utilisons notre Intelligence à étudier cette question ; ainsi raisonnent ceux

qui proclament que l'Energie n'est pas Le Tout. Qu'est-ce donc que cette chose supérieure à la Matière et à l'Energie que nous savons exister dans l'Univers ? C'est la Vie et l'Intelligence ! C'est la Vie et l'Intelligence dans tous leurs degrés divers d'épanouissement ! "Mais alors, allez-vous demander, prétendez-vous nous enseigner que Le Tout, c'est la Vie et l'Intelligence ?" Oui, et Non ! répondrons-nous. Si vous entendez la Vie et l'Intelligence comme nous les connaissons, nous, pauvres mortels insignifiants, nous dirons : Non ! Le

Tout n'est pas cela ! "Mais, allez vous demander, quelle sorte de Vie et d'Intelligence voulez-vous dire ?" Nous répondrons : "l'Intelligence vivante, bien supérieure à tout ce que les mortels entendent par ces mots, la Vie et l'Intelligence n'étant pas comparables à des forces mécaniques ou à de la matière ; ce que nous voulons dire, c'est l'Intelligence vivante infinie, comparée à la Vie et à l'Intelligence finies". Nous voulons dire ce que les esprits illuminés comprennent quand ils prononcent respectueusement le mot : "Esprit !" "Le Tout", c'est l'Intelligence Vivante Infinie ; les Illuminés l'appellent Esprit !

CHAPITRE V
L'Univers mental

"L'Univers est Mental ; il est contenu dans l'âme DU TOUT."

LE KYBALION.

Le Tout est Esprit ! Mais qu'est ce que l'Esprit ? Il est impossible de répondre à cette question, pour cette raison que sa définition est pratiquement celle Du Tout qu'on ne peut expliquer ou définir. Esprit n'est qu'un mot que les hommes donnent à la conception, supérieure de l'Ame Vivante Infinie ; il signifie la "Réelle Essence" ; il signifie l'Ame Vivante, bien supérieure à la Vie et à l'Ame que nous connaissons, comme celles-ci sont elles-mêmes supérieures à l'Energie mécanique et à la Matière. L'Esprit dépasse notre entendement ; nous nous servons de ce nom simplement quand nous pensons au Tout et que nous voulons parler de lui. Pour notre pensée et notre compréhension, nous avons raison de considérer l'Esprit comme l'Ame Vivante Infinie, tout en reconnaissant en même temps qu'il nous est impossible de la comprendre entièrement. Nous devons agir ainsi, ou cesser tout à fait de penser à la matière. Nous allons étudier maintenant la nature de l'Univers, dans son tout et dans ses parties. Qu'est ce que l'Univers ? Nous avons déjà vu qu'il ne peut rien exister en dehors du Tout. L'Univers est-il donc le Tout ? Non, il n'en peut être ainsi, car l'Univers semble formé de nombreuses choses, ; il change constamment ; en un mot, il ne se soumet pas complètement aux idées que nous avons résolu d'accepter concernant le Tout et que nous avons expliquées dans notre dernière leçon. Alors si l'Univers n'est pas Le Tout, il doit être "Rien", telle est la conclusion inévitable de notre esprit, au premier abord. Mais cette réponse ne peut nous satisfaire, car nous sommes conscients de l'existence de l'Univers. Donc, si l'Univers n'est ni le Tout, ni Rien, que peut-il être ? Examinons en détail cette question. Si l'Univers existe ou parait exister, il doit provenir d'une manière quelconque du Tout ; il doit être une création du Tout. Mais comme il est impossible que quelque chose ait été créé de rien, de quoi le Tout peut-il l'avoir créé ? Quelques philosophes ont répondu à cette question en disant que le Tout avait créé l'Univers de Lui-même, c'est-à-dire, avec l'essence et la substance du Tout. Mais cela ne peut pas être car nous avons vu précédemment qu'on ne pouvait rien soustraire au Tout et qu'on ne pouvait pas le diviser ; même s'il en était ainsi, est-ce que la moindre particule de l'Univers pourrait ignorer son propre être, Le Tout ? Le Tout ne pourrait pas perdre la connaissance de lui-même, pas plus qu'il ne pourrait devenir un atome, une force aveugle ou une chose d'un degré inférieur de vie. Quelques hommes se sont imaginé que Le Tout était Tout en réalité ; reconnaissant que, eux, les hommes, existaient, ils en sont arrivés à cette conclusion que eux et Le Tout étaient identiques et ils ont rempli l'atmosphère de leurs cris : "Je suis Dieu", au grand amusement de la multitude et à la grande douleur des sages. L'atome s'écriant : "Je suis Homme" serait modeste, en comparaison. Qu'est-ce donc, en vérité, que l'Univers, si ce n'est pas Le Tout et s'il n'a pas été créé par le Tout qui se serait fragmenté en plusieurs morceaux ? Que peut-il être ? De quoi peut-il être fait ? Voilà la grande question. Examinons-la soigneusement. Nous savons que le "Principe de Correspondance" (voyez la première leçon) vient constamment à notre aide. Le vieil axiome hermétique "Ce qui est en Haut est comme ce qui est en Bas" peut nous rendre de grands services dans la conjoncture où nous nous trouvons. Nous allons essayer de donner une idée des opérations des plans supérieurs en examinant celle du nôtre. Le Principe de

Correspondance peut s'appliquer à ce problème aussi bien qu'à d'autres. Voyons ! Sur son propre plan de vie, comment l'homme fait-il pour créer ? D'abord, il peut créer en faisant sortir quelque chose des matériaux qui l'entourent. Il ne peut en être ainsi dans le plan supérieur, car il n'existe pas de matériaux en dehors du Tout avec lesquels celui-ci puisse créer. Ensuite, l'Homme peut procréer ou reproduire sa race par l'accouplement, qui est une multiplication personnelle dite du transfert d'une portion de sa substance intime à sa descendance. Il ne peut encore en être ainsi, car Le Tout ne peut donner ou soustraire une partie de lui-même, de même qu'il ne peut se reproduire ou se multiplier ; dans le premier cas, il y aurait multiplication ou addition Au Tout ; nous avons vu que ces deux choses étaient également absurdes. N'existe-t-il pas une troisième manière que l'homme puisse employer pour créer ? Sans doute. L'homme peut créer mentalement ! En agissant ainsi, il n'utilise aucun matériel extérieur et il ne se reproduit pas lui-même ; cependant son Esprit accomplit la Création Mentale. D'après le Principe de Correspondance, nous sommes autorisés à penser que le Tout a créé l'Univers Mentalement, par le même procédé que l'homme crée des images mentales. C'est justement ici que la voix de la Raison s'accorde avec la voix des Illuminés, comme leurs enseignements et leurs ouvrages l'ont montré. Tels sont les enseignements des Sages. Tel était l'enseignement d'Hermès. Le Tout ne peut pas créer autrement que mentalement, sans utiliser des matériaux (nous avons vu qu'il n'en existait pas autour de lui) et sans se reproduire lui-même, ce qui est également impossible. Nous ne pouvons échapper à cette conclusion de la Raison qui, ainsi que nous venons de le dire, concorde avec les enseignements supérieurs des Illuminés. De même qu'il vous est impossible, à vous, mon élève, de créer un Univers dans votre mentalité, de même Le Tout peut créer l'Univers dans sa propre Mentalité. Mais, votre Univers, à vous, est la création mentale d'un Esprit Fini, tandis que celui du Tout est la création d'un Esprit Infini. Ils sont tous deux d'espèce semblable, mais ils diffèrent infiniment en degré. Dans la suite, nous étudierons plus complètement le processus de création et de manifestation. Mais, dès maintenant, il faut imprimer fortement dans votre esprit ceci : L'Univers, et tout ce qu'il contient, est une création mentale du Tout. Réellement, sans le moindre doute, tout est Esprit !

"LE TOUT crée dans son Esprit Infini des Univers sans nombre qui existent pendant des milliers de siècles ; et cependant, pour LE TOUT, la création, l'évolution, le déclin et la mort d'un million d'Univers ne paraît pas plus long qu'un clignement de paupières."

LE KYBALION.

"L'Esprit Infini DU TOUT est le sein des Univers."

LE KYBALION.

Le Principe du Genre (voyez la première leçon et les chapitres qui vont suivre) se manifeste sur tous les plans de vie, matériel, mental et spirituel. Mais, comme nous l'avons déjà dit, "Genre" ne signifie pas "Sexe" ; le sexe n'est qu'une manifestation matérielle du Genre. "Genre" signifie "se rapportant à la génération ou à la création". Partout où quelque chose est créé, sur un plan quelconque de la vie, le Principe du Genre doit se manifester. Et cela est vrai également, même pour la création des Univers. Surtout, n'allez pas vous empresser de conclure que nous enseignons qu'il y a un Dieu ou un Créateur mâle ou femelle. Cette idée n'est qu'une altération des anciens enseignements sur ce sujet. Le véritable enseignement nous apprend que Le Tout en lui-même, est au-dessus du Genre, comme il est au-dessus de n'importe quelle autre Loi, y compris celles du Temps et de l'Espace. Il est la Loi d'où découlent les autres Lois et il ne leur est pas soumis. Mais quand Le Tout se manifeste sur le plan de la génération et de la création, il agit alors en concordance avec la Loi et le Principe, car il se meut sur un plan inférieur de l'Existence. En conséquence, il manifeste le Principe du Genre, sous des aspects Masculins et Féminins et cela, naturellement, sur le Plan Mental. Cette idée peut paraître renversante à ceux qui l'entendent pour la première fois ; cependant chacun de vous l'a passivement acceptée dans ses relations quotidiennes. Vous parlez constamment de la Paternité de Dieu, le Père Divin, de la Maternité de la Nature, la Mère Universelle ; vous avez ainsi instinctivement l'intuition du Principe du Genre dans l'Univers. Est-ce vrai ? La doctrine hermétique n'implique pas une dualité réelle ; Le Tout est Un ; les Deux Aspects qu'il possède quelquefois ne sont que des différences de manifestation. L'idée directrice de l'enseignement est que le Principe Masculin manifesté par Le Tout se tient, dans un sens, en dehors de la création mentale actuelle de l'Univers. Il dirige sa Volonté sur le Principe Féminin, que nous pouvons appeler "Nature", c'est ainsi que commence le travail actuel de l'évolution de l'Univers, à partir de simples "centres d'activité" qui se trouvent dans l'homme ; l'évolution progresse et devient de plus en plus élevée, tout s'accordant pour établir convenablement et fortifier puissamment les Lois de la Nature. Si vous préférez les anciennes images de la pensée, vous pouvez vous représenter le Principe Masculin sous la forme de Dieu, le Père, et le Principe Féminin sous la forme de la Nature, la Mère Universelle, du sein de laquelle toutes les choses ont été créés. Cela n'est pas simplement une figure poétique du langage ; c'est une véritable idée du processus actuel de la création de l'Univers. Mais souvenez-vous toujours que Le Tout est Un et que c'est dans son Esprit Infini que l'Univers a été créé et existe actuellement. Appliquer la Loi de Correspondance à vous-même et à votre propre Esprit pourra vous aider à acquérir des idées justes. Vous savez que cette partie de vous-même que vous appelez "Je", reste à part et n'est qu'un simple témoin de la création des Images mentales dans votre Esprit. La partie de votre esprit dans laquelle s'accomplit la génération mentale peut s'appeler le "Moi" pour la distinguer du "Je" qui reste témoin inactif et ne fait qu'examiner les pensées, les idées et les images du "Moi". "Ce qui est en Haut est comme ce qui est en Bas", souvenez-vous en bien ; les phénomènes qui se produisent sur un plan de vie peuvent être employés à résoudre les mystères des plans supérieurs et inférieurs. Trouvez-vous surprenant que Vous, qui êtes un enfant, perceviez ce respect instinctif pour Le Tout, sentiment que nous appelons "religion", ce respect et cette déférence pour l'Esprit paternel ? Trouvez-vous surprenant que, lorsque vous considérez les travaux et les merveilles de la Nature, vous soyez saisi d'un sentiment violent qui a ses racines profondément enfoncées dans votre être le plus intime ? C'est l'esprit Maternel que vous pressez tendrement contre vous comme un enfant sur votre poitrine. Ne commettez pas l'erreur de supposer que le petit monde que vous voyez autour de vous, la Terre, qui n'est qu'un simple grain de sable dans l'Univers, est l'Univers lui-même. Il y a des millions et des millions de mondes pareils qui sont infiniment plus grands encore. Et il y a des millions et des millions de semblables Univers qui existent au sein de l'Esprit Infini du Tout. Et même dans notre petit système solaire, il existe des régions et des plans de vie de beaucoup supérieurs aux nôtres et des êtres auprès desquels, pauvres mortels aveugles, nous sommes comme ces animaux informes et gluants qui reposent sur le lit de l'Océan. Il existe de ces êtres qui

possèdent des pouvoirs et des attributions bien supérieurs à ce que l'Homme a toujours rêvé de voir en la possession des dieux. Et cependant ces êtres n'ont existé qu'une fois comme vous, puis ils ont dégénéré ; vous deviendrez aussi puissants qu'eux, mais vous vous perfectionnerez toujours et ne dégénérerez pas ; telle est la Destinée de l'Homme, comme l'enseignent les Illuminés. La Mort n'est pas réelle, même dans le sens Relatif du mot ; ce n'est que le Berceau d'une nouvelle vie ; vous monterez plus haut, toujours plus haut, vers des plans de vie plus élevés et toujours supérieurs. L'Univers est votre patrie ; vous explorerez ses retraites les plus cachées avant la fin des Temps. Vous habitez dans l'Esprit Infini du Tout ; vos possibilités et vos facultés sont infinies à la fois dans le temps et dans l'espace. Quand viendra la fin du grand Cycle des Siècles, quand Le Tout attirera de nouveau en lui la plus infime de ses créations, vous partirez joyeusement, car vous serez alors capable de comprendre cette vérité que vous allez être Un avec le Tout. Ainsi parlent les Illuminés, ceux qui ont déjà bien avancé dans la Voie. Pour l'instant, restez calmes et confiants ; vous êtes garantis et protégés par le Pouvoir Infini de l'Esprit Paternel et Maternel.
"Au sein de l'Esprit Paternel et Maternel, les enfants mortels sont chez eux."

LE KYBALION.

"Il n'existe personne, dans l'Univers, qui soit sans Père, ni Mère."

LE KYBALION.

CHAPITRE VI
Le Divin paradoxe

"Les demi-initiés, reconnaissant la non-réalité relative de l'Univers, s'imaginent qu'ils peuvent défier ses Lois ; ce sont des sots insensés et présomptueux qui vont se briser contre les écueils et que les éléments déchirent à cause de leur folie. Le véritable initié, connaissant la nature de l'Univers, se sert de la Loi contre les lois, du supérieur contre l'inférieur, et par l'Art de l'Alchimie, il transmute les choses viles en des choses précieuses ; c'est ainsi qu'il triomphe. La Maîtrise ne se manifeste pas par des rêves anormaux, des visions et des idées fantastiques, mais par l'utilisation des forces supérieures contre les forces inférieures, en évitant les souffrances des plans inférieurs en vibrant sur les plans supérieurs. La Transmutation, non pas une négation présomptueuse est l'épée du Maître."

LE KYBALION.

Tel est le Paradoxe de l'Univers résultant du Principe de Polarité qui se manifeste quand Le Tout commence à créer ; il faut le suivre ponctuellement, car il établit la différence entre la demi-sagesse et la sagesse. Quant au Tout infini, l'Univers, ses Lois, ses Pouvoirs, sa Vie, ses Phénomènes, sont comme des choses encore à l'état de Méditation et de Rêve ; cependant pour tout ce qu'il a de fini, l'Univers doit être considéré comme Réel ; la vie, l'action, la Pensée, doivent être basées là-dessus sans oublier toutefois la compréhension constante de la Vérité Supérieure. Tout, cependant, doit obéir à ses propres Plans et à ses propres Lois. Si, Le Touts'imaginait que l'Univers était vraiment Réel, alors malheur à l'Univers, car il ne serait plus possible de passer de l'inférieur au supérieur ; l'Univers deviendrait immobile et tout progrès serait possible. Et si l'homme, par sa demi-sagesse agit, vit et pense en considérant l'Univers comme un simple rêve semblable à ses propres rêves finis, cet Univers devient véritablement ainsi pour lui ; et, comme un piéton mal éveillé, il titube de tous côtés et marche dans un cercle, ne faisant aucun progrès, et finalement se réveille en sursaut quand il tombe, se meurtrit et se blesse contre les Lois Naturelles qu'il ignorait. Gardez constamment votre esprit dirigé vers l'Etoile, mais que votre regard soit toujours dirigé sur vos pieds, sinon vous tomberez dans la fange parce que vous regardez en l'air. Rappelez-vous bien le divin Paradoxe. En même temps l'Univers est et n'est pas. N'oubliez jamais les Deux Pôles de la Vérité, l'Absolu et le Relatif. Méfiez-vous des demi-Vérités. Ce que les Hermétistes connaissent comme "la Loi du Paradoxe" n'est qu'un aspect du Principe de Polarité. Les écritures hermétiques sont pleines de références sur l'apparition du Paradoxe dans la considération des problèmes de la Vie et de l'Etre. Les Maîtres préviennent constamment leurs élèves contre l'erreur souvent commise d'oublier "l'autre côté" de toute question. Leurs avertissements s'appliquent plus particulièrement aux problèmes de l'Absolu et du Relatif, qui embarrassent tous les étudiants en philosophie, et qui font penser et agir tant d'individus contrairement à ce que l'on appelle ordinairement le "sens commun". Nous conseillons à tous les élèves d'être bien sûrs de saisir le Divin Paradoxe de l'Absolu et du Relatif, sinon ils s'enliseront dans la fange de la demi-Vérité. C'est dans ce but que cette leçon en particulier a été écrite. Lisez là avec soin ! La première pensée qui vient à l'esprit de celui qui a compris la vérité que l'Univers est une Création Mentale Du Tout, est que l'Univers et tout ce qu'il contient est une simple illusion, une irréalité ; et, contre cette idée, son instinct se révolte. Mais, comme toutes les autres grandes vérités, on doit considérer celle-ci à la fois du point de vue Absolu et du point de vue Relatif. Du point de vue absolu, l'Univers comparé au Tout en lui-même parait une illusion, un rêve, une fantasmagorie. Nous reconnaissons cela même à notre point de vue ordinaire, car nous parlons du monde comme "un spectacle changeant" qui va et vient, qui naît et meurt ; en effet, les éléments de changement et d'impermanence, d'indéfini et d'insubstantiel, doivent toujours se concilier avec l'idée d'un Univers créé, quand il s'oppose à l'idée Du Tout, quelles que soient nos idées au sujet de la nature de l'un et de l'autre. Philosophe, métaphysicien, savant et théologien, tous acceptent cette idée, et on la retrouve dans toutes les formes des pensées philosophiques et des conceptions religieuses, aussi bien que dans les théories des différentes écoles de métaphysique et de théologie. Ainsi les Enseignements hermétiques, ne prêchent pas l'insubstantialité de l'Univers dans des termes plus énergiques que ceux qui vous sont familiers bien que leur manière de présenter le sujet puisse paraître quelque peu étonnante. Tout ce qui a un commencement et une fin doit être faux et irréel ; l'Univers subit également la règle dans toutes les écoles de la pensée. Du point de vue absolu il n'y a rien de réel que Le Tout, de quelque terme dont nous puissions nous servir pour y penser ou

pour discuter le sujet. Que l'Univers soit créé de Matière ou qu'il soit une

Création Mentale dans l'Esprit du Tout, il est insubstantiel, non durable ; il est une chose de temps, d'espace et de changement. Nous voudrions que vous compreniez parfaitement ce fait avant d'établir votre jugement sur la conception hermétique de la nature Mentale de l'Univers. Pensez un peu aux autres conceptions, quelles qu'elles soient, et vous verrez que ce que nous avons dit est vrai pour la moindre d'entre elles. Mais le point de vue Absolu nous montre seulement une face du tableau ; l'autre face est le point de vue Relatif. La Vérité Absolue a été définie : "Les choses telles que l'Esprit de Dieu les connaît", tandis que la Vérité Relative a été décrite : "Les choses telles que la plus haute raison de l'Homme les comprend". Ainsi, pour Le Tout, l'Univers doit être irréel et illusoire ; il doit être un simple rêve ou le résultat d'une méditation ; a contraire, pour les esprits finis qui sont une partie de cet Univers et qui le contemplent à travers leurs facultés mortelles, l'Univers est absolument vrai et doit être considéré comme tel. En reconnaissant le point de vue Absolu, nous ne devons pas commettre la faute d'ignorer ou de nier les faits et les phénomènes de l'Univers tels qu'ils se présentent à nos facultés mortelles ; nous ne sommes pas Le Tout, ne l'oubliez pas. Nous reconnaissons tous que la Matière "existe" pour nos sens ; nous faisons fausse route si nous ne le reconnaissons pas. Et cependant nos esprits finis comprennent parfaitement ce dicton scientifique que la Matière n'existe pas, si l'on se place au point de vue scientifique ; ce que nous appelons Matière est considéré comme une agglomération d'atomes, lesquels atomes sont eux-mêmes un groupement d'unités de force appelés

électrons ou "ions", vibrant sans cesse et tournant constamment. Poussons une pierre avec le pied ; nous percevons le contact ; elle nous semble parfaitement réelle, bien que nous sachions ce qu'elle est vraiment. Mais souvenez-vous que notre pied qui perçoit le contact par l'intermédiaire de notre cerveau est également de la matière, constituée également d'électrons et que par conséquent c'est aussi de la matière qui constitue notre cerveau. D'ailleurs si notre

Esprit n'existait pas, nous ignorerions à la fois l'existence du pied et de la pierre. L'idéal que l'artiste ou le sculpteur tente de reproduire dans la pierre ou sur la toile lui apparaît tout à fait réel. Il en est ainsi dans l'esprit de l'auteur ou du tragédien des caractères qu'il s'efforce de décrire ou d'interpréter pour que d'autres puissent les reconnaître. Et s'il en est ainsi dans le cas de nos esprits finis, quel devra être le degré de Réalité dans les Images Mentales créées dans l'Esprit de l'Infini ? Oh, mes amis, pour les mortels, cet Univers de Mentalité est bien réel en vérité ; c'est le seul que nous soyons destinés à connaître jamais, bien que dans lui, nous passions d'un plan à un autre plan, d'un degré supérieur à un degré supérieur encore. Pour le connaître plus complètement, comme le prouve notre expérience actuelle, nous devons être Le Tout lui-même. Il est vrai que plus haut nous nous élevons dans l'échelle, plus près nous approchons de "l'esprit du Père", plus apparente devient la nature illusoire des choses finies, mais ce n'est que lorsque Le Tout nous rappellera à lui que ces choses finies nous apparaîtront inexistantes. Ainsi nous ne devons pas succomber à l'illusion. Maintenant que nous reconnaissons la nature réelle de l'Univers, cherchons à comprendre ses lois mentales et efforçons-nous de les utiliser dans le but d'obtenir le meilleur effet possible pour notre progrès dans la vie, quand nous quitterons un plan pour nous élever à un plan supérieur de l'être. Les Lois de l'Univers ne sont pas moins des "Lois d'Acier" à cause de leur nature mentale. Tout excepté Le Tout est régi par elles. Ce qui est dans l'Esprit infini du Tout n'est réel à un degré inférieur que parce que la Réalité elle même fait partie de la nature du Tout. Ainsi ne vous croyez pas isolé ou abandonné nous faisons tous partie de l'Esprit infini du Tout ; personne ne peut nous porter atteinte, nous n'avons personne à craindre. Aucun Pouvoir en dehors du Tout ne peut nous influencer. Nous trouverons tout un monde de confort et de sécurité dans cette réalisation quand nous l'aurons acquise. "Dormons en paix, bercés dans le Lit de l'Abîme", nous reposant avec sécurité dans le sein de l'Océan de l'Esprit Infini, qui est le Tout. Dans le Tout "nous vivons et nous agissons vraiment". La Matière n'est pas moins Matière pour nous, quand nous agissons sur le plan physique, bien que nous sachions qu'elle est simplement formée d'un agrégat "d'électrons" de particules de Force, vibrant avec rapidité et tournant les unes autour des autres pour former des atomes, ceux-ci à leur tour vibrant et turnant pour former des molécules, lesquelles, en s'assemblant, donnent des volumineuses masses de Matière. La Matière n'est pas encore moins Matière, quand nous poussons plus loin l'enquête et que la Doctrine hermétique nous enseigne que la "Force" dont les électrons ne sont que des unités est simplement une manifestation de l'Esprit du Tout et, comme toutes les autres choses dans l'Univers, est de nature purement Mentale. Quand nous sommes sur le Plan Physique,

nous devons reconnaître ces phénomènes ; nous pouvons contrôler la Matière, comme
tous les Maîtres le font à un plus ou moins haut degré, mais nous devons le faire en utilisant les forces supérieures. C'est folie de nier l'existence de la Matière sous son aspect relatif. Nous pouvons nier son empire sur nous même, à juste titre d'ailleurs, mais nous ne devons pas l'ignorer dans son aspect relatif, aussi longtemps que nous agissons sur son plan. Les Lois de la Nature ne deviennent pas non plus moins constantes ou moins effectives quand nous les connaissons pour de simples créations mentales. Elles sont en pleine puissance sur les divers plans. Nous maîtrisons toujours les lois inférieures en appliquant des lois supérieures et de cette manière seulement. Mais il nous est impossible d'échapper à la Loi ou de nous passer entièrement d'elle. Seul Le Tout peut échapper à la Loi, et cela parce que le Tout est la Loi elle-même d'où dérivent toutes les autres Lois. Les maîtres les plus avancés peuvent acquérir les pouvoirs attribués ordinairement aux dieux des hommes ; il existe d'innombrables grades dans notre existence, dans la grande hiérarchie de la vie ; le pouvoir qui leur est attribué peut dépasser celui des Maîtres supérieurs et atteindre un degré insoupçonné des mortels ; mais, même grands, les Maîtres, même les Etres supérieurs doivent obéir à la Loi et rester Rien aux yeux du Tout. Ainsi, ces êtres supérieurs, dont les pouvoirs sont plus considérables que ceux conférés par les hommes à leurs dieux, étant dominés et assujettis à

la Loi, imaginez-vous la présomption de l'homme mortel, de notre race et de notre grade, quand il ose considérer les lois de la Nature comme "irréelles", imaginaires et illusoires, parce qu'il est parvenu a comprendre cette vérité que les Lois sont de nature Mentale et de simples Créations Mentales du Tout. Ces lois que Le Tout considère comme des Lois gouvernantes ne doivent pas être niées ou méprisées. Aussi longtemps que l'Univers durera, il leur sera assujetti, car l'Univers existe en vertu de ces Lois qui constituent sa charpente et qui le soutiennent. Le Principe hermétique du Mentalisme, en basant la véritable nature de l'Univers sur le principe que tout est Mental, ne modifie en rien les conceptions scientifiques de l'Univers, de la Vie et de l'Evolution. En fait, la science confirme seulement les Enseignements hermétiques. Ceux-ci enseignent simplement que l'Univers est de nature "Mentale", pendant que la science moderne a enseigné qu'il est "Matériel", et en dernière analyse, qu'il n'est autre chose que de "l'Energie". La Doctrine hermétique ne fait pas fausse route en acceptant le principe fondamental d'Herbert Spencer qui affirme l'existence d'une "Energie Infinie et Eternelle, d'où dérivent toutes choses". En fait, les hermétistes reconnaissent dans la philosophie de Spencer un exposé supérieur des ouvrages des Lois Naturelles et ils considèrent le grand maître comme la réincarnation d'un ancien philosophe qui habitait l'ancienne Egypte il y a des milliers de siècles et qui, plus tard, s'était incarné dans le corps d'Héraclite, le philosophe Grec qui vivait en l'an 500 avant Jésus-Christ. Ils estiment que son idée de "l'Energie Eternelle et Infinie", s'accorde parfaitement avec la Doctrine hermétique en ajoutant toutefois qu'elle est l'Energie de l'Esprit du Tout. Avec la Maîtresse-Clef de la Philosophie hermétique, l'étudiant de Spencer sera capable de s'ouvrir en des horizons philosophiques du grand philosophe anglais, dont les travaux montrent nettement ses incarnations antérieures. Ses enseignements concernant l'Evolution et le Rythme concordent parfaitement avec les Enseignements hermétiques et en particulier avec le Principe du, Rythme. Les adeptes de l'Hermétisme n'ont donc besoin de retrancher aucune des idées favorites de Spencer au sujet de l'Univers. Tout ce que nous leur demandons, c'est de bien saisir le principe sous-jacent : "Le Tout est Esprit ; l'Univers est Mental ; il est contenu dans, l'Esprit du Tout." Ils se rendront compte que les six autres Principes s'accorderont bien avec leurs connaissances scientifiques et leur serviront à résoudre des questions ténébreuses et à jeter la lumière dans les endroits obscurs. Cela ne doit pas être de nature à nous étonner, si nous comprenons l'influence qu'a eue la pensée hermétique sur la Philosophie primitive de la Grèce qui a servi de base à toutes les théories modernes de la science. L'acceptation du Premier Principe Hermétique, le Principe du Mentalisme, est la seule grande différence qui existe entre la Science Moderne et la Doctrine hermétique ; la Science, d'ailleurs, se rapproche de plus en plus des positions Hermétiques dans la marche aveugle qu'elle fait dans l'obscurité pour sortir du labyrinthe dans lequel elle s'est égarée en cherchant la vérité. Le but de cette leçon est de bien ancrer dans l'esprit des étudiants le fait que, dans tous les cas, sans exception, l'Univers, ses lois et ses phénomènes en ce qui concerne l'homme, sont réels, juste autant qu'ils le seraient avec les hypothèses du Matérialisme ou les théories de l'Energie. Dans n'importe quelle doctrine, l'Univers, sous son aspect extérieur, est changeant, transitoire et, par suite, dépourvu de substantialité et de réalité. Mais, notez bien le deuxième pôle de la vérité : avec les mêmes hypothèses, nous sommes contraints d'agir et de vivre comme si les choses constamment changeantes étaient réelles et substantielles. Il existe toutefois cette différence qu'anciennement le Pouvoir Mental était ignoré comme Force Naturelle, et qu'actuellement, avec le Principe du Mentalisme, il devient une Force Naturelle Supérieure. Cette seule différence révolutionne entièrement la Vie de ceux qui comprennent le Principe et les lois qui en résultent. Ainsi, étudiants, tous autant que vous êtes, comprenez à connaître, à utiliser et à appliquer les lois qui en découlent. Mais, comme le recommande le Kybalion, ne succombez pas à la tentation du demi-sage qui se laisse hypnotiser par l'irréalité apparente des choses ;

celui-ci, en effet, erre de tous côtés comme un individu vivant dans un monde de
rêves, ignorant le travail pratique et la vie réelle de l'homme ; finalement
"il vient se briser contre les écueils et se trouve déchiré par les éléments, à cause de sa folie". Suivez plutôt l'exemple du sage, comme le recommande encore le Kybalion : "Utilisez les Lois contre les Lois ; le supérieur contre l'inférieur ; et par l'Art de l'Alchimie, transmutez les choses viles en des choses précieuses, c'est ainsi que vous triompherez". Suivons donc les conseils du Kybalion ; évitons la demi-sagesse qui n'est que folie, et qui ignore cette vérité que "La Maîtrise ne se manifeste pas par des rêves, des visions anormales, ou des idées fantastiques, mais qu'elle consiste à utiliser les forces supérieures contre les forces inférieures, à échapper aux souffrances des plans inférieurs en vibrant sur les plans supérieurs." Souvenez vous bien, étudiants, que "La Transmutation, non pas une négation présomptueuse, est l'épée du maître." Les citations qui précèdent sont du Kybalion, et doivent se fixer profondément dans la mémoire de tous les adeptes. Nous ne vivons pas dans un monde de rêves, mais dans un Univers qui, au point de vue relatif, est réel en ce qui concerne notre vie et nos actions. Notre rôle, est de ne pas nier son existence, mais de vivre, en utilisant les Lois pour nous élever des degrés inférieurs aux degrés supérieurs, en faisant de notre mieux pour toutes les circonstances quotidiennes, et en cherchant à réaliser,

dans la mesure du possible, notre idéal et nos idées les plus élevées. La véritable signification de la Vie n'est pas connue des hommes sur ce plan de l'existence, mais les grands auteurs, et nos propres intuitions nous enseignent que nous ne commettrons aucune erreur en vivant du mieux qu'il nous est possible et en réalisant de même la tendance Universelle. Nous sommes tous sur la Voie, et le chemin conduit plus haut, toujours plus haut, malgré de fréquents temps de repos. Lisez le Message du Kybalion et suivez l'exemple du "sage", en évitant les erreurs du "demi-sage" qui périt à cause de sa folie.

CHAPITRE VII
"Le Tout" dans Tout

"S'il est vrai que Tout est dans LE TOUT, il est également vrai que LE TOUT est dans Tout. Celui qui comprend parfaitement cette vérité possède déjà un grand savoir."

LE KYBALION.

Que de gens ont entendu répéter souvent que leur Divinité, appelée de différents noms, était "Tout dans Tout" et combien ont soupçonné la vérité occulte cachée dans ces mots prononcés négligemment. Cette expression commune est un souvenir de l'ancienne Maxime hermétique placée en tête de ce chapitre. Comme le dit le Kybalion : "Celui qui comprend parfaitement cette vérité possède déjà un grand savoir". Ceci dit, tâchons de pénétrer cette vérité dont la compréhension est si importante. Dans cette Maxime hermétique se cache une des plus grandes vérités philosophiques, scientifiques et religieuses. Nous vous avons déjà exposé la Doctrine hermétique concernant la Nature Mentale de l'Univers et nous vous avons expliqué que "l'Univers est Mental et est contenu dans l'Esprit du Tout." Comme le dit le Kybalion dans le passage que nous avons donné précédemment : "Tout est dans le Tout". N'oubliez pas non plus cette autre affirmation : "Il est également vrai que Le Tout est dans Tout". Ces deux préceptes, en apparence contradictoires, peuvent se concilier sous la Loi du Paradoxe. Ils constituent, d'ailleurs, un jugement hermétique exact des rapports qui existent entre Le Tout et son Univers Mental. Nous avons vu comment "Tout est dans le Tout" ; examinons maintenant l'autre aspect du sujet. La Doctrine hermétique enseigne que Le Tout est inhérent à l'Univers, qu'il demeure dedans, et que chacune de ses parties, chacune de ses unités ou de ses combinaisons est située à l'intérieur de l'Univers. Les Professeurs expliquent fréquemment ce jugement en faisant intervenir le Principe de Correspondance. Le Maître enseigne à l'adepte à se former une Image Mentale de quoi que ce soit, d'une personne, d'une idée, d'une chose pouvant avoir une forme mentale ; l'exemple favori est celui de l'auteur ou du tragédien qui se forme une idée des caractères qu'il veut représenter, ou bien du peintre ou du sculpteur qui se forme une image mentale de l'idéal qu'il veut exprimer à l'aide de son art. Dans tous les cas, l'élève se rendra compte que lorsque l'image est formée, seule dans son esprit, l'auteur, le tragédien, le peintre ou le sculpteur lui-même est inhérent, est contenu tout entier dans l'image mentale elle-même. En d'autres termes, toute la vertu, la vie et l'esprit de la réalité contenue dans l'image mentale dérive de "l'esprit immanent" du penseur. Considérez avec attention ce que nous venons de dire jusqu'à ce que vous saisissiez bien notre idée. Pour prendre un exemple moderne, disons qu'Othello, Iage, Hamlet, Richard III, existaient réellement dans l'esprit de Shakespeare au moment de leur conception et de leur création. De plus, Shakespeare lui-même existait au sein de chacun de ces caractères, leur donnant sa vitalité, son esprit et son action. De qui est "l'esprit" des personnages que nous connaissons sous le nom de Micawber, Oliver Twist, Uriah Heep (Personnages des romans de Dickens) ? Est-ce celui de Dickens, ou chaque personnage que nous venons de citer a-t-il son esprit personnel, indépendant de son créateur ? La Vénus de Médicis, la Madone Sixtine, l'Apollon du Belvédère, ont-ils des esprits propres et une réalité particulière ou représentent-ils le pouvoir spirituel et mental de leurs créateurs ? La Loi du Paradoxe explique que ces deux choses sont à la fois possibles, si on les considère de deux points de vue convenables. Micawber est à la fois Micawber et Dickens. Et cependant, bien qu'on puisse dire que Micawber est Dickens, on ne Peut dire que Dickens et Micawber soient identiques. L'Homme, comme Micawber, peut s'écrier : "L'Esprit de mon Créateur est inhérent en moi ; et cependant Je ne suis pas Lui !". Combien cela est différent des demi-vérités choquantes répandues avec fracas par quelques demi-sages, qui remplissent l'air de leurs cris rauques : "Je suis Dieu !" Imaginez vous Micawber ou le sournois Uriah Heep, s'écriant : "Je suis Dickens" ; ou quelque lourdaud des ouvrages de Shakespeare s'écriant : "Je suis Shakespeare !" Et Tout est dans le ver de terre et cependant le ver de terre n'est pas Le Tout. Malgré tout, cette chose curieuse n'en existe pas moins : bien que le ver de terre n'existe que comme une chose inférieure, créée et existant à l'intérieur de l'Esprit du Tout, cependant Le Tout est immanent dans le ver de terre et dans les moindres particules qui servirent à constituer le ver de terre. Peut-il exister un plus grand mystère que celui du "Tout dans Le Tout ; et Le Tout dans Tout ?" L'élève comprendra, naturellement, que les quelques exemples que nous venons de donner sont nécessairement imparfaits et insuffisants, car ils représentent la création d'images mentales dans des esprits finis, tandis que l'Univers est une création de l'Esprit Infini ; la différence qui existe entre les deux pôles les sépare. C'est d'ailleurs une simple question de degré ; c'est toujours le même Principe qui opère ; le Principe de Correspondance se manifeste d'un côté et de l'autre. "Ce qui est en Haut est comme ce qui est en Bas ; ce qui est en Bas est comme ce qui est en Haut." Plus l'Homme comprendra l'existence de l'Esprit Intime immanent à l'intérieur de son être, plus haut et plus rapidement il s'élèvera dans l'échelle spirituelle de la vie. C'est cela que signifie le développement spirituel, la reconnaissance, la réalisation et la manifestation de l'Esprit à l'intérieur de nous-même. Efforcez-vous de vous rappeler cette dernière définition, celle du développement spirituel. Elle contient la Vérité de la Vraie Religion. Il existe de nombreux plans de l'Etre, de nombreux plans supérieurs de Vie. Tout dépend de l'avancement des individus sur l'échelle dont le barreau inférieur est formé de la matière la plus grossière, et le barreau supérieur seulement séparé de l'Esprit du Tout par une infime division. Du haut en bas de cette échelle de la Vie, tout se meut. Tout le monde est sur la voie qui conduit Au Tout. Tout progrès marque un Pas vers la Maison. Tout a sa place en haut ou en bas, malgré les apparences contradictoires. Tel est le Message des Illuminés. La Doctrine hermétique concernant le processus de la Création Mentale de l'Univers enseigne que au début du Cycle Créatif, Le Tout, dans son aspect "d'Etre existant" projette sa volonté vers l'aspect de "Devenir" et le processus de création commence. Elle explique que ce processus consiste à ralentir la Vibration jusqu'à ce qu'un degré très bas d'oscillation soit atteint, auquel degré se manifeste la forme de Matière la plus grossière possible. Cet état est appelé le stade de l'Involution dans lequel Le Tout est impliqué et contenu. Les hermétistes croient que cet état a une Correspondance, un rapport avec le processus mental de l'artiste, de l'écrivain ou de l'inventeur qui se mélange si intimement avec sa propre création mentale qu'il peut presque oublier sa propre existence et qui, en tous cas, "vit dans sa création". Si au lieu de dire qu'il se "mélange" avec sa création mentale, nous disons qu'il s'en "empare", nous donnerons peut être une meilleure idée de ce que nous voulons dire. Ce stade Involontaire de la Création est quelquefois appelé "l'Effusion" de "l'Energie Divine", de même que le stade "d'Evolution" est appelé "l'Infusion". Le pôle extrême du processus Créatif est considéré comme le dernier sorti du Tout, pendant que le commencement du retour en arrière du pendule du Rythme, c'est le "Pas vers la Maison", idée que l'on retrouve dans tous les enseignements hermétiques. La Doctrine enseigne que pendant "l'Effusion", les vibrations deviennent de moins en moins rapides jusqu'à ce que le mouvement de poussée finisse par s'arrêter et que l'oscillation de retour commence. Mais il existe cette différence que pendant le stade "d'Effusion", les forces créatives se manifestent d'une façon compacte, comme un tout, tandis qu'au commencement du stade "d'Evolution" ou "d'Infusion", c'est la Loi "d'Individualisation" qui agit, c'est-à-dire la tendance à séparer tout en Unités de Force, si bien que, finalement, ce que laisse Le Tout comme énergie inindividualisée retourne à sa source sous la forme d'Unités de Vie puissamment développées, avant atteint des échelons de l'échelle de plus en plus élevés, grâce à l'Evolution Physique, Mentale et Spirituelle.

Les anciens hermétistes se servaient du mot "Méditation" en parlant du processus de la création mentale de l'Univers dans l'Esprit Du Tout ; ils employaient aussi fréquemment le mot "Contemplation". Mais l'idée qui se cache sous ces expressions paraît être celle du travail de l'Attention Divine. "Attention" est un mot qui dérive d'une racine latine qui signifie "atteindre, tendre vers" ; l'acte de l'Attention est donc réellement "la réalisation, la tension" vers une énergie mentale ; examiner la signification étymologique du mot "Attention" nous fait donc comprendre la véritable idée cachée des hermétistes. La doctrine hermétique, en ce qui concerne le processus d'Evolution, est la suivante : Le Tout, ayant médité sur le commencement de la Création, ayant ainsi établi les fondations matérielles de l'Univers, ayant pensé son existence, se réveille graduellement ou sort de sa méditation ; en agissant ainsi, il fait se manifester successivement et en bon ordre le processus de l'Evolution sur les plans matériel, mental et spirituel. C'est ainsi que le mouvement vers le haut commence ; tout va dans la direction de l'Esprit. La Matière devient moins grossière ; les Unités s'assemblent pour donner naissance aux êtres ; les combinaisons commencent à se former ; la Vie apparaît et se manifeste dans des formes toujours supérieures et l'Esprit devient de plus en plus évident, de plus en plus apparent, les vibrations augmentant constamment de rapidité. En un mot, le processus entier de l'Evolution dans toutes ses phases, commence et agit en concordance avec les Lois établies du processus "d'Infusion". Pour créer tout cela, il a fallu des éternités et des éternités du temps de l'Homme, chaque éternité contenant d'innombrables millions d'années ; cependant les Illuminés nous enseignent que la création complète d'un Univers, y compris l'Involution et l'Evolution n'est pour Le Tout qu'un "clignement de paupières". A la fin du cycle interminable des myriades de siècles, Le Tout cesse son Attention, c'est-à-dire sa contemplation et sa Méditation vis-à-vis de l'Univers, car le Grand Œuvre est terminé ; tout rentre dans Le Tout d'où il est sorti. Mais, Mystère des Mystères, l'Esprit de toute âme, loin d'être annihilé, est infiniment développé ; le Créateur et le Créé sont confondus. Tel est le récit des Illuminés ! Ce que nous venons de dire de la "méditation" du Tout et de son "réveil de cette méditation", n'est évidemment qu'une simple tentative de la part des Professeurs pour décrire par un exemple fini le processus Infini. "Ce qui est en Bas est comme ce qui est en Haut". Il n'existe qu'une différence de degré. Et de même que le Tout abandonne sa méditation sur l'Univers, de même l'Homme, quand en vient le moment, cesse d'agir sur le Plan Matériel, et se retire de plus en plus dans l'Esprit Intime, qui est vraiment "le Divin Ego". Il est une autre question que nous désirons étudier dans cette leçon et qui se rapproche beaucoup du terrain Métaphysique de la spéculation, bien que notre intention soit de montrer la futilité d'une telle spéculation. Nous voulons parler de la pensée qui vient inévitablement à l'esprit de tous ceux qui se sont aventurés à la recherche de la Vérité. La question est la suivante : "Pourquoi le Tout a-t-il créé les Univers ?" On peut la poser de différentes manières mais celle que nous venons de donner les résume toutes. Les Hommes se sont efforcés de la résoudre, mais il n'existe pas encore de réponse digne de ce nom. Quelques-uns se sont imaginé que Le Tout avait quelque chose à gagner en créant les Univers ; cela est absurde ; que pourrait en effet gagner Le Tout qui ne soit déjà en sa possession ? D'autres ont cherché la réponse dans l'idée que Le Tout "voulait avoir quelque chose à aimer" ; d'autres ont répondu qu'il créait par plaisir, par amusement ; ou parce "qu'il était solitaire" ; ou bien encore pour manifester son pouvoir ; toutes explications et idées puériles appartenant à la période enfantine de la pensée. D'autres ont cherché à expliquer le mystère en assurant que Le Tout se trouvait "contraint" de créer en vertu de sa propre "nature intérieure" et de son "instinct créatif". Cette dernière idée est en avance sur les autres mais son point faible est dans ce fait que Le Tout peut être "contraint" par quelque chose, intérieur ou extérieur. Si sa "nature intérieure" ou son "instinct créatif" obligeait Le Tout à faire quoi que ce soit, alors cette "nature intérieure", cet "instinct créatif" serait l'Absolu au lieu du Tout ; une partie de l'explication n'est donc pas satisfaisante. Et cependant Le Tout crée, et manifeste ; il semble même y trouver une sorte de satisfaction. Il est donc difficile d'échapper à la conclusion qu'à quelque degré infini, il doit y avoir quelque chose dans l'homme, qui correspond à une "nature intérieure" ou à un "instinct créatif", du Désir Infini et de la Volonté correspondante. Le Tout ne peut agir s'il ne Veut pas Agir ; et il ne Voudrait pas agir s'il ne Désirait pas le faire, de sa propre volonté, D'autre part, il ne Désirerait pas Agir s'il n'en tirait pas une certaine satisfaction. Toutes ces choses font partie d'une "Nature Intérieure" ; on peut déduire leur existence de la Loi de Correspondance. Nous préférons cependant penser que Le Tout agit en pleine liberté, soustrait à toute influence aussi bien extérieure qu'intérieure. Tel est le problème qui se trouve à la racine de la difficulté et la difficulté qui se trouve à la racine du problème. En parlant strictement, il est impossible de dire que Le Tout ait une "Raison" quelconque pour agir, car une "Raison" implique une "Cause" ; or Le Tout est au-dessus de toute Cause et de tout Effet, sauf quand il Veut devenir une Cause ; c'est alors que le Principe se manifeste. Ainsi, vous le voyez, la matière est Impossible comme Le Tout est Inconnaissable. De même nous disons simplement que Le Tout "est", de même nous sommes obligés de dire que "Le Tout agit parce qu'il agit". Finalement, Le Tout est Toute Raison en elle-même.

Toute Loi en elle-même ; Toute Action en elle-même ; on peut dire, sans crainte d'erreur, que Le Tout est Sa Propre Raison, sa propre Loi, ses propres actions ; mieux encore, on peut dire que Le Tout, sa Raison, ses Actes, sa Loi sont UN, tous ces mots ayant la même signification. L'avis de ceux qui ont rédigé ces leçons, est qu'il faut chercher la réponse dans le Moi intérieur du Tout, de même que pour le Secret de l'existence. La Loi de Correspondance à notre avis, atteint seulement cet aspect du Tout que nous pouvons appeler "L'Aspect du Devenir". Derrière cet aspect, se trouve "L'Aspect de l'Etre", dans lequel toutes les Lois se perdent dans La Loi, tous les Principes se fondent dans le Principe ; et Le Tout, Le Principe et l'Etre sont identiques, un et semblables. Toute spéculation métaphysique sur ce point est donc futile. Nous avons abordé franchement le sujet afin de montrer l'absurdité des réponses ordinaires de la métaphysique et de la théologie. Pour conclure, il peut être d'un certain intérêt pour nos élèves d'apprendre que, tandis que les Enseignements hermétiques anciens et modernes ont tendu à appliquer à la question le Principe de Correspondance, qui a fait conclure à l'existence de la "Nature Intérieure", la légende nous rapporte qu'Hermès le Grand, quand ses élèves les plus avancés lui posèrent la question, répondit en pressant fortement ses lèvres les unes contre les autres et en ne laissant pas échapper un seul mot ; il voulait dire évidemment qu'à cela il n'y avait pas de réponse. Cependant, son intention peut avoir été d'appliquer cet axiome de la philosophie : "Les lèvres de la Sagesse sont closes excepté aux oreilles de l'Entendement", estimant que même ses élèves les plus avancés ne possédaient pas encore un Entendement qui put leur permettre de recevoir l'Enseignement. En tous cas, si Hermès possédait le Secret, il oublia de s'en départir et en ce qui concerne l'Univers, les lèvres d'Hermès sont closes. Où le Grand Hermès hésitait à parler, quel mortel oserait enseigner ? En tous cas, souvenez-vous que quelle que soit la solution de ce problème, s'il en existe vraiment une, il subsiste néanmoins cette vérité que : "S'il est vrai que Tout est dans LE TOUT, il est également vrai que LE TOUT est dans Tout". L'Enseignement sur ce point est énergique. Nous pouvons ajouter la conclusion de la citation du Kybalion : "Celui qui comprend parfaitement cette vérité possède déjà un grand savoir."

CHAPITRE VIII
Les Plans de Correspondance

"Ce qui est en Haut est comme ce qui est en Bas ; ce qui est en Bas est comme ce qui est en Haut."
LE KYBALION.

Le deuxième Grand Principe Hermétique implique cette vérité qu'il existe une harmonie, un rapport, une correspondance entre les différents plans de Manifestation de la Vie et de l'Etre. Cette affirmation est une vérité parce que tout ce que contient l'Univers émane de la même source ;

les mêmes lois, les mêmes principes, les mêmes caractéristiques s'appliquent à chaque unité ou à toute combinaison d'unités d'activité et chacune d'elle manifeste ses propres, phénomènes sur son propre plan. Pour la commodité de la pensée et de l'étude, la Philosophie hermétique considère que l'Univers peut être divisé en trois grandes classes de phénomènes connues comme les Trois Grands Plans ; ils s'appellent :
1. Le Grand Plan Physique.
2. Le Grand Plan Mental.
3. Le Grand Plan Spirituel.

Ces divisions sont plus ou moins artificielles on arbitraires car la vérité est que chacune de ces trois divisions n'est qu'un degré supérieur de la grande échelle de la Vie, le degré le plus bas étant évidemment la Matière et le plus haut, l'Esprit. D'ailleurs, les différents Plans se fondent les uns dans les autres, si bien qu'il n'est pas possible d'établir de division bien nette entre les phénomènes supérieurs du Plan Physique et les phénomènes inférieurs du Plan Mental, ou entre les phénomènes supérieurs du Plan Mental et les phénomènes inférieurs du Plan Spirituel. En un mot, les Trois Grands Plans peuvent être considérés comme trois grands groupes de degrés dans les Manifestations de la Vie. Bien que le but de ce petit ouvrage ne nous permette pas d'entrer dans une discussion détaillée et dans une explication étendue de ces différents plans, il nous paraît utile cependant d'en donner ici une description générale. Nous pouvons d'abord étudier la question si souvent posée par le néophyte qui désire être renseigné sur la signification du mot "Plan", terme dont on s'est servi à satiété, mais que l'on a bien pauvrement expliqué dans les nombreux ouvrages modernes sur l'Occultisme. La question est généralement posée comme ceci : "Un Plan est-il un endroit ayant des dimensions, ou est-ce simplement une condition ou un état ?" Nous répondons : "Non, ce n'est pas un endroit mesurable ni une dimension ordinaire de l'espace ; c'est même plus qu'un état ou une condition. Un Plan Peut être considéré comme un état ou une condition susceptibles d'être mesurés". C'est paradoxal, direz-vous ? Examinons la question en détail. Une "dimension", vous le savez, est "une mesure en ligne droite, une chose se rapportant à une mesure", etc. Les dimensions ordinaires de l'espace sont la longueur, la largeur et la hauteur ou mieux la longueur, la

largeur, la hauteur, l'épaisseur et la circonférence. Mais il existe une autre

dimension des "choses créées", une autre "mesure en ligne droite" onnue

des occultistes et aussi des savants bien que ceux-ci ne lui appliquent pas

encore le mot "dimension" ; cette nouvelle mesure n'est autre chose que la "Quatrième dimension", si connue et si exploitée et qui sert à déterminer les différents degrés ou "plans". Cette Quatrième Dimension peut être appelée "la Dimension de la Vibration". C'est un fait bien connu de la science moderne aussi bien que des hermétistes, qui ont incorporé dans le "Troisième Principe Hermétique", la vérité que "tout est en mouvement ; tout vibre ; rien ne se repose". Depuis les manifestations les plus élevées jusqu'aux manifestations les plus basses, tout Vibre. Non seulement tout vibre à des vitesses différentes, mais tout vibre dans des directions et des manières différentes. Les degrés du "taux" de vibration constituent les degrés des mesures sur l'Echelle des Vibrations ; en d'autres termes, ils constituent les degrés de la Quatrième Dimension. Ces degrés constituent ce que les occultistes appellent les "Plans". Plus le taux de la vibration est élevé, plus est élevé le Plan, et plus est élevée la manifestation de Vie qui occupe ce Plan. Ainsi, bien qu'un Plan ne soit ni un "endroit", ni un "état", ni une "condition", il possède cependant des qualités communes. Nous insisterons plus longuement sur l'échelle des Vibrations dans nos prochaines leçons, dans lesquelles nous étudierons le Principe hermétique des Vibrations. Vous voudrez bien vous souvenir cependant, que les Trois Grands Plans ne sont pas des divisions réelles des phénomènes de l'Univers, mais de simples expressions arbitraires dont se servent les Hermétistes pour faciliter la pensée et l'étude des divers degrés et des différentes formes d'activité et de vie universelle. L'atome de matière, l'unité de force, l'esprit de l'homme et l'état d'archange ne sont que les échelons différents de la même échelle ;

ils sont tous d'origine semblable, la seule différence qu'il y ait étant une différence de degré et de taux de vibration ; toutes ces choses sont des créations Du Tout et existent dans l'Esprit Infini Du Tout. Les hermétistes subdivisent chacun des Trois Grands Plans en Sept Plans Inférieurs ; chacun de ces derniers est aussi subdivisé en sept sous plans ; toutes ces divisions sont, naturellement, plus ou moins arbitraires, car elles se confondent plus ou moins les unes dans les autres ; elles ne sont adoptées que pour faciliter la pensée et l'étude scientifique. Le Grand Plan Physique et ses Sept Plans Inférieurs est cette partie des phénomènes de l'Univers qui contient tout ce qui se rapporte aux choses, aux forces et aux manifestations physiques et matérielles. Il comprend toutes les formes de ce que nous appelons Matière et toutes les

formes de ce que nous appelons Energie ou Force. Vous ne devez pas oublier que la Philosophie hermétique ne reconnaît pas la Matière comme

une "chose en elle-même", ou comme possédant une existence séparée, même dans l'Esprit Du Tout. La Doctrine enseigne que la Matière n'est qu'une forme d'Energie, c'est-à-dire, de l'Energie possédant un taux inférieur de vibrations d'une certaine sorte. Par suite, les hermétistes classent la Matière sous le titre d'Energie et lui donnent trois des Sept Plans Inférieurs du Grand Plan Physique. Ces Sept Plans Physiques Inférieurs sont les suivants :

1. Le Plan de la Matière (A)
2. Le Plan de la Matière (B)
3. Le Plan de la Matière (C)
4. Le Plan de la Substance Ethérée.
5. Le Plan de l'Energie (A)
6. Le Plan de l'Energie (B)
7. Le Plan de l'Energie (C)

Le Plan de la Matière (A) comprend les formes de Matières solides, liquides et gazeuses telles qu'on les reconnaît généralement dans les ouvrages classiques de Physique. Le Plan de la Matière (B) comprend certaines formes de Matière plus élevées et plus subtiles que la science moderne vient seulement de reconnaître ; ce sont les phénomènes de la Radio-activité de la Matière, dans sa phase du Radium, etc., appartenant
la subdivision la plus basse de ce Plan Inférieur. Le Plan de la Matière (C) comprend les formes de la Matière la plus subtile et la plus ténue, dont les savants ordinaires ne soupçonnent pas encore l'existence. Le Plan de la Substance éthérée comprend ce que la science appelle "Ether", substance d'une ténuité et d'une élasticité extrêmes, occupant tout l'Espace Universel et agissant comme milieu intermédiaire pour la transmission des vagues d'énergie, telles que la lumière, la chaleur, l'électricité, etc. Cette substance éthérée a un rapport étroit, établit une communication intime entre la Matière et l'Energie, et elle partage la nature de chacune. La Doctrine hermétique nous enseigne que ce

plan possède sept subdivisions, comme, d'ailleurs, tous les Plans Inférieurs, et que, en fait, il existe sept éthers au lieu d'un seul. Immédiatement après le Plan de la Substance éthérée, vient le Plan de l'Energie (A), qui comprend les formes ordinaires de l'Energie connues de la science ; ses sept sous-plans sont les suivants : la Chaleur, la Lumière, le Magnétisme, l'Electricité, et l'Attraction comprenant la Gravitation, la Cohésion, l'Affinité Chimique, et plusieurs autres formes d'énergie indiquées par les expériences scientifiques mais qui ne sont pas encore classées et auxquelles on n'a pas encore donne de nom. Le Plan de l'Energie (B) comprend sept sous-plans de formes supérieures d'énergies que la science n'a pas encore découvertes, mais auxquelles on a donné le nom de "Forces Naturelles Délicates" et qui sont appelées à se manifester dans certaines formes de phénomènes mentaux et grâce auxquelles ces phénomènes deviennent possibles. Le Plan de l'Energie (C) comprend sept sous-plans d'énergie si puissamment organisée qu'elle porte en elle beaucoup de caractères de la "vie", mais qui n'est pas reconnue des hommes qui se trouvent sur le plan ordinaire du développement et qui peut avoir seulement un intérêt sur le Plan Spirituel ; une telle énergie est
indispensable pour l'homme ordinaire et peut être considérée presque comme le "pouvoir divin". Les êtres qui l'emploient sont comme des "dieux" même comparés aux types humains supérieurs que nous connaissons. Le Grand Plan Mental comprend ces

formes de "choses vivantes" que nous rencontrons à chaque pas dans la vie ordinaire en même temps qu'un certain nombre d'autres formes moins bien connues sauf des occultistes. La classification des Sept Plans Mentaux Inférieurs est plus ou moins satisfaisante et arbitraire, à moins d'être accompagnée d'explications détaillées qui ne pourraient trouver leur place dans ce petit ouvrage. Nous allons cependant les mentionner. Ce sont les suivants :

1. Le Plan de l'Esprit Minéral.
2. Le Plan de l'Esprit Elémentaire (A)
3. Le Plan de l'Esprit Végétal.
4. Le Plan de l'Esprit Elémentaire (B)
5. Le Plan de l'Esprit Animal.
6. Le Plan de l'Esprit Elémentaire (C)
7. Le Plan de l'Esprit Humain.

Le Plan de l'Esprit Minéral, comprend les "Etats ou conditions" des unités ou entités, et de leurs groupements ou combinaisons, qui animent les formes connues de nous sous le nom de "minéraux, produits chimiques", etc. Ces entités ne doivent pas être confondues avec les molécules, les atomes et les corpuscules eux-mêmes, ceux-ci étant simplement le corps matériel, la forme de ces entités, de même que le corps humain n'est que sa forme matérielle et non pas l'homme "lui même". On peut appeler ces entités des "âmes" ; ce sont des êtres vivants possédant un degré inférieur de développement, de vie et d'esprit, mais un peu plus grand cependant que celui des unités de l' "énergie vivante" qui comprend des subdivisions plus hautes du Plan Physique supérieur. Les esprits ordinaires n'attribuent généralement pas un esprit, une âme ou de la vie au royaume Minéral ; tous les occultistes au contraire reconnaissent cette existence. La science moderne évolue rapidement et n'est pas loin d'accepter le point de vue des hermétistes à ce sujet. Les molécules, les atomes, les corpuscules ont leurs "amours et leurs haines", "leurs goûts et leurs dégoûts", "leurs attractions et leurs répulsions", "leurs affinités et leurs non-affinités", quelques-uns des esprits scientifiques modernes les plus audacieux ont exprimé l'opinion que le désir et la volonté, les émotions et les sentiments des atomes n'ont avec ceux des hommes qu'une différence de degré. Nous n'avons ni le temps ni l'espace pour soutenir ici cette thèse. Tous les occultistes savent que c'est un fait, et d'autres se sont reportés pour en avoir confirmation aux ouvrages scientifiques les plus récents. Ce plan contient également les sept subdivisions usuelles. Le Plan de l'Esprit Elémentaire (A) comprend l'état, la condition et le degré de développement mental et vital d'une certaine classe d'entités inconnue de l'homme ordinaire mais reconnue des occultistes. Ces entités sont invisibles aux sens ordinaires de l'homme ; elles existent néanmoins et jouent leur rôle dans le Drame de l'Univers. Leur degré d'intelligence est situé d'une part entre celui des entités minérales et chimiques, et celui des entités du royaume végétal d'autre part. Il y a aussi sept subdivisions à ce plan. Le Plan de l'Esprit Végétal, dans ses sept subdivisions, comprend les états et les conditions des entités faisant partie des royaumes du Monde Végétal dont les phénomènes vitaux et mentaux sont compris parfaitement des individus d'intelligence ordinaire, de nombreux ouvrages nouveaux et intéressants concernant "l'Esprit et la Vie chez les Plantes" ayant été publiés pendant ces dix dernières années. Les plantes ont de la vie, un esprit et une "âme" aussi bien que les animaux, l'homme et le surhomme. Le Plan de l'Esprit Elémentaire (B), dans ses sept subdivisions, comprend les états et les conditions d'une sorte supérieure d'entités "élémentaires" ou invisibles, jouant leur rôle dans le travail général de l'Univers ; leur esprit et leur vie constituent une partie de l'échelle située entre le Plan de l'Esprit Végétal et le Plan de l'Esprit Animal, les entités faisant à la fois partie de la nature de ces deux derniers. Le Plan de l'Esprit Animal dans ses sept subdivisions comprend les états et les conditions des entités, des êtres et des âmes habitant les formes animales de la vie qui nous sont familières à tous. Il n'est pas nécessaire d'entrer dans beaucoup de détails au sujet de ce royaume, de ce plan de vie car le monde animal nous est aussi familier que le nôtre. Le Plan de l'Esprit Elémentaire (C) dans ses sept subdivisions, comprend ces entités et ces êtres, invisibles comme le sont toutes ces formes élémentaires, qui font partie et dans certaines combinaisons à un certain degré à la fois de la nature de la vie animale et de la nature de la vie humaine. Au point de vue intelligence, les formes supérieures sont à moitié humaines. Le Plan de l'Esprit Humain, dans ses sept subdivisions, comprend ces manifestations de vie et de mentalité qui sont communes à l'homme à des degrés différents. Sous ce rapport, nous voulons mettre en lumière ce fait que l'homme ordinaire d'aujourd'hui n'occupe que la quatrième subdivision du Plan de l'Esprit Humain ; seuls les plus intelligents ont franchi la lisière de la Cinquième subdivision. Il a fallu à notre race des millions d'années pour atteindre cet état et il faudra un nombre d'années bien plus considérable encore pour qu'elle atteigne la sixième et la septième subdivisions, et pour s'élever au-dessus de cette dernière. Souvenez-vous qu'il y a eu d'autres races avant nous qui ont franchi ces degrés et qui ont atteint ensuite des plans supérieurs. Notre propre race est la cinquième qui a pris pied sur la Voie ; les retardataires de la quatrième race se sont joints à la nôtre. Il existe quelques esprits avancés de notre propre race qui se sont élevés au-dessus des masses et qui ont atteint la sixième et la septième subdivision ; quelques-uns même les ont dépassées. L'homme de la sixième subdivision sera "Le Sur-Homme" ; celui de la Septième sera le "Super-Homme". Dans notre étude des Sept Plans Mentaux Inférieurs nous avons simplement fait allusion aux Trois Plans Elémentaires d'une manière générale.

Nous ne voulons pas entrer dans ce petit ouvrage dans des détails approfondis sur ce sujet, car il n'appartient pas à cette partie de la philosophie générale et des enseignements qui nous intéressent. Mais, dans le but de vous donner une idée plus claire des rapports de ces plans avec ceux qui vous sont plus familiers, nous pouvons vous dire que les Plans Elémentaires ont avec les Plans de la Mentalité et de la Vie Minérale, Végétale, Animale et Humaine, les mêmes rapports qu'ont les touches noires du piano avec les touches blanches. Les touches blanches sont suffisantes pour produire de la musique, mais il y a certaines gammes, certaines mélodies et certaines harmonies dans lesquelles les touches noires jouent leur rôle et dont leur présence est nécessaire. Les Plans Elémentaires sont également nécessaires car ils servent à relier les conditions de l'âme et les états mentaux d'un plan avec ceux des autres plans ; il en résulte certaines formes nouvelles de développement ; ce fait donne au lecteur qui est capable de "lire entre les lignes" une nouvelle lumière sur le processus de l'Evolution et une nouvelle clef pour ouvrir la porte secrète des "sauts de la vie" qui se produisent entre les divers royaumes. Les grands royaumes Elémentaires sont pleinement reconnus par tous les occultistes et les ouvrages ésotériques sont remplis de citations à leur sujet. Si nous passons du Grand Plan Mental au Grand Plan Spirituel, qu'aurons-nous à dire ? Comment pourrons-nous expliquer ces états supérieurs de l'Etre, de la Vie et de l'Esprit à des individus jusqu'ici incapables de saisir et de comprendre les subdivisions supérieures du Plan de l'Esprit Humain ? La tâche est lourde. Nous ne pouvons parler qu'en termes très généraux. Comment pourrait-on dépeindre la Lumière à un aveugle de naissance, le sucre à un homme qui n'aurait jamais goûté quelque chose de doux ; l'harmonie à quelqu'un qui serait sourd de naissance ? Tout ce que nous pouvons dire est que les Sept Plans Inférieurs du Grand Plan Spirituel, chaque Plan Inférieur ayant ses sept subdivisions, comprennent des Etres possédant de la Vie, de l'Esprit et des Formes aussi supérieures à celles de l'Homme d'aujourd'hui que l'Homme est supérieur au ver de terre, aux minéraux ou même à certaines formes d'Energie et de Matière. La Vie de ces Etres surpasse tellement la nôtre qu'il nous est impossible d'en soupçonner les détails ; leurs Esprits surpassent tellement les nôtres que, pour eux, nous paraissons à peine "penser" et notre processus mental leur paraît à peine un processus matériel ; la Matière dont leurs formes sont composées provient des Plans Physiques Supérieurs plus encore on affirme que quelques-uns sont "habillés de Pure Energie". Que peut-on dire de pareils êtres ? Sur les Sept Plans Inférieurs du Grand Plan Spirituel existent des Etres dont nous pouvons parler comme nous parlerions d'Anges, d'Archanges et de demi-Dieux. Sur le plus bas des Plans Inférieurs habitent ces grandes âmes que nous appelons les Maîtres et les Adeptes. Au-dessus d'eux, vient la Grande Hiérarchie des Anges, inaccessible à la pensée de l'Homme ; ensuite viennent ceux que, sans irrévérence, on peut appeler "Les Dieux" ; si haut qu'ils soient placés sur l'échelle de l'Etre, leur intelligence et leur pouvoir se rapprochent beaucoup des facultés que les races humaines attribuent à leurs conceptions de la Divinité. Ces Individus sont supérieurs aux plus grands rêves de l'imagination humaine ; seul, le mot "Divin" est susceptible de s'adresser à eux. Un grand nombre de ces Etres, aussi bien que les Anges, prennent le plus grand intérêt et jouent un rôle important dans les affaires de l'Univers. Ces Divinités Invisibles et ces Auxiliaires Angéliques étendent librement et puissamment leur influence dans le processus de l'Evolution et dans le Progrès Cosmique. Leur intervention et leur assistance occasionnelle dans les affaires humaines ont conduit aux innombrables légendes, aux croyances, aux religions et aux traditions de la race, passée et présente. Ils ont super-imposé leur connaissance et leur pouvoir sur le monde, sans un instant d'arrêt, tout cela naturellement sous la domination de la Loi du Tout. Et cependant, même les plus grands de ces Etres avancés n'existent

que comme des créations de l'Esprit Du Tout et vivent en lui, sujets au Processus Cosmique et aux Lois Universelles. Ils sont toujours Mortels. Nous pouvons les appeler des "dieux" si nous voulons, mais ils sont toujours les Frères Aînés de la Race, les esprits avancés qui ont devancé leurs compagnons et qui ont renoncé à l'extase de l'Absorption par Le Tout, dans le but d'aider leurs amis dans leur voyage sur La Voie. Mais ils appartiennent à l'Univers et ils sont sujets à ses conditions ; ils sont mortels et leur plan est situé immédiatement au-dessous de celui de l'Esprit Absolu. Seuls les hermétistes les plus avancés sont capables de saisir les Enseignements secrets concernant l'état de l'existence et les pouvoirs qui se manifestent sur les Plans Spirituels. Ces phénomènes sont tellement supérieurs à ceux des Plans Mentaux, que, si nous tentions de les décrire, il en résulterait fatalement une confusion dans les idées. Seuls, ceux dont l'esprit a été soigneusement entraîné à la Philosophie hermétique pendant de nombreuses années, ceux qui ont conservé en eux le savoir précédemment acquis dans d'autres incarnations, sont susceptibles de comprendre exactement la signification de la Doctrine concernant ces Plans Spirituels. Un grand nombre de ces Enseignements secrets sont considérés par les hermétistes comme trop sacrés, trop importants et même trop dangereux pour être répandus dans le grand public. L'élève intelligent est capable de reconnaître ce que nous voulons dire quand nous affirmons que le mot "Esprit", tel que l'utilisent les hermétistes, signifie "Pouvoir Vivant", "Force Animée", "Essence Intime", "Essence de Vie", etc., signification que l'on ne doit pas confondre avec celle usuellement et communément employée de "religieux, ecclésiastique, spirituel, éthéré, saint", etc., etc. Les occultistes utilisent le mot "Esprit" dans le sens de "Principe Animant" ; ils y joignent l'idée de Pouvoir, d'Energie Vivante, de Force Mystique, etc. Ils savent bien que ce qu'ils connaissent comme "Pouvoir Spirituel" peut être employé aussi bien dans un but honorable que dans un but mauvais, conformément au Principe de Polarité ; c'est un fait qui a été reconnu par la majorité des religions ; elles l'ont bien montré dans leurs conceptions de Satan, Belzébuth, le Diable, Lucifer, les Anges déchus, etc. C'est pourquoi les connaissances de ces Plans ont été conservées par le Saint des Saints, dans la Chambre Secrète du Temple, dans toutes les Confréries ésotériques et les Ordres occultes. Mais, nous pouvons le dire ici, ceux qui ont acquis un pouvoir spirituel puissant et qui l'ont employé pour le mal, ont un terrible destin en perspective ; l'oscillation du pendule du Rythme les ramènera inévitablement en arrière jusqu'au point extrême de l'existence Matérielle, d'où ils devront à nouveau revenir sur leurs pas vers l'Esprit, suivre les détours fatigants de La Voie, et endurer toujours la torture supplémentaire de se rappeler sans cesse les grandeurs qu'ils ont connues et que leur ont fait perdre leurs mauvaises actions. La légende des Anges Déchus a son origine dans les faits que nous venons d'expliquer, tous les occultistes avancés le savent. La lutte pour un pouvoir égoïste sur les Plans Spirituels a toujours comme conséquence inévitable une perte de l'équilibre spirituel et une chute qui abaisse l'esprit égoïste autant qu'il a été élevé. Cependant, même pour un esprit semblable, la possibilité d'un retour existe ; il est obligé de faire le voyage en sens inverse, subissant ainsi la punition terrible de l'invariable Loi. Pour conclure nous voudrions encore vous rappeler que, suivant le Principe de Correspondance qui contient cette vérité : "Ce qu est en Haut

est comme ce qui est en Bas ; ce qui est en Bas est comme ce qui est en Haut", chacun des Sept Principes Hermétiques est en pleine action sur tous les divers plans Physique, Mental et Spirituel. Le Principe de la Substance Mentale s'applique naturellement à tous les plans, car tous sont contenus dans l'Esprit Du Tout. Le Principe de Correspondance se manifeste également dans tous car il existe une correspondance, une harmonie et un rapport entre les divers plans. Le Principe de Vibration se manifeste sur tous les plans ; en fait les différences de Vibration comme nous l'avons expliqué. Le Principe de Polarité se manifeste sur chaque plan, les Pôles extrêmes étant en apparence opposés et contradictoires. Le Principe du Rythme se manifeste sur chaque Plan, le mouvement des phénomènes ayant son flux et son reflux, son maximum et son minimum, son arrivée et son retour. Le Principe de la Cause et de l'Effet se manifeste aussi sur chaque Plan, tout Effet ayant sa Cause et toute Cause ayant son Effet. Le Principe du Genre se manifeste encore sur chaque Plan, l'Energie Créative étant toujours manifeste et opérant sous ses aspects Masculin et Féminin. "Ce qui est en Haut est comme ce qui est en Bas ; ce qui est en Bas est comme ce qui est en Haut". Cet axiome hermétique, vieux de plusieurs millénaires, implique un des grands Principes des Phénomènes Universels. Dans la suite de notre étude sur les Principes que nous n'avons pas encore expliqués, nous verrons encore plus clairement la vérité de la nature universelle de ce grand Principe de Correspondance.

CHAPITRE IX
La Vibration

"Rien ne repose ; tout remue ; tout vibre."
LE KYBALION.

Le Troisième grand Principe Hermétique, le Principe de Vibration, implique la vérité que le Mouvement se manifeste partout dans l'Univers, que rien n'est à l'état de repos, que tout remue, vibre et tourne en rond. Ce Principe hermétique était reconnu par quelques-uns des premiers philosophes grecs qui l'introduisirent dans leurs systèmes. Mais, pendant
de nombreux siècles tous les penseurs, sauf les penseurs hermétistes le perdirent de vue. Au dix-neuvième siècle, la science physique découvrit à nouveau la vérité et les découvertes scientifiques du vingtième siècle ont apporté de nouvelles preuves de l'exactitude de cette doctrine hermétique, vieille de plusieurs siècles. Les enseignements hermétiques disent que non seulement tout est en état de mouvement perpétuel et de vibration

constante, mais encore que les "différences" qui existent entre les diverses manifestations du pouvoir universel sont dues entièrement à la diversité du mode et de la période des vibrations. Mieux encore, Le Tout, en lui-même, manifeste une vibration constante d'un degré si intense et d'un mouvement si rapide qu'il peut être pratiquement considéré comme à l'état de repos ; les professeurs l'expliquent en attirant l'attention des élèves sur le fait que même sur le plan physique, un objet qui se meut avec rapidité, une roue qui tourne par exemple, paraît être à l'état de repos. Les enseignements préconisent l'idée que l'Esprit se trouve à une extrémité d'un Pôle de la Vibration des formes de Matière extrêmement grossières se trouvant à l'autre Pôle. Entre ces deux Pôles, il y a des millions et des millions de modes et de périodes différents de vibration. La Science Moderne a prouvé que tout ce que nous appelons Matière et Energie n'est qu'un "mode de mouvement vibratoire", et quelques-uns des savants les plus avancés se rallient rapidement à l'opinion des occultistes qui affirment que les phénomènes de l'Ame ne sont de même que des modes de vibration ou de mouvement. Voyons ce que nous dit la science sur la question des vibrations dans la matière et dans l'énergie. D'abord, la science enseigne que toute matière manifeste à un degré quelconque, les vibrations résultant de la température. Qu'un objet soit froid ou chaud, ces deux conditions n'étant que des degrés différents de la même chose, il manifeste certaines vibrations caloriques et, à ce point de vue, il se trouve en mouvement à l'état de vibration. Toutes les particules de Matière sont douées de mouvements circulaires, depuis les corpuscules jusqu'aux soleils. Les planètes exécutent leur révolution autour des soleils, et beaucoup d'entre elles tournent sur leurs axes. Les soleils se meuvent autour de points centraux plus grands ; ceux-ci sont considérés comme se mouvant autour de points encore plus grands, et ainsi de suite, à l'infini. Les molécules dont sont composées les sortes particulières de Matière sont dans un état constant de vibration et de mouvement les unes autour des autres et les unes contre les autres. Les molécules sont composées d'Atomes qui, de même, se trouvent dans un état constant de vibration et de mouvement. Les atomes sont composés de corpuscules, quelquefois appelés "électrons", "ions", etc., qui sont également dans un état de mouvement accéléré, tournant les uns autour des autres, et manifestant un état et un mode de vibration excessivement rapide. Nous voyons donc que, conformément au Principe Hermétique de la Vibration, toutes les formes de Matière manifestent de la Vibration. Il en est ainsi pour les diverses formes d'Energie. La science nous enseigne que la Lumière, la Chaleur, le Magnétisme et l'Electricité ne sont que des formes de mouvement vibratoire émanant très probablement de l'Ether. La science n'essaye pas encore d'expliquer la nature du phénomène connu sous le nom de Cohésion, qui est le principe de l'Attraction

Moléculaire, ni l'Affinité Chimique qui est le principe de l'Attraction Atomique, ni la Gravitation, le plus grand de ces trois mystères, qui est le principe de l'attraction, par lequel toute particule ou foute masse de Matière est intimement liée à toute autre masse ou à toute autre particule. Ces trois formes d'Energie ne sont pas encore comprises par la science ; cependant les écrivains penchent fortement vers l'opinion qu'elles sont également des manifestations d'une forme quelconque d'énergie vibratoire, fait que les hermétistes connaissaient et qu'ils ont enseigné il y a un nombre considérable d'années. L'Ether Universel, dont la science affirme l'existence sans que sa nature soit bien clairement comprise, est considéré par les hermétistes comme une manifestation supérieure de ce que l'on appelle à tort matière ; mais ils entendent une Matière ayant atteint un degré supérieur de vibration ; ils l'appellent "La Substance Ethérée". Ils enseignent que cette Substance Ethérée est d'une ténuité et d'une élasticité extrêmes et qu'elle remplit tout l'espace universel, servant de milieu de transmission aux ondes d'énergie vibratoire, telles que la chaleur, la lumière, l'électricité, le magnétisme, etc. La Doctrine nous dit que la Substance Ethérée n'est qu'un maillon qui sert à relier entre elles les formes d'énergie vibratoire connues d'une part sous le nom de "Matière" et d'autre part sous le nom de "Energie ou Force" ; elle nous enseigne aussi qu'elle manifeste un certain degré de vibration, d'amplitude et de période qui lui sont tout à fait propres.

Les savants, pour montrer ce qui se produit quand on augmente la période des vibrations, émettent l'hypothèse d'une roue, d'une toupie ou d'un cylindre fonctionnant avec une grande rapidité. Cette expérience suppose que la roue, la toupie ou le cylindre tourne d'abord à une faible vitesse ; dans ce qui va suivre pour faciliter l'exposé, nous appellerons cette chose qui tourne "l'objet". Supposons donc que l'objet tourne lentement. Il est possible de le distinguer facilement, mais aucun son musical résultant de sa rotation ne vient frapper notre oreille. Augmentons progressivement la vitesse. En quelques instants, sa rotation devient si rapide qu'un bruit léger, une note basse peut être entendu. Puis, au fur et à mesure que l'objet tourne plus rapidement, la note s'élève dans l'échelle musicale. En augmentant encore la rapidité du mouvement, on peut distinguer la note immédiatement supérieure. Ainsi, les unes après les autres, toutes les notes de la gamme apparaissent de plus en plus aiguës au fur et à mesure que la rapidité du mouvement s'accroît. Finalement, quand la rotation a atteint une certaine vitesse, la dernière note perceptible aux oreilles humaines est atteinte et le cri aigu, perçant s'éteint et le silence suit. L'objet ne laisse plus entendre aucun son ni aucun bruit, la rapidité du mouvement étant si grande, les vibrations étant si rapides que l'oreille humaine ne peut plus les enregistrer. A ce moment, on commence à percevoir un accroissement de chaleur. Puis au bout d'un certain temps, l'œil voit l'objet devenir d'une couleur rouge sombre. Si la rapidité devient encore plus grande, le rouge devient plus brillant. Puis, la vitesse augmentant, le rouge devient orange. L'orange devient jaune. Puis apparaissent successivement les teintes verte, bleu indigo et enfin violette. Finalement, le violet s'évanouit et toute couleur disparaît, l'œil humain n'étant plus capable de les enregistrer. Mais il existe des radiations invisibles qui émanent de l'objet, parmi lesquelles certaines sont employées en photographie. C'est alors que commencent à se manifester les radiations particulières connues sous le nom de "Rayons X", etc., quand la constitution physique de l'objet commence à se modifier. L'électricité et le magnétisme se manifestent quand l'amplitude suffisante de vibration est atteinte. Quand l'objet acquiert un certain degré de vibration, ses molécules se désagrègent et se décomposent en ses propres éléments originaux et en ses propres atomes. Les atomes, obéissant au Principe de la Vibration, se séparent alors et redonnent les innombrables corpuscules dont ils étaient composés. Finalement, les corpuscules eux-mêmes disparaissent et on peut dire que l'objet est formé de Substance Ethérée. La science n'ose pas pousser l'hypothèse plus loin, mais les hermétistes enseignent que si la rapidité des vibrations était encore augmentée, l'objet atteindrait les degrés divers de la manifestation, puis manifesterait les différents stades mentaux ; ensuite, il poursuivrait sa route vers l'Esprit jusqu'à ce qu'il finisse par réintégrer Le Tout qui est l'Esprit Absolu. Mais "l'objet" aurait cessé d'être "objet" longtemps avant d'atteindre le stade de la Substance Ethérée ; cependant l'hypothèse est correcte en ce sens qu'elle montre quel serait l'effet obtenu si on augmentait constamment le taux et le mode de la vibration. De l'hypothèse que nous venons d'énoncer, il faut se rappeler ceci : au moment où "l'objet" émet des vibrations lumineuses, calorifiques, etc., il n'est pas décomposé en ces formes d'énergie, qui sont placées bien plus haut sur l'échelle ; il a simplement atteint un degré de vibration tel que ses formes d'énergie sont libérées en quelque sorte de l'influence des molécules, des atomes ou des corpuscules, qui suivant le cas cherchaient à les retenir. Ces formes d'énergie, bien qu'infiniment supérieures à la matière dans l'échelle, sont emprisonnées et confinées dans les combinaisons matérielles ; elles prennent des formes matérielles ; ainsi, elles s'emprisonnent, s'enferment dans leurs créations matérielles ; cela est vrai pour toutes sortes de créations ; la force créative s'enferme toujours dans ce qu'elle a créé. Les Enseignements hermétiques vont plus loin que ceux de la science moderne. ils affirment que toutes les manifestations de pensée, d'émotion, de raison, de volonté, de désir, ou de tout autre état ou condition mentale, sont accompagnées de vibrations dont une partie est extériorisée au dehors et tend à influencer par "induction" l'esprit des autres individus. C'est le principe qui produit les phénomènes de "télépsychie", d'influence mentale et toutes les autres formes de l'action et du pouvoir d'un esprit sur un autre esprit, que le grand public commence à connaître parfaitement à cause de l'immense dissémination de connaissance occulte que font à notre époque les différentes écoles et les nombreux maîtres. Toute pensée, toute émotion et tout état mental a son taux correspondant et son mode de vibration. Grâce à un effort de volonté de l'individu ou de plusieurs individus, ces états mentaux peuvent être reproduits, de même qu'il est possible de reproduire un son musical en faisant vibrer un instrument de musique d'une certaine manière, de même qu'on peut reproduire une couleur en faisant vibrer "l'objet" de tout à l'heure. Par la connaissance du principe de vibration appliqué aux Phénomènes Mentaux, on peut polariser son esprit et lui faire posséder le degré de vibration désiré ; on obtient ainsi un contrôle parfait de ses états mentaux, de son caractère, etc. Par le même procédé on peut influencer l'esprit des autres et produire en eux les états mentaux voulus. En un mot, on devient capable de produire sur le Plan Mental ce que la science produit sur le Plan Physique, c'est-à-dire, des "Vibrations à Volonté". Naturellement ce pouvoir ne peut s'acquérir que par une instruction, des exercices et une pratique convenable de la science de la Transmutation Mentale qui est une des branches de l'Art hermétique. Que l'élève réfléchisse à ce que nous avons dit et il verra que le Principe de Vibration existe sous tous les merveilleux phénomènes manifestés par les Maîtres et les Adeptes, qui sont capables apparemment de laisser de côté les Lois de la Nature mais qui, en réalité, ne font qu'utiliser une loi pour se défendre contre une autre, un principe pour détruire l'effet des autres, et qui obtiennent leurs résultats étonnants en changeant les vibrations des objets matériels et des formes d'énergie et accomplissent ainsi ce que l'on appelle communément des "miracles". Comme un des anciens écrivains hermétistes l'a dit avec raison : "Celui qui comprend le Principe de Vibration a saisi le sceptre du Pouvoir".

CHAPITRE X
La Polarité

"Tout est Double ; toute chose possède des pôles ; tout a deux extrêmes ; semblable et dissemblable ont la même signification ; les Pôles opposés ont une nature identique mais des degrés différents ; les extrêmes se touchent ; toutes les vérités ne sont pas des demi vérités ; tous les paradoxes peuvent être conciliés."

LE KYBALION.

Le Quatrième Grand Principe Hermétique, le Principe de Polarité, implique cette vérité que toutes les choses qui se manifestent ont "deux côtés", "deux aspects", "deux pôles", "deux extrêmes", avec un nombre considérable de degrés qui les séparent. Les vieux paradoxes qui ont toujours rendu perplexe l'esprit des hommes, s'expliquent si l'on comprend bien ce Principe.

L'homme a toujours eu connaissance de quelque chose se rapprochant de ce Principe et il s'est efforcé de l'exprimer par des dictons, des maximes et des aphorismes comme les suivants : "Tout est et n'est pas en même temps", "toutes les vérités ne sont que des demi-vérités", "toute vérité est à moitié fausse", "il y a deux côtés à toute chose", "toute médaille a son revers", etc., etc. Les Enseignements hermétiques affirment que la différence qui existe entre deux choses qui paraissent diamétralement opposées n'est qu'une différence de degré. Ils enseignent que "deux extrêmes peuvent se concilier", que "la thèse et l'antithèse sont identiques en nature, mais différentes en degrés", et que "la réconciliation universelle des pôles opposés" peut s'effectuer grâce à la connaissance du Principe de Polarité.

Les maîtres estiment que des exemples de la manifestation de ce principe
peuvent résulter d'un examen de la nature réelle de toute chose. Ils commencent par montrer que l'Esprit et la Matière ne sont que deux pôles
de la même chose, et que les plans intermédiaires ne sont que des degrés
de vibration. Ils montrent que Le Tout et Quelques-uns sont une seule et
même chose et qu'il existe seulement une simple différence dans le degré
de la Manifestation Mentale. Ainsi La Loi et les Lois sont les deux pôles

opposés d'une même chose. Il en est de même du Principe et des Principes, de l'Esprit Infini et des esprits finis. Puis, passant au Plan Physique, ils démontrent le Principe et prouvant que le Chaud et le Froid sont de nature identique, la seule différence étant une différence de degrés. Le thermomètre montre des degrés différents de température, le pôle inférieur s'appelant le "froid" et le supérieur le "chaud". Entre ces deux pôles il y a de nombreux degrés de "chaud" et de "froid" ; vous pouvez leur donner l'un ou l'autre nom sans vous départir de la vérité. Dans deux degrés, le supérieur est toujours "plus chaud" que l'inférieur qui est toujours "plus froid". Il n'y a pas de démarcation absolue ; il n'y a qu'une différence de degrés. Il n'y a pas d'endroit sur le thermomètre ou le chaud finit et ou le froid commence. Il n'y a que des vibrations supérieures et inférieures. Les termes "haut" et "bas", eux mêmes, que nous sommes obligés d'employer ne sont que les pôles d'une même chose ; les mots sont relatifs. Il en est de même avec "est et ouest" ; faites le tour du monde dans la direction de l'est et vous atteindrez un point qui est l'ouest par rapport à votre point de départ. Allez dans la direction du Nord et il arrivera un moment où vous irez dans la direction du Sud ou

vice-versa. Lumière et Obscurité sont deux pôles d'une même chose entre lesquels il y a de nombreux degrés. Il en est de même pour l'échelle musicale ; partant de "Do" si vous montez la gamme, vous obtiendrez un autre "Do" et ainsi de suite ; la différence entre deux,

"Do" consécutifs est toujours la même et comporte constamment le même nombre de degrés. Il en est encore de même de l'échelle des couleurs ; des vibrations supérieures et inférieures constituent la seule différence entre l'ultraviolet et l'infrarouge. Les mots Long et Court sont relatifs. De même pour Calme et Bruyant, Facile et Difficile. Tranchant et Emoussé, suivent la même loi. Positif et Négatif sont les deux pôles d'une même chose séparés par d'innombrables degrés. Bon et Mauvais ou Bien et Mal suivant les termes employés, ne sont pas absolus ; nous appelons une extrémité de l'échelle Bon et l'autre extrémité Mauvais. Une chose est "moins bonne" que la chose qui lui est immédiatement supérieure dans l'échelle ; par contre cette chose "moins bonne" est "meilleure" que celle qui lui est immédiatement inférieure, et ainsi de suite, le "plus ou moins" étant réglé par la position sur l'échelle. Il en est absolument de même sur le Plan Mental. L'Amour et la Haine sont généralement considérés comme des sentiments diamétralement opposés, entièrement différents, inconciliables. Mais si nous appliquons le Principe de Polarité, nous nous rendons compte qu'un Amour Absolu ou une Haine Absolue, n'existent pas ; ces deux sentiments ne sont pas nettement séparés par une ligne de démarcation. Ils ne sont que des mots appliqués aux deux pôles de la même chose. Si nous commençons à un point quelconque de l'échelle et que nous la montions, nous trouvons "plus d'amour" ou "moins de haine" ; si nous la descendons nous trouvons "plus de haine" ou "moins d'amour" ; cela est vrai quelque soit le point d'où nous partions. Il y a des degrés d'Amour et de Haine et il arrive un moment ou l'un et l'autre sont si faibles qu'il est difficile de les distinguer. Le Courage et la Peur suivent la même règle. Partout il y a deux Extrêmes. Où vous trouvez une chose vous trouvez son opposé : ce sont les deux pôles. C'est ce fait qui permet aux hermétistes de transmuter un état mental en un autre, grâce à la Polarisation. Les choses qui appartiennent à des classes différentes ne peuvent pas être changées les unes en les autres, mais celles d'une même classe peuvent l'être, c'est-à-dire que leur polarité peut être modifiée. Ainsi l'Amour ne devient jamais l'Est ou l'Ouest, ni le Rouge ou le Violet, mais il peut se transformer et se transforme souvent en Haine ; de même, d'ailleurs, la Haine peut se transformer en Amour, grâce à un changement de Polarité. Le Courage peut se transformer en Peur et vice-versa. Les choses difficiles peuvent être rendues faciles. Les choses émoussées peuvent être rendues tranchantes. Les choses Chaudes peuvent devenir Froides. Et ainsi de suite, la transmutation s'accomplissant constamment entre choses de la même classe mais possédant des degrés différents. Prenez le cas d'un homme Craintif. En élevant ses vibrations mentales sur l'échelle Crainte-Courage, il peut acquérir un degré supérieur de Courage et d'Intrépidité. De même l'individu mou, inerte, peut se changer en un homme Actif, Energique, simplement en se polarisant suivant la qualité désirée. L'élève qui est si familier avec les différents procédés que les nombreuses écoles de la Science Mentale emploient pour modifier les états mentaux de ceux qui suivent leurs enseignements, peut très bien ne pas comprendre parfaitement le Principe de tous ces changements. Cependant, quand on a bien compris le Principe de Polarité, – car il est évident que les changements mentaux sont occasionnés par un changement de polarité, par un simple glissement sur la même échelle, – il est beaucoup plus facile de saisir entièrement la question. Ce changement n'est pas une transmutation d'une chose en une autre chose entièrement différente ; ce n'est qu'une modification de degré dans la même chose, ce qui est une différence fort importante. Par exemple, si nous empruntons une analogie avec le Plan Physique, il est impossible de changer la Chaleur en Bruit ou en Hauteur, mais on peut transmuter le Chaud en Froid, simplement en modifiant la période des vibrations. Par le même procédé, l'Amour et la Haine peuvent se transmuter mutuellement, de même que le Courage et la Peur. Mais on ne peut transmuter la Peur en Amour pas plus qu'on ne peut transmuter le Courage en Haine. Les états mentaux appartiennent à d'innombrables classes et chacune de ces classes possède ses pôles opposés, entre lesquels une transmutation est possible. L'élève reconnaîtra facilement que dans les états mentaux, aussi bien que dans les phénomènes du Plan Physique, on peut classer les deux pôles respectivement en Pôle Positif et Pôle Négatif. Ainsi l'Amour est Positif par rapport à la Haine ; le Courage par rapport à la Peur ; l'Activité par rapport à la non-Activité, etc., etc. On remarquera également que, même ceux qui ne sont pas familiers avec le Principe de la Vibration se rendent

compte que le Pôle Positif semble d'un degré supérieur au Pôle Négatif et

qu'il le domine. La Nature tend à accorder l'activité dominante au Pôle Positif. En plus du changement de pôles des états mentaux d'un individu par l'art de la Polarisation, le phénomène de l'Influence Mentale, dans ses

nombreuses phases, nous montre que le principe peut s'étendre de manière à embrasser le phénomène de l'influence d'un esprit sur un autre esprit, phénomènes dont on a tant parlé et sur lequel on a tant écrit. Quand nous comprenons bien que l'Induction Mentale est possible, c'est-à-dire que des états mentaux peuvent provenir d'autres états mentaux par "induction", il nous est possible de voir comment un certain taux de vibration, la polarisation d'un certain état mental, peut être communiquée à un autre individu et comment sa polarité dans cette classe d'états mentaux peut être changée. C'est grâce à l'application de ce principe que les merveilleux résultats des "traitements mentaux" peuvent être obtenus. Ainsi, supposons qu'une personne soit triste, mélancolique et craintive. Un médecin de l'esprit qui est capable, à l'aide d'une volonté bien entraînée, de donner à son esprit les vibrations qu'il veut, et par suite d'obtenir la polarisation voulue pour son propre cas, produit un état mental semblable chez un autre individu par induction ; il en résulte que les vibrations augmentent d'intensité et de rapidité et que l'individu se polarise vers l'extrémité Positive de l'échelle au lieu de se polariser vers l'extrémité Négative ; sa Crainte et toutes ses autres émotions négatives se transforment en Courage et en d'autres états mentaux positifs. Une étude peu approfondie vous montrera que ces changements mentaux se font presque tous grâce à la Polarisation ; le changement étant un changement de degré et non pas de classe. La connaissance de l'existence de ce grand Principe hermétique permettra à l'étudiant de mieux comprendre ses propres états mentaux et ceux des autres. Il verra que ces états sont tous des questions de degré, et, par suite, il deviendra capable d'élever ou d'abaisser ses vibrations à volonté, de modifier sa polarité et ainsi d'être Maître de ses états mentaux au lieu d'être leur servant et leur esclave. Par cette connaissance il sera capable d'aider intelligemment ses compagnons et de changer leur polarité par l'emploi des méthodes appropriées. Nous conseillons à tous les élèves de bien se familiariser avec ce principe de Polarité ; le comprendre correctement jettera la lumière sur bien des sujets obscurs.

CHAPITRE XI

Le Rythme

"Tout s'écoule, au dedans et au dehors ; toute chose a sa durée ; tout évolue puis dégénère ; le balancement du pendule se manifeste dans tout ; la mesure de son oscillation à droite est semblable à la mesure de son oscillation à gauche ; le rythme est constant."

LE KYBALION.

Le cinquième grand Principe hermétique, le Principe du Rythme, implique la vérité que dans tout se manifeste un mouvement mesuré, un mouvement d'allée et venue, un flux et un reflux, un balancement en avant et en arrière, un mouvement semblable à celui d'un pendule, un phénomène comparable à celui de la marée entre les deux pôles qui existent sur les plans physique, mental et spirituel. Le Principe du Rythme se relie étroitement au Principe de Polarité que nous avons décrit dans le précédent chapitre. Le Rythme se manifeste entre les deux pôles dont le Principe de Polarité a montré l'existence. Cela ne veut pas dire cependant que le pendule du Rythme oscille jusqu'à l'extrémité des pôles ; cela n'arrive que très rarement ; en fait il est difficile dans la majorité des cas d'établir la place des pôles Extrêmes. Mais l'oscillation se fait toujours d'abord "vers" un pôle et ensuite vers l'autre. Il y a toujours une action et une réaction, une avance et une retraite, une élévation et un abaissement dans tous les phénomènes de l'univers. Ce Principe se manifeste partout, dans les soleils, les mondes, les hommes, les animaux, les plantes, les minéraux, les forces, l'énergie, l'âme, la matière et même dans l'Esprit. Il se manifeste dans la création et dans la destruction des mondes, dans la grandeur et la chute des nations, dans l'histoire de la vie de toutes choses et enfin dans les états mentaux de l'Homme. Commençons par les manifestations de l'Esprit Du Tout ; on notera qu'il y a toujours l'Effusion et l'Infusion, "l'Aspiration et l'Inspiration de Brahmâ" comme disent les Brahmines. Les Univers sont créés ; une fois atteint leur point extrême inférieur de matérialité, ils commencent leur oscillation vers le haut. Les soleils sont formés, ils atteignent leur maximum de pouvoir puis le processus de régression commence et au bout de plusieurs milliers de siècles ils deviennent des masses inertes de matière, attendant une nouvelle impulsion qui remette en activité leur énergie intérieure et qui sera le début d'un nouveau cycle de vie solaire. Il en est ainsi pour tous les mondes ; ils sont nés, ils ont vécu et ils sont morts ; quand ils revivent ils ne font que renaître. Il en est de même de toutes les choses qui ont une forme quelconque ; elles oscillent de l'action à la réaction, de la naissance à la mort, de l'activité à l'inactivité, puis elles recommencent. Il en est ainsi de toutes les choses vivantes, elles naissent, grandissent, meurent, puis renaissent. Il en est ainsi de tous les grands mouvements des philosophies, des croyances, des habitudes, des gouvernements, des nations : naissance, croissance, maturité, décadence, mort puis renaissance. L'oscillation du pendule est toujours évidente. La nuit succède au jour ; le jour succède à la nuit. Le pendule oscille de l'Eté à l'Hiver puis de l'Hiver à l'Eté. Les corpuscules, les atomes, les molécules et les masses de matière quelles qu'elles soient, oscillent dans le cercle de leur nature. Un repos absolu n'existe pas, pas plus qu'un arrêt complet de tout mouvement ; or tous les mouvements sont soumis au Rythme. Le principe est d'une application universelle. Il peut s'adapter à toute question, à tout phénomène faisant partie d'un des nombreux plans de vie. Il peut s'appliquer à n'importe quelle phase de l'activité humaine. L'oscillation Rythmique se fait toujours d'un pôle à l'autre. Le Pendule Universel est toujours en mouvement. La Marée de la Vie monte et descend, conformément à la Loi. La science moderne comprend bien le Principe du Rythme ; appliqué aux choses matérielles elle le considère comme une loi universelle. Mais les hermétistes l'étendent beaucoup plus loin ; ils savent que ses manifestations et son influence exercent une action sur l'activité mentale de l'Homme ; ils savent qu'il faut compter avec lui dans la succession éperdue des états d'esprit, des sentiments et des autres changements curieux et surprenants que nous remarquons en nous-mêmes. Mais les hermétistes, en étudiant les effets de ce Principe ont appris en même temps la manière d'éviter par la Transmutation quelques-unes de ses activités. Les Maîtres ont découvert depuis bien longtemps que si le principe du

Rythme était invariable et toujours évident dans les phénomènes mentaux, il avait cependant deux plans de manifestation en ce qui concerne les phénomènes. Ils ont découvert qu'il y avait deux plans généraux de Conscience, le plan Inférieur et le plan Supérieur ; la compréhension de ce fait leur a permis d'atteindre le plan supérieur et d'échapper ainsi à l'oscillation du pendule Rythmique qui se manifestait sur le plan inférieur. En d'autres termes, l'oscillation du pendule se produisait sur le Plan Inconscient et le plan Conscient n'était pas affecté. Ils appellent cette loi la Loi de Neutralisation. Elle consiste dans l'élévation du Moi au-dessus des vibrations du Plan Inconscient de l'activité mentale, afin que le battement négatif du pendule ne se manifeste pas consciemment et que le Plan Conscient ne soit pas affecté. S'élever au-dessus d'une chose ou la laisser passer devant soi revient au même. Le Maître hermétique ou l'élève avancé se polarise lui-même au pôle désiré et, comme s'il "refusait" de participer à l'oscillation de retour ou, si vous préférez, comme s'il "niait" son influence sur lui, il se maintient ferme dans sa position polarisée et oblige le pendule mental à exécuter son oscillation de retour dans le plan inconscient. Tous les individus qui ont atteint un certain degré de maîtrise personnelle agissent plus ou moins inconsciemment et, en ne se laissant pas affecter par leurs états mentaux négatifs et par l'état de leurs esprits, ils appliquent la Loi de Neutralisation. Cependant, le Maître profite de cette loi à un degré bien plus élevé

encore ; par l'emploi de sa Volonté il atteint une Fermeté Mentale presque incroyable de la part de ceux qui se laissent balancer, tirer en avant puis en arrière par le pendule mental des sentiments. L'importance de ce que nous venons de dire sera appréciée de toute personne pensante qui comprend ce que sont les états d'esprit, les sentiments et les émotions de la grande majorité des gens qui nous entourent et voit combien peu sont maîtres d'eux-mêmes. Si vous vous arrêtez et que vous vouliez réfléchir un instant, vous comprendrez à quel
point ces oscillations Rythmiques vous ont affecté pendant votre vie, comment toute période d'Enthousiasme a été suivie d'un sentiment opposé, d'un état de Dépression profonde. De même vos moments de Courage ont été suivis de moments égaux de Crainte. Il en a toujours été ainsi de la grande majorité des individus ; ils se sont constamment laissés envahir par les hauts et les bas de leurs sentiments mais ils n'ont jamais soupçonné la cause ou la raison de ce phénomène mental, Celui qui aura parfaitement compris les agissements de ce Principe aura acquis la clef de la Maîtrise de ces oscillations rythmiques des sentiments ; celle-ci lui permettra de mieux se connaître lui-même et lui épargnera d'être tiraillé par ces flux et ces reflux successifs. La Volonté est supérieure à la manifestation consciente de ce Principe, bien que le Principe lui-même soit indestructible. Nous pouvons échapper à ses effets, mais le Principe n'en exerce pas

moins son action pour cela. Le pendule ne cesse pas un instant ses oscillations ; nous pouvons seulement éviter d'être emporté avec lui. Il existe d'autres détails sur la manière d'opérer du Principe du Rythme dont nous désirons parler en cet endroit. Il se mêle à ses opérations une loi qui est connue sous le nom de Loi de Compensation. Une des nombreuses significations du mot "Compenser" est "Contre-balancer", qui est le sens dans lequel les Hermétistes l'emploient. C'est à cette Loi de Compensation que le Kybalion fait allusion quand il dit : "La mesure de l'oscillation à droite est semblable à la mesure de l'oscillation à gauche ; le rythme est constant." La Loi de Compensation nous explique que l'oscillation dans une direction détermine l'oscillation dans la direction opposée ou vers le pôle opposé ; l'une balance, ou mieux, contre-balance l'autre. Nous voyons de nombreux exemples de cette Loi sur le Plan Physique. Le pendule de l'horloge parcourt une certaine distance à droite, puis il parcourt une égale distance à gauche. Les saisons se contrebalancent l'une l'autre de la même manière. Les marées suivent la même loi. C'est encore la même Loi qui se manifeste dans tous les phénomènes du Rythme. Si le pendule n'a qu'une faible oscillation dans une direction, il n'aura qu'une oscillation faible dans la direction opposée ; au contraire, une longue oscillation à droite signifie invariablement une longue oscillation à gauche. Un objet projeté à une certaine hauteur a une distance égale à parcourir à son retour. La force avec laquelle un projectile est envoyé à une hauteur d'un kilomètre est reproduite exactement quand ce projectile retombe sur la terre. Cette Loi

est constante sur le Plan Physique comme vous vous en rendrez compte si vous vous reportez aux auteurs les plus compétents. Mais les Hermétistes vont beaucoup plus loin. Ils enseignent que tout état mental humain est également sujet à cette Loi. L'homme qui s'amuse profondément, est sujet à souffrir profondément ; de même celui qui ne ressent qu'une peine légère est incapable de percevoir une grande joie. Le

porc souffre peu mentalement mais il n'a que peu de satisfaction mentale ; il est compensé. D'autre part il existe d'autres animaux qui sont

profondément heureux, mais dont l'organisme et le tempérament nerveux

sont l'occasion de très grandes souffrances. Il en est de même en ce qui concerne l'Homme. Il y a des tempéraments qui ressentent seulement de faibles degrés de plaisir mais en même temps de faibles degrés de souffrance ; il en est d'autres, au contraire, qui sont susceptibles de percevoir les joies les plus intenses mais en même temps les plus vives douleurs. La règle est que, dans chaque individu, les capacités pour le plaisir et la peine sont balancées. La Loi de Compensation agit donc pleinement ici. Les Hermétistes vont encore bien plus loin. Ils enseignent que tout individu avant d'être capable de ressentir un degré quelconque de plaisir, doit avoir oscillé d'une quantité proportionnelle vers le pôle opposé de ce sentiment. Ils affirment que le Négatif précède le Positif à ce sujet, c'est-à dire qu'un individu, s'il éprouve un certain degré de plaisir, n'est nullement obligé de "le rembourser" avec un degré correspondant de souffrance ; au contraire suivant la loi de Compensation, le plaisir est l'oscillation Rythmique succédant à une souffrance subie soit dans la vie présente, soit dans une incarnation antérieure. Cela jette une nouvelle Lumière sur les Problème de la Souffrance. Les Hermétistes considèrent que les vies successives forment une chaîne ininterrompue et que la vie actuelle d'un individu n'en est qu'un chaînon ; c'est ainsi que l'oscillation rythmique est comprise ; elle n'aurait aucune signification si la vérité de la réincarnation n'était pas admise. Les Hermétistes affirment que le Maître ou l'élève avancé est capable, à un degré considérable, d'éviter l'oscillation vers la Souffrance, grâce au procédé de Neutralisation, dont nous avons parlé plus haut. En s'élevant sur le plan supérieur du Moi, bien des choses qui arrivent à ceux qui habitent sur le plan inférieur peuvent être évitées. La Loi de Compensation joue un rôle important dans la vie des hommes et des femmes. On remarquera qu'un individu "paye" généralement tout ce qu'il possède ou tout ce qu'il acquiert. S'il possède une chose, une autre lui fait défaut ; la balance est en équilibre. Personne ne peut en même temps "conserver son argent et avoir son morceau de gâteau." Tout a son bon et son mauvais côté. Les choses qu'un individu gagne sont toujours payées par les choses qu'un individu perd. Le riche possède beaucoup de choses qui manquent au pauvre, mais le pauvre possède souvent des choses que le riche ne peut avoir. Le millionnaire peut avoir un faible pour les festins et la fortune nécessaire pour se payer le luxe et apporter les mets délicats sur sa table, mais il peut lui manquer l'appétit pour les goûter avec délices ; il peut envier l'appétit et la bonne digestion du laboureur qui n'a pas la fortune ni les goûts du millionnaire et qui se trouve plus heureux de sa nourriture simple que ne le serait le millionnaire même si son appétit n'était pas usé, ni sa digestion fatiguée ; les coutumes, les habitudes et les inclinations diffèrent. Il en est ainsi dans la vie. La Loi de Compensation est toujours en action, cherchant à balancer et à contre-balancer et atteignant toujours son but, même si plusieurs vies sont nécessaires pour que le Pendule du Rythme exécute son oscillation de retour.

CHAPITRE XII
La Causalité

"Toute Cause a son effet ; tout effet a sa cause ; tout arrive conformément à la Loi ; la Chance n'est qu'un nom donné à la Loi méconnue ; il y a de nombreux plans de causation, mais rien n'échappe à la Loi."

LE KYBALION.

Le Sixième Grand Principe hermétique, le Principe de la Cause et de l'Effet, implique la vérité que la Loi régit tout l'Univers, que rien n'arrive au hasard, que le Hasard n'est qu'un mot pour désigner une cause existante non reconnue et non comprise, que tout phénomène est continu, sans aucune exception. Le Principe de la Cause et de l'Effet se retrouve sous n'importe quelle pensée scientifique, ancienne et moderne ; il a été formulé par les Professeurs Hermétiques, dès les premiers jours. S'il y a eu des discussions nombreuses et variées entre les différentes écoles de la pensée, elles ont toujours eu principalement pour sujet les détails de l'opération du Principe et plus souvent encore elles n'ont été que des discussions de mots. Le Principe sous-jacent de la Cause et de l'Effet a été considéré comme pratiquement exact par tous les penseurs dignes de ce nom. Penser autrement serait éliminer les phénomènes de l'univers du domaine de la Loi et de l'Ordre, et les reléguer au contrôle de cette chose imaginaire que les hommes appellent le "Hasard". Un peu d'attention montrera à chacun qu'en réalité un pur Hasard n'existe pas. Webster le définit comme suit : "Un agent supposé ou un mode d'activité autre qu'une force, qu'une loi ou qu'un objet ; l'opération ou l'activité d'un tel agent ; son effet supposé ; un fait ; une chose fortuite ; un accident", etc. Mais un peu de réflexion vous montrera qu'il ne peut exister un agent tel que le "Hasard", dans le sens de quelque chose d'extérieur à la Loi, de quelque chose d'extérieur à la Cause et à l'Effet. Comment pourrait-il exister une chose, agissant dans l'univers phénoménal et indépendante de ses lois, dépourvue d'ordre et de continuité ? Une telle chose serait entièrement indépendante de la direction ordonnée de l'univers et par conséquent elle lui serait supérieure. Nous ne pouvons pas nous imaginer une chose située hors Du Tout qui serait extérieure à la Loi et cela simplement parce que Le Tout est la Loi en elle-même. Il n'existe pas dans l'univers un endroit où puisse se loger une chose extérieure et indépendante de la Loi. Son existence rendrait in-effectives toutes les Lois Naturelles et plongerait l'univers dans une illégalité et un désordre chaotiques. Un examen attentif montrera que ce que nous appelons "Hasard" est simplement un mot destiné à exprimer des causes obscures, des causes que nous ne pouvons percevoir, des causes que nous ne pouvons comprendre. Le mot Hasard dérive d'un mot signifiant "tombé" ; dans le sens de la chute d'un dé par exemple ; l'idée de la chute du dé et beaucoup d'autres faits semblables à attribuer à une cause quelconque. C'est le sens dans lequel le mot est généralement employé. Mais quand on étudie soigneusement la question, on voit que dans la chute du dé, il n'y a nul hasard. Toutes les fois qu'un dé tombe et amène un certain nombre, il obéit à une loi aussi infaillible que celle qui gouverne la révolution des planètes autour du soleil. Derrière la chute du dé, il existe des causes, tout un assemblage de causes qui s'étendent bien plus loin que l'esprit ne peut les suivre. La position du dé dans le cornet, la quantité d'énergie musculaire dépensée pour le renverser, la nature de la table, etc., etc., sont toutes des causes dont l'effet peut être constaté. Mais derrière ces causes visibles il y a des chaînes de causes invisibles dont chacune exerce une influence sur le nombre qu'amènera le dé dans sa chute. Si un dé est jeté un grand nombre de fois de suite, on s'apercevra que les nombres amenés seront à peu près égaux, c'est-à-dire qu'il y aura un nombre sensiblement égal de 1, de 2, de 3, etc. Lancez en l'air une pièce de deux sous ; il peut y avoir soit "pile" soit "face" ; mais recommencez la même opération un nombre suffisant de fois ; vous vous rendrez compte qu'approximativement, il est arrivé autant de fois "pile" que "face". C'est ainsi qu'opère la Loi de la Moyenne. La simple chiquenaude destinée à lancer la pièce de deux sous en l'air tombe sous le coup de la Loi de la Cause et de l'Effet ; si nous étions capables de pénétrer les causes invisibles, nous verrions clairement qu'il était matériellement impossible au dé de tomber d'une manière différente qu'il ne l'a fait, les circonstances et le moment étant les mêmes, naturellement. Les mêmes causes étant données, les mêmes résultats devront nécessairement suivre. Tout événement a sa "cause", son "pourquoi". Rien n'arrive jamais sans une cause ou mieux sans une succession de causes. Quelque confusion est née dans l'esprit des personnes qui ont étudié ce Principe, parce qu'elles étaient incapables d'expliquer comment une chose pouvait être cause d'une autre, c'est-à-dire pouvait être créatrice de la seconde chose. En réalité, jamais une "chose" ne cause ou ne "crée" une autre "chose". La Cause et l'Effet intéressent simplement les "événements". Un "événement" est "ce qui vient, ce qui arrive, ce qui se produit, comme résultat ou comme conséquence de quelque événement précèdent. Un "événement" ne crée pas un autre événement ; il en constitue un maillon dans la grande chaîne ordonnée des événements sortie de l'énergie créative Du Tout. Il y a une continuité entre tous les événements précédents, conséquents et subséquents. Il existe toujours un rapport entre tout événement qui s'est produit il y a quelques instants et un événement qui le suit, Une pierre se détache du sommet d'une montagne et vient traverser le toit d'une cabane située dans la vallée au-dessous. A première vue, nous sommes tentés de considérer cela comme un effet du hasard ; mais quand nous examinons plus en détail le cas, nous nous rendons compte qu'il y a une grande suite de causes derrière cet événement. D'abord, il y a la pluie qui a détrempé le terrain qui supportait la pierre et qui a permis à celle-ci de tomber ; derrière la pluie, il y a l'influence du soleil, d'autres pluies, etc., qui ont désagrégé graduellement le rocher et en ont séparé ce morceau de pierre ; par derrière encore, il y a les causes qui ont conduit à la formation de la montagne, son émergement du sol grâce aux convulsions de la nature et ainsi de suite à l'infini. Ainsi, nous pourrions chercher les causes qui ont produit la pluie ; nous pourrions étudier les causes de l'existence de la toiture de la petite cabane. En un mot, nous finirions par être mêlés à tout un imbroglio de causes et d'effets dont nous ne demanderions qu'à sortir. De même qu'un homme a deux parents, quatre grands parents, huit grands-grands-parents, seize grands-grands-grands-parents et ainsi de suite jusqu'à ce que le calcul de quarante générations amène le nombre des ancêtres à plusieurs millions, de même le nombre de causes qui se, trouvent derrière l'événement ou le phénomène le plus minime, par exemple le passage d'un petit morceau de suie devant votre oeil, devient excessivement élevé. Ce n'est pas une tâche aisée de tracer l'histoire de ce morceau de suie depuis les jours primitifs de l'histoire du monde où il

formait une partie d'un tronc d'arbre massif qui fut plus tard converti en charbon, et ainsi de suite, jusqu'à ce qu'il soit devenu le morceau de suie qui passe devant vos yeux destiné à d'autres aventures innombrables. Une longue suite d'événements de causes et d'effets l'a conduit à sa condition présente ; le dernier événement n'est qu'un maillon de la chaîne des événements qui produiront encore d'autres événements dans des centaines d'années. Quelques faits causés par ce simple morceau de suie sont l'écriture de ces lignes qui a obligé le typographe et le correcteur des

épreuves à accomplir un certain travail, et qui éveillera certaines pensées

dans votre esprit et dans celui des autres, lequel à son tour en influencera

d'autres et ainsi de suite, tout cela à cause du passage d'un infime morceau de suie. Ce que nous venons de dire montre bien la relativité et
l'association des choses et ce fait plus profond "qu'il n'y a ni grandes ni
petites choses dans l'Esprit qui a tout créé." Arrêtez-vous et réfléchissez un instant. Si un certain homme n'avait pas rencontré une certaine femme dans la période obscure de l'Age de Pierre, vous qui lisez ces lignes, vous ne seriez pas ici en ce moment. Et si le même couple ne s'était pas rencontré, peut-être nous, qui écrivons ces lignes, ne serions-nous pas ici. L'acte d'écrire, de notre part, et l'acte de lire, de la vôtre, influenceront non seulement les vies respectives de chacun de nous, mais pourront avoir une influence directe ou indirecte sur un grand nombre d'individus actuellement vivants ou qui vivront dans les âges à venir. Toute pensée que nous avons, tout acte que nous accomplissons, a ses résultats directs et indirects qui tiennent leur place dans la grande chaîne de la Cause et de l'Effet. Dans cet ouvrage, pour diverses raisons, nous ne voulons pas parler longuement du Libre Arbitre et du Déterminisme. Parmi ces nombreuses raisons une des principales est qu'aucun côté de la controverse n'est entièrement exact ; en fait les deux théories sont partiellement vraies si l'on s'en rapporte aux Enseignements hermétiques. Le Principe de Polarité montre que toutes deux ne sont que des demi-Vérités, les pôles opposés de la Vérité. La Doctrine enseigne

qu'un homme peut être à la fois Libre ou Lié par une nécessité quelconque ; tout dépend du sens des mots et de la hauteur de la Vérité d'où la question est examinée. Les anciens écrivains examinaient le sujet comme il suit : "Plus la création est éloignée du Centre, plus elle est déterminée ; plus elle se rapproche du Centre plus elle est près de la Liberté." La grande majorité des gens est plus ou moins esclave de l'hérédité, de l'entourage, etc., et ne possède la Liberté que dans une faible mesure. Les

individus sont maniés par les opinions, les habitudes et les pensées du monde extérieur et aussi par leurs émotions, leurs sentiments et leurs états d'esprit, etc. Ils ne manifestent rien qui soit digne du nom de Maîtrise. Ils repoussent d'ailleurs avec indignation cette affirmation, disant : "Certainement je suis libre d'agir et de faire comme il me plaît ; je fais toujours ce que je veux" ; mais ils oublient d'expliquer d'où surgissent leurs "comme il plaît" et leurs "ce que je veux". Qu'est-ce qui leur fait "préférer" une chose à une autre ? Qu'est-ce qui les fait "vouloir" ceci et non pas cela ? N'y a-t-il pas un "pourquoi" à leur "bon plaisir" et à leur "volonté" ? Le Maître peut changer ses "bons plaisirs" et ses "volontés" en d'autres sentiments situés à l'extrémité opposée du pôle mental. Il est capable de "vouloir vouloir", au lieu de vouloir parce qu'un sentiment quelconque, un état d'esprit, une émotion, ou une suggestion environnante éveille en lui un désir ou une tendance à agir ainsi. La grande majorité des gens se laisse conduire comme la pierre qui roule sur la montagne, obéissant à leur entourage, aux influences extérieures et à leurs états d'esprit intimes, à leurs désirs, etc., pour ne pas parler des désirs et des volontés des individus plus forts qu'eux-mêmes, de l'hérédité, de la suggestion qu'ils rencontrent à chaque pas, les menant sans la moindre résistance et sans la moindre opposition de Volonté. Mus

comme des pions sur l'échiquier de la vie, ils jouent leur rôle et sont mis de côté quand la partie est finie. Mais les Maîtres, connaissant les règles du jeu, s'élèvent au-dessus du plan de vie matériel et se mettant en contact avec les pouvoirs supérieurs de la nature, ils dominent leurs propres inclinations, leur caractère, leurs qualités et leurs défauts, leur polarité, aussi bien que tout ce qui les entoure, ils deviennent ainsi les joueurs dans la grande partie au lieu d'être les pions ; ils sont les Causes au lieu d'être les Effets. Les Maîtres n'échappent pas à la Causalité des plans supérieurs, mais ils s'assimilent leurs lois ; ainsi, ils dominent les circonstances sur les plans inférieurs. Ils forment une partie consciente de la Loi, au lieu d'en être des instruments inconscients. Pendant qu'ils Servent sur le Plan Supérieur, ils sont Maîtres sur le Plan Matériel. Qu'il s'agisse des plans supérieurs ou des plans inférieurs, la Loi est constamment en action. Le Hasard n'existe pas. La déesse aveugle est abolie par la Raison. Nous sommes capables, maintenant, de voir avec des yeux rendus clairvoyants par le savoir, que tout est gouverné par LA

LOI Universelle, que la quantité innombrable de lois n'est qu'une manifestation de la Seule Grande Loi, de la Loi qui est Le Tout. C'est une vérité que pas un moineau n'existe insoupçonné de l'Esprit Du Tout, que même les cheveux qui se trouvent sur notre tête sont comptés exactement, comme l'ont dit les écritures. Rien n'existe en dehors de la Loi, rien n'arrive en opposition avec elle. Surtout ne commettez pas l'erreur de supposer que l'Homme n'est qu'un automate aveugle ; loin de là. Les Enseignements hermétiques nous disent que l'homme peut se servir de la Loi pour maîtriser les lois et que la volonté supérieure prévaut toujours contre la volonté inférieure jusqu'au moment où elle atteint l'état par lequel elle cherche refuge dans la Loi elle-même et par lequel elle oblige les lois phénoménales à s'incliner. Saisissez-vous bien la signification intime de tout cela ?

CHAPITRE XIII
Le Genre

"Il y a un genre en toutes choses ; tout a ses Principes Masculin et Féminin ; le Genre se manifeste sur tous les plans."

LE KYBALION.

Le Septième grand Principe hermétique, le Principe du Genre, implique la vérité que le Genre se manifeste dans toute chose, que les principes Masculin et Féminin sont toujours présents et actifs dans toutes les phases d'un phénomène, sur n'importe quel plan de vie. A cet endroit, nous croyons utile d'attirer votre attention sur le fait que le Genre dans son sens hermétique et le Sexe dans le sens ordinaire du mot, ne sont nullement la même chose. Le mot "Genre" dérive d'une racine latine signifiant "engendrer, procréer, faire naître, créer, produire". Un moment d'attention vous montrera que ce mot a une signification plus large et plus générale que le mot "Sexe,", ce dernier se rapportant aux distinctions physiques existant entre les choses vivantes, mâles et femelles. Le Sexe est simplement une manifestation du genre sur un certain plan du Grand Plan Physique, le plan de la vie organique. Nous voudrions imprimer cette différence dans votre esprit car quelques écrivains, qui ont acquis seulement une connaissance superficielle de la Philosophie hermétique, ont cherché à identifier ce Septième Principe Hermétique, avec les théories et les enseignements étranges, fantaisistes et souvent répréhensibles concernant le Sexe. Le but du Genre est seulement de créer, de produire, d'engendrer etc., et ses manifestations sont visibles sur n'importe quel plan de la vie phénoménale. Il y a quelques difficultés à produire des preuves scientifiques à ce sujet parce que la science n'a pas encore reconnu ce Principe comme étant d'une application universelle. Cependant quelques preuves proviennent de sources scientifiques. D'abord nous trouvons une manifestation très nette du Principe du Genre parmi les corpuscules, les ions et les électrons qui constituent la base de la matière ainsi que le reconnaît la science, et qui, en se combinant d'une certaine manière donnent naissance à l'Atome, lequel, il n'y a pas bien longtemps encore, était considéré comme un et indivisible. Le dernier mot de la science est que l'atome est composé d'une multitude de corpuscules, d'électrons et d'ions, (ces divers noms étant appliqués par plusieurs auteurs compétents), tournant les uns autour des autres et pourvus de vibrations de très haute intensité. Mais la science ajoute que la formation de l'atome est due en réalité au groupement de corpuscules négatifs autour de corpuscules positifs ; les corpuscules positifs semblent donc exercer une certaine influence sur les corpuscules négatifs, obligeant ceux-ci à exécuter certaines combinaisons et à "créer", à "engendrer" un atome. Cela va de pair avec les Enseignements hermétiques les plus anciens qui ont toujours identifié le principe Masculin du Genre avec le pôle électrique "Positif", et le principe Féminin avec le pôle "Négatif". Maintenant, un mot concernant cette identification l'esprit public s'est formé une impression entièrement erronée sur les qualités de ce qu'on appelle pôle "Négatif" de la Matière électrisée ou magnétisée. Les mots Positif et Négatif sont appliqués à ces phénomènes par la science d'une manière tout à fait fausse. Le mot Positif signifie quelque chose de réel et de puissant, comparé à une faiblesse ou à une irréalité Négative. Rien n'est plus éloigné de la réalité en ce qui concerne les phénomènes électriques. Ce qu'on appelle le pôle Négatif de la pile est en réalité le pôle dans lequel et par lequel la génération et la production de nouvelles formes d'énergie se manifeste. Il n'y a rien de "négatif". Les auteurs scientifiques les plus compétents se servent maintenant du mot "Cathode" au lieu de "Pôle négatif", Cathode venant d'une racine grecque signifiant "descente, voie de génération", etc. De la Cathode sort l'essaim d'électrons et de corpuscules ; du même pôle émergent ces merveilleux "rayons cathodiques" qui ont révolutionné les conceptions scientifiques durant les dix dernières années. La Cathode est la Mère de tous les étranges phénomènes qui ont rendu inutiles les vieux ouvrages de physique et qui ont fait reléguer de nombreuses théories acceptées depuis longtemps dans le domaine de la spéculation scientifique. La Cathode, ou Pôle Négatif, est le Principe Maternel des Phénomènes Electriques et des formes de matière les plus délicates connues de la science jusqu'à ce jour. Vous voyez donc que nous avons raison de refuser d'utiliser le mot "Négatif" pour le sujet qui nous occupe et d'insister pour qu'on substitue à l'ancienne expression le mot "Féminin". Les faits que nous voyons chaque jour nous conduisent à cette conclusion sans avoir besoin de nous reporter à la Doctrine hermétique. Nous nous servirons donc du mot "Féminin" à la place de "Négatif" en parlant de ce pôle d'activité. Les derniers, enseignements scientifiques affirment que les corpuscules ou les électrons créatifs sont Féminins ; la science dit "qu'ils sont composés d'électricité négative" ; nous, nous disons qu'ils sont composés d'énergie Féminine. Un corpuscule Féminin se détache ou plus exactement quitte un corpuscule Masculin et entreprend une nouvelle carrière. Il recherche activement une union avec un corpuscule Masculin, étant porté à cela par l'impulsion naturelle de créer des formes nouvelles de Matière et d'Energie. Un auteur connu va plus loin encore et affirme "qu'il cherche immédiatement cette conjugaison de sa propre volonté" etc. Ce détachement, cette union constituent la base de la plus grande partie des activités du monde chimique. Quand le corpuscule Féminin s'unit au corpuscule Masculin, un certain processus commence. Les particules Féminines se mettent à vibrer sous l'influence de l'énergie Masculine et tournent avec rapidité autour des corpuscules Masculins. Il en résulte la naissance d'un nouvel atome. Ce nouvel atome est donc en réalité composé d'électrons ou corpuscules Masculins et Féminins ; mais quand l'union est accomplie, l'atome est une chose séparée possédant des propriétés spéciales et ne manifestant plus les propriétés de l'électricité libre. Le processus du détachement ou de la séparation des électrons Féminins s'appelle "ionisation". Ces électrons ou corpuscules sont les travailleurs les plus actifs du grand champ de la nature. De leur union et de leurs combinaisons, sortent les divers phénomènes de lumière, de chaleur, d'électricité, de magnétisme, d'attraction, de répulsion, d'affinité chimique, de non-affinité chimique, et tous les autres phénomènes de même nature. Cela est dû à l'opération du Principe du Genre sur le plan de l'Energie. Le rôle du principe Masculin semble être de diriger vers le principe Féminin une certaine énergie inhérente, et de mettre ainsi en activité le processus créatif. Mais le principe Féminin est toujours celui qui accomplit le travail actif créateur ; il en est ainsi sur tous les plans. Et cependant l'un ou l'autre principe isolé est incapable de créer sans l'assistance de l'autre. Dans quelques formes de vie, les deux principes sont combinés dans un même organisme. Tout, dans le monde organique manifeste les deux genres ; la forme Masculine est toujours présente dans la forme Féminine, et vice-versa. La Doctrine hermétique insiste beaucoup sur l'opération des deux principes du Genre dans la production et dans la manifestation des différentes formes d'énergie, mais nous ne croyons pas utile d'entrer dans beaucoup de détails à ce sujet, parce que nous sommes incapables de confirmer ces vérités à l'aide de preuves scientifiques, pour cette raison que la science n'a pas encore approfondi suffisamment la question. Mais l'exemple que nous avons donné de l'activité des électrons et des corpuscules vous montrera que la science est sur la bonne voie et vous donnera aussi une idée générale des premiers principes. Quelques éminents investigateurs scientifiques ont annoncé qu'ils croyaient que dans la formation du cristal, on devait trouver quelque chose correspondant à "l'activité sexuelle" ; ce nouveau fait montre bien dans quelle direction soufflent les vents de la science. Chaque année apportera de nouveaux faits qui viendront prouver l'exactitude du Principe hermétique du Genre. On s'apercevra que le Genre opère et se manifeste constamment dans le champ de la matière inorganique et dans le champ de l'énergie et de la force. L'Electricité est généralement considérée aujourd'hui comme le "quelque chose" dans lequel toutes les autres formes d'énergie semblent se fondre et se dissoudre. La "Théorie Electrique de l'Univers" est la doctrine scientifique la plus moderne ; elle devient de plus en plus populaire et ceux qui l'acceptent deviennent de plus en plus nombreux. Il résulte de ce que nous avons dit que, si nous sommes capables de découvrir dans les phénomènes électriques, même à la source de leurs manifestations, l'évidence claire et nette de la présence du Genre et de son activité, nous avons raison de vous demander de croire que la science finira par découvrir les preuves de l'existence, dans tous les phénomènes universels, de ce grand Principe hermétique, le Principe du Genre. Il n'est pas utile de vous importuner avec les phénomènes si connu de "l'attraction et de la répulsion" des atomes, de l'affinité chimique, des "amours et des haines" des particules atomiques, de l'attraction et de la cohésion entre les molécules de matière. Ces faits sont trop connus pour nécessiter de notre part des commentaires étendus. Mais vous êtes-vous jamais douté que tous ces faits étaient des manifestations du Principe du Genre ? Avez-vous jamais pensé que ces phénomènes étaient symétriques aux phénomènes des électrons et des corpuscules ?

Vous avez sans doute souvent constaté la modération de la Doctrine hermétique, cependant elle affirme que même la Loi de la Gravitation, cette étrange attraction par laquelle toutes les particules et tous les corps de matière tendent dans l'univers les uns vers les autres, est aussi une manifestation du Principe du Genre ; dans ce cas, il opère en attirant les énergies Masculines vers les énergies Féminines et vice-versa. Nous ne pouvons actuellement vous donner des preuves scientifiques de ce fait ; mais examinez les phénomènes dans la lumière que la Doctrine hermétique répand sur le sujet, et voyez si vous n'avez pas une hypothèse incomparablement meilleure que n'importe quelle autre, fournie par la science physique. Essayez pour tous les phénomènes matériels et vous verrez le Principe du Genre toujours en évidence. Passons maintenant à l'étude de l'opération de ce Principe sur le Plan Mental. De nombreux faits intéressants attendent d'être étudiés.

CHAPITRE XIV
Le Genre Mental

Les étudiants en psychologie qui ont suivi la direction moderne de la pensée dans les phénomènes mentaux sont frappés par la persistance de l'idée d'un esprit double qui s'est manifestée puissamment dans les dix ou quinze dernières années et qui a donné naissance à un grand nombre de théories plausibles concernant la nature et la constitution de ces "deux esprits". Thomson

J. Hudson s'est acquis une grande popularité en 1893 en avançant sa théorie bien connue de "l'esprit subjectif et de l'esprit objectif" qu'il affirmait exister conjointement dans chaque individu. D'autres auteurs se sont attiré une attention au moins égale avec leurs théories concernant "l'esprit conscient et subconscient", "l'esprit volontaire et involontaire", "l'esprit actif et l'esprit passif", etc., etc. Les théories de ces différents philosophes diffèrent les unes des autres, mais il subsiste cependant dans tout le principe de la "dualité de l'esprit." L'étudiant en Philosophie hermétique est tenté de sourire quand il lit ou quand il entend parler de ces "théories nouvelles" au sujet de la dualité de l'esprit, chaque école se confinant avec ténacité dans ses propres idées
et proclamant toujours partout avoir "découvert la vérité". L'étudiant se reporte aux pages de l'histoire occulte et, tout au commencement des Enseignements secrets il retrouve des références à l'Ancienne doctrine hermétique du Principe du Genre sur le Plan Mental, la manifestation du Genre Mental. En examinant tout cela avec attention, il se rend compte que la philosophie ancienne avait connaissance du phénomène de la "dualité de l'esprit" et en tenait compte dans sa théorie du Genre Mental. Cette idée du Genre Mental peut être expliquée en quelques mots aux étudiants qui sont familiarisés avec les théories modernes qui y font allusion. Le Principe Masculin de l'Esprit correspond à ce qu'on appelle l'Esprit Objectif, l'Esprit Conscient, l'Esprit Volontaire, l'Esprit Actif, etc. Le Principe

Féminin de l'Esprit correspond à ce qu'on appelle l'Esprit Subjectif, l'Esprit Subconscient, l'Esprit Involontaire, l'Esprit Passif, etc. Naturellement, les Enseignements hermétiques n'acceptent pas les nombreuses théories modernes concernant la nature des deux phases de l'esprit, de même qu'ils n'admettent pas un grand nombre de faits attribués à ses deux aspects respectifs, quelques-unes de ces théories et de ces affirmations étant très superficielles et incapables de fournir des expériences et des démonstrations concluantes. Nous insistons surtout sur les ressemblances de ces diverses théories dans le but de permettre à l'étudiant d'assimiler ses connaissances précédemment acquises avec les enseignements de la Philosophie hermétique. Les élèves de Hudson remarquèrent ce jugement qui se trouve au commencement de son deuxième, chapitre de "La Loi des Phénomènes Psychiques" et que voici : "Le jargon mystique des philosophes hermétiques découvre la même idée générale", c'est-à-dire la dualité de l'esprit. Si le Docteur Hudson avait pris le temps et la peine de déchiffrer un peu du jargon mystique des philosophes hermétiques", il aurait pu acquérir beaucoup de lumière au sujet de la "dualité de l'esprit", mais, alors, sans doute, son très intéressant ouvrage n'aurait pas été écrit. Voyons maintenant ce que nous disent les Enseignements hermétiques concernant le Genre Mental. Les Professeurs hermétiques commencent leur enseignement à ce sujet en priant les élèves d'examiner le rapport de leur conscience au sujet de leur Moi. L'étudiant est prié de diriger son attention sur le Moi qui se trouve dans chaque individu. Il est amené à constater que sa conscience lui montre d'abord l'existence du Moi ; il en conclut : "Je suis". Au premier abord, cette affirmation semble le dernier mot de la conscience, mais un examen plus attentif découvre le fait que ce "Je suis" peut être divisé en deux parties distinctes, en deux aspects qui, bien que travaillant en union et en conjugaison intime, peuvent cependant être séparés. Tandis qu'au premier abord, il semble n'exister qu'un "Je", une étude plus profonde à plus attentive révèle l'existence d'un "Je" et d'un "Moi". Ces deux frères mentaux diffèrent dans leur nature et dans leurs caractéristiques réciproques ; l'examen de leur nature et des phénomènes qui émanent de la même volonté pourra jeter une grande lumière sur bien des problèmes de l'influence mentale. Commençons par considérer le "Moi" qui est fréquemment confondu avec le "Je" par l'élève, tant qu'il n'a pas poussé son enquête jusque dans le dédale de la conscience. Un homme considère son Etre, sous son aspect du "Moi" comme composé de certains sentiments, de certains goûts, de dégoûts, d'habitudes, de tics et de caractéristiques particulières, qui contribuent tous à former sa personnalité ou le "Moi" que lui-même et ses compagnons connaissent. Il sait que les sentiments et les émotions changent, qu'ils naissent et meurent, qu'ils sont sujets au Principe de Polarité qui le porte d'un sentiment extrême au sentiment contraire. Il considère que son "Moi" n'est autre chose qu'une certaine connaissance qu'il a acquise et qui forme ainsi une partie de lui-même. C'est cela le "Moi" d'un homme. Mais nous sommes allés trop vite. On peut dire que le "Moi" de beaucoup d'individus consiste surtout dans la conscience du corps et de ses appétits physiques. Leur conscience étant imbue de la nature de leur corps, leur vie est donc pratiquement dirigée dans ce sens. Quelques hommes vont même jusqu'à penser que leur "machine physique" est une partie de leur "Moi" ; ils la considèrent comme une partie d'eux-mêmes. Un auteur humoriste a écrit avec beaucoup de vérité que "l'homme est formé de trois choses essentielles : l'âme, le corps et les habits". Ces individus ainsi "habillés" perdraient leur personnalité si, par hasard, des sauvages venaient à les dépouiller de leurs vêtements après un naufrage par exemple. Mais, même ceux qui ne sont pas aussi étroitement butés dans cette idée de "vêtements", croient fermement que leur enveloppe physique fait partie de leur "Moi" et même est ce "Moi" lui-même. Ils ne conçoivent pas un "Moi" indépendant de leur corps. Leur esprit leur paraît être pratiquement une "chose appartenant" à leur corps, ce qui est d'ailleurs vrai dans un grand nombre de cas. Mais au fur et à mesure qu'un homme s'élève sur l'échelle de la conscience, il devient capable de séparer l'idée du "Moi" de l'idée du corps ; il pense que son enveloppe physique "appartient" à la partie mentale qui se trouve en lui. Mais, même à ce moment, il peut encore identifier entièrement ce "Moi" avec les états mentaux, les sentiments qu'il sait exister en lui. Il peut encore considérer ces états internes identiques avec lui-même, au lieu de les considérer simplement comme des "choses" produites par une petite partie de sa mentalité et existant à l'intérieur de lui, mais n'étant pas cependant "lui-même". Il voit qu'il peut changer ces états intérieurs de sentiments par un effort de la volonté et qu'il peut produire un sentiment ou un état d'une nature exactement opposée ; cependant, il se rend compte que c'est toujours le même "Moi" qui existe. Ainsi au bout d'un certain temps, il devient capable de mettre de côté ses divers états mentaux, ses émotions, ses sentiments, ses habitudes, ses qualités, ses caractéristiques et toutes les autres choses mentales qui lui appartiennent ; il devient capable de les considérer comme faisant partie de cette collection de curiosités et de choses encombrantes qu'on appelle le "Non Moi". Cela nécessite une grande concentration mentale et un pouvoir d'analyse considérable de la part de l'élève. Cependant, le travail est possible pour l'adepte ; même ceux qui ne sont pas aussi avancés sont

susceptibles de voir, en imagination, comment ce processus peut s'accomplir. Une fois que l'élève, comme nous venons de le dire, a fini de mettre de côté comme faisant du non-moi les sentiments qui habitent son esprit, il s'aperçoit qu'il est en possession consciente d'un Etre qu'il peut considérer sous le double aspect du "Moi" et du "Je". Le "Moi" sera perçu comme une

Chose Mentale dans laquelle les pensées, les idées, les émotions, les sentiments et les autres états mentaux peuvent être produits. Il peut être considéré comme le "sein mental", c'est ainsi que les anciens l'appelaient, capable d'enfanter les fils mentaux. Il apparaît à la conscience comme un "Moi" doué du pouvoir latent de créer et d'engendrer une progéniture mentale de n'importe quelle nature. Ses pouvoirs d'énergie créative sont énormes. Et encore, il semble qu'il reçoive quelque forme d'énergie soit de son compagnon, le "Je", soit d'autres "Je" extérieurs à lui pour être capable de réaliser matériellement ses créations mentales. Il résulte de cela qu'il se constitue une capacité énorme de travail mental et d'habileté créatrice. Mais l'étudiant se rend vite compte qu'il ne trouve pas seulement cela dans sa conscience intime. Il trouve qu'il existe une Chose mentale qui est capable de Vouloir que le "Moi" agisse dans une direction créatrice et qui est également capable de se tenir en dehors de la création mentale et de se comporter vis-à-vis d'elle comme un spectateur. Cette partie de lui-même, il est porté à l'appeler "Je". Il peut se reposer à volonté sur sa connaissance. Il trouve dans ce "Je", non pas une faculté d'engendrer et de créer activement, dans le sens du processus graduel ordinaire des opérations mentales, mais une faculté de projeter une énergie du "Je" Vers le "Moi", une faculté de "vouloir" que la création mentale commence et suive régulièrement son cours. Il s'aperçoit également que le "Je" est capable de rester neutre, de rester témoin inactif des créations et des générations mentales du "Moi". Ce double aspect de l'esprit se trouve dans tout individu. Le "Je" représente le Principe Masculin du Genre Mental ; le "Moi" représente le Principe Féminin. Le "Je" est l'aspect de l'Etre ; le "Moi" est l'Aspect du Devenir. Vous remarquerez que le Principe de Correspondance opère sur ce plan de la même manière qu'il opère sur le grand plan sur lequel la création des Univers s'accomplit. Les deux plans sont de nature semblable, bien qu'ils soient profondément différents en degrés. "Ce qui est en Haut est comme ce qui est en Bas ; ce qui est en Bas est comme ce qui est en Haut." Ces différents aspects de l'esprit, les Principes Masculin et Féminin, le "Je" et le "Moi", considérés en liaison avec les phénomènes psychiques et mentaux, bien connus donnent la maîtresse-clef qui permet de pénétrer jusqu'aux régions inconnues et profondément obscures de l'opération et de la manifestation mentale. Le principe du Genre Mental montre la vérité qui se cache dans le vaste champ des phénomènes de l'influence mentale. Le Principe Féminin tend constamment à recevoir des impressions, tandis que le Principe Masculin tend à les donner et à les exprimer. Le Principe Féminin travaille à engendrer des pensées, des idées nouvelles, il assume le travail de l'imagination. Le Principe Masculin se contente d'assumer le travail de la "Volonté", dans ses diverses phases. Et même, privé de l'aide active de la Volonté du Principe Masculin, le Principe Féminin est apte là engendrer des images mentales qui sont le résultat d'impressions reçues du dehors, au lieu de produire des créations mentales originales. Les individus qui sont capables d'accorder une attention continue et de penser constamment à un sujet, emploient les deux Principes mentaux, le Principe Féminin pour le travail d'une génération mentale active et la Volonté Masculine pour stimuler et pour renforcer la portion créative de l'esprit. La grande majorité des individus n'emploient en réalité le Principe Masculin que faiblement ; ils se contentent de vivre conformément aux pensées et aux idées envoyées dans leur "Moi" par le "Je" de l'esprit des autres individus. Mais notre intention n'est pas d'insister longuement sur cette partie du sujet que l'on peut étudier dans n'importe quel bon ouvrage de psychologie, avec la clef que nous avons donnée en ce qui concerne le Genre Mental. Celui qui étudie les phénomènes psychiques est instruit des merveilleux phénomènes classés sous le nom de Télépsychie, de Transmission de pensée, d'Influence Mentale, de Suggestion, d'Hypnotisme, etc. Un grand nombre de gens ont cherché une explication de ces différentes phases de phénomènes dans les théories des divers professeurs qui préconisent la "dualité de l'esprit". Ils ont raison dans une certaine mesure, car il y a très nettement dans ces phénomènes une manifestation de deux phases distinctes d'activité mentale. Mais, si ces élèves considéraient cette "dualité de l'esprit" à la lumière des Enseignements hermétiques concernant les Vibrations et le Genre Mental, ils verraient que la clef qu'ils recherchent depuis longtemps se trouve à portée de leur main. Dans le phénomène de la Télépsychie, on voit comment l'Energie Vibratoire du Principe Masculin est projetée vers le Principe Féminin d'un autre individu et comment ce dernier s'empare du germe de pensée et lui permet de se développer jusqu'à maturité complète. La Suggestion et l'Hypnotisme opèrent de la même manière. Le Principe Masculin de l'individu qui donne la suggestion dirige un courant d'Energie Vibratoire ou de Pouvoir de Volonté vers le Principe Féminin de l'autre individu et celui-ci l'accepte, la fait sienne, puis agit et pense en conséquence. Une idée ainsi logée dans l'esprit d'une autre personne croît et se développe et finit par être considérée comme le véritable fils mental de l'individu, tandis qu'en réalité elle est comme l'œuf du coucou placée dans le nid du moineau où il détruit la véritable descendance et fait sa maison du nid de son hôte. La méthode normale consiste à coordonner et à faire agir harmonieusement dans l'esprit de l'individu les principes Masculin et Féminin en liaison étroite l'un avec l'autre. Malheureusement, chez la grande majorité des gens, le Principe Masculin est paresseux, la quantité de Pouvoir de Volonté est trop faible ; il en résulte que ces individus se laissent entièrement mener par les esprits et la volonté des autres personnes à qui ils permettent de penser et de vouloir à leur place. Comment des actes ou des pensées originales peuvent-ils être accomplis par ces individus paresseux ? La plupart des gens n'est-elle pas un écho, une simple ombre de ceux qui ont une volonté et un esprit plus puissants qu'eux ? Le mal est que les personnes paresseuses agissent toujours avec la conscience du "Moi" ; ils ne comprennent pas l'existence d'une chose telle que le "Je". Elles sont polarisées dans le Principe Féminin de l'Esprit et le Principe Masculin, dans lequel se loge la Volonté, reste inactif et n'est pas employé. Les hommes et les femmes vraiment puissants utilisent invariablement le Principe Masculin de la Volonté, et c'est à ce fait qu'ils doivent matériellement leur force. Au lieu de vivre sur les impressions créées dans leur esprit par celui des autres, ils dominent leur propre esprit par leur Volonté ce qui leur permet d'obtenir les images mentales qu'ils désirent et même de dominer par le même procédé l'esprit des autres individus. Regardez les gens puissants ; voyez comment ils font pour implanter leurs pensées dans l'esprit des foules, obligeant celles-ci à entretenir des idées conformes à leurs désirs et à leurs volontés. C'est pour cette raison que ces foules se laissent mener comme des troupeaux, ne manifestant jamais une pensée originale et ne se servant même pas de leur propre pouvoir d'activité mentale. On peut voir le Genre Mental se manifester autour de nous à toute heure de notre vie. Les individus magnétiques sont ceux qui sont capables d'utiliser le Principe Masculin pour imprimer leurs idées chez les autres personnes. L'acteur qui fait pleurer, rire ou crier les spectateurs à volonté, se sert de ce Principe. Il en est de même de l'orateur applaudi, de l'homme d'Etat, du prédicateur, de l'écrivain ou de tout autre individu susceptible d'attirer l'attention du grand public. L'influence particulière exercée par certaines personnes sur leur entourage est due à la manifestation du Genre Mental, employé dans la direction Vibratoire, comme nous l'avons déjà dit. Dans ce principe gît le secret du magnétisme, de l'influence personnelle, de la fascination, etc., en même temps que le secret de tous les phénomènes généralement groupés sous le nom d'Hypnotisme. L'élève qui s'est familiarisé avec les phénomènes usuellement appelés phénomènes "psychiques" aura découvert le rôle important joué dans ces phénomènes par cette force que, la science a appelée la "Suggestion", mot par lequel on veut dire le procédé ou la méthode par laquelle une idée est transférée, imprimée dans l'esprit d'un autre individu, obligeant cet autre esprit à agir conformément à la volonté de celui qui donne la suggestion. Une compréhension correcte de la Suggestion est nécessairement indispensable pour saisir intelligemment les divers phénomènes psychiques qui en découlent. Mais ce qui est encore plus nécessaire pour l'étudiant, c'est une connaissance exacte de la Vibration et du Genre Mental, car, le Principe entier de la Suggestion dépend du principe du

Genre Mental et du principe de Vibration. Les Hypnotiseurs et ceux qui professent la Suggestion ont l'habitude d'expliquer que c'est l'esprit "objectif ou volontaire" qui fait l'impression mentale, la suggestion sur l'esprit "subjectif ou involontaire." Mais ils ne décrivent pas le processus ou ne nous donnent pas d'exemple bien net de nature à nous faire comprendre clairement cette idée. Si vous étudiez le sujet à la lumière des Enseignements hermétiques, vous serez capable de voir que la stimulation du Principe Féminin par l'Energie Vibratoire du Principe Masculin est tout à fait conforme aux lois universelles de la nature et que le monde naturel nous montre d'innombrables exemples tendant à bien faire comprendre le Principe. En fait, les Enseignements hermétiques montrent que la création de l'Univers suit la même loi et que, dans toute manifestation créatrice, que ce soit sur les plans physique, spirituel ou mental, c'est toujours le Principe du Genre, c'est-à-dire la manifestation des Principes Masculin et Féminin, qui opère. "Ce qui est en Haut est comme ce qui est en Bas ; ce qui est en Bas est comme ce qui est en Haut". Mieux encore, une fois que le principe du Genre Mental est parfaitement compris, les divers phénomènes de la Psychologie deviennent de suite susceptibles d'être classés et étudiés intelligemment, au lieu de rester profondément obscurs. Pratiquement, le Principe "travaille activement", parce qu'il est basé sur les lois universelles et immuables de la vie. Nous ne ferons pas une discussion ni une description détaillée des divers phénomènes de l'influence ou de l'activité mentales. De nombreux ouvrages, dont quelques-uns sont excellents, ont été écrits sur cette question dans ces dernières années. L'élève peut se reporter à ces ouvrages (Se reporter, pour développements, aux deux ouvrages de M. Henri Durville : Cours de Magnétisme personnel et la Science secrète.) ; en utilisant la théorie du Genre Mental, il sera capable de sortir victorieux du chaos de théories et d'enseignements contraires ; il pourra, s'il se sent les dispositions nécessaires, devenir lui-même un maître de la question. Notre but n'est pas de faire un récit détaillé des phénomènes psychiques, mais de donner à l'étudiant une clef qui lui permette d'ouvrir les innombrables portes qui ferment le Temple de la Connaissance qu'il désire explorer. Nous espérons que, dans cette étude des enseignements du Kybalion, on trouvera les éclaircissements susceptibles de résoudre de nombreuses difficultés embarrassantes, une maîtresse-clef capable d'ouvrir de nombreuses portes. Tandis qu'il est d'usage d'entrer dans des détails approfondis sur les innombrables phases des phénomènes psychiques et de la science mentale, nous avons préféré placer dans les mains de nos élèves les moyens d'aborder avec succès n'importe quel sujet susceptible de les intéresser. Avec l'aide du Kybalion, tout individu peut entreprendre n'importe quel ouvrage occulte, la vieille Lumière de l'Egypte éclairant de nombreuses pages obscures et de nombreux sujets impénétrables. Tel est le but de cet ouvrage. Nous n'avons pas expliqué une philosophie nouvelle ; nous avons fourni les grandes lignes d'un enseignement mondial, destinées à rendre plus clairs les enseignements des autres philosophies ; elles serviront comme Grand Conciliateur des différentes théories et des doctrines opposées.

CHAPITRE XV
Axiomes hermétiques

"Posséder le Savoir, si on ne le manifeste pas et si on ne l'exprime pas dans ses Actes est comme la thésaurisation d'un précieux métal, une chose vaine et folle. Le Savoir, comme la Santé est destiné à Servir. La Loi de l'Utilisation est Universelle, celui qui la viole souffre parce qu'il s'oppose aux forces naturelles."
LE KYBALION.

Les Enseignements hermétiques, s'ils ont toujours été soigneusement tenus secrets par leurs fortunés possesseurs, pour des raisons que nous avons déjà dites, n'étaient pas destinés à être constamment conservés et tenus secrets. La Loi de l'Utilisation fait partie des Enseignements comme vous pouvez le voir en vous reportant à la citation que nous venons de donner et qui l'affirme avec une grande netteté. Le Savoir sans Utilisation et sans Expression est une chose vaine, ne conférant aucun bien à celui qui le possède et à la race toute entière. Méfiez-vous de l'Avarice Mentale et mettez en Action ce que vous avez appris. Etudiez les Axiomes et les Aphorismes, mais ne manquez pas de les pratiquer. Nous donnons ci-dessous quelques-uns des Axiomes hermétiques les plus importants du Kybalion chacun suivis de quelques commentaires. Faites-les vôtres et pratiquez les ; ils ne seront pas réellement vôtres si vous ne les utilisez pas.

"Pour changer votre état d'esprit ou vos états mentaux, modifiez votre vibration."

LE KYBALION.

Tout individu peut changer ses vibrations mentales par un effort de Volonté, en fixant son Attention sur l'état désirable. La Volonté dirige l'Attention et l'Attention modifie la Vibration. Cultivez l'Art de l'Attention, à l'aide de la Volonté, et vous avez trouvé le secret de la Maîtrise des Sentiments et des Etats Mentaux.

"Pour détruire une mauvaise période de vibration, mettez en activité le Principe de Polarité et concentrez votre pensée sur le pôle opposé de celui que vous voulez annihiler. Tuez l'indésirable en modifiant sa Polarité."

LE KYBALION.

Cette formule hermétique est une des plus importantes de la doctrine. Elle est basée sur de véritables principes scientifiques. Nous avons montré qu'un état mental et son état contraire n'étaient que les deux pôles d'une même chose et que par la Transmutation Mentale, la polarité pouvait être renversée. Ce principe est connu des psychologues modernes qui l'appliquent pour supprimer les mauvaises habitudes en conseillant à l'étudiant de se concentrer fortement sur la qualité opposée. Si vous êtes Peureux, ne perdez pas votre temps à essayer de supprimer en vous la Peur ; développez le Courage et la Peur disparaîtra. Quelques auteurs ont exprimé cette idée avec plus de force en utilisant l'exemple de la chambre

noire. Vous ne devez pas essayer d'enlever l'obscurité d'une pièce, vous n'avez qu'à ouvrir les volets et l'obscurité, envahie par la Lumière, disparaît. Pour supprimer une qualité Négative, concentrez votre pensée sur le Pôle Positif de cette même qualité et les vibrations, de Négatives qu'elles étaient deviendront Positives, jusqu'à ce que vous finissiez par être polarisés sur le pôle Positif au lieu de l'être sur le pôle Négatif. Le contraire est également vrai, comme beaucoup de gens ont pu s'en apercevoir à leurs dépens, quand ils se laissent vibrer trop, souvent sur le

pôle Négatif des choses. En modifiant votre polarité, vous pouvez maîtriser vos sentiments, changer vos états mentaux, remanier vos dispositions et construire votre caractère. Une grande partie de la Maîtrise Mentale des Hermétistes avancés est due à cette application de la Polarité qui constitue un des plus importants aspects de la Transmutation Mentale. Souvenez-vous bien de l'axiome hermétique que nous avons déjà cité et qui dit :

"L'Esprit, aussi bien que les métaux et les éléments, peut être transmuté d'état à état, de degré à degré, de condition à condition, de pôle à pôle, de vibration à vibration."

LE KYBALION.

La Maîtrise de la Polarisation est la maîtrise des principes fondamentaux de la Transmutation Mentale ou de l'Alchimie Mentale, car, si un individu n'acquiert pas l'Art de changer sa propre polarité, il sera incapable d'influencer son entourage. Une compréhension parfaite de ce Principe permettra à tout individu de changer sa Polarité Personnelle aussi bien que celle des autres, s'il veut bien consacrer le temps, le soin, l'étude et la pratique nécessaires pour se rendre maître de l'Art. Le Principe est vrai, mais les résultats obtenus dépendent uniquement de la patience et de la pratique de l'élève.

"Le Rythme peut être neutralisé par une application correcte de l'Art de la Polarisation."

LE KYBALION.

Comme nous l'avons expliqué dans les précédents chapitres les Hermétistes affirment que le Principe du Rythme se manifeste aussi bien sur le Plan Mental que sur le Plan Physique et que la succession désordonnée des sentiments, des états d'esprit, des émotions et des autres états mentaux est due au mouvement d'allée et venue du pendule mental qui nous entraîne d'une extrémité d'un sentiment à l'autre. Les Hermétistes enseignent également que la Loi de Neutralisation permet, dans une très large mesure, de maîtriser consciemment les opérations du Rythme. Comme nous l'avons expliqué, il existe un Plan Supérieur de Conscience, de même qu'il existe un Plan Inférieur ; le Maître, en s'élevant graduellement jusqu'au Plan

Supérieur oblige l'oscillation du pendule mental à se manifester sur le Plan Inférieur ; pendant ce temps, lui, qui a atteint le Plan Supérieur, échappe à la conscience de l'oscillation de retour du pendule. Ce résultat s'obtient en se polarisant sur le Moi Supérieur et en atteignant ainsi les vibrations mentales du Moi situées bien au-dessus du plan ordinaire de conscience. C'est la même chose de s'élever au-dessus d'une chose ou de la laisser asser devant soi. Les Hermétistes avancés se polarisent au pôle Positif de leur Etre, au pôle du "Je suis" au lieu du pôle de la personnalité, en refusant, en "niant" l'opération du Rythme, ils s'élèvent au dessus du plan de la conscience et en restant fermement établis dans leur Jugement de l'Etre, ils permettent au pendule de revenir en arrière sur le Plan inférieur sans modifier leur polarité. Cela peut être accompli par tous ceux qui ont atteint un degré quelconque de Maîtrise personnelle, qu'ils comprennent ou non la Loi. De tels individus "refusent" simplement d'être attirés en arrière par le pendule des sentiments et des émotions ; en affirmant sans répit leur supériorité, ils restent polarisés au Pôle Positif. Naturellement, le Maître bénéficie de tout cela à un degré bien plus considérable parce qu'il comprend la loi, parce qu'il sait qu'il la détruit en lui en opposant des lois supérieures et parce que, grâce à sa Volonté, il atteint un degré de Poids et de Solidité Mentale presque incroyables pour ceux qui se laissent balancer en avant puis en arrière par le pendule mental des états d'esprit et des sentiments. N'oubliez pas cependant, qu'en réalité, vous ne détruisez pas le Principe du Rythme qui est indestructible. Vous ne faites que maîtriser une loi en lui en opposant une autre et en maintenant ainsi l'équilibre. Les lois du poids et du contrepoids opèrent aussi bien sur le plan mental que sur le plan physique ; une compréhension parfaite de ces lois permet à quiconque de sembler les maîtriser, tandis qu'en réalité, il ne fait que les contre balancer.

"Rien n'échappe au Principe de la Cause et de effet ; mais il existe plusieurs Plans de Causalité et tout individu peut utiliser les lois des Plans Supérieurs pour maîtriser les Lois des Plans Inférieurs."

LE KYBALION.

En comprenant bien la pratique de la Polarisation, l'Hermétiste s'élève sur un plan supérieur de Causalité et contre-balance ainsi les lois des plans inférieurs. En s'élevant au-dessus du plan ordinaire des Causes, il devient, là un certain degré, une Cause au lieu d'être "Causé". En étant capable de maîtriser ses états d'esprit et ses sentiments et en pouvant neutraliser le Rythme, comme nous l'avons déjà expliqué, il est capable d'échapper à une grande partie des opérations du principe de la Cause et de l'Effet sur le plan ordinaire. Les foules se laissent conduire ; elles obéissent à leur entourage ; les volontés et les désirs des autres sont plus puissants que les leurs ; elles subissent les suggestions de ceux qui les entourent et toutes les causes extérieures qui essayent de les faire mouvoir sur l'échiquier de la vie comme de simples pions. En s'élevant au-dessus des

causes susceptibles de l'influencer, l'Hermétiste avancé atteint un plan supérieur d'action mentale ; et en dominant ses états d'esprit, ses émotions, ses tendances et ses sentiments, il crée en lui-même un nouveau caractère, de nouvelles qualités et de nouveaux pouvoirs, grâce auxquels il peut dominer son entourage ordinaire et devenir ainsi pratiquement Joueur au lieu d'être simple Pion. De tels individus jouent consciemment le jeu de la vie au lieu d'être conduits de ci, de là par les pouvoirs et les volontés plus fortes. Ils utilisent le Principe de la Cause et de l'Effet au lieu d'être utilisés par lui. Naturellement, même les plus grands Maîtres sont sujets au Principe, car il ne se manifeste pas moins sur les plans supérieurs ; mais sur les plans inférieurs d'activité, ils sont Maîtres au lieu d'être Esclaves. Comme le dit
le Kybalion :
"Le sage sert sur le plan supérieur mais est servi sur le plan inférieur. Il obéît aux lois venant d'en haut, mais sur son propre plan et sur les plans inférieurs, il est maître et donne des ordres. D'ailleurs en agissant ainsi, il constitue une partie du Principe au lieu de s'y opposer. Le sage fait partie de la Loi ; en comprenant bien ses mouvements il l'utilise au lieu d'en être l'esclave aveugle. Le sage, par rapport à l'homme ordinaire peut être comparé au nageur habile, allant et venant de tous côtés ; par rapport à la bûche qui est emportée de tous côtés ; cependant le nageur et la bûche, le sage et l'imbécile sont également sujets à la

loi. Celui qui comprend cette vérité est bien dans la voie de la maîtrise."

LE KYBALION.

Pour conclure appelons encore votre attention sur l'axiome hermétique
suivant :

"La Vraie Transmutation Hermétique est un Art Mental."

LE KYBALION.

Dans cet axiome les Hermétistes enseignent que le grand travail d'influencer un entourage est accompli à l'aide du Pouvoir Mental. L'Univers étant complètement mental, il en résulte qu'il ne peut être conduit que par la Mentalité. Dans cette vérité on peut trouver l'explication de tous les phénomènes et la manifestation de tous les divers pouvoirs mentaux qui ont tant attiré l'attention et qui ont été si étudié au début du vingtième siècle. On retrouve constamment sous les enseignements des divers cultes et des différentes écoles le principe de la Substance Mentale de l'Univers. Si l'Univers est Mental dans sa nature substantielle, il s'ensuit nécessairement que la Transmutation Mentale doit changer les conditions et les phénomènes de l'Univers. Si l'Univers est Mental, l'Esprit doit être le pouvoir le plus considérable qui agit dans ses phénomènes. Si cette vérité était bien comprise on verrait la véritable nature de ce qu'on a coutume d'appeler des "miracles."

"LE TOUT est ESPRIT ; l'Univers est Mental."
LE KYBALION.

--

Les XV Tablettes de Thoth l'Atlante

Ou les pensées du maître avant de pénétrer la chambre de l'Amenti

Par Hermès Trismégiste,
Avec la contribution de Thiéfaine Lebeau.

Tablette I
L'Histoire de Thoth, l'Atlante Hermès Trismégiste

Je suis Thoth, l'Atlante, maître des mystères, gardien de la Mémoire ancestrale, Roi, Sage et Mage. Je suis celui qui survit d'une génération à l'autre et qui s'apprête à entrer dans la Chambre de l'Amenti pour guider ceux qui me suivront dans les souvenirs de la grande Atlantide. J'ai débuté cette série d'incarnations dans la grande métropole de KEOR, sur l'île de UNDAL, à une époque très lointaine où les mages de l'Atlantide vivaient et mourraient, non pas comme les petits hommes de cette période obscure, mais en renouvelant leur vie dans la Chambre de l'Amenti ; là où la rivière de la vie coule éternellement vers l'infini. Cent fois dix j'ai parcouru la voie obscure qui même à la lumière et autant de fois j'ai traversé l'obscurité pour régénérer mon pouvoir et ma force grâce à mon ascension dans la lumière. Et maintenant, me voici à nouveau avec vous, pour un temps, jusqu'au moment où le peuple de KEM (nom ancien de l'Egypte) ne me reconnaîtra plus. Mais il reviendra le temps où je surgirai à nouveau, fort et redoutable, pour demander des comptes à ceux qui sont derrière moi. Alors attention à toi peuple de KHEM. Si tu as dénaturé mon enseignement je te précipiterai en bas de ton trône, dans les cavernes obscures d'où tu viens. Et toi qui m'écoute ici, ne révèle pas mes secrets aux peuples du Nord ni à ceux du Sud, sinon tu subiras aussi mon châtiment. Souviens toi et retiens ces paroles, parce que je reviendrai sûrement. Du plus profond des temps et de la mort je reviendrai pour punir ou récompenser les actes que tu as commis. Si ce texte est maintenant entre tes mains c'est que tu es digne mais ne trahis pas.

Dans les jours anciens mon peuple était grand, plus grand que tout ce que peuvent concevoir les petits qui m'entourent. Il possédait une sagesse ancienne puisant au cœur d'un savoir infini provenant de l'enfance de la terre. Sages parmi les sages, les enfants de la lumière étaient parmi nous. Ils étaient puissants parce que leur pouvoir venait du feu éternel. Mon père THOTME était le plus grand des enfants des hommes. C'était lui le

Gardien du grand temple où pouvaient venir les hommes des races qui habitaient nos dix Iles afin de rencontrer les, Enfants de la lumière. Porte parole de la Divine Triade et gardien de UNAL, il savait parler aux Rois avec LA VOIX QUI DOIT ÊTRE OBÉIE. Puis arriva le moment où le gardien du Temple demanda que je comparaisse devant lui. Peu d'enfants des hommes ont survécu à l'épreuve de son visage éclatant ; le même visage que projettent les Enfants de la lumière lorsqu'ils ne sont pas incarnés dans un corps physique. Je fus choisi parmi les enfants des hommes pour recevoir l'enseignement du Gardien afin d'accomplir ses desseins qui mûrissaient dans le sein des Temps. Sans autre désir que celui d'atteindre la sagesse, c'est dans ce Tabernacle que j'ai passé de l'enfance à la maturité et que j'ai reçu l'enseignement sacré de mon père sur les mystères anciens, jusqu'au moment où le feu éternel de la sagesse vint s'installer en permanence en moi. Pendant une longue période je fus assigné au Temple pour apprendre encore et toujours plus de cette sagesse divine jusqu'au moment où il me fut possible d'approcher la lumière du grand feu. Le Gardien du temple me montra la voie de l'Amenti, le monde derrière le monde ; là où le grand Roi siège sur son trône de gloire. Devant cette grande sagesse je me suis prosterné en hommage aux Seigneurs de la vie et aux Seigneurs de la mort et pour recevoir la Clef de la Vie qui permet d'entrer dans le cercle de la vie

perpétuelle et qui libère de la mort. J'ai appris à voyager vers les étoiles jusqu'au point où l'espace et le temps fusionnent. Et après avoir bu longuement dans la coupe de la sagesse, j'ai appris à plonger dans le cœur des hommes afin d'y découvrir de plus grands mystères. Ma joie fut grande parce que mon âme ne trouvait de repos et de satisfaction que dans cette quête infinie de vérité. J'ai traversé les âges pour découvrir le secret de ceux qui m'entourent et les voir goûter à la coupe de la mort pour ensuite renaître à la vie. Puis j'ai vu le voile de l'obscurité qui a recouvert le royaume de l'Atlantide. Cette grande terre qui fut jadis une étoile éclatante devint une étoile secondaire. Peu à peu, les pensées des Atlantes se tournèrent vers l'obscurité jusqu'au moment où le Gardien, dans son AGWANTI (détachement), prononça la parole qui appelait le pouvoir. En accord avec la Loi, le verbe du maître éclata en fleur. Du cœur profond de la Terre, les enfants de l'Amenti entendirent son appel et avec leur LOGOS ils dirigèrent les mutations de la Fleur du feu qui brûle éternellement afin que sa flamme change de direction. C'est alors que les grandes eaux recouvrirent la Terre et modifièrent son équilibre. Il ne resta que le Temple de Lumière, seul et intact, sur la montagne de UNDAL qui émergeait au dessus des eaux et qui préserva temporairement ses habitants des fureurs des grandes fontaines. C'est alors que le Maître m'appela : "Rassembles mon peuple avec le grand Art que tu as appris avant les grandes eaux et transporte le dans le pays des barbares poilus, dans les cavernes du désert pour accomplir le plan que tu connais déjà". J'ai alors rassemblé mon peuple et nous sommes montés dans les grands vaisseaux du Maître. Au matin nous nous sommes envolés, laissant derrière nous le Temple dans l'obscurité, juste avant qu'il ne sombre à son tour dans les grandes eaux ; jusqu'au jour où il réapparaîtra, lorsque les temps seront accomplis. Vivement nous avons volé vers le soleil du matin, pour atteindre la terre des enfants de KHEM. En nous voyant, ils devinrent furieux et ils arrivèrent avec des lances et des couteaux pour combattre et détruire les enfants d'Atlantis. J'ai alors projeté un rayon vibrant qui les frappa de plein fouet. Puis, je leur ai parlé avec des mots calmes et paisibles pour leur faire voir la splendeur d'Atlantide et leur dire que nous étions les enfants du Soleil et ses messagers. Envoûtés par la science magique ils se prosternèrent à mes pieds et nous pûmes demeurer longtemps sur la terre de KHEM, très longtemps où j'ai accompli de grands travaux inspirés de la sagesse. Puis vint le jour où, obéissant aux commandements du Maître qui veille éternellement dans son sommeil, j'ai commandé aux enfants d'Atlantis de se déployer dans plusieurs directions pour se mêler au peuple de KHEM, afin que la sagesse éternelle sortent du sein des temps et s'élève à nouveau dans tous ses enfants. À partir de ce moment, les enfants de KHEM grandirent dans la lumière de la connaissance arrosée par la pluie de ma sagesse. Le peuple de KHEM grandit lentement et étendit son territoire. Son âme s'éleva peu à peu. C'est à cette époque que j'ai ouvert un passage vers l'Amenti afin de régénérer mes pouvoirs et pour survivre d'une époque à l'autre, comme un Soleil d'Atlantis, en conservant la sagesse et en préservant la Mémoire ancestrale. Avec le pouvoir qui neutralise la gravité j'ai élevé au dessus de ce passage une énorme pyramide. En son sein j'ai construit une chambre secrète d'où part un passage circulaire qui mène presque au grand sommet. Là, dans son Apex, j'ai installé un cristal qui envoyait un rayon dans l'espace temps afin d'attirer la force provenant de l'Éther et la concentrer sur le passage de l'Amenti. J'y ai construit d'autres chambres que j'ai laissé vides mais qui cachent les clefs de l'Amenti. Périodiquement, lorsque le temps était venu, je retournais dans l'obscure Chambre d'Amenti, profondément dans les entrailles de la terre pour me présenter devant les Seigneurs du pouvoir, face à face avec le Gardien, devant l'entrée du passage qui mène vers l'Amenti. Rares sont ceux qui affrontent ce passage qui descend vers l'obscure Amenti. Celui qui veut affronter courageusement les royaumes obscurs doit tout d'abord se purifier par un long jeûne et s'étendre dans le sarcophage. Ensuite je viens le rencontrer dans l'obscurité absolu et je lui révèle les grands mystères. À partir de ce moment, moi THOTH, Maître de la Sagesse, je l'accompagne pour toujours. J'ai construit la Grande pyramide en m'inspirant de la pyramide naturelle des forces de la terre afin qu'elle brûle éternellement et qu'elle demeure à travers les âges. Dans sa forme j'ai inscrit mon savoir de la Science Magique afin qu'elle soit toujours disponible lorsque je reviens de l'Amenti. Ainsi, lorsque je dormirai dans la Chambre de l'Amenti, mon Âme s'incarnera à nouveau parmi les hommes, sous cette forme ou sous une autre. Ô Hermès le Trois fois né. Émissaire du Gardien sur la Terre, je réponds à tes commandements afin que plusieurs de tes enfants puissent être élevés à cette dignité. Maintenant que je t'ai révélé ces mystères, il est temps que je retourne dans la Chambre de l'Amenti, en laissant derrière moi un peu de ma sagesse. Préserve toi et garde précieusement le commandement du Gardien : LÈVES TOUJOURS PLUS HAUT TES YEUX VERS LA LUMIÈRE. Et maintenant me voici à nouveau uni au Maître. Par ma dignité naturelle et mon vouloir je suis UN avec le grand TOUT CE QUI EST. Je vous quitte pour un temps. Gardez et vivez mes commandements et ainsi je serai avec vous pour vous aider et vous guider vers la lumière.

Maintenant devant moi s'ouvre le Portail où je m'enfonce dans la noirceur de la nuit.

Tablette II
La Chambre de l'Amenti

La chambre de l'Amenti, chambre de la Vie et de la mort qui baigne dans le feu du Tout infini, repose dans le cœur profond de la terre, loin en dessous du continent englouti d'Atlantide. Il y a très longtemps, perdus dans l'espace-temps, les enfants de la lumière regardèrent le monde pour constater que les enfant des hommes étaient emprisonnés par une Force qui vient de l'au-delà. Ils savaient qu'ils pourraient s'élever de la terre au Soleil s'ils parvenaient à se libérer de l'emprise de ce pouvoir obscur. Pour les aider ils s'incarnèrent dans des corps qui ressemblaient à ceux des hommes. Les maîtres dirent : "Nous sommes formés de la poussière de l'espace et nous partageons la vie du Tout infini. Nous vivons comme les enfants des hommes et pourtant nous sommes différents d'eux. Ils utilisèrent leur pouvoir pour ouvrir de grands espaces, très profondément au cœur de la croûte terrestre, isolés des enfants des hommes. Protégés par leurs pouvoirs et leurs forces c'est ainsi qu'ils se protégèrent de la Chambre de la mort. Ils ouvrirent beaucoup d'autres espaces qu'ils inondèrent de la lumière d'en haut et y apportèrent de nouvelles formes de vies. Ils construisirent les Chambres de l'Amenti pour se régénérer et vivre jusqu'à la fin éternelle. Il y eut 32 enfants de la lumière qui s'incarnèrent parmi les hommes pour les libérer de l'emprise des forces de l'obscurité de l'au-delà. Dans les profondeurs de la Chambre de la vie une fleur de lumière se mit à grandir et à prendre de la force pour repousser la nuit. Au cœur de cette fleur émanait un rayon d'un grand pouvoir qui donnait la vie, la lumière et le pouvoir à tous ceux qui s'en approchaient. Autour de cette fleur, ils firent un cercle avec 32 trônes où les enfants de la lumière pouvaient s'immerger dans cette radiance et se remplir de la lumière éternelle. Périodiquement, à chaque mille ans, ils trônent durant cent ans, avec leur premier corps de lumière afin qu'il puisse s'imprégner de l'Esprit de la Vie. C'est là que depuis le fond des âges, inconnus des hommes, ils accélèrent et éveillent l'Esprit de la vie. Ils reposent dans les Chambres de la vie laissant leur âme rayonner et imprégner les corps des hommes. Inconnus des races humaines, près du feu froid de la vie, les enfants de la lumière siègent et vivent éternellement dans la Chambre de la vie. D'une époque à l'autre, pendant que leur corps de lumière sommeille, ils s'incarnent dans le corps des hommes et leurs enseignent comment sortir de l'obscurité pour aller vers la lumière. C'est alors qu'ils s'éveillent et sortent des profondeurs pour devenir des lumières infinies parmi les mortels. Il en est de même de celui qui s'élève progressivement de l'obscurité profonde de la terre intérieure et qui se propulse lui-même hors de la nuit. Il se libère des Chambres de l'Amenti pour éclore comme une fleur de lumière et avec sa sagesse il enseigne aux hommes à devenir des Maîtres de la vie et à se libérer de l'obscurité de la nuit. Silencieux, étranges et redoutables, vêtus de leur pouvoir, différents et pourtant

unis aux enfants des hommes, ces êtres attirent à eux la force de vie. UN AVEC LES ENFANTS DE LA LUMIÈRE ils observent les limites qui entourent les hommes et se tiennent disponibles pour les aider à s'en affranchir lorsque la lumière arrivera à point. Au cœur de la flamme éternelle résident les sept seigneurs de l'espace-temps qui aident et guident les enfants des hommes dans le passage qui traverse le temps. Au centre se trouve le neuf infini (9) qui prend la forme d'un cercle entier qui projette son bras selon son intention, c'est lui le Seigneur des seigneurs. Redoutable dans sa présence voilée il préside aux grands cycles cosmiques. Il surveille et mesure la progression des hommes. Autour de LUI, siègent les six Seigneurs des cycles : trois, quatre, cinq, six, sept et huit. Eux aussi sont libres des contingences de l'espace et du temps. Chacun a sa mission et son pouvoir pour diriger et aider la destinée des hommes. Ils ne sont pas de ce monde et pourtant ils sont les frères des hommes. Ils surveillent la progression de la lumière parmi les hommes et les soutiennent avec leur sagesse. Durant mon périple au sœur de l'Amenti je fus conduit par le Gardien qui était UN avec le grand Un. Une voix profonde qui sortait de l'infini me dit : "Te voici devant moi THOTH, celui qui parmi les enfants des hommes détiens le grand Art. Tu es Maître de la vie libéré dans les Chambres de l'Amenti. Tu es celui qui ne connaît pas la mort à moins de le vouloir, celui qui boit à la source de la vie jusqu'à la fin de l'éternité.
Tu es CELUI QUI TIENS LA MORT AU BOUT DE SES MAINS.
Soleil des hommes tu te régénères dans les Chambres de l'Amenti où tu vas et tu viens selon ton désir. Tu

reprends vie dans la forme que tu désires, Ô fils de la lumière parmi les hommes. Tu choisis le travail qui te conviens et tu poursuis ton oeuvre sans relâche sur le sentier de la lumière où tes pas te mènent toujours plus en avant vers la montagne de la lumière. Cette montagne qui devient toujours plus haute à mesure que tu t'en approches tout comme le but devient plus grand à mesure que tu progresses. Sans cesse tu t'approches de l'infini sagesse qui se cache dans le but. Ton passage dans les Chambres de l'Amenti te rend libre de marcher main dans la main avec les Seigneurs de ce monde et avec tous ceux qui apportent la lumière aux enfants des hommes." C'est alors qu'un des Maîtres se leva de son trône et me guida à travers les Chambres des terres profondes et secrètes de l'Amenti pour me dévoiler des mystères inconnus de l'homme. Il me conduisit dans le passage obscur jusqu'à la Chambre ou siège la Mort noire. Cette grande Chambre était vaste et, bien que dans l'obscurité absolue, elle était remplie d'une forme de lumière immanente. Devant moi se dressait un grand trône d'obscurité sur lequel siégeait une figure voilée. Elle était plus noire que noire, d'une noirceur qui n'était pas celle de la nuit. Le Maître s'arrêta devant elle et de la voix qui donne la vie, il dit :
"Ô Maître de l'obscurité, berger qui montre la voie d'une vie à l'autre, JE TE PRÉSENTE UN SOLEIL DU MATIN.
Ne plonges pas sa lumière dans l'obscurité. Rends-le invulnérable au pouvoir de la nuit. Reconnais-le et acceptes-le comme un de nos frères qui se sont élevés de l'obscurité à la lumière. Laisses sa lumière s'épanouir librement dans la nuit, libères sa flamme de la servitude". À ces mots, la forme obscure étendit la main

d'où s'éleva une flamme claire et brillante qui repoussa le rideau de l'obscurité et qui éclaira la Chambre. Tout l'espace s'embrasa comme si l'obscurité elle même était le combustible qui alimentait le feu. Des myriades de fleurs de feu éclataient en gerbes pour allumer encore plus d'étincelles qui se répandaient dans la nuit en projetant une lumière diffuse. Entourée d'un voile d'obscurité qui lui servait de combustible éternel, ces étoiles de lumière brillaient sans qu'il soit possible de rassasier leur soif d'éclairer. Allant et venant comme des lucioles au printemps, elles remplissaient l'espace de Lumière et de Vie. C'est alors qu'une voix puissante et solennelle se fit à nouveau entendre :
"Voici les lumières que sont les âmes des hommes, elles grandissent et décroissent à jamais, toujours vivantes dans le changement de la vie et de la mort. Lorsqu'elles ont monté en fleur et atteint le zénith de leur croissance je projette le voile de l'obscurité qui va les transmuer en de nouvelles formes de vie. C'est ainsi qu'elles iront d'une époque à l'autre, sans cesse en croissance, d'une flamme à l'autre, pour illuminer l'obscurité avec un plus grand pouvoir, rassasiées et en même temps non rassasiées par le voile de la nuit. C'est ainsi que l'âme de l'homme se déploie sans cesse en grandissant, rassasiée et pourtant non rassasiée par l'obscurité de la nuit. Moi, la Mort, je viens et pourtant je suis éphémère puisque la Vie éternelle existe partout. Sur le chemin éternel je ne suis qu'un obstacle qui est vite conquis pour la lumière infinie. Je suis le combustible du feu éternel. Éveilles toi Ô flamme qui brûle sans cesse à l'intérieur et qui conquiert le voile de la nuit". C'est alors que toutes les flammes réunies éclatèrent et fusionnèrent jusqu'à ce qu'il ne reste rien

d'autre que de la lumière solide. Alors la voix du maître se fit à nouveau entendre :
"Regardes ton âme comme elle grandit dans la lumière ; libérée à jamais du Seigneur de la nuit". Il me guida à travers de grands espaces pour découvrir les mystères des Enfants de la Lumière ; mystères que l'homme peut connaître s'il devient lui-même un Soleil de lumière. Au retour il me guida vers la Chambre de lumière pour me prosterner devant les grands Maîtres, les Seigneurs des cycles de l'au-delà. Avec une voix très puissante il ajouta :
"Maintenant que tu es devenu libre de la Chambre de l'Amenti, choisi quel travail tu veux accomplir parmi les enfants des hommes."
Je lui répondis :
"Ô, grand Maître, laisses moi devenir un enseignant des hommes, afin de les guider à l'aller et au retour ; jusqu'au moment où ils deviendront à leur tour des lumières parmi les hommes en se libérant du voile de la nuit qui les entoure, rayonnants comme la lumière qui doit briller parmi les hommes. La voix répondit :
"Qu'il en soit ainsi. Tu es maître de ta destinée ; libre de prendre ou de rejeter selon ton vouloir. Empare toi du sceptre du pouvoir et de la sagesse. Brille comme une lumière éclatante parmi les enfants des hommes."
Et ainsi, le Gardien me ramena en haut pour vivre comme SOLEIL DE LUMIÈRE, FEU PARMI LES HOMMES, afin de leur enseigner ma voie et de leur apprendre un peu de ma sagesse.

<u>Tablette III</u>
<u>La Clef de la Sagesse</u>

Moi, Thoth, l'Atlante, je donne librement aux enfants des hommes ma sagesse, mon savoir et mon pouvoir afin qu'ils puissent à leur tour disposer de la sagesse et du pouvoir de transpercer le voile de la nuit grâce à la vigueur de leur lumière. Homme, ne sois pas vaniteux car Sagesse est pouvoir et pouvoir est sagesse afin de contribuer à la perfection du Tout. Sache que tu dois échanger avec l'ignorant et avec le savant. S'ils viennent à toi écoute-les car la sagesse est en Tout. Ne reste pas silencieux lorsque le mal est prononcé car la vérité brille au dessus de tout, comme le Soleil. Celui qui contrevient à la Loi se punira lui-même parce que c'est à travers cette loi que l'Homme acquiert sa liberté. Ne laisse pas la peur te submerger car la peur est un obstacle, une chaîne qui retient les hommes dans l'obscurité. Durant ta vie active écoute ton cœur et suis ce qu'il te conseille. Aucune richesse ne te sera utile si tu t'ouvres à ses conseils et si tu suis sa voie. Jamais tu ne perdras si tu suis ton cœur. Ceux qui sont guidés ne deviendront pas des cendres alors que ceux qui sont perdus ne pourront trouver une voie sûre. Lorsque tu vas parmi les hommes saches que l'amour éclairé de soi est le commencement et la fin du cœur. Si quelqu'un vient vers toi pour obtenir un conseil laisse le parler librement afin qu'il puisse exprimer sa véritable intention et réaliser ce que son cœur désir. S'il hésite à s'ouvrir c'est qu'il perçoit que tu le juges mal. N'écoute pas et ne répète pas des propos extravagants puisque leur émission n'est pas en équilibre. Sache que le silence et l'écoute peuvent donner une grande sagesse à ton interlocuteur alors que le bavardage lui sera inutile. Ne t'exaltes pas devant les autres de peur d'être rabaissé comme la poussière. Si tu dois être un grand homme, sois-le pour ta connaissance et ta gentillesse. Pour connaître la nature de quelqu'un évite les opinions des autres et passe du temps seul avec lui. En discutant et en observant ses comportements tu connaîtras son cœur. Ce qui est gardé en réserve viendra en avant et tu partageras avec lui. Le fou considère la sagesse et la connaissance comme de l'ignorance et les choses qui sont profitables le heurteront. Il vit dans la mort qui est son aliment. Le Sage laisse parler son cœur et garde le silence avec sa bouche. Toi homme, écoute la voie de la sagesse, écoute la voie de la Lumière. Les mystères qui émergent du Cosmos illuminent le monde de leur lumière. Celui qui veut se libérer de l'obscurité doit tout d'abord séparer le matériel de l'immatériel, le feu de la terre ; parce que tout comme la terre descend avec la terre le feu monte avec le feu et devient un avec le Feu. Celui qui connaît le feu en lui s'élèvera pour rejoindre le feu éternel et reposera en lui pour l'éternité. LE FEU INTÉRIEUR EST LA PLUS GRANDE DE TOUTES LES FORCES parce qu'il a su pénétrer la matière et toutes les choses de la terre. C'est lui qui surpasse toutes les choses. Sache que si la matière n'existait pas il faudrait l'inventer. Pour se tenir debout l'homme doit s'appuyer sur ce qui résiste. Ainsi, la terre doit résister à l'homme sans quoi il ne pourrait exister. Tous les yeux ne voient pas la même chose, la forme et la couleur d'un même objet seront perçues différemment selon les yeux qui le regardent. De la même façon, le feu infini passe d'une couleur à l'autre et n'est jamais le même d'une journée à l'autre. Écoute la sagesse de THOTH, l'homme est un feu qui brûle et qui éclaire à travers la nuit. Ce feu n'est jamais assouvi, même recouvert du voile de l'obscurité et de la nuit. En regardant le cœur des hommes avec ma sagesse j'ai vu qu'ils sont enchaînés. Libère ton feu de ses chaînes, ô mon frère, si tu ne veux pas qu'il soit englouti par l'ombre de la nuit. Sois attentif et écoute ma sagesse : quand le nom et la forme cessent-ils ? Dans la conscience invisible et infinie, dans cette force radiante et brillante. La forme que l'homme constitue en clarifiant sa vision est un effet qui provient d'une cause. Pour un temps, l'homme est une étoile attachée à un corps, jusqu'au moment où elle se libère de ce poids. C'est alors qu'après un dernier moment suprême de luttes et d'efforts elle émerge dans une autre vie Celui qui connaît l'origine de toutes choses libère à jamais son étoile du royaume de la nuit. Rappelle toi, ô homme, TOUT CE QUI EXISTE EST SIMPLEMENT UNE AUTRE FORME DE CE QUI N'EXISTE PAS. Tout passe éternellement d'une forme à une autre forme d'être et tu n'es pas une exception. Apprécies cette Loi, parce que tout est Loi. Ne recherches pas ce qui est en dehors de cette Loi parce que ce ne sont que des illusions de tes sens. La plus grande illusion est de croire qu'il n'y a pas d'illusions. La Sagesse vient à tous ses enfants lorsqu'ils viennent à la sagesse. Depuis des époques reculées la lumière fut cachée. Éveille toi homme et sois sage. J'ai voyagé au cœur des mystères profonds de la vie pour chercher ce qui avait été caché. Écoute maintenant ce que j'ai à te dire Ô homme et sois Sage. Très profondément sous la croûte terrestre, dans les Chambres de l'Amenti, j'ai vu des mystères qui sont dissimulés aux hommes. J'ai voyagé souvent dans ce passage caché à la recherche de la Lumière qui est la Vie des hommes. Là où les fleurs de vie sont toujours vivantes j'ai sondé les cœurs et les secrets des hommes. J'ai vu que l'homme vit dans

l'obscurité sans savoir que ce grand Feu est caché en lui, dans la terre de son corps. C'est devant les Seigneurs de la secrète Amenti que j'ai appris la Sagesse que je donne maintenant aux hommes. Ce sont les maîtres de la grande Sagesse secrète qui provient du futur de la fin infinie. Je t'ai déjà révélé que les Seigneurs de l'Amenti sont au nombre de sept. Sept suzerains, enfants du matin, Soleils des périodes et maîtres de la sagesse. Ce ne sont pas des enfants des hommes. On les appellent TROIS, QUATRE, CINQ, SIX, SEPT, HUIT ET NEUF. Sans forme tout en donnant forme aux hommes ils proviennent du futur pour leur enseigner. Sans vie et pourtant ils vivent pour toujours. Ils ne sont pas enchaînés à la vie et sont libres de la mort. Ils gouvernent pour toujours avec leur infini sagesse, attachés et pourtant libres des Chambres de la mort. Ces seigneurs du Tout sont libres de tout et en eux se trouve la vie qui pourtant n'est pas la vie. Ces instruments qui donnent le pouvoir sur tout proviennent du Logos primordial. Vastes dans leurs limites, cachés par leur petitesse, formés par le sans forme, connus et pourtant inconnus. Le TROIS détient la clef de toute magie cachée. C'est lui le créateur des Chambres de la mort ; il déploie son pouvoir pour enfermer les âmes des hommes dans l'obscurité. C'est le régisseur de tout
ce qui est négatif pour les enfants des hommes. Le QUATRE permet de se libérer du pouvoir du trois. C'est le Seigneur de la vie pour les enfants des hommes. Son corps est de lumière et les flammes sont ses modes d'expression. C'est le libérateur des âmes des enfants des hommes. CINQ est le maître, le Seigneur de toute magie, la clef du VERBE qui résonne parmi les hommes SIX est le Seigneur de la lumière, le sentier

caché que suivent les âmes des hommes. SEPT est le Seigneur de l'immensité de l'espace et la clef des Temps. HUIT régule le progrès et ses étapes. Il pèse et équilibre le voyage des hommes. NEUF est le père. Son mode d'expression est vase. Il prend forme et se transforme à partir du sans forme. Médite sur ces symboles que je te donne. Ce sont les clefs cachées aux hommes. Monte toujours plus haut Ô Ame du matin. Élève tes pensées vers la lumière et la vie et TU TROUVERAS DANS LES CLEFS DES NOMBRES LA LUMIÈRE QUI ÉCLAIRERA TON CHEMIN D'UNE VIE À L'AUTRE. Recherche la Sagesse et tourne tes pensées vers ton royaume intérieur. Ne ferme pas ton esprit à la fleur de lumière. Développe une forme pensée pour chacun des nombres. Ensuite fusionne cette pensée avec ton corps. Pense aux nombres qui guident ta vie. Le sentier de celui qui possède la sagesse est toujours clair. Ouvre la porte du royaume de la lumière. Projette tes flammes comme le Soleil du matin. Éloigne l'obscurité et vit dans la lumière du jour. PREND AVEC TOI CES SEPT CLEFS ET CONSIDÈRE LES COMME PARTIE DE TON ÊTRE. LES SEPT QUI SONT MAIS QUI NE SONT PAS CE QU'ILS SEMBLENT. Ouvre toi Homme, prends ma sagesse. Suis le sentier que j'ai ouvert pour toi Ô Maître de la Sagesse, Soleil de la lumière du matin et de la vie pour les enfants des hommes.

Tablette IV
Homme, écoute la voix de la Sagesse que j'ai amassée depuis le début du temps et de l'espace àl'origine de ce cycle cosmique.

Moi THOTH, l'enseignant des hommes, je suis de Tout ce qui est ; le Maître des mystères, le Soleil du matin, l'enfant de la Lumière qui brille de tout son éclat. Il y a longtemps durant mon enfance dans la fabuleuse Atlantide, je contemplais les étoiles en rêvant de mystères qui dépassent les hommes. C'est alors que dans mon cœur grandit le désir de conquérir le sentier qui mène aux étoiles. Durant des années j'ai cherché de nouvelles connaissances en suivant la voie de la Sagesse jusqu'au moment où mon âme s'est enfin libérée de ses entraves pour s'envoler. J'étais enfin libre des limites des hommes de la terre. Affranchi de mon corps j'ai bondi dans la nuit. L'espace des étoiles venait enfin de s'ouvrir. J'étais libre des entraves de la nuit. J'ai parcouru l'espace sans fin, bien au delà des connaissances et des limites des hommes. Loin dans l'espace, mon âme a voyagé librement dans le cercle infini de la lumière. J'ai vu de gigantesques planètes et des mondes étranges qui dépassent les rêves des hommes. J'ai découvert que la grande Loi, dans toute sa beauté, est la même là-bas qu'ici parmi les hommes. Emporté par les scintillements de mon âme à travers la beauté infinie, j'ai voyagé avec mes pensées à travers l'espace. Je me suis reposé sur une planète de beauté où l'harmonie palpitait dans l'air. Il y avait là des formes qui se déplaçaient dans un ordre parfait, grandes et majestueuses comme des étoiles dans la nuit. Elles s'harmonisaient dans un équilibre ordonné, symboles de la Loi cosmique. Nombreuses sont les étoiles que j'ai croisées durant mon voyage, nombreux les mondes habités par d'étranges races d'hommes ; certains sont aussi évolués que les étoiles du matin, d'autres écrasés

par la torpeur de la nuit. Tous et chacun persévèrent vers le haut, appréciant les sommets conquis et colmatant les brèches, parfois dans la clarté parfois dans l'obscurité, ils travaillent à augmenter la lumière. Homme, la lumière est ton héritage. Sache que l'obscurité n'est qu'un voile. Scellée dans ton cœur se trouve la clarté éternelle qui attend l'occasion pour conquérir un peu plus de liberté et pour enlever le voile de la nuit. J'ai aussi rencontré des êtres qui ont conquis l'Éther et qui se sont affranchis de l'espace tout en demeurant des hommes. Loin dans l'espace, en utilisant la force qui est la fondation de toutes choses, ils ont constitué une planète. Là, grâce à cette force qui baigne toute la création ils savent
condenser et précipiter l'Éther dans des formes qui se développent selon leur vouloir. Fabuleux par leur science, grands par leur sagesse, voilà les enfants des étoiles. Longtemps je me suis arrêté pour contempler leur sagesse et je les ai vu construire de gigantesques cités d'or et de rose à partir de l'Éther. Formé à partir de l'élément primordial, base de toute matière, l'Éther est la quintessence universelle. Les enfants des étoiles savent constituer une image dans leur esprit pour qu'aussitôt l'Éther se condense et se matérialise dans la forme choisie et commence à grandir. C'est dans un lointain passé qu'ils ont conquis l'Éther et qu'ils se sont libérés de la servitude du travail. Dans ce voyage de mon âme à travers le Cosmos j'ai vu d'anciennes et de nouvelles choses pour apprendre quel'homme est aussi un enfant de l'espace, un Soleil du Soleil, un enfant des étoiles. Sache que partout où il se trouve l'homme est un avec les étoiles. Leur corps ne sont rien d'autres que des planètes qui tournent autour du soleil central.

Regarde le Soleil, regarde la terre et vois que tout cela est un tout. La terre est du Soleil inversé. Quand tu prend conscience de ta lumière tu t'installes sur le soleil, tu es le soleil qui contemple sa création. Lorsque tu t'installes dans la lumière de la sagesse, tu deviens libre de briller dans l'Éther - tu es un des Soleils qui brillent dans l'obscurité, un des enfants de l'espace qui grandissent dans la lumière. Un frère de la constellation des étoiles. Tout comme les étoiles perdent de leur éclat en allant vers le matin, l'âme avance sans cesse en laissant derrière elle l'obscurité de la nuit pour fusionner dans la lumière. Comme les étoiles l'âme se forme à partir de l'Éther primordial et se remplit de la clarté qui coule de la source. Elle fusionne avec l'Éther qui l'encercle et qui l'enflamme jusqu'au moment de sa libération. Élève ta flamme AU DESSUS DES TÉNÈBRES QU'EST L'ÉTHER et envole toi de la nuit pour trouver ta liberté. C'est ainsi que j'ai voyagé dans l'espace temps, en sachant que mon âme était enfin libre, en sachant que je pouvais maintenant grandir en sagesse. Jusqu'au moment où j'ai enfin passé dans un plan au delà du savoir et de la sagesse, au-delà de tout ce qui est imaginable. Et là, homme, mon âme fut inondée de joie en découvrant que j'étais enfin libre. Écoutes, enfant de l'espace, écoutes ma sagesse, saches que toi aussi tu seras libre. Écoutes encore, Homme, sois attentif à ma sagesse, écoute ma voix qui te dis que toi aussi tu peux vivre et être libre. Nous ne sommes pas de la terre, mais des enfants de l'infinie lumière cosmique. Ne vois-tu pas, O homme, quel est ton héritage ? Ne vois-tu pas que tu es lumière véritable ? Soleil du Grand Soleil tu seras. Lorsque tu auras acquis la Sagesse tu deviendras conscient de ton appartenance à la lumière. Je te donne maintenant mon savoir et la liberté de marcher sur le sentier que je t'ai ouvert grâce à mes efforts et qui te conduira vers les étoiles. Sois attentif, O homme, prend conscience de ton asservissement et découvre comment te libérer de tes durs labeurs. Tu émergeras enfin de l'obscurité, un avec la lumière, un avec les étoiles. Sache que c'est seulement en restant sur les sentiers de la sagesse que tu pourras t'élever du royaume inférieur. La destinée de l'homme le ramène toujours dans les courbes du Tout infini. Sache, O homme, que l'ordre est partout dans l'espace. Ne cherche pas à l'obtenir de force car il est déjà présent, il n'y a qu'à le laisser être. C'est seulement en te conformant à l'ordre que tu deviens Un avec le Tout. L'ordre et l'équilibre sont les lois du Cosmos. Suis les et tu deviendras Un avec le Tout. Celui qui veut suivre la voie de la Sagesse doit s'ouvrir à la fleur de vie et laisser sa conscience sortir de l'obscurité pour s'envoler dans l'espace et le temps du Grand Tout. LE SILENCE Tu dois tout d'abord te maintenir dans le silence jusqu'au point où tu te libéreras de tes désirs et de ton envie de parler dans le pur silence. Tu te libéreras de l'asservissement des mots en faisant la conquête du silence. LE JEUNE Tu dois aussi t'abstenir de manger jusqu'au moment où tu auras vaincu le désir des aliments, qui sont les liens qui enserrent l'âme. LA NOIRCEUR Allonge toi ensuite dans l'obscurité. Ferme tes yeux à la lumière et concentre la force de ton âme dans le centre de ta conscience, afin de la libérer des attaches de la nuit. VISUALISE ET SOIS ÉNERGIQUE Places dans ton esprit l'image de ce que tu désires. Visualise l'endroit que tu souhaites voir et laisse toi porter par ton pouvoir pour libérer ton âme de sa nuit. Utilise toute ta force pour l'ébranler afin qu'elle se libère. La flamme cosmique est d'une puissance qui dépasse les mots. Elle traverse tous les plans inconnus des hommes, redoutable et équilibrée, elle se déplace en ordre et en harmonie avec la musique qui dépasse l'homme. La flamme du Tout éternel s'exprime avec la musique et chante avec la couleur. Toi aussi tu es une étincelle de cette flamme O mon enfant, toi aussi tu brûles avec la couleur et tu vis avec la musique. Écoute la voix et tu seras libre. La conscience libérée fusionne avec le cosmos où elle devient Une avec l'Ordre et s'aligne avec le Tout. Ne vois tu pas que de l'obscurité la lumière doit jaillir et que sa flamme doit bondir toujours en

avant. Vois ici le symbole du Tout. Récite cette prière pour atteindre la sagesse. Prie pour qu'advienne la lumière du Tout. "Redoutable ESPRIT de LUMIÈRE qui brille à travers le Cosmos, accorde ma flamme avec la tienne. Aimant du feu qui est Un avec le Tout, élève mon feu au dessus de l'obscurité. Toi le redoutable et puissant, soulève mon âme. Enfant de la lumière, ne t'éloigne pas de moi. Attire à moi le pouvoir de me reposer dans ta fournaise ardente ; Un avec Tout et Tout avec Un, feu qui anime ma vie et qui est Un avec le Cerveau." Lorsque ton âme sera enfin libérée de ses liens l'obscurité s'éloignera de toi. Libéré des chaînes qui t'attachent à la chair, tu peux maintenant poursuivre ta quête sans fin de sagesse à travers l'espace infini. Avance et monte vers les royaumes de lumière ; dans le soleil du matin tu scintilles librement O âme. Enfant de la lumière tu es le mouvement de la liberté qui avance dans l'ordre et l'harmonie. Recherche et garde ma Clef de Sagesse. Alors tu seras enfin libre.

Tablette V
J'ai souvent rêvé de l'Atlantide qui fut ensevelie dans la nuit des temps et qui durant des millénaires éclaira l'obscurité de tous ses feux.

C'est là que vécu HORLET le Seigneur qui régna sur la terre de toutes les créatures grâce à son pouvoir fabuleux. De son temple le maître de UNAL était le Rois des nations, le Sage parmi les sages, la Lumière de SUNTAL, le Gardien de la voie et la Lumière de la terre durant l'époque de l'Atlantide. Le maître HORLET provenait d'un autre plan. Bien qu'il se soit incarné dans un corps d'homme il les dépassait tous par son savoir. Il fut le Soleil de son époque. Détenteur de la Sagesse universelle, il enseigna aux hommes la voie de la Lumière et de la réalisation. Il maîtrisa l'obscurité et conduisit l'âme d es hommes vers des sommets qui étaient Un avec la lumière. Avec le pouvoir de YTOLAN il savait condenser l'ETHER pour constituer une substance palpable qui prenait la forme qu'il concevait avec son esprit. D'une couleur noire sans être noire, obscure comme l'espace-temps, cette substance était L'ESSENCE DE LA LUMIÈRE. Il divisa la terre en dix royaumes qu'il confia au gouvernement des hommes et dans le onzième l'habitant de UNAL construisit un temple fabuleux grâce au pouvoir de son Logos qui moulait et formait l'Ether selon son vouloir. Espace après espace, ce temple se mit à grandir et s'étendit sur une superficie de plusieurs lieux jusqu'à couvrir l'île de ses splendeurs.

Tablette VI

Ô homme, écoute la sagesse de la magie. Écoute le savoir des pouvoirs oubliés.

Il y a très longtemps, à l'époque des premiers hommes, il y eut une guerre entre l'obscurité et la lumière. Comme c'est encore le cas maintenant, les hommes étaient à la fois de lumière et d'obscurité. Déjà à cette époque l'éternel combat faisait rage. De toutes les époques et sur tous les plans, cette lutte incessante se poursuit toujours. Les adeptes des deux camps se combattirent audacieusement à travers les âges en utilisant des pouvoirs étranges, inconnus des hommes. Tantôt les adeptes de l'obscurité faisaient reculer la clarté mais les maîtres de la clarté résistaient audacieusement et combattaient les ténèbres ; à chaque fois les chevaliers de la lumière revenaient en force pour conquérir la nuit. C'est ainsi qu'il y a très longtemps, les Soleils du matin qui descendaient des royaumes supérieurs trouvèrent le monde envahit par la nuit et c'est alors que débuta cette bataille séculaire entre l'obscurité et la lumière. Mais ils étaient tellement nombreux à être remplis de ténèbres que la lumière était une toute petite flamme dans la nuit. Et les maîtres des ténèbres essayaient de l'attirer dans leur nuit éternelle. Ils voulaient resserrer les chaînes qui gardaient les hommes captifs des griffes de la nuit. Ils utilisaient une magie noire qui fut apportée aux hommes par le pouvoir des ténèbres, une magie qui enveloppait l'âme de noirceur. LES FRÈRES DE TÉNÈBRES formèrent une bande qui à travers les âges s'opposa aux enfants des hommes. Ils se déplaçaient toujours en secret et se dissimulaient des hommes. On disait qu'ils étaient ceux qui étaient là et qui pourtant n'étaient pas là. Ils se déplacent dans le noir et se tiennent à l'abri de la lumière, derrière le voile de la nuit. En secret et silencieusement, ils utilisent leurs pouvoirs pour asservir et enfermer l'âme des hommes. Invisibles ; ils vont et ils viennent. C'est à cause de son ignorance que l'homme les attire d'en dessous. Les FRÈRES DES TÉNÈBRES voyagent à l'intérieur d'une obscurité qui n'est pas celle de la nuit. Ils utilisent les pouvoirs obscurs et mystérieux qui proviennent des ténèbres pour attirer d'autres habitants de leur royaume. Leur savoir interdit est redoutable parce qu'il provient des forces de la nuit. Ils se déplacent sur la terre à travers les rêves des hommes où ils peuvent faire irruption dans leur espace mental pour les enfermer dans le voile de la nuit. S'ils se laissent faire, leur âme sera enfermée dans les chaînes des ténèbres pour le reste de leur vie. Écoute moi O Homme et sois attentif à mon avertissement pour te libérer des griffes de la nuit. Ne laisse pas ton âme capituler devant les FRÈRES DE L'OBSCURITÉ. Tourne ton visage vers la lumière éternelle. Sache que la misère provient du voile de la nuit. Écoute mon avertissement et sois constant dans tes efforts pour monter et tourner ton âme vers la LUMIÈRE. Sache que LES FRÈRES DES TÉNÈBRES veulent recruter ceux qui ont voyagé sur le sentier de la LUMIÈRE. Ils savent très bien que ceux qui dans leur quête de LUMIÈRE se sont approchés du SOLEIL disposent en fait de pouvoirs encore plus grand pour enfermer les autres enfants de la lumière dans l'obscurité. Écoute celui qui vient vers toi O Homme. Évalue soigneusement si mes paroles sont celles de la LUMIÈRE. Il y en a beaucoup qui sont brillants dans leur obscurité et qui pourtant ne sont pas des enfants de la LUMIÈRE. Leur sentier est facile à suivre. Ils montrent tous la voie de la facilité attirante. Alors écoute bien mon avertissement O Homme, parce que la lumière vient seulement à celui qui fait des efforts et qui persévère. Il est difficile le sentier qui conduit à la sagesse et qui mène à la LUMIÈRE. Plusieurs pierres obstruent ce sentier. Il y a plusieurs montagnes à gravir vers la lumière. Ne te laisse pas tromper par l'illusion de l'effort matérialiste en vue de se procurer des biens. Ce n'estpas de cela qu'il s'agit. Nous parlons de l'effort en vue d'intensifier sa lumière intérieure et de pouvoirtraverser le voile de la nuit comme un SOLEIL DE LUMIÈRE. Regarde les étoiles et les soleils du Cosmos et tu comprendras qu'ils voyagent depuis toujours à travers les grandes ténèbres de l'espace infini. Et pourtant ils demeurent intacts et brillants. Voilà l'effort demandé, rester brillant et lumineux tout en traversant les ténèbres les plus obscures. Et ce n'est pas une mince tâche. Voilà pourquoi les Soleils de lumière durent de toute éternité ; "parce qu'ils sont constants dans leurs efforts". Sache, O homme, que celui qui ira jusqu'au bout du sentier de LUMIÈRE sera libre. NE SUIS JAMAIS LE SENTIER DE LA FACILITÉ QUE TE PROPOSENT LES FRÈRES DE L'OBSCURITÉ. Parce que ce sentier te conduira à la diminution et à l'extinction de ta lumière. Reste avec nous. Pour toujours sois un enfant de la LUMIÈRE. Demeure dans la constellation des étoiles fixes. Sache qu'à la fin, la clarté vaincra toujours et que les ténèbres de la nuit seront bannies par la LUMIÈRE. Écoute, O homme et fais attention à ma sagesse. "TOUT COMME L'OBSCURITÉ, AINSI EST LA LUMIÈRE".

Tablette VII
Écoute ma voix O homme. Ouvre l'espace de ton esprit et abreuve toi de ma sagesse.

Le sentier de la VIE sur lequel tu voyages est obscur. Plusieurs pièges se cachent sur ta voie. Alors soit inlassable dans ta quête de la sagesse qui éclairera ton chemin. Ouvre ton âme à l'énergie cosmique et laisse la couler pour qu'elle devienne UNE avec TON ÂME. Sache que la LUMIÈRE est éternelle et que les ténèbres sont passagères. Recherche sans cesse la LUMIÈRE parce qu'à mesure qu'elle remplit ton être elle fait disparaître l'obscurité. Ouvre ton âme aux FRÈRES DE LA CLARTÉ. Laisse les entrer pour qu'ils te remplissent de la LUMIÈRE. Lève tes yeux vers la lumière du Cosmos et garde ton regard tourné vers le but. C'est seulement par la lumière de la sagesse que tu deviens UN avec le but infini. Recherche sans cesse l'éternel UN et dirige toi sans cesse vers la lumière du But. La lumière est infinie et l'obscurité n'est qu'un voile fini. Cherche sans cesse à déchirer ce voile d'obscurité. Écoute moi, O homme, écoute ma voix qui chante LA MÉLODIE DE LA LUMIÈRE ET DE LA VIE. Sois assuré que partout dans l'immensité de la création la LUMIÈRE est toujours dominante et qu'elle englobe tout de ses bannières de flamme. De même que l'infini existe caché et dissimulé dans le fini, ainsi en creusant sans cesse à travers le voile des Ténèbres tu trouveras la LUMIÈRE. De la même façon, perdu et flottant à travers le Tout, tu découvriras l'existence du CERVEAU INFINI qui vit à travers le TOUT CE QUI EST. Vois ici la lumière que tu cherches, celle de l'intelligence universelle et lumineuse. Dans tout l'espace il n'y a qu'UNE SAGESSE. Même si elle semble parfois fragmentée elle est UNE AVEC L'UN. Tout ce qui existe provient de la LUMIÈRE qui elle-même provient du TOUT. Tout ce qui est créé est basé sur L'ORDRE. La LOI ordonne l'espace partout à l'infini. Les grandes époques de l'histoire se dirigent en harmonie et en équilibre vers l'éternité de la fin. Sache, O homme, que loin dans l'espace temps, l'INFINI lui-même se transformera.

Écoute moi et sois attentif à la Voix de la Sagesse : Sache que Tout est en Tout pour toujours. Sache qu'avec le temps tu trouveras davantage de sagesse et de lumière sur ton chemin. Ton but est une cible en mouvement. A mesure que tu t'approcheras du but tu le verras se dérober

devant toi et prendre une autre forme. Il y a très longtemps, dans les Chambres de l'Amenti, moi Thoth, guidé par le Gardien, j'ai comparu devant les puissants Seigneurs des cycles cosmiques dont une bonne part de leur pouvoir et leur immense Sagesse reste encore à dévoiler. J'avais la liberté de me joindre à eux mais j'ai préféré continuer mon chemin. Souvent je suis descendu vers l'obscur sentier qui mène dans la Chambre où la LUMIÈRE brille à jamais. Là, les Maîtres des cycles m'ont appris un savoir qui provient du TOUT INFINI. J'avais plusieurs questions à leur poser. Leurs réponses étaient toutes empreintes de la Grande Sagesse. C'est pourquoi je te donne maintenant cette Sagesse qui provient des flammes du feu de l'infini. Cachés profondément dans LES CHAMBRES OBSCURES, ils sont les SEPT formes de conscience qui régissent les grands cycles extérieurs. Encore aujourd'hui, les Sept grands pouvoirs livrent leurs messages aux hommes. Depuis toujours, je me tiens près d'eux afin de percevoir leurs paroles qui se prononcent sans un son. Un jour ils m'ont dit : "O homme, aimerais-tu acquérir plus de sagesse ? Alors recherche-la dans le cœur de la flamme. Aimerais-tu connaître les arcanes du pouvoir ?Alors cherche les dans le cœur de la flamme. Aimerais-tu être un avec le cœur de la flamme ? Alors cherche-la à travers ta propre flamme cachée."Pendant longtemps ils m'ont parlé pour m'enseigner une Sagesse qui vient d'en haut et qui n'est pas de ce monde ; ils m'ont indiqué de nouveaux sentiers qui mènent vers la clarté. Ils m'ont donné un savoir opérationnel qui provient de la Loi et de l'Ordre du Tout. Les SEPT se sont adressés ainsi à moi : "Homme, nous venons de loin, très loin au delà du temps. Nous avons voyagé au delà de l'ESPACE-TEMPS là où se trouve l'origine de la fin infinie. Avant que toi et tes frères n'ayez pris forme, nous étions déjà formés dans l'ordre du TOUT. Nous ne sommes pas des hommes et pourtant nous fûmes aussi des hommes. Nous provenons directement du vide originel, avec Ordre et selon la LOI. Maintenant tu sais que la forme est sans forme. La forme n'existe que pour les yeux." Les SEPT poursuivirent : "Thoth, tu es un enfant de la LUMIÈRE. Tu es libre de voyager sur le sentier de clarté pour monter jusqu'au point où tous les UNS deviennent UN. Sache que nous avons été formés en suivant l'ordre naturel : TROIS, QUATRE, CINQ, SIX, SEPT, HUIT, NEUF. 3 4 5 6 7 8 9

Sache que nous suivons le même nombre de cycles dans notre descente jusqu'à l'homme : trois, quatre, cinq, six, sept, huit et neuf.

Chacun a son rôle à jouer et détient le pouvoir de contrôler une force spécifique. Nous faisons UN avec l'âme du cycle qui nous est propre. Et nous aussi nous poursuivons un but qui dépasse l'entendement de l'homme ; l'Infini s'accroît jusqu'au point de dépasser le TOUT. Ainsi, dans un temps qui n'est pas encore en son temps, NOUS DEVIENDRONS TOUS UN AVEC -UN PLUS GRAND QUE LE TOUT-. Le temps et l'espace se déplacent en cercle. Reconnais cette loi et toi aussi tu seras libre. Toi aussi tu seras libre de traverser les cycles pour passer devant les gardiens qui se tiennent devant la porte." C'est alors que la voix de NEUF parla : "J'existe depuis le début des temps, sans connaître la vie et sans subir la mort. Il faut que tu saches, Ô homme, que loin dans le futur, la vie et la mort seront réunies dans le TOUT. Chacun s'équilibrera dans l'Unité du TOUT. Pour les hommes de cette époque, la Force de vie semble fragile, mais cette vie est destinée à devenir Une avec le TOUT. Je suis présent dans cette époque et pourtant j'existe déjà dans le futur. Mais pour moi le temps n'existe pas puisque je proviens du sans forme. Nous n'avons pas la vie et pourtant nous existons, plus complètement, plus grands et plus libres que vous. L'homme est une flamme attachée à une montagne, mais nous, sur notre plan, nous sommes libres à jamais. Il faut que tu saches, O homme, que lorsque cette époque aura passé, la vie elle même aura passé dans le royaume des ténèbres. Seule l'essence de l'âme survivra." L'essence vibrante du vouloir... Alors le HUIT s'adressa à moi : "Le TOUT est contenu dans le petit et pourtant vous n'avez pas encore accédé au Grand. Mon origine est loin dans l'espace ; là où règne la LUMIÈRE suprême. Je suis apparu dans la

LUMIÈRE. Je suis venu au monde mais pas comme vous. Ma forme sans forme est venue sous forme de CORPS DE LUMIÈRE. Je ne connais ni la VIE ni la MORT et pourtant je suis maître de tout ce qui existe. Toi qui cherche sur le sentier obstrué par des obstacles, poursuis ton voyage, va sur le chemin qui conduit à la lumière." Alors le NEUF s'adressa à nouveau à moi : "Recherche le sentier qui mène vers l'au-delà parce qu'il est possible de développer une conscience plus haute. En voici le signe : Lorsque le DEUX devient UN et que UNE devient le TOUT alors sache que la barrière s'est levée et que la voie est libre. Développe ta forme pour qu'elle passe dans le sans-forme et tu seras libre." C'est ainsi qu'à travers les âges j'ai écouté ce conseil qui m'indique la voie vers le TOUT. J'élève mes pensées vers le TOUT CHOSE. Seul le Sans forme peut appréhender le TOUT. Et voici ce que me dit le TOUT CE QUI EST. "O LUMIÈRE qui pénètre tout, UNE avec TOUT et TOUT avec UN, Descend en moi à travers le canal. Inonde moi de tes rayons Afin que je devienne libre. Rend moi UNE avec l'ÂME-TOUT Qui brille dans l'obscurité de la nuit. Rend moi libre de l'espace temps Libre du voile de la nuit. Moi, Enfant de la lumière Voici que je commande : Je suis libre à jamais de l'obscurité." Je suis l'ÂME LUMIÈRE sans forme. Sans forme et pourtant je brille comme la
lumière. Je sais que les liens de l'obscurité doivent se dénouer et s'évanouir devant la lumière. Voici ma sagesse. Libre tu seras, O homme, puisque tu vivras dans la lumière et la clarté. Garde ton regard vers la lumière. Ton âme habite dans le royaume de la lumière. Tu es un enfant de la lumière. Tourne tes pensées vers l'intérieur et non pas vers l'extérieur. C'est au centre que

tu trouveras l'âme de lumière. Sache que tu est le MAÎTRE. Le monde des apparences et toutes les illusions qui se présentent devant toi proviennent du dedans. Tu en es le créateur. Alors continue à grandir dans le royaume de la clarté et garde tes pensées dans la lumière. Tu est un avec le Cosmos, une flamme et un enfant de la lumière. En toi se trouve ta connexion avec le TOUT RAYONNANT DE LUMIÈRE. C'est pourquoi je te mets en garde : ne laisse pas tes pensées s'égarer vers la croyance que la lumière provient de l'extérieur de toi.Sache que la lumière rayonne à partir de toi pour toujours. Sois comme un soleil au centre de son univers. Tu brilles et tu éclaires le monde que tu as toi même créé. Reste au centre Ô Soleil de lumière. Éclaire ta création pour toujours. Ne te laisse pas séduire par les frères des ténèbres qui te montrent la CLARTÉ OBSCURE. La lumière réfléchie n'est pas la lumière solaire. Ne te laisses pas séduire par la lumière artificielle qu'on veut projeter vers toi pour te donner l'illusion que tu existes. Tu es le centre, tu es celui qui éclaire. Tu es SOLEIL DE LUMIÈRE de ton univers. Garde toujours tes yeux dans cette direction et ton âme en accord avec la LUMIÈRE CENTRALE. Prend ma sagesse et gardes là précieusement. Écoute ma voix et aligne toi sur ce que je te dis.
Reste sur le sentier de la clarté et tu seras UN avec la Voie.

Tablette VIII
Homme, je t'ai donné mon savoir et ma lumière.

Maintenant sois attentif et reçois ma sagesse qui provient des dimensions de l'au-delà. Sache que je me suis libéré de toutes les dimensions et de tous les plans de l'existence. Dans chacun d'entre eux je dispose d'un corps, dans chacun d'entre eux je peux changer de forme à ma guise. Mais je sais que le sans-forme précède la forme. Voici la sagesse du SEPT. Ils sont puissants ceux qui viennent de l'au-delà. Ils se manifestent grâce à leurs pouvoirs qui sont alimentés par la force de l'au-delà. Écoute la voix de la sagesse et fais-la tienne. Découvre le SANS-FORME et vois qu'il s'agit de la clé de l'au-delà. Le mystère est un savoir caché qu'il faut connaître et dévoiler. Découvre avec moi cette sagesse enfouie et deviens le maître des ténèbres et de la lumière. Il y a de nombreux mystères autour de toi où se dissimulent des secrets profonds et anciens. Utilise les clés de ma sagesse pour en découvrir la voie. Le chemin du pouvoir est gardé secret mais celui qui cherche recevra ce qu'il demande. Regarde la lumière ! O mon frère. Ouvre toi et tu recevras ce que tu veux. Mais auparavant, empresse toi de traverser la vallée de ténèbres pour vaincre le gardien de la nuit. Garde toujours tes yeux tournés vers la DIMENSION DE LUMIÈRE et tu seras UN avec la LUMIÈRE. L'homme est actuellement dans un processus de changement et de mutation vers des formes qui ne sont pas de ce monde. Il se dirige vers le SANS-FORME dans une dimension au-delà. SACHE QUE TU DOIS TOUT D'ABORD DEVENIR "SANS FORME" SI TU VEUX DEVENIR UN AVEC LA LUMIÈRE. Écoute moi, O homme, ma voix t'indique ici le sentier qui mène à la lumière, la voie qui te permettra de devenir UN AVEC LA LUMIÈRE. Apprends que la Loi cosmique qui maintient les étoiles en équilibre provient de la nuée primordiale. Cherche dans les mystères qui se cachent dans le cœur de la terre. Recherche la flamme qui anime la vie terrestre. Baigne toi dans l'éclat de ce feu. Reste sur le sentier à trois coins jusqu'au moment où tu deviendras flamme. Adresse les paroles sans voix à ceux qui habitent le royaume d'en dessous. Entre dans le temple de la flamme bleue et baigne toi dans le feu de la vie. Sache, Ô homme, que tu es un être de terre et de feu. Laisse ta flamme briller dans tous ses éclats. Deviens le feu. La sagesse est cachée dans l'obscurité de ta terre. Enfant de la lumière voici ma sagesse, lorsque la flamme de ton âme est allumée te voilà devenu un glorieux Soleil de lumière sans forme. Garde toujours ma sagesse qui se trouve dans le cœur de cette flamme.Sache que c'est seulement par la persévérance que la Lumière se déversera dans ton cerveau. Maintenant que je t'ai donné ma sagesse, écoute ma voix et obéit. Le voile des ténèbres se déchire et laisse apparaître une lumière qui t'indique le chemin. Et maintenant je vais te parler de l'ancienne Atlantide, je vais te parler du Royaume des ombres et de la venue des enfants de l'ombre. Ce fut un jour sombre lorsque les hommes voulurent plus de pouvoir et invoquèrent ceux qui viennent de l'abysse. Dans une très lointaine époque avant l'Atlantide, il y avait des hommes qui exploraient les ténèbres et qui utilisèrent la magie noire pour invoquer des êtres qui habitent dans les grandes profondeurs que nous avons en dessous. À cause de ces invocations, ces êtres parvinrent à la surface et arrivèrent dans cette époque. Auparavant ils étaient des entités sans forme qui vibraient à un niveau invisible pour les hommes. C'est grâce au sang des hommes et à travers eux qu'ils purent arriver dans notre monde. C'est alors que vinrent des maîtres habiles qui réussirent à les refouler dans leur royaume obscur. Mais certaines de ces entités réussirent à se cacher dans des espaces et des dimensions inconnus des hommes. Elles vécurent à l'époque de l'Atlantide sous la forme d'ombres qui de temps en temps apparaissaient aux hommes. Elles purent s'installer parmi les hommes à cause de sacrifices humains où le sang était répandu Elles purent prendre la forme des hommes mais seulement en apparence. Lorsque leur déguisement était enlevé elles avaient des têtes de serpent. Elles réussirent à s'infiltrer dans les lieux de rassemblement des hommes en prenant leur forme. Par la suite elles réussirent à exterminer les chefs des royaumes, à prendre leur forme et à dominer le peuple. A partir du royaume des ombres elles voulaient détruire les hommes et prendre leur place. Leur stratagème était très habile, seule la magie pouvait les démasquer. Certaines invocations sonores permettaient de voir leur vrai visage. Mais heureusement il y avait de grands Mages capables de neutraliser le voile qui masquait leur face de serpent et de les refouler dans leur domaine. Ces maîtres enseignèrent à l'homme les mots et les incantations que seuls les hommes pouvaient prononcer. C'est ainsi qu'ils purent démasquer les serpents et les éloigner des hommes. Mais soyez vigilants, les serpents sont toujours vivants, à certaines époques une porte peut s'ouvrir dans la dimension où ils habitent. Invisibles, ils peuvent se déplacer dans certains lieux où des rituels ont été accomplis et si les temps sont propices ils pourront prendre la forme de l'homme. Ils peuvent être invoqués par le maître qui connaît le blanc et le noir, mais seul le maître blanc peut les contrôler et les déjouer lorsqu'ils habitent un corps. C'est pourquoi je te conjure d'éviter le royaume des ombres, sinon le mal va sûrement apparaître. Sache, ô mon frère que la peur est un très grand obstacle. Seul le maître de la clarté et de l'amour peut conquérir l'ombre de la peur. Affirme toi comme le maître de la clarté et l'ombre s'évanouira aussitôt. Écoute et fais attention à ma sagesse ; la voix de la LUMIÈRE EST CLAIRE. Ne recherche pas la vallée des ombres et seule la lumière sera présente. Écoute la profondeur de ma sagesse, ô homme, moi qui te parle d'un savoir caché aux hommes. J'ai voyagé très loin à travers l'ESPACE-TEMPS, jusqu'à la limite de l'espace de cette époque où j'ai trouvé une grande barrière qui empêche l'homme de quitter cette époque. J'ai vu les Cerbères qui gardent cette barrière et qui attendent ceux qui veulent passer. Dans cette dimension où le temps n'existe pas, j'ai ressenti ces gardiens de notre époque. Sache, ô homme, que l'Âme qui ose passer la Barrière peut être retenue par les Cerbères qui se cachent au delà du temps jusqu'au moment où les temps seront accomplis. Lorsque la conscience s'en ira il restera en arrière. Ces gardiens se déplacent toujours selon des lignes et des angles. Ils ne sont pas capables de se mouvoir dans des dimensions courbes. Ils sont étranges et terribles ces gardiens de la Barrière. Ils peuvent traquer la conscience jusqu'aux limites de l'espace. Ils peuvent te suivre jusque dans ton corps et poursuivre ton âme grâce à des angles et des droites. C'est pourquoi seul le cercle te donnera la protection et te sauvera des griffes des GARDIENS DES ANGLES. Il y a longtemps je me suis approché de la grande Barrière et sur des rivages où le temps n'existe pas, j'ai vu la forme sans forme des Cerbères de la Barrière.

Dissimulés dans le brouillard au delà de temps ils m'ont immédiatement sentis et se sont mis à ma poursuite afin d'engloutir mon âme en lançant leurs cris semblables à une cloche qui peut être entendue d'une dimension à l'autre. Je me suis alors enfuis pour revenir de la fin des temps mais ils m'ont poursuivis en se déplaçant selon des angles étranges et inconnus des hommes. J'ai volé en cercle pour revenir dans mon corps suivi de près par les dévoreurs qui se déplaçaient sur des lignes droites et des angles pour prendre mon âme.

Je suis revenu dans mon corps en faisant des cercles sans aucun angle. J'ai constitué une forme parfaite et ferme comme une sphère où j'ai protégé mon corps pendant que mes poursuivants se perdaient dans les cercles du temps. C'est pourquoi, même lorsque je me déplace en dehors de mon corps, je fais toujours attention à ne pas me déplacer selon des angles, sinon mon âme pourrait ne jamais être libre. Rappelle toi que les Cerbères de la Barrière se déplacent toujours à l'angle et jamais dans les courbes de l'espace. En te déplaçant dans des mouvements circulaires tu pourras leur échapper puisqu'ils te poursuivront dans des angles. Écoute mon avertissement ô homme, ne laisse pas la porte de l'au-delà ouverte. Rares sont ceux qui ont réussis à traverser la barrière pour atteindre la grande LUMIÈRE qui brille au delà. Les gardiens recherchent ces âmes afin de les asservir. Ne te déplace pas à l'angle mais toujours en suivant des courbes. Si tu entends un son semblable à des aboiements des chiens de chasse qui retentissent comme une cloche à travers ton être alors reviens vite à ton corps en te déplaçant en cercle et ne retourne pas dans le brouillard. Lorsque tu es revenus dans ta forme habituelle utilise la croix et le cercle pour te protéger. Ouvre grand ta bouche et utilise la VOIX. Prononce le MOT et tu seras libre. Seul celui qui détient la grande LUMIÈRE peut espérer traverser la Grande Barrière et échapper aux Cerbères. Seul l'illuminé peut se déplacer selon des courbes étranges et selon des angles qui vont dans des directions inconnues des hommes. Écoute moi bien, ô homme, avant de passer la Barrière et échapper aux gardiens il faut tout d'abord que tu intensifies ta lumière et que tu te rendes capable de traverser l'épreuve. La LUMIÈRE est la fin ultime, ô mon frère, recherche et trouve cette lumière sur la VOIE

Tablette IX
<u>Écoute moi attentivement, Ô homme, je vais t'enseigner la Sagesse et la lumière appropriée pour cette époque ; je vais t'apprendre à chasser les ténèbres et à apporter la lumière dans ta vie.</u>

Voici le point central de mon enseignement qui va te permettre de parcourir le sentier qui te permettra de VIVRE ÉTERNELLEMENT, COMME UN SOLEIL, et de repousser le voile de l'obscurité. Travaille à devenir la lumière du monde. Deviens un vaisseau de lumière, un point focal pour le Soleil de ce système. Élève tes yeux vers le Cosmos et la LUMIÈRE. Prononce les mots du Gardien, l'incantation qui appelle la lumière vers toi. Chante la liberté et la chanson de l'âme. Élève ta vibration à un niveau où tu deviendras UN AVEC LE TOUT et qui te permettra de fusionner avec le Cosmos. Deviens UN avec la Lumière pour accomplir sa LOI de clarté et d'ordre dans le monde. Cette LUMIÈRE, Ô homme, est la GRANDE

LUMIÈRE qui brille à travers l'ombre de ta chair. Mais pour devenir UN AVEC LA LUMIÈRE il faut t'élever au dessus des ténèbres et des ombres qui t'entourent. La vie coule sans cesse pour te remplir mais sache que tu dois t'élever de ton corps et te rendre dans d'autres dimensions qui sont toujours une avec toi. Regarde autour de toi et remarque que c'est ta propre lumière qui se reflète partout. À travers les ténèbres tu poursuis ta course en ouvrant le chemin par ta propre Lumière. Voilà la sagesse que tu dois conserver dans ton cœur O Soleil de lumière.Ne te laisse pas trahir par ton corps, reste sur le chemin de la vibration de lumière. Abstiens toi de succomber à la voie ténébreuse qui te trompe en te laissant croire que la lumière est extérieure à toi. Tu es lumière. Tu es soleil. Sache que cet enseignement est resté intact depuis le début des temps depuis l'origine de L'ÂME DU TOUT. Voilà la Sagesse qui transforme le chaos en harmonie en vertu de la LOI de la GRANDE VOIE. Écoute, Ô homme, l'enseignement de la sagesse. Écoute cette voie qui te guide depuis la nuit des temps. Je te raconterai cette sagesse cachée dans l'origine du monde, perdu dans le brouillard de l'obscurité qui m'entoure. Sache, homme, que tu es l'ultime de toutes choses. Ce savoir fut perdu lorsque l'homme s'est laissé ligoter par les chaînes des ténèbres. Il y a très longtemps je fus projeté hors de mon corps et j'ai voyagé librement dans l'immensité de l'éther pour encercler les angles qui maintiennent l'homme dans sa prison. Oui, ce sont ses croyances, ses petits dogmes, ses rigidités qui sont autant d'angles et de point de vue qui le maintiennent prisonnier alors que moi je circule librement en tournant librement autour des idées et des concepts. Sache, Ô homme, que tu n'es qu'esprit et pensée. Le corps n'est rien sinon une sensation dans laquelle se dissimulent tes intentions. L'âme est tout ; ne laisse pas ton corps devenir une chaîne. Repousse l'obscurité et déplace toi librement dans la Lumière. Dématérialise ton corps et deviens libre. Sois une lumière qui est UNE avec la LUMIÈRE. Lorsque tu voyages librement dans l'espace comme un SOLEIL DE LUMIÈRE tu vois que l'espace n'est pas infini mais qu'il est borné par des angles et des courbes. Tout ce qui existe n'est qu'un aspect de plus grandes choses qui doivent venir. La matière est fluide et coule comme un ruisseau. Elle passe constamment d'une forme à une autre. Cette connaissance existe depuis le fond des âges et elle est restée intacte même si elle fut parfois ensevelie dans les ténèbres et oubliée par l'homme. Savais-tu que dans l'espace que tu habites maintenant il y en a d'aussi grands que toi. Par l'intermédiaire de la matière de ton corps ils sont intimement reliés à toi et à tes préoccupations actuelles tout en occupant un espace distinct du tiens. Il y a longtemps, Moi, Thoth, j'ai ouvert une porte qui m'a permis de pénétrer dans d'autres espaces et d'y apprendre les secrets qui y étaient cachés. Il y a plusieurs mystères qui sont cachés dans l'essence de la matière. Il y a NEUF dimensions qui s'entrecroisent tout comme il y a NEUF cycles dans l'espace. NEUF sont les diffusions de la conscience et NEUF sont les mondes contenus dans les mondes. Et NEUF sont les seigneurs des cycles qui proviennent d'en haut et d'en bas. L'espace est rempli d'espaces cachés parce que l'espace est divisé par le temps. Recherche LA CLÉ DE L'ESPACE-TEMPS et tu pourras ouvrir la barrière. La conscience existe partout à travers l'espace-temps. Bien que notre savoir soit caché il existe pour toujours. La clé des mondes qui se cachent en vous ne se trouve qu'à l'intérieur de vous. Il y a plusieurs passerelles vers le mystère mais la clé est UNE AVEC L'UN. Cherche à l'intérieur du cercle et utilise le mot que je vais te donner. Ouvre le passage à l'intérieur de toi et toi aussi tu vivras. L'homme croit qu'il vit mais sache que la vie est dans la mort. Tant que tu es enchaîné à ton corps il n'y a pas vraiment de vie. Seule l'âme se meut dans un espace libre et possède la vie qui est vraiment la vie. Tout le reste est servitude, un esclavage dont il faut se libérer. Ne crois pas que l'homme est d'origine terrestre, même s'il croit provenir de la terre. L'homme est un esprit qui provient de la lumière. Mais tant qu'il n'en prend pas conscience il ne peut être libre. Les ténèbres encerclent l'être de lumière et enchaînent l'âme. Seul celui qui cherche peut espérer devenir libre. Les ombres autour de toi se dissipent, les ténèbres emplissent l'espace. Brille de tous tes feux Ô ÂME DE LUMIÈRE et inonde de tes rayons l'obscurité de l'espace. Tu es véritablement un SOLEIL DE LA GRANDE LUMIÈRE. Rappelle toi de cela et tu seras libre. Sort de l'obscurité, ne reste pas dans le monde des ombres ; émerge des ténèbres de la nuit comme un SOLEIL ROYAL DU MATIN. LUMIÈRE, Ô TOI SOLEIL NAISSANT. Te voici rempli de la gloire de la lumière, libéré des liens obscurs. Une âme qui est UNE AVEC LA LUMIÈRE. VOILÀ LA CLÉ DE TOUTES LES SAGESSES. À l'intérieur de toi se trouve L'ESPACE et LE TEMPS. Libère toi des entraves de l'obscurité. De la nuit, libère ton CORPS DE LUMIÈRE. "Grande Lumière qui remplit le Cosmos, coule en abondance à travers l'homme. Transforme son corps en une torche de lumière qui ne pourra jamais être éteinte parmi les hommes" Il y a très longtemps dans le passé, j'ai cherché une Sagesse, un savoir ignoré des hommes. J'ai voyagé jusqu'aux confins de l'espace, là où commence le temps, pour rechercher de nouveaux savoirs afin de compléter ma sagesse et découvrir que seul le futur détiens la clef de la sagesse que j'y ai trouvé. Je suis descendu dans les CHAMBRES DE L'AMENTI pour rechercher de plus grands savoirs et j'ai demandé aux SEIGNEURS DES GRANDS CYCLES de m'indiquer la voie qui me conduira à la sagesse que je recherche. "Où se trouve la source du GRAND TOUT ?" leur ai-je demandé. Le GRAND SEIGNEUR DU NEUF m'a alors répondu de sa voix éclatante : "Libères ton âme de ton corps et viens avec moi vers la LUMIÈRE" J'ai alors surgit de mon corps, tel une flamme resplendissante dans la nuit. Debout devant les SEIGNEURS, je baignais dans le feu de LA VIE. Je fus alors saisi par une force qui dépasse l'entendement et qui me projeta vers l'abysse et des espaces inconnus de l'homme. Là j'ai vu comment l'ordre se forme à partir du chaos et des angles de la nuit. Et ensuite j'ai vu comment la lumière jaillit de l'Ordre et j'ai entendu la voie de la Lumière. J'ai vu la flamme émergée de l'Abysse se projeter en avant pour produire l'Ordre et la Lumière. LA LUMIÈRE JAILLISSANT PAR SOI-MÊME DES TÉNÈBRES. J'ai vu l'Ordre émerger du chaos. La lumière émerger de l'Ordre. La vie émerger de la lumière. C'est alors que j'ai entendu la voix me dire : "Écoute et comprends. La flamme est la source de toute chose. Elle contient toutes les choses en potentialité. Le VERBE EST L'ORDRE qui produit la lumière. La vie provient du VERBE ET

IL EN EST DE MÊME DE TOUT CE QUI EXISTE."
La voix divine poursuivit :
"Ce que tu appelles la VIE EN TOI c'est le VERBE. Retrouves cette vie en toi et tu trouveras les pouvoirs pour utiliser ce VERBE".J'ai contemplé longtemps cette torche de lumière qui provenait de l'essence du feu. J'ai réalisé que LA VIE EST ORDRE ET L'HOMME EST UN AVEC LE FEU. Ensuite je suis revenu dans mon corps et j'ai été vers le NEUF pour entendre à nouveau la voix des CYCLES. Avec ses pouvoirs vibrants elle me dit :
"Saches Ô Thoth que LA VIE EST LE VERBE DU FEU. La force de vie que tu recherches est le verbe qui se montre comme un feu dans le monde. Suis la voie du VERBE et les pouvoirs viendront de surcroît." Alors j'ai demandé au NEUF : "Seigneur, montre-moi cette voie qui mène à la sagesse, apprend moi la voie du VERBE." Il me répondit :
"Tu trouveras cette voie à travers l'ORDRE. Ne vois-tu pas que le VERBE provient du Chaos ? Ne vois-tu pas que la Lumière provient du Feu ? Observe dans ta vie où sont les désordres. Équilibre et ordonne ta vie. Apaise le Chaos de tes émotions et l'ordre s'installera dans ta vie. L'ORDRE qui sortira du Chaos apportera avec lui le VERBE DE LA SOURCE qui te donnera le pouvoir des CYCLES. Il donnera à ton Âme une force de liberté qui s'étendra à travers les âges, UN PARFAIT SOLEIL DE LA SOURCE." J'ai écouté attentivement cette voix et j'ai gardé dans mon cœur ces paroles. Par la suite j'ai constamment recherché l'ORDRE dans mes paroles à partir du VERBE.Sache que celui qui veut atteindre cet état doit toujours se maintenir dans L'ORDRE. Parce que l'usage du VERBE à travers le

désordre a toujours été et sera toujours impossible. Gardes bien ces conseils et guide ta vie en fonction d'eux. Conquière le désordre et tu deviendras UN AVEC LE VERBE. Efforce toi de toujours augmenter la LUMIÈRE sur le sentier de la vie. DEVIENS UN AVEC L'ÉTAT DU SOLEIL. SOIS UN SOLEIL DE LUMIÈRE. SOIS SEULEMENT LUMIÈRE. GARDE DANS TES PENSÉES MAINTIENS DANS TON ESPRIT L'IMAGE DE TON CORPS COMME ÉTANT UN AVEC LA LUMIÈRE. SOIS UN CORPS DE LUMIÈRE. RAPPELLE TOI QUE TOUT EST ORDRE QUI NAÎT DU CHAOS POUR PARVENIR À LA LUMIÈRE. LE TOUT EST ORDRE ET LA LUMIÈRE ÉMERGE DU CHAOS

Tablette X
Écoute moi, Ô homme.

Accepte ma sagesse. Découvre les mystères profonds et cachés de l'espace. Apprend quelle est cette PENSÉE qui se développe dans l'Abysse et qui apporte l'Ordre et l'harmonie dans l'espace. Sache que tout ce qui existe provient de la Loi. Découvre donc la LOI et tu seras libre sans être limité par les chaînes de la nuit. Très loin dans des espaces étranges j'ai voyagé dans les profondeurs de l'abysse du temps pour apprendre d'étranges mystères et en découvrir de plus étranges encore jusqu'à la fin où tout sera révélé. Sache qu'un mystère est un mystère parce que c'est une connaissance inconnue de l'homme. Lorsque tu auras sondé le cœur de tout le mystère alors le savoir et la sagesse t'appartiendront. LE TEMPS EST LE SECRET PAR LEQUEL TU PEUX TE LIBÉRER DE CET

ESPACE. Pendant longtemps, moi Thoth, j'ai cherché la sagesse et je le ferai jusqu'à la fin de l'éternité parce que je sais que le but s'éloigne de moi à mesure que je m'en approche. Même les SEIGNEURS DES CYCLES savent qu'ils n'ont pas atteint le but parce que leur sagesse leur apprend que LA VÉRITÉ GRANDIT SANS CESSE. Il n'y a pas un but ultime et final à atteindre il n'y a qu'une route que nous suivons à l'infini. Il y a très longtemps, j'ai parlé au GARDIEN. Je lui ai demandé de me révéler les mystères de L'ESPACE et du TEMPS. La question qui surgit de mon être fut la suivante :

"Dis moi maître, qu'est-ce que le temps ?"

Le maître me répondit :

"Sache, Ô Thoth, qu'au commencement il y avait le VIDE et le NÉANT. Un néant sans espace-temps. C'est alors qu'une PENSÉE SURGIT DE CE NÉANT, une pensée décisive et envahissante qui remplit ce VIDE. Il n'y avait alors aucune matière ; seulement une force, un mouvement, un vortex, une vibration provenant de cette pensée décisive qui remplissait le VIDE." J'ai alors demandé au maître :

"Cette pensée est-elle éternelle ?" Le Gardien me répondit.

"Au commencement il y avait une pensée éternelle. Pour qu'une pensée soit éternelle le temps doit exister. C'est pourquoi LA LOI DU TEMPS se mit à grandir DÈS LE COMMENCEMENT, DANS CETTE PENSÉE DÉCISIVE. Oui, le temps existe à travers l'espace. Il flotte dans un mouvement rythmique tranquille, dans un état immuable éternel. Le temps ne change pas, ce sont les choses qui changent dans le temps. Le temps est la force qui garde les événements séparés, chacun à sa juste place. Le temps ne bouge pas, c'est toi qui te déplaces à travers le temps, au fur et à mesure que ta conscience se déplace d'une événement à l'autre.

A travers le temps tu maintiens l'éternelle unité de ton existence. Sache que même si à un momentdans le temps tu te sens fragmenté tu restes quand même UN à travers tous les temps."

Comme la voix du Gardien s'estompait, j'ai poursuivis ma méditation sur le temps. Je savais que ses paroles portaient une grande sagesse et me donnaient une piste pour explorer les mystères du temps. J'ai souvent médité sur les paroles du Gardien et j'ai cherché à résoudre le Mystère du temps. J'ai découvert que le temps se déplaçait en suivant des angles ou des directions étranges. Je savais que seules les courbes pouvaient me fournir la clef que je cherchais pour avoir accès à l'espace temps. J'ai découvert que la seule façon de me libérer du temps associé à ces mouvements angulaires était de me déplacer vers le haut et vers la droite dans un mouvement circulaire. Je suis alors sorti de mon corps, aspiré par les mouvements qui me transformaient dans le temps. Durant mes voyages, j'ai vu des choses étranges et j'ai percé le secret de plusieurs mystères. Loin dans le passé, j'ai vu les origines de l'homme et découvert que rien n'est vraiment nouveau. Cherche, Ô homme, à trouver la voie qui mène vers ces nouveaux espaces qui se formeront sans cesse dans le temps. Mais rappelle-toi que seule la Lumière est ton but véritable ; recherche-la sans cesse et persévère dans ta quête. Ne laisse jamais les ténèbres envahir ton cœur. Que ton âme soit lumière, un soleil sur la voie. Sache que dans la clarté éternelle ton âme n'est jamais enchaînée par les ténèbres, elle baigne toujours dans la lumière. Elle y brille comme un Soleil. Sache que, même si ton âme est cachée dans l'obscurité elle demeure une étincelle de la flamme véritable. Elle est UNE avec la plus grande de toutes les Lumières. Trouve dans cette Lumière LA SOURCE le sens de ta quête. La Lumière est la vie ; sans la Grande Lumière rien ne peut exister. Que ce soit au cœur de la matière la plus dense ou enchaînée dans les ténèbres, la Lumière est toujours présente. Il arriva que j'étais dans les CHAMBRES DE L'AMENTI lorsque j'entendis la voix des Seigneurs de l'AMENTI qui prononçaient des paroles fortes et puissantes sur un ton quiretentissait à travers le silence. Ils psalmodiaient la chanson des cycles, les paroles qui ouvrent le sentier de l'au-delà. C'est alors que je vis le grand chemin s'ouvrir devant moi et je pus contempler l'AU-DELÀ pour un instant. Je vis les mouvements des grands cycles cosmiques. Ils étaient vastes et portés par la pensée de la SOURCE. C'est alors que je compris que même l'Infini est en changement et qu'il se dirige vers une fin impensable. Je vis que le Cosmos est ORDRE et qu'il est lui même une partie de ce mouvement infini qui englobe tout l'espace, qu'il est un ORDRE à l'intérieur d'un niveau D'ORDRE supérieur, toujours en mouvement, harmonieux à travers l'espace. Je vis que la Grande roue des cycles est comme de vastes cercles à travers le ciel. Je compris que tout être est en croissance vers un autre état d'être qui se manifestera dans de lointaines coordonnées ESPACE-TEMPS. Je savais que certaines PAROLES ont un pouvoir qui peut ouvrir à des dimensions qui sont normalement cachées à l'homme. Le VERBE est porteur de la clé qui peut ouvrir ce qui est en haut et ce qui est en bas.

Écoute moi bien ô homme, retiens ce mot de puissance que je te laisse. Utilise-le et tu trouveras ce pouvoir dans sa sonorité. Prononce le mot : "ZIN-URU" et tu trouveras le pouvoir. Mais pour qu'il soit efficace tu dois comprendre que l'homme est LUMIÈRE et que la LUMIÈRE EST HOMME. Sois attentif, ô homme et entend ce que j'ai à te dire sur un mystère plus étrange que tout ce qui se trouve sous le Soleil. Sache, ô homme, que l'espace est tout entier rempli d'univers contenus dans d'autres univers, des mondes entiers se superposent. Chacun est dans un autre et pourtant ils sont séparés par la LOI. Un jour, dans ma recherche perpétuelle, j'ai ouvert une porte qui dissimule une profonde sagesse aux hommes. J'ai attiré cette sagesse d'une autre dimension, elle qui était plus juste que les filles des hommes. Oui, je l'ai appelée des confins de l'espace afin qu'elle brille comme une Lumière dans le monde des hommes. J'ai utilisé le tambour du Serpent et j'ai porté la robe pourpre et or. Sur ma tête j'ai placé la couronne d'Argent et autour de moi brillait le cercle de cinabre. J'ai levé mes bras et j'ai proféré l'invocation qui ouvre le sentier vers les dimensions de l'au-delà. C'est alors que j'ai appelé les SEIGNEURS des SIGNES dans leurs maisons :

"Seigneurs des deux horizons, gardiens des triples portes, tenez vous l'Un à ma droite et l'Un à ma gauche lorsque L'ÉTOILE S'ÉLÈVE SUR SON TRÔNE et gouverne dans son signe. Et toi, obscur prince d'ARULU, ouvre les portes de cette terre subtile et cachée relâche celle que tu tiens prisonnier. Écoutez moi, écoutez moi, écoutez moi, vous les Seigneurs

obscurs et vous les ÉCLATANTS LUMINEUX, en vertu des noms secrets que je connais et que je peux prononcer, écoutez moi et obéissez à ma volonté." J'ai alors enflammé le cercle et je l'ai appelé la Fille de lumière pour qu'elle vienne des dimensions de l'au delà, du domaine D'ARULU. J'ai traversé le feu sept fois et sept fois encore. J'ai jeûné sans
prendre de liquide. J'ai invoqué ARULU, du royaume d'EKERSHEGAL. J'ai invoqué la femme de Lumière et c'est alors que devant moi sont apparus les signes obscurs, oui, les signes des Seigneurs D'ARULU. Puis ils sont disparus pour laisser place à la Dame de Lumière. Elle était maintenant libérée des SEIGNEURS de la nuit, libre de vivre dans la lumière du Soleil terrestre, libre de vivre comme UNE ENFANT DE LA LUMIÈRE. Sois attentif et écoute moi, Ô mon enfant. La Magie est un savoir qui repose exclusivement sur la LOI. Ne crains pas le pouvoir qu'elle contient parce qu'elle s'aligne sur la LOI, comme les étoiles dans le ciel. Sans le Savoir la Sagesse est magie mais n'est pas la LOI. Tu peux t'approcher davantage du Soleil en possédant ce savoir. Écoute moi, mon enfant, suis mon enseignement. Recherche sans cesse la LUMIÈRE. Brille dans le monde des hommes et devient une lumière qui éclaire le sentier des hommes. Suis moi et apprend ma magie. Sache que la force est avec toi si tu le veux. Ne crains pas le sentier qui te mènera vers la connaissance et évite le sentier ténébreux. La lumière est tienne, Ô homme, si seulement tu veux bien la prendre. Brise les chaînes qui te retiennent et tu seras libre. Ton âme vit ligotée par ses craintes et ses peurs qui la gardent en esclavage. Ouvre tes yeux et vois le grand SOLEIL DE LUMIÈRE. Ne crains rien parce que

tout ce qui devant toi est, est à toi. Sois le roi de lumière qui prend possession de son royaume.

La peur est le Seigneur du ténébreux ARULU ; celui qui n'a jamais fait face à la peur noire. Sache que la peur est une vibration qui provient de ceux qui sont eux-mêmes enchaînés par leurs peurs. Débarrasse toi de tes limites, Ô mon enfant, et marche dans la lumière de cette journée glorieuse. Ne laisse pas tes pensées aller vers l'obscurité et tu seras UN AVEC LA LUMIÈRE. L'homme est le résultat de ses croyances, qu'il soit un frère des ténèbres ou un enfant de la Lumière. Viens dans la lumière mon enfant. Marche sur la route qui conduit au Soleil. Sois attentif et écoute ma sagesse. Utilise le mot que je t'ai donné. Utilise le et tu trouveras la clé qui te permettra de devenir à jamais un ENFANT DE LA LUMIÈRE.

Tablette XI
Écoute-moi et sois attentif, ô enfant de KHEM, à ces paroles que je te donne et qui t'apporteront la lumière.

Sache, Ô homme, que j'ai connu tes pères et ceux qui furent les pères de tes pères il y a très longtemps. J'ai traversé les époques sans connaître la mort et pourtant j'ai vécu parmi vous depuis le début du savoir afin de vous sortir des ténèbres de la nuit et vous conduire vers la Lumière de la grande Âme vers laquelle je me dirige sans cesse. Sachez, vous les peuples parmi lesquels je marche, que moi Thoth, je possède la connaissance et toute la sagesse que les hommes ont accumulé depuis les jours anciens. J'ai été le gardien des secrets de la grande race, gardien de la clef qui mène à la vie. Depuis les jours ténébreux des origines, je t'ai apporté ces connaissances, ô mon enfant. Écoute maintenant mes paroles de sagesse. Écoute le message que je t'apporte. Écoute ces paroles que je t'apporte et tu seras élevé des ténèbres vers la Lumière. Il y a très longtemps, la première fois que je suis venu vers vous, je vous ai trouvé dans des cavernes rocheuses. Grâce à mon pouvoir et à ma sagesse je vous ai élevé pour que vous puissiez briller comme des hommes parmi les hommes. Oui, je vous ai trouvé sans aucune connaissance, juste un peu plus évolué que les animaux. J'ai alors allumé la flamme de la conscience jusqu'à ce qu'elle brille parmi les hommes. Maintenant je vais te donner des connaissances anciennes qui dépassent la pensée actuelle de ta race. Nous, de la grande Race, nous possédons un savoir qui dépasse de beaucoup celle de l'homme ; une sagesse qui provient des races stellaires. De grands maîtres de la sagesse vinrent parmi nous et je suis l'un d'eux. Écoute pendant que je te livre cette sagesse. Utilise-la et tu deviendras libre. Sache que dans la pyramide que j'ai construit se trouvent les CLEFS qui vont te montrer LA VOIE DE LA GRANDE VIE. Trace une ligne qui part de la grande image que j'ai construite et qui va aller jusqu'à l'apex de la pyramide, construite comme un passage. Trace une autre ligne qui est opposée à la première, en angle et en direction. En creusant à cet endroit tu trouveras ce que j'ai caché. L'entrée souterraine qui mène à des secrets qui y furent cachés avant les hommes. Je vais maintenant t'entretenir sur le mystère des cycles qui se déplacent selon des mouvements qui sont étranges du point de vue du fini, puisqu'ils sont infinis et qu'ils dépassent l'entendement des hommes. Au total il y a NEUF CYCLES ; neuf en haut et quatorze en bas, qui

se déplacent en harmonie vers un lieu de rencontre qui se trouve dans le futur. Les SEIGNEURS DES CYCLES sont des unités de conscience envoyées pour unifier CECI avec le TOUT. Ils sont à un niveau de conscience qui dépasse ces cycles et ils travaillent en harmonie avec la LOI. Ils savent que quelques part dans le temps tout sera parfait. Il n'y aura plus alors ni de haut, ni de bas, mais tout sera UN dans une perfection infinie, dans une harmonie qui règnera dans l'UNITÉ DU TOUT. Loin sous la surface de la terre, dans les CHAMBRES DE L'AMENTI, siègent les SEPT SEIGNEURS DES CYCLES, et un HUITIÈME le SEIGNEUR D'EN DESSOUS. Sache néanmoins que dans l'infini il n'y a ni au dessus, ni en dessous. Il n'y a et il n'y aura que L'UNITÉ DU TOUT lorsque tout sera achevé. J'ai souvent voyagé dans les CHAMBRES DE L'AMENTI. Souvent je me suis présenté devant les SEPT SEIGNEURS DU TOUT. Je me suis abreuvé à la fontaine de leur sagesse et j'ai rempli mon corps et mon âme de leur Lumière. Ils m'ont parlé des cycles et de la LOI qui leur donne les moyens d'exister. Le SEIGNEUR DU NEUF s'est alors adressé à moi :
"Ô Thoth, tu es grand parmi les enfants de la terre mais il y a des mystères que tu ignores. Sache que tu proviens d'un espace-temps en dessous et que tu voyageras dans un espace-temps au dessus. Mais tu ne connais pas grand chose des mystères qui se cachent dans ces dimensions. Sache que tu es un tout dans cette conscience et que tu es en même temps une cellule dans un processus de croissance. La conscience sous-jacente à toi est en constante expansion et cela selon des modes différents que ceux que tu connais. Elle est également différente selon les êtres, même s'ils sont proches de toi.

La façon dont tu t'es développé et qui se poursuit dans le présent fait en sorte que tu es un être qui est à la fois une cause et un effet. Aucune conscience ne revient sur le sentier qu'elle a déjà parcouru sinon tout ne serait que vaine répétition. Chaque conscience de cette époque suit son propre chemin jusqu'à la fin ultime. Chacune joue son rôle dans le Plan du Cosmos. Plus son cycle est grand et plus grande sont ses capacités et ses connaissances pour fusionner avec la Loi du Tout. Ceux qui se situent au niveau des cycles plus petits travaillent sur des portions mineures de la Loi, alors que, nous qui sommes du cycle qui s'étend jusqu'à l'infini, nos efforts nous conduisent à élaborer une plus grande Loi. Chacun a sa partition à jouer dans les cycles. Chacun a un travail à compléter sur sa voie. Le cycle en dessous n'est pas vraiment en dessous mais il est là en fonction d'un besoin. La fontaine de la sagesse qui propulse tous les cycles est constamment à la recherche de nouveaux savoirs et de nouveaux pouvoirs. L'acquisition de nouvelles connaissances repose sur la pratique, et la sagesse provient seulement du savoir. Tous les cycles proviennent de la Loi. Ils sont des moyens d'augmenter la conscience puisque la Loi est sur un plan qui est à la source du TOUT. Le cycle qui se trouve en dessous n'est pas vraiment en dessous mais dans un autre espace et un autre temps. C'est pourquoi il ne vibre pas au même niveau. Mais la conscience de ce niveau travaille et élabore des choses qui vibrent à un niveau inférieur que le tien. Ce qui est en haut est comme ce qui est en bas. Sache donc que tout comme tu travailles à un niveau supérieur, il y en a d'autres qui sont au-dessus et qui travaillent sur un autre plan avec d'autres lois. La seule différence qu'il y a entre les cycles est dans la capacité de travailler avec la Loi. Nous, qui travaillons dans des cycles au delà, sommes ceux qui avons émergés les premiers de la SOURCE. Dans notre périple à travers l'espace temps nous avons acquis la capacité d'utiliser des Lois tellement vastes qu'elles dépassent de beaucoup la conception de l'homme. En fait il n'y a rien qui soit en dessous de toi, ce sont seulement des façons différentes d'utiliser la LOI. Ce qui est en haut est comme ce qui est en bas. Parce que tout est contenu dans l'UNITÉ qui est la source de la LOI. La conscience qui est en dessous est une partie de toi tout comme nous sommes une partie de toi. Toutefois, l'enfant ne possède pas le même savoir que lorsqu'il est devenu un adulte. Compare ceci avec les cycles que traverse l'homme dans son voyage de la naissance à la mort et voit que le cycle en dessous est comme l'enfant avec les connaissances qu'il possède ; ensuite regarde toi comme l'enfant devenu adulte et qui avance en sagesse et en savoir à mesure que le temps passe. Il en est de même des cycles de conscience, des enfants à différents stages de leur croissance et pourtant tous proviennent d'une source unique ; la sagesse et tous y retourneront à nouveau." Il cessa ensuite de parler pour siéger dans le Silence des Seigneurs. Plus tard il s'adresse à nouveau à moi :

"Ô Thoth, il y a longtemps que nous siégeons dans l'Amenti pour préserver la flamme de la vie. Pourtant nous sommes conscients que nous sommes à l'intérieur de ces grands cycles bien que notre vision nous permette de voir au delà. Malgré tout, à nos yeux rien n'est plus important que la croissance perpétuelle de notre Âme. Nous savons que la chair est passagère. Les choses qui comptent pour les hommes ne sont rien pour nous. Nos aspirations dépassent le corps, nous visons à perfectionner notre âme. Lorsque les hommes sauront enfin que rien ne compte plus que la progression de l'Âme ils seront libres de tous les asservissements et pourront travailler librement en harmonie avec la Loi. Sache, Ô homme, que tu dois aspirer à la perfection parce que c'est ainsi que tu atteindras le but. Tu dois savoir que rien n'est parfait et pourtant tu dois en faire ton aspiration et ton but." La voix de Neuf cessa et ses paroles s'engloutirent dans ma conscience. Maintenant je recherche sans cesse plus de sagesse afin que je sois plus parfait et pour me rapprocher de la LOI DU TOUT. Bientôt je descendrai dans les Chambres de l'Amenti pour vivre près de la flamme froide de la vie. Ceux à qui j'ai enseigné ne me verront plus jamais. Je vivrai pour toujours dans la sagesse que j'ai enseignée. Tout ce que l'homme est provient de sa sagesse. Il est le résultat de sa propre cause. Il est le créateur de sa réalité.

Écoute maintenant ma voix et devient plus grand que l'homme commun. Regardes vers le haut et laisse la Lumière remplir ton être, deviens à jamais un Enfant de la lumière. Par tes efforts tu progresseras pour atteindre le plan où la Lumière est LE TOUT DU TOUT. Tu deviendras le maître de tout ce qui t'entoure plutôt qu'être maîtrisé par les effets de ta vie. Tu seras une cause parfaite et avec le temps tu deviendras un Soleil de Lumière. Libre, laisse ton âme s'élever, libre des chaînes et des entraves de la nuit. Lève tes yeux vers le Soleil dans le ciel et qu'il devienne pour toi un symbole de vie. Sache que tu es la Grande Lumière, qui sera parfaite dans sa sphère lorsque tu seras enfin libre. Ne regarde plus dans les ténèbres. Élève tes yeux vers le firmament. Laisse monter librement ta flamme de lumière et tu deviendras un Enfant de la Lumière.

Tablette XII
Écoute, Ô homme, mes paroles de sagesse, écoute la voix de Thoth, l'Atlante.

J'ai conquis la Loi de l'espace-temps. J'ai acquis la connaissance des temps futurs. Je sais que l'homme dans son mouvement à travers l'espace-temps sera toujours UN avec le TOUT. Sache, Ô homme, que le futur est un livre ouvert pour celui qui peut lire. Chaque effet laisse paraître ses causes et tous les effets proviennent de la cause première. Sache que le futur n'est pas fixe et prédéterminé mais qu'il peut varier. Tout comme une cause provoque un effet. Regarde bien la cause que tu veux manifester et tu verras certainement son effet. À l'origine de la création, il y eut la Cause première qui provoqua la manifestation de TOUT CE QUI EST. Toi même, tu es l'effet d'une cause et aussi la cause d'autres effets. C'est pourquoi, Ô homme, assure toi que les effets que tu provoques seront eux mêmes les causes d'effets qui seront parfaits. Le futur n'est jamais figé mais il est déterminé par la libre volonté de l'homme au fur et à mesure où il se déplace à travers l'espace-temps jusqu'AU MOMENT OÙ COMMENCE UN TEMPS NOUVEAU, LA FIN DES TEMPS EST LE DÉBUT D'UN TEMPS NOUVEAU.

L'homme peut lire le futur en examinant attentivement les causes et leurs effets. Cherche à travers la causalité et tu trouveras sûrement les effets. (MAIS QUE FAIRE LORSQUE LES CAUSES SONT TELLEMENT

COMPLEXES ET NOMBREUSES QU'IL EST IMPOSSIBLE D'ÉTABLIR UNE LIGNE DIRECTRICE ?) ALORS SIMPLIFIE TA VIE. Écoute, Ô homme, je te parle du futur et des effets qui suivent une cause. Sache que l'homme dans son voyage vers la lumière cherche à échapper aux ténèbres de la nuit qui l'entourent comme les ombres qui entourent les étoiles dans le ciel. Comme ces étoiles dans l'espace lui aussi brillera à travers les ombres de la nuit. Sa destinée grandiose va toujours le conduire en avant jusqu'au point où il sera UN AVEC LA LUMIÈRE. Même si sur sa voie il doit passer au milieu des ombres, devant lui brille à jamais la Grande Lumière. Sa voie est obscure mais il doit conquérir les ombres qui coulent autour de lui comme la nuit. Le grand fleuve de la nuit sur lequel la barque solaire navigue à jamais. Loin dans le futur, je vois les hommes de la lumière, libres des griffes des ténèbres qui enchaînent leur Âme. Ils vivent dans la Lumière, libres des chaînes de l'obscurité qui couvrent la lumière qui est la lumière de leur Âme. Sache, Ô homme, qu'avant d'atteindre cet état il y aura plusieurs ombres obscures qui voileront ta lumière et qui tenteront de noyer dans les ténèbres la lumière de l'Âme qui veut se libérer. Ce combat entre la lumière et l'obscurité est titanesque, très ancien et pourtant toujours nouveau. Pourtant, sache qu'il y aura un temps, loin dans le futur, où LA LUMIÈRE SERA TOUT et où l'obscurité s'évanouira. Sois attentif à mes paroles de sagesse, Ô homme. Sois prêt et vigilant, et jamais ta lumière ne sera obscurcie. L'homme monte et descend au fur et à mesure que de nouvelles vagues de conscience arrivent du grand abysse pour se diriger vers le Soleil de leur but. Oui, mon enfant, tu proviens d'un état à peine supérieur à celui de la bête et maintenant te voilà à cet instant où tu brilles au dessus des hommes. Autrefois, il y en eu des êtres bien plus grand et pourtant eux aussi sont tombés. C'est ainsi que tu arriveras à ta fin en ce monde. Et sur le sol que tu foules maintenant se tiendront des barbares qui eux aussi monteront en leur temps vers la lumière. L'ancienne sagesse sera oubliée, mais elle vivra dissimulée des hommes. Sur la terre que tu appelles Khem (Egypte) des races nouvelles viendront et d'autres disparaîtront pour être oubliées par les enfants des hommes. Mais toi tu auras rejoint un espace-étoile de l'au-delà en laissant derrière toi cet endroit que tu auras habité. L'âme de l'homme est toujours en mouvement, sans limite, une étoile qui file dans l'infini vers ce grand but où elle fusionnera avec la LUMIÈRE DU TOUT. Une lumière dans la lumière. Voilà ce que tu es maintenant si tu sais convertir ton regard. TU AVANCERAS TOUJOURS, SOUTENU PAR LA LOI DE LA CAUSE ET DE L'EFFET JUSQU'AU MOMENT OÙ LES DEUX DEVIENDRONT UN. LA CAUSE ET L'EFFET FUSIONNERONT DANS LA LUMIÈRE. Oui, lorsque tu seras parti, d'autres occuperont le territoire sur lequel tu habites. Mais pars sans crainte vers la lumière. Le savoir et la sagesse seront oubliés et seule la mémoire des Dieux survivra. Tout comme je suis un Dieu par mon savoir, toi aussi tu seras un Dieu du futur parce que ton savoir est infiniment supérieur au leur. Pourtant rappelle toi qu'à travers toutes les époques, l'homme peut avoir accès à la Loi, immédiatement s'il le veut. Dans l'époque qui viendra, on verra un renversement des valeurs et une altération de la sagesse pour ceux qui prendront ta place sur cette étoile. C'est pourquoi ils devront à leur tour entreprendre la longue marche vers la sagesse et apprendre à éloigner les ténèbres par la Lumière. A leur tour, ils devront persévérer à travers l'espace-temps pour s'élever dans la liberté de la Lumière. Plusieurs qui sont enchaînés dans les ténèbres vont tenter d'en empêcher d'autres de s'élever vers la clarté. Ce qui causera une grande guerre qui fera trembler la Terre et l'ébranler dans sa course. Les Frères de l'obscurité vont provoquer un conflit entre la lumière et la nuit. Lorsque l'homme aura conquis les océans et qu'il volera dans les airs avec des ailes comme les oiseaux ; lorsqu'il aura appris à maîtriser le pouvoir des éclairs ; alors le temps de la guerre commencera. Il y aura un combat titanesque entre les forces des ténèbres et les forces de la lumière. Les nations s'élèveront contre les nations en utilisant les forces obscures pour dominer la terre. Des armes redoutables effaceront la moitié des hommes de la surface de la terre. Jusqu'au jour où les fils de l'Aurore viendront parmi les hommes et leur diront : "Cessez de combattre vos frères. Ce n'est qu'ainsi que pourra revenir la lumière. Cessez vos doutes, suivez le chemin et sachez que vous êtes tous Vrai." Ce jour, les combats cesseront entre le frère contre son frère et le père contre son fils. C'est alors que la Terre se soulèvera et que du fond des mers surgiront les vestiges des temples et des maisons que mon peuple habitait autrefois. L'Âge des lumières viendra ensuite et tous les hommes poursuivront la Lumière du but. Les Frères de la lumière régneront et chasseront les ténèbres de la nuit. Les enfants des hommes pourront alors progresser et s'élever vers le grand but pour devenir à leur tour des enfants de la Lumière. Les âmes seront pour toujours une flamme dans la grande flamme.

Durant l'âge d'or, la sagesse et le savoir appartiendront à l'homme. Il s'approchera de la flamme éternelle, la SOURCE de toute sagesse, l'origine de toute chose qui est en même temps UNE avec la fin de tout. Oui, dans cette époque à venir, TOUT SERA UN ET UN SERA TOUT. Et l'homme, cette flamme parfaite du Cosmos, prendra place parmi les étoiles. Il pourra même dépasser cet espace-temps pour aller dans une dimension au-delà des étoiles. Tu as été très attentif à mes paroles et à ma sagesse, Ô mon enfant. Maintenant je dois partir pour les ténèbres. Maintenant je vais dans les CHAMBRES DE L'AMENTI, pour ouvrir les portes de ce futur où la Lumière reviendra parmi les hommes. Sache que mon Esprit sera toujours avec toi pour te guider sur le sentier de la Lumière. Garde précieusement les secrets que je t'ai confiés et mon esprit te gardera à travers la vie. Garde toujours ton attention sur le sentier de la sagesse. Que la lumière soit toujours ton but. Ne laisses pas ton âme être envahies par les ténèbres ; laisses la voler librement vers les étoiles. Maintenant je dois retourner habiter dans l'Amenti. Tu restes mon enfant, dans cette vie et dans la prochaine. Mais viendra le jour où toi aussi tu ne connaîtras pas la mort. Tu seras une lumière permanente parmi les hommes d'une époque à l'autre. Préserve l'entrée qui mène dans les CHAMBRES DE L'AMENTI. Préserve les secrets que je t'ai confiés. Ne laisses pas cette sagesse aux mains des barbares. Conserve ce secret pour ceux qui cherchent la Lumière. Maintenant je m'en vais. Reçois ma bénédiction. Suis ma voie qui conduira vers la Lumière. Baigne ton âme dans La Grande Essence. Que ta conscience devienne UNE avec la Grande Lumière. Tu peux m'appeler quand tu veux. Prononce mon nom trois fois en ligne : CHEQUETET, ARELICH, VOMALITES.

Tablette XIII
Écoute moi, Ô homme, écoute ma sagesse.

Sois attentif à la parole qui te remplira de la Vie. Sois attentif à la parole qui bannira les ténèbres, à la voie qui bannira la nuit. J'ai apporté à mes enfants des mystères et une grande sagesse ; un savoir et un pouvoir qui proviennent de la plus haute antiquité. Ne sais-tu pas que tout sera ouvert lorsque tu trouveras l'unité de toute chose ? Tu seras alors un avec les maîtres des mystères, conquérants de la Mort et Maîtres de la Vie. Tu apprendras que dans la fleur de l'Amenti la vie bourgeonne et brille dans les Chambres. Tu peux atteindre les Chambres de l'Amenti en esprit et rapporter la sagesse de sa lumière. Sache que le passage qui mène au pouvoir réside dans le plus grand secret. Un secret qui n'est pas du domaine visible mais dans l'esprit invisible. Sache que le passage pour aller à la vie passe par la mort. Oui, tu dois passer par la mort, mais pas la mort que tu connais. Il s'agit d'une mort qui est une vie, un feu et une LUMIÈRE. Tu veux connaître le mystérieux secret ? Alors regarde au fond de ton cœur, c'est là que le secret est dissimulé. Le secret est caché en toi ; là est la source de la vie et la source de la mort. Écoute moi bien, ô homme, je vais te révéler le secret des anciens. Dans les profondeurs de la terre se trouve la fleur, la source de l'esprit qui est lié à toute chose. Au
cœur de la terre il y a une vie qui bat au même titre qu'une vie se cache dans ta forme humaine. La fleur de

vie de la terre est comme la tienne, elle rayonne partout dans cette sphère, comme le sang rayonne partout dans ton corps. Elle apporte la vie à la terre et à tous ses enfants et renouvelle l'esprit d'une forme à l'autre. Voilà d'où provient l'esprit qui anime ton corps et qui le moule et le façonne dans sa forme humaine. Sache ici, ô homme, que ta forme est double et qu'un équilibre de cette polarité est présent dans tout ton corps. Sache que lorsque la MORT s'approche rapidement, c'est parce que cet équilibre est ébranlé. Un des deux pôles est en excès par rapport à l'autre. Un corps en parfait équilibre ne peut jamais être touché par le doigt de la mort. Même un accident n'arrive que si cet équilibre est perdu. Lorsque tu es en équilibre tu peux vivre sans goûter à la mort. Sache que tu existes du fait qu'un équilibre existe entre deux pôles. Si l'un des pôles diminue au profit de l'autre la vie s'épuise rapidement. La Mort froide s'approche et va introduire un changement dans cette vie déséquilibrée. Sache que le secret de la vie dans l'AMENTI est le secret qui consiste à restaurer cet équilibre entre les deux pôles. Tout ce qui existe a une forme et vie à cause de l'esprit de vie qui se trouve dans ses pôles. Ne vois-tu pas que l'équilibre de toute chose qui existe se trouve dans le cœur de la Terre ? La source de ton Esprit est tirée du cœur de la terre parce que à travers ta forme tu es un avec la Terre. Lorsque tu as appris à maintenir l'équilibre en toi tu peux t'appuyer sur l'équilibre de la Terre. Ton existence est liée à l'existence de la terre et tu changeras de forme lorsque la terre changeras de forme. Sans goûter à la mort tu es un avec cette planète et tu maintiens ta forme jusqu'au moment où tout finira. Écoute ce secret, ô homme, pour que toi aussi tu ne subisses pas le changement. À chaque jour, durant une heure, tu t'allongeras avec la tête pointant vers le pôle positif (nord). Durant cette période tu focaliseras ta conscience entre la poitrine et la tête. À chaque jour, durant une autre heure, tu t'allongeras avec la tête dans la direction du pôle négatif (sud). Durant cette période tu focaliseras ta conscience entre la poitrine et les pieds. Maintiens cet équilibre une fois par sept et il gardera toute ta force et ta splendeur. Même lorsque tu seras très âgé ton corps se régénérera et ta force sera celle des jeunes. Voilà le secret connu des maîtres qui se gardent loin des doigts de la mort. Ne t'écartes pas du chemin que je t'indique car lorsque tu auras passé le cap du centenaire, cette négligence te coûtera la vie. Écoute mes paroles et suis ma voix. Elle te permettra de conserver l'équilibre et de vivre ta vie. Et maintenant écoute la sagesse que je te donne à propos de la Mort. Lorsque tu auras terminé ton oeuvre, viendra le moment où tu voudras passer de cette vie pour aller vers la dimension où vivent les Soleil du matin et les enfants de la lumière ; trépasser sans douleur et sans regret vers le monde où se trouve la lumière éternelle. Tout d'abord allonge toi avec la tête qui pointe vers l'est. Replie tes bras sur la Source de ta vie (plexux solaire) comme tu peux le voir sur les images de l'Egypte ancienne. Focalise ta conscience sur le côté gauche (sud) et imagine qu'elle provoque un tourbillon qui rejoint ton coté droit (nord) ; ce qui sépare le haut et le bas de ton corps. Ensuite projette toi le long de ce tourbillon vers le nord et ensuite vers le sud. Détend toi et maintiens ta conscience le long de cet axe. La corde d'argent ainsi formée se projettera vers le Soleil du matin où elle fusionnera avec la Lumière et sera Une avec la source.

Tu te maintiendras dans la flamme éternelle, jusqu'à ce que, à nouveau, revienne le désir de revenir dans un lieu et dans une forme donnée. Sache, Ô homme, que c'est ainsi que les grandes Âmes passent et se transforment à volonté d'une vie à l'autre. C'est ainsi que les Avatar passent, arrivant à désirer leur Mort de la même façon qu'ils désirent leur vie. Mais il y a une clé qui permet de placer la conscience afin que la mémoire puisse être transporté d'une incarnation à l'autre. Abreuve toi de ma sagesse, ô homme. Apprend ici le secret qui te rendra MAÎTRE DU TEMPS. Apprend comment ceux que tu appelles les Maîtres sont capables de se souvenir de leurs vies passées. C'est un grand secret et pourtant il est facile à maîtriser ; celui qui te donne la maîtrise du temps. Lorsque le moment de la mort approche rapidement, ne craints pas et sache que tu es le maître de la Mort. Détends ton corps et ne résiste pas. Focalise la flamme de ton Âme sur ton cœur et emporte-la vers le siège du triangle formé par tes bras. Retiens-la un moment et ensuite déplace toi vers le but. Ce but est situé entre tes deux sourcils, à l'endroit où la mémoire de la vie doit régner. Maintiens fermement ta conscience dans le siège du cerveau jusqu'au moment où les doigts de la mort viendront prendre ton âme. De cette façon, lorsque tu passeras à travers l'état de transition, les souvenirs du passé viendront avec toi. C'est à ce moment que le passé deviendra UN avec le présent et que la mémoire sera préservée. De cette façon tu seras libéré des régressions et les acquis du passé vivront dans le moment présent. Homme, tu viens d'entendre la voix de ma sagesse. Suis ma voie et puisses tu vivres à travers les âges comme moi je le fais.

Tablette XIV
Écoutes moi bien, ô homme, nous allons plonger au cœur d'une grande sagesse qui s'est perdue depuis l'époque des Gardiens et que les hommes ont oublié à travers les âges.

Sache tout d'abord que cette terre est avant tout une porte inter dimensionnelle, gardée par des pouvoirs inconnus des hommes. Le Seigneur ténébreux en gardent l'entrée qui mène sur une terre céleste. Il sait que la voie qui mène vers la sphère de ARULU est gardée par des barrières qui ne peuvent être ouvertes que par l'homme qui vient de la LUMIÈRE. Sur cette terre, je suis le dépositaire des clefs qui ouvrent les portes de la Terre sacrée. J'ai reçu l'ordre des grands pouvoirs au-dessus de moi de laisser ces clefs disponibles pour l'homme qui cherche. Avant mon départ je veux te donner les secrets qui te permettront de te libérer de la servitude des ténèbres et des chaînes de la chair pour t'élever de l'obscurité vers la Lumière. Sache que l'âme doit être nettoyée de toutes ses obscurités avant d'entrer dans le portail de la Lumière. C'est pourquoi j'ai mis en place les mystères afin que ces secrets puissent être découverts. Même si l'homme sombre dans l'obscurité il pourra toujours se fier sur la Lumière comme guide. Cachée dans l'obscurité, voilée par des symboles, il sera toujours possible de trouver la voie qui conduit au portail de la lumière. Dans l'avenir l'homme va nier les mystères mais le chercheur authentique saura toujours trouver la voie. Maintenant je te demande de garder précieusement mes secrets et de les transmettre seulement à ceux que tu auras mis à l'épreuve. Ceci afin que la voie juste ne soit jamais corrompue et que le pouvoir de la Vérité puisse prévaloir à jamais. Écoutes moi bien attentivement maintenant je vais te découvrir le Mystère. Sois attentif aux symboles des mystères que je te donne. Fonde une religion parce que ce n'est qu'ainsi que l'essence de ces mystères pourra survivre. L'âme qui quitte cette terre parcourt deux régions entre cette vie et la vie divine. La DOUAT où se trouvent les pouvoirs de l'illusion et SEKHET HETSPET le royaume des Dieux. OSIRIS est le symbole du gardien du portique. C'est lui qui repousse les âmes des hommes sans mérite. Au delà se trouve ARULU, la sphère de ceux qui sont nés du ciel. La terre des Grands êtres. Lorsque mon travail parmi les hommes sera terminé j'irai les rejoindre dans ma maison ancestrale. Il y a SEPT maisons dans le royaume des puissants et TROIS gardes devant le portail de chacune de ces maison. Il y a QUINZE voies pour atteindre la DOUAT. Les maisons des Seigneurs de l'Illusion sont au nombre de DOUZE. Chacune est différente et pointe dans l'une des quatre directions. Les grands pouvoirs qui jugent le Mort qui recherche l'entrée sont au nombre de QUARANTE DEUX. Les Fils d'Horus sont QUATRE. Il y a deux gardiens de l'est et de l'ouest. ISIS est la mère qui intercède pour ses enfants, c'est la Reine de la lune qui reflète le Soleil. BA est l'essence qui vit pour toujours. KA est l'ombre que l'ombre que l'homme appelle la vie. BA ne vient pas tant que KA ne s'est pas incarné.

Voilà les mystères qu'il faut préserver à travers les âges. Ce sont les clés de la vie et de la Mort. Écoute maintenant le mystère des mystères ; découvre le cercle qui n'a ni commencement ni fin, la forme de celui qui est UN ET LE TOUT. Écoute et comprends, va et applique-le, ainsi tu voyageras sur ma voie. Mystère de tous les mystères le Grand secret que je vais te révéler est pourtant clair pour celui qui est né de la lumière Je vais déclarer un secret d'initié qui restera incompréhensible pour le profane. TROIS est le mystère qui provient de l'UN. Écoute et la lumière va descendre sur toi. Dans l'ancien des origines se trouvent trois unités en dehors desquelles rien ne peut exister. Ces trois sont l'équilibre, la source de la création. Un Dieu, une vérité, un point de liberté. Le trois provient du trois de l'équilibre : toute la vie, toute la mansuétude, tout le pouvoir. Les attributs de Dieu dans sa maison de Lumière sont trois : pouvoir infini, sagesse infinie, amour infini. Il y a trois pouvoirs qui sont donnés aux maîtres : transmuter le mal, favoriser le bien et faire preuve de discrimination. Dieu réalise trois choses inévitables : manifester le pouvoir, la sagesse et l'amour. À ces trois choses se rattachent trois pouvoirs qui créent toutes choses : l'Amour Divin possède la connaissance parfaite ; la Sagesse Divine connaît tous les moyens possibles et le Pouvoir Divin est acquis par la volonté commune de l'Amour Divin et de la Sagesse. L'existence comporte trois cercles : Le cercle de la Lumière où réside Dieu et que lui seul peut traverser ; le cercle du Chaos où toutes les choses de la nature émergent de la mort ; le Cercle de la conscience où toutes les choses proviennent de la vie. Toutes les choses animées ont trois stades d'existence : le chaos ou la mort, la liberté humaine ou la félicité du Ciel. Les choses sont régies par trois nécessités : le commencement dans l'Abysse, le Cercle du chaos et la plénitude du Ciel. L'âme a trois voies : L'homme, la

Liberté et la Lumière. Il y a trois obstacles : le manque de volonté à obtenir le savoir ; le non-attachement à Dieu, l'attachement au mal. Les trois se manifestent dans l'homme. Les Rois de ces pouvoirs intérieurs sont trois. Dans le corps de l'homme il y a trois chambres de mystères qui sont connues et inconnues. Et maintenant écoute celui qui est libéré et qui surpasse les servitudes de la vie pour aller vers la lumière. Sachant que la source de tous les mots doit s'ouvrir. Oui, même les portes d'Arulu ne pourront rester fermées. Et pourtant fais attention Ô homme qui veut entrer au Ciel. Si tu n'as pas le mérite requis il serait préférable que tu tombes dans le feu. Sache que les Célestes passent à travers la flamme pure. A chaque révolution des cieux ils se baignent dans la fontaine de Lumière. Écoute bien ce mystère Ô homme : Il y a longtemps, bien avant la naissance de l'homme, j'ai habité l'antique Atlantide. C'est là que dans le Temple j'ai bu à la sagesse qui m'était versée comme une fontaine de Lumière par le gardien. J'ai obtenu les clefs pour réaliser mon ascension dans la lumière de ce Grand Monde où je me suis présenté devant le Saint des saints qui siège dans la fleur de feu et qui est voilé par les éclairs de l'obscurité pour éviter que mon âme soit mise en éclat par sa Gloire. Aux pieds de son trône de diamant il y avait quatre rivières de flamme qui se déversaient vers les mondes des hommes à travers les nuages. La salle du trône était remplie des Esprits du ciel. Ce palais des étoiles était vraiment une merveille. Au dessus du ciel, comme un arc en ciel de feu et de soleil les Esprits étaient formés pour chanter la gloire du Saint UN. C'est alors que du milieu du feu une voix céleste se fit entendre : "Contemple la gloire de la Cause première."

J'ai vu cette Lumière qui se tient au dessus de toute obscurité et qui reflète mon propre être. J'étais parvenu devant le Dieu des dieux, l'Esprit Soleil, le Souverain qui règne sur les étoiles des sphères. La voix se fit à nouveau entendre :
"Il y a l'Un, le premier, qui n'a ni commencement ni fin, qui a créé toute chose, qui gouverne tout, qui est bon, qui est juste, qui illumine et qui supporte" C'est alors qu'une lumière intense se répandit du trône pour encercler et élever mon âme grâce à son pouvoir. C'est alors que je me suis déplacé rapidement à travers les cieux pour découvrir les mystères des mystères, pour voir le cœur du cosmos et pour finalement être transporté sur la terre d'Arulu et comparaître devant les Seigneurs dans leur maison céleste. Ils ouvrirent les portes pour que je puisse contempler le chaos primordial. Mon âme frissonna devant cette vision d'horreur et je me retirai de cet océan d'obscurité. Je compris la nécessité de cette barrière entre les deux mondes et je compris pourquoi les Seigneurs d'Arulu l'avait mise en place. Seulement eux, dotés de cet équilibre infini avaient le pouvoir de bloquer la voie du chaos. Seulement eux pouvaient préserver la création de Dieu. C'est alors que j'ai passé devant le cercle du huit pour rencontrer les âmes qui avaient conquis l'obscurité et voir la splendeur de la lumière où ils résidaient. J'ai désiré prendre place dans le cercle mais j'ai aussi voulu poursuivre ma voie et choisir l'œuvre qui me convenait. J'ai traversé les chambres d'Arulu pour revenir sur terre où mon corps repose. Je me suis levé de mon repos et je me suis avancé devant le Gardien où j'ai fait le vœu de renoncer à tous mes droits jusqu'au moment où mon travail sur la terre serait complété, lorsque l'âge des

ténèbres sera enfin terminé. Alors, écoute moi bien, ô Homme. La parole que je vais te confier contient l'essence de la vie. Avant que je retourne dans les chambres de l'Amenti, je dois enseigner le Secret des secrets, de façon à ce que toi aussi tu puisses t'élever dans la Lumière. Garde bien cette parole et cache ses symboles afin que le profane ne puisse en rire pour ensuite y renoncer. Dans chaque pays, tu formeras les mystères afin que le chercheur authentique puisse travailler dur pour les découvrir et que le lâche et l'aventurier soient écartés. C'est ainsi que les secrets seront dissimulés et préservés jusqu'au moment où la roue du temps aura tourné. Mais sois rassuré, à travers l'âge des ténèbres, mon esprit attendra et veillera à partir du royaume caché. Lorsque tu auras passé toutes les épreuves tu pourras m'appeler avec la Clé que je vais maintenant te donner. Alors, moi l'Initiateur, je répondrai à ton appel et je viendrai du royaume des Dieux au plus profond de l'Amenti pour transmettre à l'initié les paroles de pouvoir. Je te préviens, ne me présente pas quelqu'un qui manque de sagesse, dont le cœur est impur ou dont la volonté est faible. Si c'est le cas, je te retirerai le pouvoir de m'appeler des profondeurs où je sommeille. Va et conquiert l'élément ténébreux. Exalte en toi la quintessence de la lumière. Va et appelle tes frères afin que je puisse répandre la sagesse de ma lumière pour éclairer leur voie lorsque je serai parti. Viens dans la chambre, sous le temple. Assure-toi de jeûner durant trois jours. Alors je te donnerai la quintessence de ma sagesse et ton pouvoir brillera parmi les hommes. Je te donnerai les secrets qui te permettront de montrer dans les cieux et qui feront de toi un homme dieu dans ton essence. Va

Tablette XV
Et maintenant vous êtes tous rassemblés mes enfants.

Vous attendez que je vous livre le secret des secrets qui vous procurera le pouvoir de manifester le Dieu fait homme et qui vous donnera le chemin vers la vie éternelle. Je vais parler ouvertement de ces mystères. Il n'y aura pas d'énigme ni d'allusions voilées dans mes propos. Ouvrez bien vos oreilles mes enfants. Ouvrez vous et obéissez aux paroles que je vais donner. Tout d'abord je vais vous parler des chaînes des ténèbres qui vous retiennent dans la sphère de la Terre. La lumière et l'obscurité sont de même nature, elles diffèrent seulement par leur apparence, puisque chacune provient de la source unique du Tout. L'obscurité est le désordre. La lumière est l'ordre. L'obscurité transmutée devient la Lumière de la Lumière. Voilà mon enfant quel est le sens de ta vie : transmuter l'obscurité en lumière. Est-ce que tu comprends maintenant le mystère de la nature ; vois-tu la relation entre la vie et la Terre qui la porte ? Sache que ta nature est triple en Un ; physique, astrale et mentale. Chacune de ces trois dimensions comporte trois qualités ; pour un total de neuf. Ce qui est en bas est comme ce qui est en haut. PHYSIQUE Dans le physique se trouvent des canaux qui transportent le sang dans un mouvement vertical. Il réagit aux battements du cœur. Le sang est propulsé par battement. Dans le système nerveux le magnétisme se déplace pour rejoindre et nourrir les cellules et les tissus. Il y a aussi des canaux subtils qui véhiculent l'Akasa. Ces canaux sont subtils mais néanmoins physiques. Chacune de ces trois dimensions est reliée aux autres, chacune affectant la vie du corps. Finalement, il y a l'éther qui se propage à partir du système osseux. Le secret de la vie dans le corps repose sur la maîtrise de ces forces. L'adepte renonce à utiliser ces forces lorsqu'il arrive au point où le but de sa vie est accompli. ASTRAL L'astral qui est le médiateur entre le haut et le bas est triple de nature. Il n'est pas physique, il n'est pas spirituel mais capable de se mouvoir de l'un à l'autre. MENTAL Le mental est également triple. Il transporte le vouloir de Grand UN. Dans cette vie, c'est lui qui arbitre les rapports entre la cause et l'effet Le pouvoir du quatre dirige le trois, à partir de l'au-delà. Au dessus et au-delà de la nature trinitaire de l'homme se trouve le royaume du Soi Spirituel. Ce "Je" supérieur possède quatre qualités qui rayonnent dans chaque plan de l'existence. Mais le nombre mystique est 13 en 1. Les frères sont basés sur les qualités de l'homme ; chacun oriente le déploiement de l'être, chacun est un canal avec le Grand Un. Sur cette terre, l'homme est lié à l'espace et au temps propre à la dimension terrestre. Autour de chaque planète du cosmos se trouve un filet d'énergie qui la maintient dans sa dimension propre. Pourtant, à l'intérieur de l'homme se trouve la Clef qui permet à l'homme de se libérer de cet asservissement. Lorsque tu auras libéré ton être du corps et que tu auras monté vers les frontières de la dimension terrestre il sera alors temps de prononcer la parole : DOR-E-UL-LA. Grâce à cette invocation la lumière de ton être sera exaltée pour un temps, ce qui te permettra de traverser les barrières de l'espace. Durant la moitié d'un temps du soleil (six heures), tu seras libre de traverser les barrières du plan terrestre et tu pourras voir et connaître ceux qui sont en dehors de cette dimension. Oui, vers les mondes les plus élevés tu

pourras te rendre et découvrir les niveaux supérieurs vers lesquels l'âme peut se déployer. Tu es enchaîné dans ton corps mais grâce au pouvoir tu peux t'en libérer. Voici le Secret qui permet de remplacer la servitude par la liberté. Garde ton esprit calme. Lorsque ton corps est au repos, garde ta conscience sur la sensation de liberté par rapport à la chair. Distingue clairement qu'il y a deux conscience en toi. Celle de la dense matière de ta chair et celle de
ton être essentiel qui a la faculté d'être attentif à cette chair. Voilà où se situe le centre de ton attention où tu dois installer ton vouloir ardent. Centre toi et attise en toi un désir toujours plus ardent. Concentre toi encore et encore sur l'idée que tu es libre.
Pense à ce mot : - LA-UM-I-L-GAN répète- le encore et encore dans ton esprit. Fais en sorte que sa sonorité fusionne avec le centre où réside ton désir ardent. Deviens libre de la servitude de la chair par ton vouloir. Sois attentif alors que je te livre le plus grand des secrets : celui qui te permettra d'entrer dans les Chambres de l'Amenti, dans la résidence des Immortels, comme je l'ai fait, où je me suis présenté devant les Seigneurs dans leurs places. Allonge ton corps. Calme ton esprit afin qu'il ne soit pas dérangé par des pensées. Ton esprit doit être pur et ton intention aussi, sinon tu connaîtras l'échec. Visualise l'Amenti comme je l'ai fait dans mes Tablettes. Avec la plénitude du cœur, visualise dans l'œil de ton esprit que tu te présentes devant les Seigneurs. Prononce mentalement les paroles de pouvoirs que je te donne :
MEKUT-EL-SHAB-EL HALE-ZUR-BEN-EL-ZABRUT ZIN-EFRIM-QUAR EL. Relaxe ton esprit et ton corps. Sois maintenant assuré que ton âme sera

appelée. Voici maintenant la clé de Shamballa, l'endroit où mes frères vivent dans l'obscurité ; mais c'est une obscurité pleine de la Lumière du Soleil. Ténèbres de la Terre mais Lumière de l'esprit ; elle sera mon guide lorsque mes jours seront terminés. Alors, quitte ton corps comme je te l'ai enseigné. Traverse les portes de l'endroit profond et caché. Présente-toi devant les portails et leurs gardiens. Prononce à haute voix ces paroles : "JE SUIS LA LUMIÈRE, EN MOI NE SE TROUVE AUCUNE OBSCURITÉ. JE SUIS LIBÉRÉ DES CHAÎNES DE LA NUIT. QUE S'OUVRE LE CHEMIN DU DOUZE ET DE L'UNIQUE POUR QUE J'ARRIVE DANS LE ROYAUME DE LA SAGESSE" Lorsqu'ils refuseront, ce qu'ils feront certainement, commande-leur d'ouvrir les portes en prononçant ces paroles de pouvoir : JE SUIS LA LUMIÈRE. Pour moi il n'y a pas de barrière. Ouvre-toi, je l'ordonne, par le pouvoir du Secret des secrets : EDOM-EL-AHIM-SABBERT-ZUR ADOM." Si tes paroles ont été prononcés dans l'esprit de la vérité la plus haute alors les barrières tomberont. Et maintenant je vous quitte mes enfants. Dans les Chambres de l'Amenti je dois aller. Ouvrez par vous-même le chemin jusqu'à moi et vous deviendrez mes frères dans la vérité. C'est ainsi que se terminent mes écrits. Transmettez ces clefs à ceux qui viendront après moi. Mais seulement à ceux que vous jugerez dignes et qui recherchent ma sagesse.

CAR POUR EUX SEULEMENT
JE SUIS LA CLEF ET LA VOIE.

--

Les Cyranides

Par

Hermès Trismégiste

Avec la collaboration de Thiéfaine Lebeau

TABLE DES MATIÈRES

PREMIÈRE CYRANIDE

PROLOGUE

LETTRE A
LETTRE B
LETTRE Γ
LETTRE Δ
LETTRE E
LETTRE Z
LETTRE H
LETTRE Θ
LETTRE I
LETTRE K

LETTRE Λ
LETTRE M
LETTRE N
LETTRE Ξ
LETTRE O
LETTRE Π
LETTRE P
LETTRE Σ
LETTRE T
LETTRE Y
LETTRE Φ
LETTRE X
LETTRE Ψ
LETTRE Ω

DEUXIÈME CYRANIDE

LETTRE A
LETTRE B
LETTRE Γ
LETTRE Δ
LETTRE E
LETTRE Z
LETTRE H
LETTRE Θ
LETTRE I
LETTRE K
LETTRE Λ
LETTRE M

LETTRE N
LETTRE Ξ
LETTRE O
LETTRE Π
LETTRE P
LETTRE Σ
LETTRE T
LETTRE Y
LETTRE Φ
LETTRE X
LETTRE Ψ
LETTRE Ω

TROISIÈME CYRANIDE

LETTRE A
LETTRE B
LETTRE Γ
LETTRE Δ
LETTRE E
LETTRE Z
LETTRE H
LETTRE Θ
LETTRE I
LETTRE K
LETTRE Λ
LETTRE M
LETTRE N
LETTRE Ξ

LETTRE O
LETTRE Π
LETTRE P
LETTRE Σ
LETTRE T
LETTRE Y
LETTRE Φ
LETTRE X
LETTRE Ψ
LETTRE Ω

QUATRIÈME CYRANIDE

LETTRE A
LETTRE B
LETTRE Γ
LETTRE Δ
LETTRE E
LETTRE Z
LETTRE H
LETTRE Θ
LETTRE I
LETTER K
LETTRE Λ
LETTRE M
LETTRE N
LETTRE Ξ
LETTRE O
LETTRE Π

LETTRE P
LETTRE Σ
LETTRE T
LETTRE Y
LETTRE Φ
LETTRE X
LETTRE Ψ
LETTRE Ω

PREMIÈRE CYRANIDE

PROLOGUE

CE LIVRE EST CELUI DE CYRANUS, LE DIVIN HERMÈS DES DEUX EN FIT UN TROISIÈME :
LIVRE DES VERTUS NATURELLES, FORMÉ DES DEUX LIVRES DES SYMPATHIES ET DES ANTIPATHIES : L'UN, PREMIER LIVRE DES CYRANIDES, DE CYRANUS ROI DE PERSE, L'AUTRE,

[LIVRE] D'HARPOCRATION D'ALEXANDRIE, DÉDIÉ PAR LUI À SA PROPRE FILLE. VOICI CE QUE CONTENAIT LE PREMIER LIVRE DE CYRANUS, AUTANT QUE NOUS LE POUVONS SUPPOSER.

HERMÈS, LE DIEU TRISMÉGISTE, AYANT REÇU PAR LES ANGES UN TRÈS GRAND PRÉSENT DE LA DIVINITÉ, LE COMMUNIQUA À TOUS LES HOMMES INTELLIGENTS. NE LE COMMUNIQUE DONC PAS AUX IGNORANTS, MAIS CONSERVE-LE PAR DEVERS TOI COMME UN GRAND TRÉSOR; COMMUNIQUE, SI TU LE PEUX, À TES FILS SEULEMENT, TOI LEUR PÈRE, CE GRAND TRÉSOR QUI,

POUR L'ACTION, VAUT L'OR PRÉCIEUX, MAIS QU'ILS JURENT DE LE GARDER FIDÈLEMENT,
COMME UN ENFANT SACRÉ.
CE LIVRE A ÉTÉ ÉCRIT SUR UNE COLONNE DE FER EN CARACTÈRES SYRIAQUES ; IL A ÉTÉ INTERPRÉTÉ PAR MOI DANS LE PREMIER LIVRE, L'ARCHAÏQUE. DANS CELUI QUI S'APPELLE LA
CYRANIDE, IL EST TRAITÉ DE VINGT-QUATRE PIERRES, DE VINGT-QUATRE OISEAUX, DE VINGT QUATRE PLANTES ET DE VINGT-QUATRE POISSONS. DONC, CHACUNE DE LEURS VERTUS FUT COMBINÉE ET MÉLANGÉE AUX AUTRES VERTUS DU

CORPS MORTEL, NON SEULEMENT POUR SERVIR DE REMÈDE EFFICACE, MAIS AUSSI POUR SON CHARME NATUREL, RÉVÉLATION DU DIEU SOUVERAIN ET TOUT-PUISSANT DONT LA SAGESSE NOUS ENSEIGNA LA PUISSANCE DES PLANTES, DES PIERRES, DES POISSONS ET DES OISEAUX, LA VERTU DES PIERRES ET LA NATURE DES ANIMAUX ET DES BÊTES SAUVAGES, LEURS MÉLANGES MUTUELS, LEURS OPPOSITIONS ET LEURS PROPRIÉTÉS. AINSI, C'EST DE DIEU QUE VINT AUX HOMMES LA GNOSE ET L'EXPÉRIENCE.

DONC, APRÈS AVOIR DIVISÉ L'OUVRAGE TOUT ENTIER EN TROIS CYRANIDES, J'AI EXPLIQUÉ,
PAR ORDRE ALPHABÉTIQUE, LES CHOSES TELLES QU'ELLES SE PRÉSENTAIENT À MA MÉMOIRE.
ELLES S'APPELLENT LES CYRANIDES PARCE QU'ELLES SONT LES REINES DE TOUS LES ÉCRITS, ET
NOUS AVONS TROUVÉ QU'ELLES VENAIENT DE CYRANUS, ROI DES PERSES : VOILÀ LA
PREMIÈRE : TEL EST SON PROLOGUE ; VOICI CELUI D'HARPOCRATION.
LIVRE MÉDICAL DE SYRIE.
HARPOCRATION A ÉCRIT CE QUI SUIT POUR SA FILLE. DANS UN

VOYAGE QUE JE FIS EN BABYLONIE, JE SUIS ARRIVÉ À UNE VILLE QUI S'APPELAIT SÉLEUCIE :
L'HISTOIRE EN A ÉTÉ ÉCRITE, NOUS N'AVONS DONC PAS BESOIN, COMME D'AUCUNS, DE NOUS
ATTARDER À LA DÉCRIRE ET DE NOUS PERDRE DANS DE LONGS PROLOGUES. ARRIVONS DONC AU
BUT QUE NOUS NOUS PROPOSONS. IL AJOUTE AVOIR VU UNE AUTRE VILLE DISTANTE DE DIX SEPT SCHÈNES DE SÉLEUCIE, QU'ALEXANDRE, ROI DE MACÉDOINE, DÉTRUISIT À SON RETOUR ET C'EST ALORS QU'IL BÂTIT UNE AUTRE SÉLEUCIE, SOUMISE AUX PERSES, AU POINT D'ÊTRE

PERSOGÔNE, ON L'APPELLE LA PREMIÈRE ALEXANDRIE, EN BABYLONIE.
VOILÀ D'ABORD CE QUE J'AI APPRIS, MON ENFANT. PUIS LA TROISIÈME ANNÉE, JE RENCONTRAI UN VIEILLARD ÉTRANGER EXTRÊMEMENT INSTRUIT, MÊME EN LITTÉRATURE GRECQUE ; IL ME DIT QU'IL ÉTAIT SYRIEN, QU'IL AVAIT ÉTÉ FAIT PRISONNIER, ET QUE LÀ, S'ÉCOULAIT SA VIE. PARCOURANT DONC TOUTE LA VILLE AVEC MOI, IL M'EN FAISAIT VOIR CHAQUE DÉTAIL. ARRIVÉ UN JOUR DANS UN ENDROIT ÉLOIGNÉ DE LA VILLE D'ENVIRON QUATRE

MILLES, JE VIS LÀ, AU MILIEU DES TOURS, UNE STÈLE TRÈS GRANDE, QUE LES HABITANTS DISAIENT AVOIR ÉTÉ APPORTÉE DE SYRIE (LE VIEIL INTERPRÈTE DIT : DU TEMPS DE SALOMON), PUIS CONSACRÉE POUR LE TRAITEMENT DES MALADES DE LA VILLE. JE L'EXAMINAI ET LA TROUVAI COUVERTE DE CARACTÈRES PERSES. AUSSITÔT DONC, JE PRIAI LE VIEILLARD DE M'EN INDIQUER LE SENS, ET J'ÉCOUTAI CE QU'IL ME RACONTA DE LA STÈLE. ET IL M'EXPLIQUA LONGUEMENT EN GREC LES CARACTÈRES BARBARES. TU VOIS, DIT-IL, MON

ENFANT, CES HAUTES TOURS AU NOMBRE DE TROIS : LA PREMIÈRE COUVRE ENVIRON CINQ MILLE, LA DEUXIÈME DEUX MILLE ET DEMI, LA TROISIÈME QUATRE MILLE : ELLES ONT ÉTÉ CONSTRUITES PAR DES GÉANTS QUI VOULAIENT ESCALADER LE CIEL. POUR CETTE IMPIÉTÉ FOLLE, LES UNS FURENT FRAPPÉS DE LA FOUDRE, LES AUTRES SUR L'ORDRE DE DIEU NE SE RECONNURENT PLUS DÉSORMAIS ENTRE EUX, TOUT LE RESTE ENFIN S'EN ALLA TOMBER DANS L'ÎLE DE CRÈTE, OÙ DIEU, DANS SA COLÈRE, LES PRÉCIPITA.

ENSUITE LE VIEILLARD M'ORDONNA DE MESURER AVEC UN CORDEAU, LA PIERRE [LA TOUR DE PIERRE] QUI PRÉSENTAIT SA LONGUEUR VERS L'ORIENT. AYANT DONC MESURÉ CELLE QUI ÉTAIT PROCHE, JE TROUVAI QU'ELLE AVAIT SIX CENT VINGT-DEUX COUDÉES DE HAUTEUR ET SOIXANTE-DIX-HUIT DE LARGEUR, ET LES DEGRÉS JUSQU'EN HAUT ÉTAIENT AU NOMBRE DE HUIT. J'EXAMINAI AUSSI LE SANCTUAIRE. LE NAOS, PLACÉ AU MILIEU DU SANCTUAIRE, AVAIT TROIS CENT SOIXANTE-CINQ MARCHES, LES UNES D'ARGENT ET LES AUTRES D'OR AU NOMBRE DE SOIXANTE : NOUS LES MONTÂMES POUR

ALLER ADRESSER NOS PRIÈRES AU DIEU. ET IL RÉPÉTAIT LES INNOMBRABLES PUISSANCES DU DIEU, QU'IL NE FAUT PAS ÉNUMÉRER, DISAIT-IL. MAIS, DÉCIDÉ À CONNAÎTRE TOUTES LES AUTRES CHOSES, JE CESSAI TOUTES QUESTIONS, DÉSIRANT ME RENSEIGNER AU SUJET DE LA STÈLE SEULE. ALORS LE VIEILLARD, ÉCARTANT LE VOILE DE LIN PLACÉ SUR LA STÈLE, ME LA MONTRA COUVERTE DE CARACTÈRES ÉTRANGERS, ET MOI, QUI NE CONNAISSAIS PAS CES LETTRES, JE DÉSIRAI VIVEMENT SAVOIR CE QUE CHACUNE SIGNIFIAIT. ET JE RÉUSSIS À

CONNAÎTRE CE QUI SE LISAIT AINSI SUR LA STÈLE :
« MYTHE CÉLÈBRE, QUE LA VOLONTÉ DES IMMORTELS A REMPLI DE CONNAISSANCES. COMME QUOI LE DEUXIÈME LIVRE RECEVRA DE DIEU LE NOM DE CYRANIDE, SECOND LIVRE SUIVANT LE PREMIER, CELUI DE L'ARCHAÏQUE DE SYRIE, LÀ OÙ COURENT LES EAUX DU FLEUVE EUPHRATE. »
VOICI LES CARACTÈRES TRACÉS SUR LES STÈLES DE FER :
« J'Y AI D'ABORD GRAVÉ L'AVENIR, ENSUITE J'Y AI CLASSÉ LES PIERRES D'APRÈS LEURS VERTUS; J'Y AI JOINT LES PRODUITS DE LA

TERRE, LES POISSONS DES ABÎMES DE LA MER, LES OISEAUX DES AIRS : VERTU PAR VERTU, JE LES AI RÉUNIS PAR GROUPES DE QUATRE, PLUS DÉVELOPPÉS, POUR SERVIR AUX HOMMES NÉS ET À NAÎTRE. OH! ÂME IMMORTELLE, TRAÎNANT UN CORPS MORTEL, CONDUITE DU HAUT DES AIRS PAR LE FIL D'UNE NÉCESSITÉ MALFAISANTE, COMME DIEU LUI-MÊME L'A DIT, TISSU FILÉ PAR LES PARQUES ET PAR LA NÉCESSITÉ, ENGAGE LES CORPS MORTELS À SUPPORTER LEURS MALADIES. CAR, TEL QU'UN HOMME PRIS DANS UNE ENTRAVE ET DANS DES CHAÎNES, TU ES

SOUS LE JOUG IMPÉRIEUX DE LA NÉCESSITÉ. MAIS QUAND TU AURAS QUITTÉ TON ENVELOPPE MORTELLE ET INSUPPORTABLE, TU VERRAS ALORS RÉELLEMENT DANS LES AIRS ET DANS LES NUAGES, LE SOUVERAIN MAÎTRE, QUI COMMANDE AU TONNERRE, AUX TREMBLEMENTS DE TERRE, AUX ÉCLAIRS, À LA FOUDRE, QUI MET EN MOUVEMENT LES FONDEMENTS DE LA TERRE ET LES FLOTS DE LA MER. TELLES SERONT LES ŒUVRES DE LA DIVINITÉ ÉTERNELLE, MÈRE DE TOUTES CHOSES. DIEU LES A TOUTES ENSEIGNÉES AUX MORTELS AINSI QUE LEURS CONTRAIRES.»

MAIS CE LIVRE, GRAVÉ SUR UNE STÈLE DE FER TREMPÉ, A ÉTÉ ENFOUI DANS UN LAC DE
SYRIE, COMME IL A ÉTÉ RAPPORTÉ AU LIVRE PRÉCÉDENT, INTITULÉ L'ARCHAÏQUE ; ET DANS
CELUI-CI, INTITULÉ LES CYRANIDES, IL EST QUESTION DE VINGT-QUATRE PIERRES, DE VINGT QUATRE OISEAUX, DE VINGT-QUATRE POISSONS DE MER ET DE VINGT-QUATRE PLANTES. LES VERTUS DE CHACUN, JOINTES OU COMBINÉES AVEC CELLES DES AUTRES, SERONT ASSOCIÉES
POUR APPORTER LE CALME AU CORPS MORTEL ET NOUS FAIRE JOUIR ÉTERNELLEMENT DE LA

SANTÉ. CAR NUL AUTRE QUE DIEU NE SAURAIT DONNER LA VIE À L'HOMME. OR, TOUT CECI A ÉTÉ ÉCRIT D'APRÈS L'ORDRE DU SEIGNEUR. C'EST DONC AINSI QU'ILS COMMENCENT. MAIS SI ON CONSTATE UNE DISCORDANCE DANS LES PROLOGUES [DU LIVRE DE CYRANUS ET D'HARPOCRATION], ILS SONT D'ACCORD POUR COMMENCER PAR LA PREMIÈRE LETTRE DE L'ALPHABET, COMME IL SUIT.

LETTRE A
1] BRYONNE. (ἌΜΠΕΛΟΣ ΛΕΥΚΉ)
AIGLE, (ἈΕΤΌΣ) OISEAU.
AÉTITE, (ἈΕΤΙΤΗΣ) PIERRE.

AIGLE, (ἈΕΤΌΣ) POISSON SANS ÉCAILLES, VIVANT DANS LA MER. VIGNE BLANCHE, PLANTE TRÈS SACRÉE, LA PREMIÈRE, L'EXCELLENTE, QU'ON APPELLE AUSSI LA DIVINE BRYONNE. L'AIGLE MÂLE, LE ROI DE TOUS LES OISEAUX. L'AÉTITE, PIERRE ENCEINTE ET RÉSONNANTE ; CAR, BIEN QUE TRÈS PETITE, SI TU LA PLACES PRÈS DE TON OREILLE EN L'AGITANT, TU ENTENDRAS COMME UN BRUIT DE CLOCHETTE. AIGLE, POISSON SANS ÉCAILLES, PRESQUE SEMBLABLE À L'ÉPERVIER [DE MER], PLUS NOIR CEPENDANT, SEMBLABLE EN TOUS POINTS À LA PASTENAGUE.

2] LA RACINE DE LA PLANTE SUSPENDUE AU COU, GUÉRIT LES ASTHMATIQUES ET LES ÉPILEPTIQUES : L'INFUSION DE SES FEUILLES, À LA DOSE D'UN CYATHE, DÉLIVRE CEUX QUI SONT ATTEINTS DE DYSENTERIE.

3] L'HOMME BIEN PORTANT, QUI VEUT BOIRE BEAUCOUP SANS SE GRISER, N'A QU'À PRENDRE À JEUN UNE DÉCOCTION D'UNE ONCE DE SES FEUILLES AVEC DU VINAIGRE, IL SERA INSATIABLE AU POINT DE NE PAS SAVOIR CE QU'IL BOIT.

4] S'IL BOIT AVEC DU VIN PUR LA PIERRE QUI SE TROUVE DANS LA TÊTE DU POISSON, IL NE SAURA PAS TOUT CE QU'IL BOIRA.

5] S'IL PORTE AUTOUR DU COU LA PIERRE SANS LA PLANTE, IL POURRA BOIRE UN POT DE VIN SANS S'EN APERCEVOIR.

6] S'IL BOIT LA MÊME PIERRE DU POISSON BROYÉE AVEC DU VIN PUR, IL N'AURA PAS DU TOUT CONSCIENCE DE CE QU'IL BOIT.

7] LE MARC DE RAISINS PRESSÉS, MÉLANGÉ AVEC UN PEU DE CETTE PIERRE ET BU PAR CEUX QUI ONT LES PARTIES GÉNITALES AFFAIBLIES, PROCURE LE GONFLEMENT ET UNE GRANDE ÉRECTION ; À CEUX QUI NE PEUVENT ACCOMPLIR LE RAPPROCHEMENT SEXUEL, IL SERA

ÉGALEMENT SALUTAIRE. C'EST DIEU LUI-MÊME QUI A RÉVÉLÉ CE SECRET, POUR QUE LE CORPS HUMAIN NE RESTÂT PAS DANS L'EMBARRAS.

8] VIN BLANC TROIS COTYLES; QUARANTE BOURGEONS DE LA PLANTE; BAIES DE SUMAC TROIS ONCES, RÉDUITS À UN COTYLE, EN BOISSON, SOULAGERONT LA DYSENTERIE, LA LIENTERIE ET LES AUTRES AFFECTIONS ANALOGUES.

9] UNE DÉCOCTION DE FEUILLES DE BRYONNE, AVEC UN PEU DE MIEL, SOULAGE LES SOUFFRANCES DU COLON : ET SI TU Y MÊLES UN PEU DE LA PIERRE, LA MALADIE

N'AUGMENTERA PAS ET NE REVIENDRA PAS.

10] J'AI VU UN JOUR UNE FEMME DONT LES OS ÉTAIENT BRISÉS, ET JE M'ÉTONNAIS DU TRAITEMENT QU'ELLE SUIVAIT, APPRENANT EN MÊME TEMPS QU'ELLE ÉTAIT AINSI DEPUIS VINGT-CINQ ANS, INERTE (BRILLANTE ET DIVINE NATURE) ; CAR ELLE NE REMUAIT PAS LES MAINS ET SA CHAIR ÉTAIT GANGRENÉE, ET ELLE NE SENTAIT PLUS RIEN. LE RESTE DE SES OS ALLAIT DONC SE BRISER. H'ÉTANT SERVI DE CETTE PLANTE, JE LA GUÉRIS. JE TROUVAI DANS LE

LIVRE SACRÉ CETTE FORMULE :
MÉLANGEZ UNE QUANTITÉ ÉGALE DE
DÉCOCTION DE FEUILLES
DE LA PLANTE ET DE VIN BLANC, FAITES
BOIRE PENDANT SEPT JOURS ET LE
MALADE SERA
SAUVÉ.
11] ET LA PIERRE D'AÉTITE SUSPENDUE
AU COU, ET LE POISSON PRIS COMME
ALIMENT,
PRODUISENT LES MÊMES EFFETS. C'EST
UN PRÉSENT DE DIEU QU'IL NE FAUT PAS
RÉVÉLER :
NE LE FAIS DONC PAS CONNAÎTRE,
MÊME À TON PROPRE ENFANT.
12] POUR LA CHUTE DES ONGLES DES
GRANDS DOIGTS, DIFFICILES À GUÉRIR
ET À CONSERVER,

MAIS ATTEINTS RÉCEMMENT D'ÉCOULEMENTS, MOUILLE AVEC DU VIN BLANC DES DATTES PRESSÉES, FAIS MACÉRER, ET POSE LE REMÈDE, TANTÔT SEUL, TANTÔT AVEC DE L'HUILE DE ROSES.

13] CONTRE LES FOURMILLEMENTS RESSENTIS DANS TOUT LE CORPS, OU SEULEMENT DANS UNE PARTIE, OU ENCORE CONTRE LES VERRUES, TU BRÛLERAS UNE BRANCHE DE BRYONNE, OU DU BOIS, ET TU APPLIQUERAS L'EAU QUI SORTIRA DE L'EXTRÉMITÉ DU SARMENT OU TU LA DONNERAS À BOIRE, ET TOUTES LES VERRUES TOMBERONT. N'APPRENDS CELA À PERSONNE.

Egalement, une application de fiente d'aigle est un bon remède. Et la pierre suspendue au cou, ou la graisse du poisson en onction, est un remède très salutaire.

14] Contre les abcès des gencives, la carie des molaires, les affections purulentes se produisant dans tout le corps et les ulcères cancéreux ou rongeurs : décoction de feuilles de bryonne, trois onces; alun, quatre onces; misy cru, huit drachmes; manne, quatre cotyles; iris d'Illyrie, une once; couperose, quatre grains : broyé jusqu'à ce que le tout devienne sec ; cela purge, reconstitue la plaie, arrête l'écoulement consécutif, et, d'une manière générale, c'est le plus puissant remède.

13] Or, nous avons appris un souverain remède, après avoir constaté sur la langue d'un malade des abcès tels que les gencives en étaient mortifiées : appliquant de la décoction de feuilles avec du miel, du misy sec, la plaie fut purifiée : ensuite, ayant saupoudré d'iris sec, la plaie fut reconstituée.

16] CONTRE L'OZÈNE NASAL, LES TUMEURS, LES POLYPES, LES CORROSIONS EXTERNES ET INTERNES, LES ULCÈRES, LES ENGELURES ET TOUT CE QUI AFFECTE LES NARINES, VOICI LE REMÈDE DIVIN : DÉCOCTION DE FEUILLES, UNE ONCE ; COUPEROSE, ENCENS, CALCITE, ARISTOLOCHE, TROIS GRAINS DE CHAQUE : BROYÉ JUSQU'À CE QUE LE TOUT DEVIENNE SEC ET SERS T'EN COMME D'UN REMÈDE TRÈS DIVIN.

17] CONTRE LA CALVITIE ET LES SUEURS, LES ULCÈRES, LES GALES, LES TUMEURS ET TOUTES LES

MALADIES DE LA TÊTE : DÉCOCTION DE BRYONNE, DÉCOCTION DE POTAMOGÉTON, DÉCOCTION DE BETTE, PARTIES ÉGALES, MÉLANGER PENDANT TROIS JOURS ET EMPLOYER EN ONCTIONS.
C'EST TOUT À FAIT BON.
18] POUR EMPÊCHER LA CARIE DES MOLAIRES, LES RENDRE INÉBRANLABLES, INCASSABLES, IL Y A UN REMÈDE DIVIN (RETIENS-LE) : JUS DE RAISIN, DEUX COTYLES; ÉCORCE DE RACINE DE MÛRIER, SIX ONCES : FAIS BOUILLIR JUSQU'À RÉDUCTION DE MOITIÉ : DONNE EN LOTION PENDANT TROIS, CINQ OU SEPT JOURS, ET LES MOLAIRES OU LES GENCIVES NE SERONT PLUS

JAMAIS MALADES.
19] SI DONC QUELQU'UN VOULAIT L'ÉTUDIER, LA BRYONNE, PLANTE DONNÉE PAR DIEU, GUÉRIT LES MAUX DES PIEDS À LA TÊTE.
20] JUSQU'ICI CYRANUS ET HARPOCRATION ONT ÉTÉ D'ACCORD ; À PARTIR DE CE MOMENT, CYRANUS S'EXPRIME DIFFÉREMMENT EN CES TERMES :
21] LES POUSSES DE LA PLANTE, MANGÉES CUITES AU MOMENT DE LA POUSSE, FONT ÉVACUER L'URINE ET RENDENT LE VENTRE LIBRE. LES FEUILLES, LA RACINE ET LE FRUIT SONT ACRES ET TRÈS ÉCHAUFFANTS; ILS ONT AUSSI UNE AUTRE ACTION MERVEILLEUSE DONT ON N'A

PAS PARLÉ, C'EST QUE MIS EN CATAPLASME AVEC DU LAIT ET DE L'AMMI, ILS GUÉRISSENT LES ULCÈRES INVÉTÉRÉS, LES GANGRÈNES, LES CANCERS ET LES ULCÈRES PURULENTS.

22] SA RACINE DESSÉCHÉE FAIT DISPARAÎTRE LES HUMEURS ET LES TACHES DE ROUSSEUR DU VISAGE, LA RIGIDITÉ DES MEMBRES ET LES AUTRES TACHES DU VISAGE ET LES TAIES DES YEUX : MÉLANGÉE AVEC DE LA FARINE D'OROBE ET DU FENUGREC, ELLE GUÉRIT LES BOUTONS, LES TACHES DE ROUSSEUR, LES DARTRES FARINEUSES, LES ENFLURES DU VISAGE, LES excroissances entre les doigts et les tumeurs noires. Cuite dans l'huile jusqu'à consistance de cire, elle convient aux mêmes affections; mise en cataplasme avec du vin, elle arrête les enflures du visage et les excroissances entre les doigts, elle fait disparaître les inflammations.

23] Pour l'épilepsie, il faut en boire pendant une année, quatre grains chaque jour avec de l'oxymel : administrée à la dose de deux grains, elle est bonne pour les

APOPLECTIQUES ET LES GENS SUJETS AU VERTIGE : ELLE VIENT ÉGALEMENT AU SECOURS DES GENS MORDUS PAR UN SERPENT. ELLE DÉTRUIT LES FŒTUS : ELLE CAUSE UN CERTAIN TROUBLE DANS LA PENSÉE, ET QUELQUEFOIS, ASSOCIÉE À DU VIN DE SECONDE CUVÉE, ELLE AUGMENTE L'URINE. TROIS OBOLES BUES AVEC DU VINAIGRE PENDANT TRENTE JOURS, DIMINUENT LES DOULEURS DE TÊTE : ON L'EMPLOIE UTILEMENT AVEC DES FIGUES EN CATAPLASME POUR LE MÊME OBJET : ON LA FAIT AUSSI BOUILLIR POUR LES BAINS DE SIÈGE

DESTINÉS À PURIFIER LA MATRICE. C'EST ENCORE UN EXCELLENT REMÈDE POUR LE VENTRE.

24] EN LINIMENT OU EN CATAPLASME, LE FRUIT, SEUL, EST BON CONTRE LES DARTRES ET LES LÈPRES : LE SUC DE LA PLANTE, EXTRAIT JUSQU'À LA DERNIÈRE GOUTTE, EN BOISSON, FAIT VENIR LE LAIT. EN BOISSON, ELLE CONVIENT AUX PARALYTIQUES, EN LINIMENTS AVEC DE L'HUILE, AUX ULCÉRATIONS.

25] SES FEUILLES, AVEC DU VIN, EMPLOYÉES EN CATAPLASME SUR DES ÉCOULEMENTS, SONT PARFAITES : EN UN MOT, ELLE EST UTILE À TOUS CEUX QUI L'EMPLOIENT DIGNEMENT.

26] CETTE PLANTE EST DE DEUX SORTES. LA PREMIÈRE EST LA VIGNE BLANCHE, CELLE QUI S'APPELLE AUSSI BRYONNE, RAISIN DE SERPENT, COULEUVRÉE, CHELIDON, MYLITHRON, PSILOTHRON, ARCHIZOSTES, KECHEDRON. SES SARMENTS, SES FEUILLES, SES VRILLES SONT SEMBLABLES À CELLES DE LA VIGNE CULTIVÉE, MAIS PLUS TOUFFUS : ELLE POUSSE AU TRAVERS DES BUISSONS QUI L'AVOISINENT ET S'Y ATTACHE PAR SES VRILLES. SON FRUIT EST COMME UNE GRAPPE DE RAISIN ROUX : IL ENLÈVE LA PEAU.

27] LA DEUXIÈME EST LA VIGNE NOIRE : ON L'APPELLE AUSSI BRYONNE ET CHRIRONION (GENTIANE). SES FEUILLES SONT SEMBLABLES À CELLES DU LIERRE, PLUS ENCORE AU SMILAX, MAIS PLUS GRANDES ; ELLE S'ATTACHE AUX ARBRES PAR SES VRILLES ; SES FRUITS, D'ABORD VERTS, DEVIENNENT NOIRS À L'EXTÉRIEUR ET COULEUR DE BUIS À L'INTÉRIEUR ; SES POUSSES, DANS LEUR PREMIER BOURGEONNEMENT, SE MANGENT COMME LÉGUMES ; ELLES SONT DIURÉTIQUES ET EMMÉNAGOGUES, CURATIVES DE LA RATE, SALUTAIRES AUX

HYPOCONDRIAQUES, MAIS SURTOUT LES RACINES; TOUTE LA PLANTE CONVIENT AUX ÉPILEPTIQUES ET AUX PERSONNES QUI ONT DES VERTIGES; SES FEUILLES AVEC DU VIN, MISES EN CATAPLASME SONT SALUTAIRES AUX ÉCROUELLES ET CONTRE LES COLIQUES ET LES RELÂCHEMENTS; ET EN GÉNÉRAL ELLE A UNE VERTU SEMBLABLE À LA PRÉCÉDENTE.

28] LA VIGNE BLANCHE A ENCORE D'AUTRES EFFETS CONVENABLES ET TRÈS AGRÉABLES, CAR DANS LES FESTINS ELLE NE REND PAS SEULEMENT SOBRE, MAIS ELLE FAIT QU'ON SE RÉJOUIT.

29] JUSQUE-LÀ CYRANUS S'EXPRIME AINSI : PUIS ILS NE SONT PLUS D'ACCORD ; ET VOICI CE QUE DIT HARPOCRATION :
30] « HEUREUSE PLANTE, CONDUCTRICE DES DIEUX, MAÎTRESSE DE LA TERRE, DU CIEL ET DE L'AIR, QUI DÉGAGES L'ESPRIT PAR UNE BOISSON VENANT DE TON RAISIN, QUI PROCURES LE SOMMEIL POUR REPOSER TOUS LES MEMBRES, PERSONNE, NI PAR LA PAROLE, NI PAR LE CORPS, N'AURA UN POUVOIR COMPARABLE AU TIEN; MAIS TU MONTRES LA VANITÉ DES CHOSES CACHÉES AU FOND DES ÂMES DES MORTELS. POSSÉDANT MYSTÉRIEUSEMENT LES

MYSTIQUES ESPRITS, Ô VIGNE, TU FERAS CONNAÎTRE CE QUI EXISTE DANS LES SEULS LIVRES
SAINTS ET DANS LES REMÈDES, COMME AUSSI TOUT CE QUI EST CACHÉ DANS LES MYSTÈRES
DU COUTEAU ET DE LA HACHE. ET CECI S'APPELLERA LES MYSTÈRES DE LA VIGNE. » ELLE A
ENCORE D'AUTRES VERTUS CONVENABLES, DONT IL N'EST PAS PERMIS DE PARLER LÉGÈREMENT
AU MILIEU DES MORTELS.
31] A PARTIR D'ICI, SUIVANT LA CYRANIDE, LE DISCOURS SACRÉ PARLE AINSI : « HEUREUSE
REINE DIVINE, CHARGÉE DE RAISIN DIVIN, MÈRE DE TOUTE LA DIVINE NATURE FAVORABLE AUX

PLANTES, LA NATURE DÉSIRE LE RAISIN, ET C'EST DE LA GRAPPE QUE VIENT LE VIN DIVIN…….
»
32] APRÈS CETTE INVOCATION, VERSE DANS UNE COUPE LE BREUVAGE DONT TOUS BOIRONT,
PUIS ILS PARTIRONT CHARMÉS, SANS QUE PERSONNE NE DISCUTE.
33] OR DONC, SI NOUS VOULIONS DIRE TOUTES LES VERTUS DE LA VIGNE, UN LIVRE ENTIER NE
NOUS SUFFIRAIT PAS : CEPENDANT, IL NOUS FAUT AJOUTER QU'ELLE EST UTILE POUR LA FIÈVRE QUARTE.
34] LE JUS DE LA VIGNE PROCURE LES PLUS GRANDES JOIES. PLANTE-LA DONC PARTOUT : CAR

IL N'EST PAS DE FÊTES DES DIEUX OU DES MORTELS, À LA FIN OU À LEUR ENTRÉE DANS LA VIE,
OU S'ÉLANÇANT AU SORTIR DE L'ÉDUCATION, VERS L'AGRICULTURE, VERS LA PLANTATION OU VERS QUELQUE AUTRE BUT DE LA VIE, QUI PUISSENT SE PASSER DE CETTE PLANTE.
35] IL ME RESTE À PARLER D'UN MAUVAIS DÉMON, CELUI DE LA FIÈVRE QUARTE QUI EST
ENVOYÉ AUX HOMMES ET AUX FEMMES PAR LE PREMIER DÉCAN DU CAPRICORNE, QUI N'EST
PAS DOMPTÉ PROMPTEMENT PARCE QU'IL NE VOIT NI N'ENTEND, CAR IL EST SANS TÈTE.

36] PRENANT DONC DES RAISINS SECS AYANT QUATRE PÉPINS, ÉPLUCHE-LES AVEC TES ONGLES, ET NON AVEC TA BOUCHE, PUIS TU LES METTRAS DANS UN LINGE, EN ÉTAT DE PURETÉ ; SUSPENDS-LES ENSUITE AU COU DU MALADE SANS QUE LE MALADE LE SACHE, ET PAR LA GRÂCE DE DIEU, TU LE GUÉRIRAS.

37] ET LA PIERRE DE LA TÊTE DU POISSON, SUSPENDUE AU COU, GUÉRIT LA FIÈVRE QUARTE.

38] LA STÈLE DE CYRANUS S'EXPRIME AINSI SUR LA JOIE : « O PLANTE TRÈS DIVINE QUI PORTES LE RAISIN, VIGNE BLANCHE, MÈRE DES PLANTES, DOUCE PORTE-CYMBALE, LA

PREMIÈRE D'ENTRE LES PLANTES DE LA TERRE. » ADRESSE À LA COUPE, CES PAROLES : «

EVOHÉ POUR LE BON VIN : RENDS MON ESPRIT TRANQUILLE : ÉVOHÉ, TOI QUI ES FILLE DE

L'OLYMPE, GARDE MON INTELLIGENCE, TOI QUI ES GÉNÉREUSE, TRÈS DIVINE ET SALUTAIRE,

— YI EY AE IAYΩ AE KIEΩ, — ÉVOHÉ. » APRÈS AVOIR AINSI PARLÉ À LA COUPE, VERSE [LE VIN] DANS LA COUPE OÙ TOUS BOIRONT, ET TOUS LES AMIS PARTIRONT CHARMÉS,

SANS QUE PERSONNE DISCUTE.

39] AYANT DONC CHOISI UNE PIERRE D'AÉTITE, GRAVE DESSUS UN AIGLE : PUIS, SOUS LA

PIERRE, METS UN PÉPIN DE RAISIN ET LE BOUT D'UNE AILE D'AIGLE OU D'ÉPERVIER : PUIS L'AYANT SERTIE, PORTE-LA. ELLE ÉLOIGNERA DE TOI TOUTES LES MALADIES DONT IL VIENT D'ÊTRE QUESTION, ELLE TE DONNERA DE LA CONSIDÉRATION ET T'ATTIRERA LA BIENVEILLANCE DES PUISSANTS, DES GRANDS ET DE TES SUPÉRIEURS ; ELLE TE SERVIRA ENCORE EN BEAUCOUP DE CIRCONSTANCES QU'IL EST INUTILE D'ÉNUMÉRER. AINSI SE TERMINE LA PREMIÈRE LETTRE

A.

LETTRE B

1] ΒΡΆΥΘΟΣ SABINE, PLANTE SEMBLABLE AU CYPRÈS.

ΒΡΥΣΙΣ BRYSIS OU CORNEILLE.
ΒΉΡΥΛΛΟΣ BÉRYL, PIERRE BLANCHE.
ΒΎΣΣΑ BYSSA, CRABE.

2] L'ARBRISSEAU SEMBLABLE AU CYPRÈS, CONNU DE DIEU, S'APPELLE SABINE : IL EST BRÛLÉ DEVANT LES DIEUX COMME ENCENS. BRYSIS, ANIMAL D'ESPÈCE COMMUNE AVEC LA CORNEILLE, VIT JUSQU'À CINQ CENTS ANS. BÉRYL, PIERRE BLANCHE BIEN CONNUE, DE GRANDE VALEUR. LE BYSSA EST UN CRABE DE MER : ON L'APPELLE BYSSA À CAUSE DE SA RESSEMBLANCE AVEC LES BYSALA. OR DONC, LA PLANTE BUE AVEC DU VIN FERA OUVRIR LES

PLAIES CANCÉREUSES : PLACÉE SOUS LE FŒTUS, ELLE EN PROVOQUE L'EXPULSION, ET DANS LA DYSURIE, FAIT URINER DU SANG.

3] POUR LA DYSPNÉE, L'ORTHOPNÉE ET L'ASTHME : SABINE, UNE OBOLE; BEURRE, QUATRE OBOLES; MIEL, DEUX ONCES : FAIS-EN UN ÉLECTUAIRE ET DONNE-LE À BOIRE À JEUN.

4] LES YEUX DE CRABES, PORTÉS AU COU, GUÉRISSENT LA MALADIE.

5] VOICI L'INSTINCT DE L'OISEAU QUI S'APPELLE LA CORNEILLE : SI SA FEMELLE MEURT, LE MÂLE N'EN PREND PAS UNE AUTRE. ET LA FEMELLE FAIT DE MÊME. ET ILS SONT, À CAUSE DE

CELA, TRÈS UTILES AUX HOMMES. CAR SI UN HOMME PORTE SUR LUI LE CŒUR D'UNE
CORNEILLE MÂLE, ET SA FEMME CELUI D'UNE FEMELLE, ILS SE TRAITERONT AVEC
BIENVEILLANCE MUTUELLEMENT TOUTE LEUR VIE; C'EST LÀ UNE MERVEILLE QUI DÉPASSE TOUT.
6] PRENDS DONC UN BÉRYL, GRAVE DESSUS UNE CORNEILLE ET SOUS SES PATTES, UN CRABE ;
PUIS, ENFERME DESSOUS UNE PETITE BRANCHE DE SABINE, UN PEU DU CŒUR DE L'OISEAU ET
CE QU'ON APPELLE L'APHRODITE (ΚΛΕΙΤΟΡΙΣ) DU CRABE ET PORTE-LE COMME TU VOUDRAS.

7] IL EST EFFICACE, EN EFFET, POUR LES GENS ATTEINTS DE DYSPNÉE, DE COLIQUES HÉPATIQUES OU NÉPHRÉTIQUES ; CAR C'EST LA PIERRE DU DIEU ZEUS. IL DONNE À CELUI QUI LE PORTE LE DON DE PLAIRE, LE SUCCÈS DANS LES ENTREPRISES; IL FAIT NAÎTRE L'AFFECTION ENTRE CEUX QUI SE MARIENT, AINSI QUE LE PARFAIT ACCORD DANS LES RAPPORTS INTIMES, COMME ÉTANT FORT BELLE.

LETTRE Γ

1] ΓΛΥΚΥΣΙΔΗ PIVOINE, PLANTE, D'AUTRE LA NOMMENT PÉÔNE.
ΓΛΑΥΛΟΣ CHOUETTE, OISEAU.
ΓΝΆΘΟΣ GNATHOS, PIERRE.

ΓΛΑΥΚΟΣ GLAUQUE, POISSON, CONNU DE TOUS.

2] LA PIVOINE EST LA PÉÔNE : ELLE A REÇU LE NOM DE PÉÔNE PARCE QUE C'EST PÉON QUI L'A DÉCOUVERTE : SON FRUIT SEMBLE L'EXTRÉMITÉ D'UNE AMANDE : DE SES GRAINES, LES UNES SONT FERMÉES, LES AUTRES ENTR'OUVERTES.

3] LA CHOUETTE EST L'OISEAU CONSACRÉ À MINERVE : ELLE A SUR LA TÊTE UNE COURONNE ROYALE EN PLUMES, LES GRANDS YEUX DU NYCTICORAX : ELLE VIT DANS LES CHAMPS.

4] LE GNATHOS EST UNE PIERRE, DURE COMME LA PIERRE MOLAIRE, SEMBLABLE À UNE

MÂCHOIRE.

5] LE GLAUQUE EST UN POISSON DE MER CONNU DE TOUS.

6] OR, LA PLANTE EST DE DEUX SORTES, L'UNE MÂLE, L'AUTRE FEMELLE.

7] SI DONC LA MATRICE D'UNE FEMME NE GARDE PAS LA SEMENCE ET QU'ELLE VEUILLE CONCEVOIR, QU'ELLE CEIGNE LE DIVIN FRUIT FERMÉ, APRÈS L'AVOIR LIÉ DANS UN LINGE DE LIN TEINT DES SEPT COULEURS, ET QU'ELLE LE PORTE AU BAS-VENTRE.

7 BIS] MAIS SI TU VEUX EMPÊCHER LA FEMME D'ENGENDRER, DONNE-LUI À MANGER DU MOUTON AVEC DE L'ORGE SOUILLÉ AVEC SES MENSTRUES, ET ELLE NE CONCEVRA JAMAIS. DE

MÊME, ÉTEINS DES CHARBONS ARDENTS DANS SES MENSTRUES, ELLE NE CONCEVRA PAS.
ALORS ENLÈVE CONVENABLEMENT LE CHARBON ET GARDE-LE, ET LORSQUE TU VOUDRAS
QU'ELLE CONÇOIVE, ALLUME-LE AU FEU, ET ELLE CONCEVRA.
8] MAIS SI ELLE NE VEUT PAS CONCEVOIR, QU'ELLE PORTE SUR ELLE DE LA GRAINE DE
PIVOINE OUVERTE, AVEC DE LA SÉCRÉTION D'OREILLE DE MULET, AUSSI LONGTEMPS QU'ELLE
VOUDRA [NE PAS CONCEVOIR].
9] SI LA FEMME QUI ENFANTE EST DANS DES SOUFFRANCES CRUELLES, ET QU'IL Y AIT DU

DANGER, AYANT MIS DANS DE L'HUILE DE LA GRAINE OUVERTE DE LA PLANTE, FROTTES-EN SES REINS ET SON BAS-VENTRE, ET ELLE ENFANTERA SANS DOULEURS.

10] LES FUMIGATIONS OU LES BOISSONS DE RACINE DE PIVOINE ÉCARTENT LES DÉMONS : ET SI ON LA PORTE, ELLE CHASSE TOUS LES FANTÔMES.

11] DÉLAYE AVEC UN PEU D'EAU DE MER LES YEUX DE LA CHOUETTE ET DU GLAUQUE, PUIS DÉPOSE-LES DANS UN VASE DE VERRE. IL EST MEILLEUR PAR EXEMPLE DE MÊLER LEURS BILES ET DE LAISSER DÉPOSER DANS UN VASE DE VERRE.

12] LORS DONC QUE TU VOUDRAS ESSAYER LA PUISSANCE DE LA SUBSTANCE, ÉCRIS AVEC L'EAU DE CETTE PRÉPARATION SUR UNE FEUILLE DE PAPIER PURE ET BLANCHE : LE JOUR, L'ÉCRITURE NE SE VERRA PAS, MAIS L'OBSCURITÉ VENUE, ELLE SE LIRA. SI DONC [AVEC CETTE COMPOSITION] TU PEINS SUR UNE MURAILLE QUELQUE PERSONNAGE, LA NUIT VENUE, CEUX QUI LE VERRONT SE SAUVERONT, CROYANT APERCEVOIR DES DÉMONS OU DES DIEUX.

13] SI ON GRAVE SUR LA PIERRE GNATHOS UNE CHOUETTE ET SOUS SES PATTES LE GLAUQUE,

ET QU'ON LA PORTE APRÈS AVOIR ENFERMÉ DESSOUS LES YEUX DE CELUI-CI, EN S'ABSTENANT DE CHAIR DE PORC ET DE TOUTE IMPURETÉ, L'OBSCURITÉ VENUE, ON PARAÎTRA COMME UN HOMME DE NOBLE RACE, INSPIRÉ DES DIEUX : PENDANT LE JOUR, TOUT CE QU'ON DIRA SERA CRU, ET SI ON LA PORTE AU LIT, ON VERRA EN SONGE LA RÉALITÉ.

LETTRE Δ

1] ΔΡΑΚΌΝΤΙΟΣ SERPENTAIRE, PLANTE.
ΔΕΝΔΡΟΚΟΛΆΠΤΗΣ PIC-VERT, OISEAU.
ΔΡΆΚΩΝ VIVE, POISSON.
ΔΕΝΔΡΊΤΗΣ DENDRITE, PIERRE BIEN CONNUE.

2] LA SERPENTAIRE EST UNE PLANTE DONT LES GRAINES RESSEMBLENT À DES YEUX DE DRAGON : SES FEUILLES SONT LARGES : EN TOUT ELLE EST MALFAISANTE. IL Y A DEUX ESPÈCES DE SERPENTAIRES : L'UNE QUI EST SAUVAGE ET QU'ON APPELLE HERBE SAINT-JEAN, L'AUTRE CULTIVÉE : LA PREMIÈRE EST LE LACHANON SAUVAGE, ἈΓΡΙΟΛΆΧΑΝΟΝ, L'AUTRE LE LACHANON CULTIVÉ, APPELÉ ἈΡΜΕΝΟΛΆΧΑΝΟΝ. IL FAUT LEUR PRÉFÉRER LE CHOLOBOTANOS, QUI A DES FEUILLES LARGES, SEMBLABLES À CELLES DU PLATANE. DES graines de cette plante, on extrait une huile rouge qui s'appelle orcolachanon et dracontia.

3] Le pic-vert est un oiseau très connu, de la grosseur d'une caille; il creuse les chênes, les sapins et les noyers, pour faire son nid dans leur tronc.

4] La vive est un poisson de mer sans écailles, avec des piquants : si elle devient trop grande, au point d'être malfaisante, les nuages l'enlèvent en l'air, la précipitent d'en haut sur les montagnes, ses membres sont mis en pièces. Sa

LANGUE EST FOURCHUE, COMME UNE QUEUE À PLAT, LONGUE DE DEUX DOIGTS. METS-LA DANS L'HUILE ET GARDE-LA. PORTÉE PAR LES ENFANTS, ELLE ÉLOIGNE D'EUX LES MALÉFICES ET LES MALADIES.

5] J'AI APPRIS CELA SUR LES PLAGES DE LA SYRIE ET DE L'ASSYRIE.

6] LA DENDRITE EST UNE PIERRE CONNUE DE BEAUCOUP ; ELLE RESSEMBLE AU CORAIL. ELLE NAÎT DANS L'INDE, DANS LES ROCHERS DE LA MER, ELLE A ENVIRON SIX DOIGTS DE HAUTEUR.

7] LA GRAINE DE LA SERPENTAIRE PORTÉE, REND LA VUE PERÇANTE ; ELLE ENLÈVE LES LÉGERS MAUX DE TÊTE.

8] UNE PLUME DE L'AILE DU PIC-VERT, AVEC UN PEU DE DENDRITE, GUÉRIT LA MIGRAINE ET
LES MAUX DE TÊTE.
9] EGALEMENT, UNE PLUME DE L'AILE DE L'OISEAU, AVEC UN PEU DE POISSON, HACHÉS ET
PILES ENSEMBLE, PORTÉS, GUÉRISSENT RAPIDEMENT TOUS LES MAUX DE TÊTE.
10] AFIN QUE NOUS NE SOYONS PAS DANS L'ERREUR, À CAUSE DE L'EXTRÊME RARETÉ DE LA
GRANDE VIVE, NOUS ACHÈTERONS POUR EMPLOYER À SA PLACE, DES PETITES VIVES AYANT
FORME DE POISSONS, LONGUES DE DEUX PALMES.

11] CONTRE LES DOULEURS DE TÊTE, L'ÉLÉPHANTIASIS À SON DÉBUT, LES ARDEURS, LES TACHES BLANCHES QUI SE PRODUISENT SUR LE CORPS ET TOUTES LES VARIÉTÉS DE LA LÈPRE SI FUNESTE, FAIS UN ONGUENT COMPOSÉ DE GRAISSE DE VIVE ET DE JUS DE LA PLANTE ET EMPLOIE-LE MATIN ET SOIR.

12] SI DONC QUELQU'UN BOUCHE AVEC UN COIN LE NID DU PIC-VERT, L'OISEAU APPORTE UNE PLANTE QU'IL CONNAÎT, S'APPROCHE ET L'OUVRE; S'IL EST, EN EFFET, FERMÉ AVEC DE L'ARGILE, L'ARGILE TOMBE : SI C'EST AVEC UNE PIERRE, LA PIERRE SAUTE : AVEC UNE PLANCHE

ET DES CLOUS, DÉCLOUÉE, LA PLANCHE TOMBE : SI C'EST AVEC UNE FEUILLE DE FER ET DES CLOUS, ILS SERONT BRISÉS, CAR RIEN QU'EN TOUCHANT LÉGÈREMENT AVEC LA PLANTE UN ENDROIT, IL OUVRIRA TOUT SUR-LE-CHAMP ET PRENDRA SON NID ; PUIS IL JETTE LA PLANTE AU PIED DE L'ARBRE. SI DONC APRÈS AVOIR FERMÉ LE NID ON CHERCHE LA PLANTE, ON LA TROUVERA TOUJOURS AU PIED ET ELLE SERA BONNE POUR BEAUCOUP DE CHOSES QU'IL N'EST PAS PERMIS DE DIRE, À CAUSE DE SA NATURE DIVINE, ET QU'UN HOMME NE SAURAIT ACCOMPLIR.

13] SI QUELQU'UN GRAVE SUR UNE DENDRITE LE PIC, ET SOUS SES PATTES UNE VIVE, S'IL ENFERME DESSOUS LA PLANTE TROUVÉE SOUS LE NID DU PIC ET S'IL LA PORTE, TOUTES LES PORTES S'OUVRIRONT DEVANT LUI ET IL FERA TOMBER LES FERS ET LES VERROUS; LES BÊTES SAUVAGES SE SOUMETTRONT À LUI ET S'APPRIVOISERONT; DE TOUS LES HOMMES IL SERA AIMÉ ET ÉCOUTÉ; IL MÈNERA À BIEN TOUT CE QU'IL DÉSIRERA, ET CE QU'IL VOUDRA RÉUSSIRA.

14] CHANTEZ DONC L'HYMNE EN L'HONNEUR D'HERMÈS TRISMÉGISTE, L'INITIATEUR DE

TOUTE SAGESSE, LE GUIDE DES DISCOURS, LE TRÈS SAGE DISPENSATEUR DE TOUS LES ARTS, LE PLUS ADMIRABLE DES ASTRES.
15] HERMÈS, BIENHEUREUX ENTRE TOUS LES DIEUX ! MORTEL, IL VIT INCONNU DES DIEUX ! ET CEPENDANT IL EST DE LEUR NATURE. CAR QUI TROUVERA UN HOMME SEMBLABLE? PERSONNE ; MAIS ON ÉCHOUERA. TU INSTRUIS PAR UNE STÈLE : TELLE EST SA NATURE. MAIS PORTEUR DE LA RAISON DIVINE ET DE SES MYSTÈRES, PORTEUR DE LA SCIENCE DES DIEUX, TU OUVRIRAS LES SERRURES, TU DÉLIERAS LES CHAÎNES : TU CIVILISERAS LES BÊTES SAUVAGES, ET

PAR LA VOLONTÉ DE CELUI QUI EST DANS LES DEUX, TU CALMERAS LES TOURBILLONS DES FLOTS FURIEUX; ET TOUS LES DÉMONS T'ÉVITERONT, ET SEUL, ENTRE LES HOMMES, TU PARAÎTRAS BON À TOUS.

16] NOUS PASSERONS MAINTENANT À UN AUTRE CONSEIL. SI DONC, COMME IL EST VRAISEMBLABLE, TU NE TROUVES PAS LA PLANTE APRÈS L'OUVERTURE DU NID, METS SOUS LA PIERRE GRAVÉE L'EXTRÉMITÉ DE LA PLUME DE L'AILE DE L'OISEAU ET SON CŒUR, UN GRAIN DE SEMENCE DE SERPENTAIRE, DE LA PIERRE OU DE LA MOELLE DE VIVE. CETTE PRÉPARATION

PROCURE UNE VUE PERÇANTE À CELUI QUI LA PORTE, GUÉRIT LES MAUX DE TÊTE ET PROCURE
LE BIEN-ÊTRE À LA TÊTE ET AUX YEUX DE CELUI QUI LA PORTE. PUIS, ELLE LE REND HEUREUX
DANS SES ENTREPRISES ET REDOUTÉ DE TOUS LES HOMMES.

LETTRE E

1] ΕΎΖΩΝΟΣ ROQUETTE, PLANTE, APPELÉE AUSSI TZANTYRA.

ΕΥΒΟΉ EUBOÉ, OISEAU QUI EST LE ROSSIGNOL.

ἘΧΙ͂ΝΟΣ OURSIN, ESPÈCE DE POISSON.

ΕΎΑΝΘΟΣ EVANTHUS, PIERRE.

2] LA ROQUETTE EST UN LÉGUME QUI SE MANGE, CONNU DE TOUS. L'EUBOÉ EST LE

ROSSIGNOL, OISEAU CONNU DE TOUS. L'OURSIN DE MER EST CONNU DE TOUS. L'EVANTHUS EST UNE PIERRE DE TOUTES LES COULEURS; ELLE EST CONSACRÉE À APHRODITE, PARCE QU'ELLE EST POLYCHROME.

3] LA ROQUETTE EST ÉCHAUFFANTE. UNE ERREUR EXISTE CHEZ BEAUCOUP DE PERSONNES QUI NE CONNAISSENT PAS LA NATURE DE CHAQUE PLANTE. OR, LES PRÊTRES MANGENT LA ROQUETTE, LA RUE, LE GATTILIER, POUR ÊTRE CHASTES. CAR LA ROQUETTE VERTE ÉTEINT LES DÉSIRS SEXUELS ET NE PERMET PAS LES FRÉQUENTS RAPPROCHEMENTS INTIMES, NI LES

FRÉQUENTES ÉRECTIONS, NI LES PERTES NOCTURNES. C'EST POUR CELA QUE LES PRÊTRES QUI
SONT AUX SANCTUAIRES EN MANGENT SOUVENT ET, GRÂCE À ELLE, N'ONT PAS D'IDÉES
IMPUDIQUES.
4] GRAINE DE ROQUETTE, QUATRE ONCES ; POIVRE, QUATRE ONCES : PRIS MALIN ET SOIR
AVEC DU MIEL, LA VALEUR DE DEUX DOIGTS, PROCURERONT L'ÉRECTION.
5] SI L'ÂGE S'AVANCE ET QUE LE MEMBRE SOIT AFFAIBLI, FAIS CECI : GRAINE DE ROQUETTE,
SEIZE ONCES; CUMIN, HUIT ONCES; POIVRE, QUATRE ONCES; GRAINE DE POURPIER, DEUX

ONCES : BROYÉ LE TOUT AVEC DU MIEL ET FAIS PRENDRE SOIR ET MATIN. C'EST INCOMPARABLE.

6] LES YEUX ET LE CŒUR DU ROSSIGNOL SUSPENDUS À UN LIT DONNENT DES INSOMNIES À
CEUX QUI Y SONT COUCHÉS.

7] SI, APRÈS LES AVOIR BROYÉS, ON LES DONNE SECRÈTEMENT À BOIRE À QUELQU'UN, IL
MOURRA SANS POUVOIR DORMIR ET IL N'Y A PAS DE CONJURATION POSSIBLE.

8] SI, APRÈS L'AVOIR BROYÉ, TU DONNES AUX ÉPILEPTIQUES LE NOMBRIL DE L'OURSIN,
AUSSITÔT ILS SERONT SOULAGÉS; MAIS SEULEMENT, DONNE-LE TRÈS SOUVENT, AVEC DU MIEL.

9] GRAVE SUR LA PIERRE EVANTHUS, TOUTE DORÉE, APHRODITE SORTANT DE L'ONDE, AVEC SES CHEVEUX TOUT MOUILLÉS : METS SOUS LA PIERRE LA RACINE DE LA PLANTE ET LA LANGUE D'UN ROSSIGNOL : PUIS APRÈS L'AVOIR SERTIE, PORTE-LA : TU SERAS AIMÉ ET CONNU DE TOUS, ET AGRÉABLE NON SEULEMENT AUX HOMMES, MAIS AUX DÉMONS, ET TOUT ANIMAL SAUVAGE TE FUIRA.

LETTRE Z

1] ΖΜΓΛΑΞ SMILAX, PLANTE.
ΖΩΚΟΣ SARCOS, OISEAU.
ΖΜΥΡΝΑ MURÈNE, POISSON.

ΖΜΆΡΑΓΔΟΣ ÉMERAUDE, PIERRE PRÉCIEUSE VERTE, DE GRAND PRIX, VENANT DE PERSE.

2] LE SMILAX EST UNE PLANTE TRÈS VIGOUREUSE, COMME LE LIERRE; SI QUELQU'UN EN MET SUR LA TÊTE D'UNE FEMME DONT LA COUCHE EST LABORIEUSE, ELLE ACCOUCHERA SANS DOULEUR.

3] SI UNE FEMME, PENDANT SES MENSTRUES EST PRISE DE MALAISES ET DE DOULEURS, METS-LUI LA PLANTE AUTOUR DE LA CEINTURE, ET SES MENSTRUES VIENDRONT SANS DOULEUR.

4] SI APRÈS AVOIR MÉLANGÉ UN GRAIN DE JUS DES FEUILLES DE LA PLANTE ET UNE ONCE DE

MIEL, TU LES DONNES À UN HYDROPIQUE, IL SE VIDERA SANS DANGER. UNE FEMME QUI EN AURA PRIS, AURA UNE HÉMORRAGIE.

5] LE SARCOS EST UN OISEAU ; LES UNS LE NOMMENT ZOGION, LES AUTRES, HARPIE. C'EST UNE VARIÉTÉ DU VAUTOUR BLANC QUI MANGE LES CADAVRES. LA MURÈNE, POISSON DE MER, EST CONNUE DE TOUS. L'ÉMERAUDE EST UNE PIERRE CONNUE DE TOUS.

6] SI TU DONNES À MANGER À QUELQU'UN DANS SA NOURRITURE L'INTÉRIEUR DE LA HARPIE, CETTE PERSONNE, APRÈS L'AVOIR ABSORBÉ, ÉCLATERA EN MANGEANT; CAR ELLE SERA INSATIABLE.

7] SI TU DONNES LE GROS INTESTIN DE L'OISEAU, BROYÉ, À BOIRE, OU CUIT, À MANGER, À QUELQU'UN ATTEINT DE COLIQUES, IL SERA RAPIDEMENT GUÉRI.

8] SA GRAISSE EN LINIMENT AVEC DE L'HUILE DE MURÈNE MÂLE, CHASSE LA FIÈVRE QUARTE; SA FIENTE, EN ONGUENT AVEC DU VINAIGRE, DIMINUE LA LÈPRE; SON FOIE, PRIE EN TELLE QUANTITÉ QU'ON VOUDRA, TROUBLE LES INTESTINS.

9] L'ÉMERAUDE EST UNE PIERRE VERTE D'UN GRAND PRIX. GRAVE DONC SUR L'ÉMERAUDE UNE HARPIE, SOUS SES PATTES UNE MURÈNE, ENFERME SOUS LA PIERRE DE LA RACINE DE LA

PLANTE ET PORTE-LA CONTRE LES VISIONS DÉLIRANTES, LES FRAYEURS ET TOUT CE QUI AFFECTE LES LUNATIQUES; ELLE GUÉRIT AUSSI LES COLIQUES. ELLE SERA MEILLEURE SI ON Y JOINT DE LA GRAISSE DE MURÈNE. C'EST UNE AMULETTE DIVINE.

LETTRE H

1] ἨΡΎΓΓΙΟΣ ERYNGIUM, PANICAUT, PLANTE.

ἩΛΊΟΥ ΖΩΗ VIE DU SOLEIL, LE PHÉNICOPTÈRE.

ἩΦΑΙΣΤΊΤΗΣ HÉPHESTITE PIERRE.

ἩΔΟΝΊΣ HÉDONIS, QUE D'AUTRES APPELLENT ANCHOIS.

2] L'ERYNGIUM EST UNE PLANTE ÉPINEUSE QUI POUSSE COMME UN ROSEAU; ON LA

NOMMÉ ÉGALEMENT GORGONIOS. VOICI SA VERTU : CELUI QUI PORTE SA RACINE N'AURA PAS À SUBIR LES RUSES DU DÉMON.

3] SI QUELQU'UN A L'ESPRIT DE L'AIR (?), ON PLACERA SOUS SES VÊTEMENTS LA RACINE DE LA PLANTE ET IL AVOUERA QUEL IL EST, D'OÙ IL VIENT ET D'OÙ IL A ÉTÉ CHASSÉ COMME ÉTANT ÉTRANGER.

4] LA PLANTE ENTIÈRE AVEC SES RACINES, PRISE EN INFUSION DANS L'EAU AVEC DU MIEL, APAISE LES COLIQUES.

5] SI TU LA FAIS BOUILLIR AVEC DU VIN MIELLÉ ET QUE TU LA DONNES À BOIRE À CEUX QUI ont ou la pierre, ou une rétention d'urine, ou des coliques néphrétiques, tu guériras leur maladie. Qu'ils en boivent pendant seize jours, le matin au lit ; si tu la fais cuire avec de l'écorce de grenadier, tu leur feras encore plus de bien.

6] Si après l'avoir fait bouillir, tu fais manger secrètement le phénicoptère, c'est un meilleur remède que l'oursin.

7] L'hédonis de mer, qu'on appelle anchois, mangé fréquemment, guérit le » ulcères qui se forment dans les reins.

8] SI SUR LA PIERRE HÉPHESTITE, APPELÉE AUSSI PYRITE, TU GRAVES UN PHÉNICOPTÈRE, ET PRÈS DE SES PATTES UN SCORPION, ET QUE SOUS LA PIERRE TU METTES UN PEU DE LA RACINE DE LA PLANTE, TU AURAS UN PHYLACTÈRE CONTRE TOUS LES ANIMAUX VENIMEUX ; IL CHASSE AUSSI LES APPARITIONS NOCTURNES ; IL FAIT AUSSI DU BIEN AUX GENS ATTEINTS DE LA PIERRE, IL ÉCARTE ÉGALEMENT TOUTES LES FASCINATIONS.

9] HYMNE. — LE FILS DE CRONOS, LUI-MÊME, VEILLE À LA VIGUEUR DES PAUVRES ET

CHÉTIFS MORTELS ; IL DONNE LA LUMIÈRE AUX ASTRES, PRODUIT SUR TERRE L'OR ET L'ARGENT ET FAIT DISPARAÎTRE LA MALADIE ET LA CRUELLE PAUVRETÉ IMPOSÉE PAR UNE NÉCESSITÉ MALFAISANTE. ÉTANT BON, IL NE DONNE PAS LA MORT. MAIS IL COMMANDE, SOUS L'EMPIRE DE LA NÉCESSITÉ, À LA TERRE TOUT ENTIÈRE ET AU CIEL ÉTOILÉ : IL CONDUIT LES HUMAINS AVEC LE FOUET DU DESTIN ET TOUT PUISSANT, LES ÉTREINT SOUS L'INFLUENCE DE LA NÉCESSITÉ. UN FILS DE KRONOS, LE CHEF, FUT ENTRAÎNÉ DANS LE MONDE PAR LES

IMMORTELS TOURBILLONS, TRAVERSANT LES CERCLES CÉLESTES DANS LESQUELS TOUTES CHOSES SE MEUVENT DE L'ORIENT À L'OCCIDENT, AUTOUR DES OURSES AUX SEPT ÉTOILES : QU'IL SUFFISE À TON ÂME DE DEMANDER, DANS LE TEMPS QUI FUIT, CE QUI LUI PEUT VENIR EN AIDE : CAR AUSSITÔT APRÈS L'ENFANTEMENT, QUOIQU'AYANT CONNU DIEU DIRECTEMENT DANS L'AIR ET DANS LES NUAGES, EXILÉE DANS LE CORPS QU'ELLE DOIT HABITER, ELLE A SOUFFERT LA MALADIE. OH ! BIENHEUREUSE ÂME IMMORTELLE, DANS LE LIEU OÙ TU ES, APAISE LA SOUFFRANCE

D'UN CORPS QUI EST TIEN. NE TE DONNE PLUS LA PEINE DE RECHERCHER CE QU'EST LE CIEL, CE QU'EST L'EAU, LE FEU, CE QUE SONT LES ASTRES BRILLANTS, LES TÉNÈBRES INDICIBLES QUI SONT AU-DESSUS DES DIEUX EUX-MÊMES, LA SPHÈRE ROULANT D'ORIENT EN OCCIDENT, LE CYCLONE INCESSANT DES VENTS QUI, EN AGITANT TOUT, AMÈNE L'INCANDESCENCE DE LA MER ET BRISANT LES PROFONDEURS DU CIEL AVEC DES BRUITS DE TONNERRE, PRODUIT LE FEU DE L'ÉCLAIR, LA PLUIE, L'IMPÉTUOSITÉ DES EAUX DOUCES : CAR GÉA, NOURRICE DE TOUTES choses, détient dans son sein divin tout ce qui naît dans son sein terrestre, les racines des plantes, filles fleuries de la terre, qu'elle enfante autour des quadrupèdes, des oiseaux, des poissons, tout ce qui se trouve dans les cavités, en un mot, tout ce qu'on voit parmi les mortels, et qui leur est utile. 10] Mais c'est assez de préliminaires : j'exposerai maintenant en prose, en détail, et je ferai connaître les oracles de l'âme. J'ai dit ce qu'on voyait : d'autres choses

EXISTENT, PUISSENT-ELLES ÊTRE INDIQUÉES 1 OR, J'AI DIT CE QUI SE RATTACHAIT À LA GNOSE
ET AUX ÊTRES QUI DÉPENDAIENT D'ELLES.
11] LA HUPPE. IL EST UN OISEAU QUI VOLE DANS L'AIR, QU'ON APPELLE LA HUPPE : SUR LA
TÊTE, IL A UNE CRÊTE DES SEPT COULEURS, DE DEUX DOIGTS DE LONGUEUR, QUI SE DRESSE ET
SE RABAT. L'OISEAU EST DE QUATRE COULEURS, POUR AINSI DIRE, PAR RAPPORT AUX QUATRE
SAISONS DE L'ANNÉE. CET OISEAU S'APPELLE AUSSI CUCUPHA OU PUPPA, AINSI QU'IL EST

ÉCRIT DANS LE PREMIER LIVRE, APPELÉ L'ARCHAÏQUE. OR, CET ANIMAL EST SACRÉ.

12] AYANT DONC PRIS LE CŒUR DE LA HUPPE ENCORE PALPITANT, MANGE-LE JUSTE AU DÉBUT DE LA PREMIÈRE HEURE DU SOLEIL OU DE LA HUITIÈME, ET QUE CE SOIT LE JOUR DE SATURNE, LA LUNE ÉTANT À SON LEVER ; BOIS SUR L'HEURE DU LAIT D'UNE VACHE NOIRE AVEC UN PEU DE MIEL, SUIVANT LA FORMULE QUI VA ÊTRE DONNÉE, AFIN QUE LE CŒUR SOIT AVALÉ SAINEMENT ; ET TU CONNAÎTRAS ALORS LES CHOSES DU CIEL ET DE LA TERRE, LE FOND DE L'ÂME

DES AUTRES, CE QUI SE PASSE CHEZ LES PEUPLES COMME DANS LES VILLES ET LA DESTINÉE
DE TOUS LES HOMMES. VOICI DONC LA FORMULE DU MIEL.
13] MIEL, UN COTYLE ET DEMI ; PIERRE D'AIMANT VIVANTE TRÈS PULVÉRISÉE, DEUX ONCES ;
SEPT CŒURS DE PANICAUT : DÉLAYE LE TOUT AVEC DU MIEL. PROCURE-TOI UNE AUTRE PIERRE
D'AIMANT SUR LAQUELLE AURA ÉTÉ GRAVÉ L'OISEAU : IL FAUT LA PLONGER DANS LA
COMPOSITION. SI TU VEUX SAVOIR QUELQUE CHOSE, GOÛTES-EN LA VALEUR D'UN DOIGT,

METS SUR TOI L'AIMANT GRAVÉ, PORTE-LE AU COU, ET TU SAURAS D'AVANCE TOUT CE QUE TU VOUDRAS.

14] SI TU METS DANS LA COMPOSITION UN AUTRE CŒUR ET UN FOIE DE HUPPE, ELLE SERA MEILLEURE ET TE DONNERA ENCORE PLUS DE MÉMOIRE ; MAIS AFIN DE CONSERVER SAIN LE CORPS DE CELUI QUI A MANGÉ LE MIEL OU AVALÉ LE CŒUR (CAR D'ORDINAIRE IL SURGIT UNE INFINITÉ DE POUX), IL FAUT D'ABORD SE FROTTER AVEC L'HUILE SUIVANTE : HUILE, UN COTYLE; STAPHISAIGRE (HERBE AUX POUX) FINEMENT PULVÉRISÉE, DEUX ONCES : APRÈS AVOIR BIEN

PILÉ ET BIEN UNIFIÉ, METS DE CÔTÉ, PRÊT À SERVIR ; ET LORSQUE LA T'EN SERVIRAS, FROTTE TOI AVEC DANS TON LIT.

15] QUESTION POSÉE AU PHILOSOPHE. — DIS-MOI, QUE PENSES-TU, L'ÂME EST-ELLE IMMORTELLE OU MORTELLE? — ET IL RÉPOND : BEAUCOUP D'ESPRITS GROSSIERS SE TROMPENT SUR L'INTELLIGENCE DE L'IMMORTALITÉ DE L'ÂME ; CELLE-CI SE PROUVE ELLE MÊME. CAR, POURQUOI, LORSQUE LE CORPS SE REPOSE SUR UN LIT, L'ÂME S'ÉLANCE-T-ELLE DANS SA PROPRE PATRIE, C'EST-À-DIRE DANS L'AIR, D'OÙ NOUS L'AVONS REÇUE, ET D'OÙ ELLE voit ce qui se passe dans d'autres régions ? Souvent, par amour pour le corps qu'elle habite, avant le temps, elle prédit les choses bonnes et leurs contraires, c'est ce qui s'appelle le rêve : puis de nouveau, elle se hâte vers sa demeure, et, au réveil elle explique le même rêve. Par là, vois avec évidence que l'âme est immortelle et incorruptible. Ayant ainsi parlé, Harpocration termine ici cette lettre.

16] Mais Cyranus, tantôt en désaccord, tantôt d'accord avec lui, continue au sujet

DE LA DÉGUSTATION DE LA HUPPE. IL DIT, QU'EN AYANT GOÛTÉ, IL CONNAÎT CE QUI SE PASSE
DANS LE MONDE : ET VOICI COMMENT. 17] COMME IL EST TRÈS DIFFICILE DE SE PROCURER L'EXTRÉMITÉ DE LA RACINE DU PANICAUT
ET SA TÊTE, SI TU VEUX L'OBTENIR FACILEMENT, AGIS DE CETTE FAÇON : PRENDS DE LA GRAINE
DE PANICAUT ET DE LA TERRE DANS LAQUELLE IL POUSSE, METS TERRE ET GRAINE DANS UN POT,
ARROSE NEUF FOIS ET LORSQUE LA PLANTE AURA POUSSÉ ET SERA MÛRE DANS LE POT COMME
LES AUTRES PANICAUTS, ALORS ÉTANT PUR ET À JEUN, CHERCHE DANS LE POT, COMME IL

CONVIENT, ET TU TROUVERAS LA TÊTE DU GORGONIOS L'AYANT ENLEVÉE, GARDE-LA PRÊTE POUR LE MOMENT OÙ TU EN AURAS BESOIN. 18] PRENANT DONC À UN PHOQUE MARIN LES POILS QUI SONT ENTRE SES NASEAUX ET SA GUEULE, UNE PIERRE DE JASPE VERT, LE CŒUR ET LE FOIE D'UNE HUPPE, UNE PETITE RACINE DE PANICAUT, UNE RACINE DE PIVOINE (PEÔNE), DE LA GRAINE DE VERVEINE, DU SANG COSMIQUE DU CHRYSANTHÈME (CF. LETTRE X), LA POINTE DU CŒUR D'UN PHOQUE, PUIS DE LA CRÊTE QUI SE TROUVE SUR LA TÊTE DE LA HUPPE, TU AURAS AINSI LA MEILLEURE DE TOUTES

LES FORMULES ; LORSQUE TU AURAS ENROULÉ LE TOUT AVEC UN PEU DE MUSC AUTOUR DES QUATRE PARFUMS, METS-LE DANS UNE PEAU D'ICHNEUMON, OU DE PHOQUE, OU DE JEUNE FAON, OU DE VAUTOUR, ET PORTE-LE EN ÉTAT DE PURETÉ. ET SI TU DORES LA SURFACE, CE SERA MIEUX : CAR TU RÉUSSIRAS DANS TOUT CE QUE TU VOUDRAS, TU SERAS AIMÉ DE TOUS LES HOMMES ET DE TOUTES LES FEMMES : TU PARAÎTRAS REDOUTABLE, PACIFIQUE ET BIENVEILLANT : TU SOUMETTRAS TOUTES LES BÊTES SAUVAGES ET TU TE FERAS DES AMIS DE TES ENNEMIS.

19] SI TU AJOUTES AUX CHOSES QUI VIENNENT D'ÊTRE ÉNUMÉRÉES L'ŒIL DROIT D'UN LOUP, ET QUE TU LES PORTES, TU SERAS ENVIABLE EN TOUT, VICTORIEUX EN TOUTE AFFAIRE, SÛR DU SUCCÈS, CAR LE DÉMON ET TOUTE BÊTE SAUVAGE TE FUIRONT, EN TOUT TU RÉUSSIRAS ET TU SERAS PROTÉGÉ CONTRE LA MALADIE. 20] QUANT À MOI, J'Y AI AJOUTÉ DE LA PRÉSURE DE PHOQUE, J'AI VAINCU TOUS MES ADVERSAIRES ET JE SUIS DEMEURÉ INVINCIBLE; CAR CELUI QUI PORTE CE PHYLACTÈRE AURA DES BIENS QU'IL N'ESPÈRE PAS RECEVOIR DE DIEU. PARTOUT IL SERA HONORÉ, VICTORIEUX EN

ACTES ET EN PAROLES, PROTÉGÉ CONTRE TOUT DANGER, CONTRE LE DÉMON, LES POISONS ET LES MALÉFICES, ET POUR TOUT DIRE, CE PHYLACTÈRE DÉTOURNE TOUS LES MAUX ET PROCURE TOUS LES BIENS. IL FAIT AUSSI CONNAÎTRE CE QUE DIEU SEUL CONNAÎT AVEC TOI. C'EST AINSI QUE CYRANUS TERMINE CETTE LETTRE.

LETTRE Θ

1] ΘΎΡΣΙΣ GRANDE SAUGE, PLANTE.
ΘΎΡ FAUCON, OISEAU.
ΘΥΡΣΊΤΗΣ THYRSITE, PIERRE SEMBLABLE AU CORAIL.
ΘΎΝΝΟΣ THON, POISSON DE MER.

2] LA SAUGE EST LA PLANTE CONSACRÉE À BACCHUS : C'EST UN ARBRISSEAU BON À TOUT. LE

FAUCON EST UN OISEAU SEMBLABLE À L'ÉPERVIER DE MER, ACTIF, DIVIN. LA THYRSITE EST UNE PIERRE SEMBLABLE AU CORAIL. LE THON EST UN POISSON DE MER, BON À MANGER, SEMBLABLE AU PALAMYDE; IL EST GRAND ET BIEN CONNU.

3] LA SAUGE SCLARÉE EST UNE PLANTE CONSACRÉE À BACCHUS : SON THYRSE EST MIS AU PRESSOIR PAR LES MÉNADES DANS LES FÊTES DE BACCHUS ; C'EST UNE PLANTE DE LA TERRE QUI POUSSE POUR LE PLAISIR DES HOMMES. ET MAINTENANT, JE DIRAI SES VERTUS

PUISSANTES DANS LE VIN, QUI LA RENDENT SI NÉCESSAIRE AUX HOMMES DANS LES PRESSURAGES : J'EN FERAI L'ÉNUMÉRATION PLUS TARD EN PROSE. OR, QUE LA TERRE SACHE CELA. 4] SI QUELQU'UN BROYÉ QUATRE PARTIES DE CETTE PLANTE, ET QUATRE DE LA PIERRE, EN PRONONÇANT LA FORMULE DIONYSIAQUE, ET QU'IL JETTE LE TOUT DANS UN VASE DE VIN, OÙ CHACUN BOIRA UN SEUL VERRE, TOUS CEUX QUI AURONT BU S'EN IRONT, COMME ENIVRÉS ET RECONNAISSANTS EN DISANT : Á SEIGNEUR, TU NOUS AS FAIT BIEN PLAISIR. »

5] SI TU JETTES DANS LE VIN L'ŒIL DROIT D'UN THON, EN PRONONÇANT LE NOM DE BACCHUS ET CES PAROLES : « QUE LES AMIS RÉUNIS EN CERCLE, QUI BOIVENT ICI, S'EN AILLENT RECONNAISSANTS ET HEUREUX », IL EN SERA AINSI.

6] SI TU COUPES, AVEC UN COUTEAU TOUT EN FER, L'AILE DE L'ÉPERVIER ET QUE TU LA JETTES DANS LE VIN EN PRONONÇANT LA FORMULE DIONYSIAQUE ET AJOUTANT : « SEIGNEUR » FAIS LEVER LES CONVIVES COUVERTS DE SANG, ET QU'ILS SE FRAPPENT MUTUELLEMENT », LA CHOSE ARRIVERA.

7] Si après avoir gravé sur une thyrsite un épervier et l'oiseau tenant un thon, tu renfermes sous la pierre la racine de la plante et si tu la portes, tu ne t'enivreras pas, et pour tous tu seras rempli de charme ; avec elle, on est à l'abri du danger et invincible devant les tribunaux. Or, la formule dionysiaque est celle-ci : « Ei, eïris; (en abrégé) Christ-Jésus, évohé, oioo : a e i i l ». Et le véritable nom est losu : ioôb. Ainsi parle Harpocration : quant à Cyranus, voici ce qu'il dit : « Eïa Bacchus, eïuleu Dionysos. »

LETTRE I

1] ἸΤΕΑ SAULE, ARBRE.

ἼΑΣΠΙΣ JASPE, PIERRE VERTE.

ἸΚΤΙΣ MILAN, OISEAU.

ἸΟΥΛΗΣ GIRELLE, POISSON.

2] LE SAULE EST UN ARBRE CONNU DE TOUT LE MONDE, QUI NE PORTE PAS DE FRUITS!

3] LE JASPE EST UNE PIERRE BIEN CONNUE.

MILAN, OISEAU CONNU DE TOUS.

4] LA GIRELLE EST UN POISSON DE MER, PETIT, MULTICOLORE, FACILE À TROUVER, QUE QUELQUES-UNS APPELLENT PETITE AIGUILLE.

5] BROYÉ DES FEUILLES VERTES DE SAULE, FAIS-EN UN CATAPLASME AVEC UN PEU DE SEL ET

DE SALIVE, POUR CEUX QUI SOUFFRENT DE LA RATE. FAIS BOUILLIR L'ÉCORCE AVEC DE L'OXYMEL ET DONNES-EN À JEUN DEUX OU TROIS CUILLERÉES : RÉDUIS AU TIERS LA DÉCOCTION ; DONNES-EN ENSUITE À CHACUN, SUIVANT SA FORCE.

6] SUR UNE PIERRE DE JASPE, GRAVE UN MILAN DÉCHIQUETANT UN SERPENT, ET SOUS LA PIERRE, METS LA PIERRE DE LA TÊTE DE LA GIRELLE ; PUIS, L'AYANT RENFERMÉE, FAIS-LA PORTER SUR LA POITRINE : ELLE CALMERA TOUT MAL D'ESTOMAC ET PERMETTRA DE BEAUCOUP

MANGER EN DIGÉRANT BIEN. ELLE A ENCORE D'AUTRES VERTUS : PORTE-LA SUR LA POITRINE ET
TU VERRAS.

LETTRE K

1] ΚΙΝΑΊΔΙΟΣ CINÉDIOS, PLANTE, POISSON, PIERRE, OISEAU.

2] LE CINÉDIOS EST LA VERVEINE RAMPANTE, CONSACRÉE À APHRODITE.

3] LE CINÉDIOS EST L'OISEAU QU'ON APPELLE BERGERONNETTE OU HOCHEQUEUE, PARCE QU'IL REMUE CONTINUELLEMENT LA QUEUE QUI EST PLUS LONGUE QU'IL NE FAUT. C'EST L'OISEAU AUQUEL S'ADRESSE CE VERS DE THÉOCRITE :
BERGERONNETTE, RAMÈNE VERS MA DEMEURE MON BIEN-AIMÉ.

D'AUTRES APPELLENT BERGERONNETTE ATTIQUE, UN PETIT OISEAU BON À MANGER, REMUANT LE COU COMME LA CAILLE, AINSI QUE LE DIT HARPOCRATION. IL A TROIS PIERRES AUTOUR DU COU ET UNE LONGUE LANGUE ; IL EST CONSACRÉ À APHRODITE.

4] LE CINÉDIOS, POISSON DE MER, EST LONG DE DIX DOIGTS : SA TÊTE EST PLATE COMME CELLE DE LA BAVEUSE : C'EST UN PETIT POISSON ROND, DONT LE CORPS EST TRANSPARENT AU POINT QUE TON VOIT AU MILIEU SON ÉPINE DORSALE, COMME À TRAVERS UNE PIERRE spéculaire : il abonde sur le littoral de la Syrie, de la Palestine et de la Libye. Ce poisson a deux pierres, qui ont des effets différents comme on va le dire dans la suite : elles sont dans sa tête. Il a une autre pierre dans la troisième vertèbre de l'épine dorsale, du côté de la queue : elle est très puissante et recherchée dans la ceinture de Vénus.

5] La pierre cinédios était inconnue à cause de la difficulté de la distinguer : c'est celle qui s'appelle obsidienne : c'est la pierre de Saturne. Elle est de deux espèces

: L'UNE EST MATE ET NOIRE, L'AUTRE NOIRE AUSSI, MAIS BRILLANTE COMME UN MIROIR. C'EST CETTE DERNIÈRE QUE BEAUCOUP DÉSIRENT, ET ILS NE LA CONNAISSENT PAS, CAR C'EST LA PIERRE DU SERPENT.

6] SI QUELQU'UN FAIT BRÛLER UN PEU DE LA PLANTE AVEC DE LA FIENTE DE VAUTOUR, SOUS UN CITRONNIER, L'ARBRE PERDRA SES FEUILLES.

7] SI ON PLACE LA PLANTE SOUS L'OREILLER DE QUELQU'UN, PENDANT SEPT JOURS, IL N'AURA PAS D'ÉRECTION POUR LE COMMERCE INTIME.

8] SI TU EN DONNES À UN COQ AVEC DE LA FARINE D'ORGE, IL NE CHAUSSERA PAS SA FEMELLE.

9] SI TU PRÉPARES EN BOISSON OU EN ALIMENT LA PIERRE DE LA TROISIÈME VERTÈBRE DU POISSON CINÉDIOS, CELUI QUI AURA ABSORBÉ LA PIERRE SERA RECONNU, LE MÊME JOUR, FORNICATEUR.

10] SI ON LA DONNE À MANGER À UN COQ AVEC DE LA FARINE D'ORGE, LES AUTRES COQS LE CHAUSSERONT FURIEUSEMENT, ET À QUELQUE AUTRE ANIMAL MÂLE QUE CE SOIT, IL NE SAURA RÉSISTER.

11] SI DONC TU PRENDS CELLE PIERRE AVEC UN ÊTRE SEMBLABLE, IL TE SERVIRA COMME DE FEMELLE : VOILÀ RÉELLEMENT CE QUE PRODUIT LA PIERRE.

12] CELUI QUI PORTERA LA LANGUE DE L'OISEAU SUR UNE FEUILLE D'OR, CHARMERA TOUS LES HOMMES ET SERA AIMÉ D'EUX.

13] LE CROUPION DE L'OISEAU DONNÉ SECRÈTEMENT À UN HOMME OU À UN AUTRE ÊTRE MÂLE, L'EFFÉMINERA ET IL REMPLIRA L'ŒUVRE DES FEMELLES.

14] L'ŒIL DROIT, PORTÉ SOUS UN SAPHIR SANS TACHES, SUR LEQUEL EST GRAVÉE APHRODITE,

rendra celui qui le porte plein de charme, le fera comprendre de tous les hommes
et lui fera gagner tous ses procès. L'œil gauche, porté par une femme, produira
les mêmes effets.

15] Le sang de l'oiseau, mêlé à n'importe quel collyre et employé en liniment,
produit la suffusion.

16] Son cœur, porté au déclin de la lune, guérit de la fièvre tierce et de la fièvre
quarte.

17] Le cerveau de l'oiseau, donné secrètement dans les aliments ou dans les

BOISSONS, CALME LA CÉPHALALGIE INCURABLE.

18] SON FOIE, DANS DU SEL ET DE L'EAU, GUÉRIT LA MALADIE DU FOIE.

19] PREMIÈRE CEINTURE D'APHRODITE, LA GRANDE DÉESSE, CEINTURE TRÈS PUISSANTE ET CHANGEANT LES NATURES DES HOMMES ET DE TOUS LES ÊTRES, ET AUSSI LES PENSÉES DES MÂLES, PRINCIPALEMENT DES HOMMES, AU POINT QUE CELUI QUI LA TOUCHE OU LA PORTE, S'EFFÉMINÉ ET DEVIENT UNE FEMME.

20] GRAVE ENCORE SUR UNE OPSIANE UN HOMME CHÂTRÉ, AYANT À SES PIEDS SES PARTIES

GÉNITALES, LES MAINS PENDANTES ET REGARDANT SES PARTIES ; EN ARRIÈRE, DERRIÈRE LUI,
DOS À DOS, GRAVE APHRODITE, QUI SE DÉTOURNE ET REGARDE DE SON CÔTÉ ; METS DESSOUS
LA PIERRE DU POISSON CINÉDIOS. ET SI TU NE POSSÈDES PAS UNE DES PIERRES DE LA TÊTE,
REMPLACE-LA PAR LA RACINE DE LA PLANTE ET L'EXTRÉMITÉ DE L'AILE GAUCHE DE L'OISEAU.
RENFERME-LA DANS UNE LARGE BOTTE D'OR ; PLACE-LA DANS UNE COURROIE FAITE DE NERFS
DU VENTRE DE L'ÉPERVIER, AFIN QU'ELLE SOIT MOLLEMENT ; COUDS-LA AU MILIEU DE LA

COURROIE, AFIN QU'ELLE NE SOIT PAS VISIBLE. CECI EST LA COURROIE PEINTE OU MODELÉE
AUTOUR DE LA TÊTE D'APHRODITE COMME DIADÈME, CE QU'ON APPELLE SA CEINTURE.

21] SI UN MÂLE EST TOUCHÉ PAR LA CEINTURE, IL N'AURA PAS D'ÉRECTION ; S'IL LA PORTE
SANS LE SAVOIR, IL SERA EFFÉMINÉ.

22] SI QUELQU'UN GOÛTE LA PIERRE DU POISSON, IL DEVIENDRA TOUT À FAIT PÉDÉRASTE ET IL
NE POURRA REVENIR AUX RAPPORTS NATURELS.

23] SI UNE FEMME PORTE CETTE CEINTURE, AUCUN HOMME NE POURRA AVOIR DE RAPPORTS

AVEC ELLE, CAR IL N'AURA PAS D'ÉRECTION. OR, LA MESURE DE LA CEINTURE DOIT ÊTRE CELLE CI, DEUX DOIGTS DE LARGEUR ET CINQ PALMES DE LONGUEUR.

24] IL EST UN AUTRE OBJET D'APHRODITE QUE PORTENT LES REINES ET TOUS CEUX QUI LE PEUVENT ÉGALEMENT, ET IL SE PLACE DANS UNE CEINTURE FAITE DE NERFS, DE MANIÈRE QU'ON NE VOIE PAS LES PIERRES, GRAVÉES COMME IL SUIT.

25] D'ABORD, AU MILIEU DE LA CEINTURE, IL Y AURA UNE LYCHNITE OU UNE CÉRAUNIE QUI PORTERA LA GRAVURE DE MARS ARMÉ; PUIS, COUSUS À DROITE ET À GAUCHE, DEUX ADAMAS

AYANT LA GRAVURE D'APHRODITE AVEC DES ÉPINES OU DES ROSES SOUS LES PIEDS; ENSUITE, DE CHAQUE CÔTÉ, DEUX PIERRES ROUGES SANS TACHES, REPRÉSENTANT APHRODITE, ATTACHANT SES CHEVEUX ET ÉROS A CÔTÉ D'ELLE ; PUIS, DEUX AUTRES PIERRES, ÉGALEMENT DE CHAQUE CÔTÉ, DES CORNALINES, PORTANT EN GRAVURE, L'UNE, LE SOLEIL SUR UN QUADRIGE, L'AUTRE, LA LUNE AU DESSUS DE DEUX TAUREAUX; PUIS, DEUX AUTRES PIERRES DE CHAQUE CÔTÉ, REPRÉSENTANT MERCURE TENANT LE CADUCÉE DE LA MAIN DROITE ; PUIS,

DEUX ANANCHITES EN FORME DE PERLES PLANES DE CHAQUE CÔTÉ, AYANT NÉMÉSIS DEBOUT, UN PIED SUR UNE ROUE ET TENANT UNE VERGE ; ENFIN DEUX AUTRES PERLES SANS TACHES, SANS GRAVURES, FIXÉES DES DEUX CÔTÉS DE LA CEINTURE, DE TELLE SORTE QUE LES PIERRES SOIENT AU NOMBRE DE TREIZE, ET QUE LES PIERRES GRAVÉES, AINSI COUSUES DANS DES BAIES D'OR, SUR LA CEINTURE, NE PUISSENT ÊTRE VUES.
26] IL EXISTE ENCORE UNE COURROIE QU'ON FAIT DOUBLE, ET L'AUTRE PIERRE QUI DOIT

L'ACCOMPAGNER SE PORTE AUTOUR DU COU. C'EST LA SÉLÉNITE, DANS LAQUELLE ON VOIT LA LUNE CROISSANT ET DÉCROISSANT. LA PIERRE PORTE GRAVÉE LA LUNE, «T AU DESSOUS DE LA PIERRE DANS UNE CAPSULE D'OR, IL FAUT METTRE DE LA RACINE DE PERSIL. CETTE COURROIE SE PORTE AUTOUR DU COU. 27] CET OBJET MYSTÉRIEUX, PORTÉ SUR SOI, DONNE À CELUI QUI LE PORTE L'INSPIRATION DIVINE ET LE REND DIGNE D'ÊTRE HONORÉ ET VÉNÉRÉ PAR TOUS. ET BEAUCOUP DE-ROIS LE PORTENT SOUS LEURS VÊTEMENTS, OU COMME UN BANDEAU À L'INTÉRIEUR DE LEUR

DIADÈME, AFIN QUE PERSONNE NE LE VOIE.

28] ON DIT QUE LA SÉLÉNITE, PORTÉE AU DOIGT, PRODUIT LES MÊMES EFFETS.

29] MAIS POUR NE PAS ALLONGER CE LIVRE, ARRÊTONS MAINTENANT NOTRE DISCOURS, PUISQUE LES PLUS GRANDES VERTUS SONT CITÉES ICI. AUSSI, AYANT TRADUIT AVEC BEAUCOUP DE LABEUR ET DE FATIGUE D'ESPRIT TOUT CE QUE JE VIENS DE DIRE, JE L'AI ÉCRIT POUR TOI. CONNAIS DONC CE QUE PERSONNE D'AUTRE NE POSSÈDE. AUSSI, NE COMMUNIQUE À PERSONNE, MON ENFANT, CE MYSTÈRE DIVIN.

LETTRE Λ

1] ΛΊΒΑΝΟΣ L'ARBRE À ENCENS, PLANTE.

ΛΎΓΓΟΥΡΟΣ LYNGURIUM, PIERRE.

ΛΏΒΗΞ LOBEX (?), OISEAU.

ΛΆΒΡΑΞ LOUP DE MER, POISSON DE MER ET DE RIVIÈRE.

2] L'ARBRE À ENCENS EST UN ARBUSTE DONT LA SÈVE, LORSQU'ON LA FAIT BRÛLER, EXCITE L'INSPIRATION DIVINE.

3]. LE LYNGURIUM TIRE SON NOM DE L'URINE DU LYNX : D'AUTRES DISENT QUE CE SONT LES LARMES DU PEUPLIER NOIR : C'EST UNE BONNE PIERRE.

4] LE LOBEX EST LE MÊME OISEAU QUE LE VAUTOUR, ANIMAL TRÈS VIGOUREUX.

5] LE LOUP DE MER EST UN POISSON CONNU DE TOUS. DE CE POISSON, ON PRÉPARE UN COLLYRE MOU TOUT À FAIT DIVIN POUR TOUTES LES AMBLYOPIES, TEL, QU'EN TROIS JOURS, LA VUE REDEVIENT PERÇANTE. IL EST EXCELLENT POUR LES DÉBUTS DES SUFFUSIONS ET LES MEMBRANES QUI SE FORMENT SUR LES YEUX, POUR LES TACHES NUAGEUSES DES YEUX, LES BROUILLARDS, LES MYOPIES, LES ASPÉRITÉS INTERNES DES PAUPIÈRES, LES MYDRIASIS, LES NYCTALOPIES, LES HYDATIDES, LES INFLAMMATIONS DES PAUPIÈRES, LES OPHTALMIES

SÈCHES, LA CHUTE DES CILS, LES ULCÉRATIONS DU CONDUIT LACRYMAL. APPLIQUÉ EN LINIMENT, IL EST SOUVERAIN POUR TOUTES CES MALADIES.

6] PRÉPARATION : ENCENS MÂLE, NEUF OBOLES; AMBRE, DEUX OBOLES; FIEL DE VAUTOUR, SIX OBOLES; TOUT LE FIEL D'UN LOUP DE MER ; POIVRÉ, TROIS OBOLES; MIEL DE L'HYMETTE, SOIXANTE-SEIZE SCRUPULES: EN VIEILLISSANT, L'ONGUENT DEVIENT MEILLEUR.

7] LE COLLYRE, D'APRÈS CYRANUS, DOIT ÊTRE AINSI COMPOSÉ : ENCENS MÂLE, PIERRE

LYNGURIUM, CHACUN DEUX OBOLES;
FIEL DE VAUTOUR, SIX OBOLES; POIVRE,
TROIS ONCES,
MIEL NON ENFUMÉ, TROIS ONCES.
8] SUR L'AMBRE, GRAVE UN VAUTOUR,
METS DESSOUS UN PEU D'ENCENS ET LE
BOUT, DE
L'AILE DE L'OISEAU, PUIS PORTE-LE. IL
EST BON POUR L'AMBLYOPIE ET LES
SUFFUSIONS.

LETTRE M

1] ΜΟΡΈΑ MÛRIER, PLANTE.
ΜΥΓΕΡΌΣ ENGOULEVENT, OISEAU.
ΜΗΔΙΚΌΣ MÉDIQUE, PIERRE.
ΜΌΡΜΥΡΟΣ SPARE, POISSON.

2] LE MÛRIER EST UNE PLANTE CONNUE DE TOUS.

3] L'ENGOULEVENT EST LE CORBEAU DE NUIT, CONNU DE TOUS.

4] LA MÉDIQUE EST UNE PIERRE CONSACRÉE À APHRODITE.
5] LE SPARE EST UN PETIT POISSON DE MER, BON À MANGER.
6] LE SUC DE LA RACINE DE MÛRIER, DONNÉ SECRÈTEMENT COMME ALIMENT OU COMME BOISSON, PURGE ET AMÈNE LA DIARRHÉE : SI QUELQU'UN MÂCHE UN PEU DE L'ÉCORCE INTÉRIEURE DE LA RACINE, AVALE SA SALIVE ET REJETTE L'ÉCORCE, IL COURRA RISQUE D'AVOIR LA DIARRHÉE.
7] IL EST UTILE CONTRE LES PLUS VIVES DOULEURS DES MOLAIRES ET DES GENCIVES, ET IL NE

permet pas aux grosses dents de se carier, mais il fait aussi disparaître les maux de celles déjà gâtées : écorce interne de la racine, deux oboles (dans d'autres manuscrits trois) ; ricin incorruptible, trois oboles; vinaigre très bon, deux cotyles : après avoir mis en petits morceaux, fais bouillir jusqu'à réduction à une cotyle. Avec l'infusion, tu te laveras la bouche matin et soir. Nous avons appris cela d'une puissance divine.

8] Des branches du mûrier, les unes pointent en haut, les autres en bas; elle» ont

L'EXTRÉMITÉ EN FORME DE CŒUR ET TRANSPARENTE.
9] SI DONC QUELQU'UN, SE TENANT DEBOUT AU PIED DE L'ARBRE, TOURNÉ VERS LE VENT DU SUD-OUEST, ÉTEND AVEC DEUX DOIGTS DE LA MAIN GAUCHE VERS LE SOLEIL LEVANT, L'EXTRÉMITÉ D'UNE DES PETITES BRANCHES TOURNÉES VERS LE HAUT, PUIS ENTOURE DE VRAIE POURPRE LES HANCHES D'UNE FEMME QUI A UNE HÉMORRAGIE, SOIT DE L'UTÉRUS, SOIT DE L'ANUS, LA PERTE DE SANG SERA ARRÊTÉE EN TROIS JOURS.
10] SI QUELQU'UN, SE TENANT DEBOUT, COMME IL VIENT D'ÊTRE DIT, ÉTEND L'EXTRÉMITÉ

D'UNE DES PETITES BRANCHES TOURNÉES VERS LE BAS, ET EN FROTTE QUELQU'UN QUI CRACHE LE SANG, LE FLUX S'ARRÊTERA ÉGALEMENT EN TROIS JOURS.

11] C'EST CE QU'ON APPELLE LES ANACARDES : CELLES QUI SONT TOURNÉES VERS LE HAUT, GUÉRISSENT LES HÉMORRAGIES INFÉRIEURES, DANS LE MÊME NOMBRE DE JOURS, CELLES QUI SONT TOURNÉES VERS LE BAS, LES HÉMORRAGIES SUPÉRIEURES : AUSSI POUR LES HÉMORRAGIES, ON LES APPELLE ANACARDE ET CALACARDE. ET LÀ-DESSUS, BEAUCOUP DE FAUX SAVANTS SONT DANS L'ERREUR.

12] POUR LES HÉMORROÏDES INTESTINALES, APPELÉES EXOCHADES (EXTERNES), REMÈDE INCOMPARABLE : FRUIT VERT DU MÛRIER, DEUX OBOLES; CHALCITIS, DEUX OBOLES; PIERRE MÉDIQUE, QUATRE OBOLES; EXTRÉMITÉS DES PLUMES DE L'AILE DE L'ENGOULEVENT BRÛLÉ, SEPT : PRÉPARE DANS UN PEU DE VIN, AVEC UNE PLUME DE L'AILE DU MÊME ENGOULEVENT, JUSQU'À CONSISTANCE VISQUEUSE.

13] POUR LES HÉMORROÏDES INTERNES, ON L'EMPLOIE EN LAVEMENT : POUR LES HÉMORROÏDES EXTERNES, EN LINIMENT, EN EMPLOYANT EN MÊME TEMPS LA BANDELETTE CONVENABLE.

14] SUR UNE PIERRE MÉDIQUE, ON GRAVERA LE SPARE, ON L'ENFERMERA DANS UNE BOTTE DE
FER ET DESSOUS ON METTRA UNE DES PETITES BRANCHES DU MÛRIER TOURNÉES VERS LE HAUT.
ON LA PORTERA POUR LES HÉMORROÏDES ET POUR LES MALADIES DU FONDEMENT.
15] SI TU ENFERMES DESSOUS UNE DES PETITES BRANCHES TOURNÉES VERS LE BAS, CE SERA
UN PHYLACTÈRE CONTRE LES CRACHEMENTS DE SANG ET LES HÉMORRAGIES NASALES, LES HÉMORRAGIES ET LES HÉMORROÏDES DE LA PARTIE SUPÉRIEURE DU CORPS.
16] ON PRÉPARE AUSSI UN PURGATIF AVEC LA RACINE DE MÛRIER.

17] HYMNE. — O MÛRIER ! PLANTE MERVEILLEUSE, À COMBIEN NE SERS-TU PAS? CAR TON SUC PEUT ÊTRE MÊLÉ EN ÉGALE QUANTITÉ À LA DÉCOCTION DE MILLEFEUILLES, AU SUC D'EUPHORBE ET DE SCAMMONÉE. LORSQUE LE MÉLANGE, FAIT PAR PARTIES ÉGALES, EST COMPLET, IL FAUT Y AJOUTER LE TRIPLE DE MIEL, PUIS, EN FAIRE SUR LE FEU UNE PRÉPARATION JUSQU'À CONSISTANCE DE CÉRAT MOU, ET LE METTRE DANS UN VASE DÉ VERRE; ALORS DONNES-EN UNE OBOLE AU MALADE, QUE TU AURAS AUPARAVANT SOUMIS À UNE DIÈTE ABSOLUE.

18] MAIS SI TU EN DONNAIS PLUS QUE LA GROSSEUR D'UN HARICOT, CELUI QUI L'AURAIT ABSORBÉ, PRIS DE CHOLÉRA, NE VIVRAIT PAS UN JOUR.

19] NE DONNE DONC RIEN DE TROP EN BOISSON OU EN ALIMENT, MAIS À CHACUN SUIVANT SA FORCE.

LETTRE N

1] NEKΎA NÉCYA, PLANTE.
ΝΑΥΚΡΆΤΗΣ PILOTE, POISSON.
ΝΗΣΣΑ FRÉGATE, OISEAU.
ΝΕΜΕΣΙΤΗΣ NÉMÉSITE, PIERRE.

2] LA NÉCYA EST LA MOLÈNE : IL Y EN A SEPT ESPÈCES : ON DIT QUE SES FEUILLES

S'ÉLÈVENT DE TERRE D'UNE COUDÉE. SES FEUILLES BRÛLENT DANS LES LAMPES COMME DES MÈCHES. COMME LES NÉCROMANCIENS LA TIENNENT DANS LES OPÉRATIONS QU'US FONT DANS LES BASSINS, ON L'APPELLE NÉCYA.

3] LA FRÉGATE EST UN OISEAU QUI NAGE SUR LES FLOTS, IL EST DE LA GROSSEUR D'UNE POULE.

4] LE PILOTE EST UN POISSON DE MER, C'EST L'ÉCHÉNÉIS. S'IL SE FIXE À UN NAVIRE BIEN GRÉÉ, IL NE LUI PERMET PAS DE SE DÉPLACER, À MOINS QU'IL NE SOIT DÉTACHÉ DE SA

CARÈNE. CE POISSON, CUIT TOUT ENTIER DANS L'HUILE JUSQU'À CONSISTANCE DE CIRE, PUIS PURIFIÉ DE L'HUILE, EMPLOYÉ EN CATAPLASME LORSQU'IL A CONSISTANCE DE CIRE, GUÉRIT LA GOUTTE.

5] LA NÉMÉSITE EST UNE PIERRE ENLEVÉE À L'AUTEL DE NÉMÉSIS : C'EST UNE PIERRE PUISSANTE.

6] ON GRAVERA DONC SUR LA PIERRE, NÉMÉSIS DEBOUT, LE PIED SUR UNE ROUE : ELLE A L'ASPECT D'UNE VIERGE TENANT DANS SA MAIN GAUCHE UNE COUDÉE, DANS SA MAIN DROITE

UNE VERGE. TU METTRAS SOUS LA PIERRE L'EXTRÉMITÉ DE L'AILE D'UNE FRÉGATE ET UN PEU
DE LA PLANTE.

7] SI DONC TU PRÉSENTES CET ANNEAU À UN POSSÉDÉ, AUSSITÔT LE DÉMON SE DÉNONÇANT
LUI-MÊME, S'ENFUIRA.

8] PORTÉ AUTOUR DU COU, IL GUÉRIT AUSSI LES LUNATIQUES.

9] IL AGIT ÉGALEMENT CONTRE LES FANTÔMES QUE LE DÉMON AMÈNE PENDANT LA NUIT, LES FRAYEURS DES ENFANTS ET LES MAUVAISES RENCONTRES NOCTURNES.

10] CET ANNEAU INDIQUE À CELUI QUI LE PORTE LE NOMBRE DES ANNÉES QU'IL A À VIVRE,
LE GENRE ET LE LIEU DE SA MORT.

11] IL FAUT QUE LE PORTEUR S'ABSTIENNE DE TOUTE MAUVAISE ACTION.

12] SI TU COUDS QUELQUES ARÊTES D'ÉCHÉNÉIS DANS DE LA PEAU DE CHEVAL, QUE TU LES PORTES SOUS TES VÊTEMENTS OU QUE TU LES CACHES EN MONTANT SUR UN VAISSEAU, CELUI CI NE POURRA NAVIGUER, À MOINS QUE CE QUI A ÉTÉ DÉPOSÉ NE SOIT ENLEVÉ OU QUE TU NE SOIS SORTI DU VAISSEAU.

13] QUANT À LA PRESCIENCE DE LA VIE ET DE LA MORT, COMME JE L'AI DIT UN PEU PLUS HAUT, IL FAUT LA DEMANDER À LA DÉGUSTATION DE L'ÉPERVIER.

LETTRE Ξ

1] ΞΙΦΙΟΣ GLAÏEUL, PLANTE.

ΞΙΦΙΟΣ XIPHIOS, PIERRE.
ΞΙΦΙΟΣ FAUCON, OISEAU.
ΞΙΦΙΟΣ XIPHIOS, POISSON.
2] LE GLAÏEUL EST UNE PLANTE QU'ON TROUVE SUR TOUTE LA TERRE ; SES FEUILLES RESSEMBLENT À CELLE DU BLÉ, PLUS ALLONGÉES. ELLE POUSSE DANS LES TERRES DE LABOUR AVEC LE BLÉ ; LES UNS L'APPELLENT MÂCHERA (COUTEAU), LES AUTRES PHASGANON (POIGNARD). ELLE S'ÉLÈVE DROITE DE TERRE, À LA HAUTEUR D'UNE COUDÉE, ELLE N'A QU'UNE TIGE. SA FLEUR EST D'UN BLEU FONCÉ, ODORANTE, TIRANT SUR LE

POURPRE. LES BERGERS LA TRESSENT, AU PRINTEMPS, POUR S'EN FAIRE DES COURONNES.

3] LA PIERRE XIPHIOS EST CONNUE DE TOUS; ELLE EST RÉPANDUE PARTOUT, COMME LES CAILLOUX; SA COULEUR EST BLEUE; ON LA TROUVE SURTOUT EN CAPPADOCE ET À NAZIANZE.

EN ASSYRIE, ON LA RÉDUIT EN POUDRE ET ON S'EN SERT COMME PARFUM À BRÛLER DANS LES SACRIFICES DE QUADRUPÈDES.

4] L'OISEAU XIPHIOS EST UN ÉPERVIER COMMUN, CELUI QU'ON APPELLE FAUCON.

5] LE XIPHIOS EST SEMBLABLE A LA GIRELLE, MULTICOLORE, PLUS PETIT ET MENU.

6] SI TU METS DANS UNE CERTAINE QUANTITÉ D'HUILE LA FLEUR ET LA RACINE DE LA PLANTE ET QUE TU LAISSES REPOSER QUELQUE TEMPS, EN RACLANT LE DÉPÔT, TU OBTIENDRAS UN PARFUM DONT FONT MENTION LES LIVRES SACRÉS, APPELÉ SUIVANT EUX SOUSINON DANS LA TERRE DE MÉLANIDE ; CE EN QUOI LES ANCIENS PROPHÈTES SE TROMPENT. DANS LE PAYS DES ASSYRIENS LA PLANTE S'APPELLE SOUSANON ET EN MÉLANIDE SOUNON. 7] CETTE PLANTE A DEUX RACINES, L'UNE SUR L'AUTRE. SI L'ON BROIE LA RACINE SUPÉRIEURE

ET QU'ON LA DONNE À BOIRE AVEC DU VIN, ELLE EXCITE AUX RAPPROCHEMENTS SEXUELS : SI QUELQU'UN BOIT LA RACINE INFÉRIEURE, AU CONTRAIRE, IL DEVIENDRA IMPUISSANT.

8] GRAVE DONC SUR LA PIERRE UN ÉPERVIER ET SOUS SES PATTES LE POISSON ; ENFERME SOUS LA PIERRE LA RACINE DE LA PLANTE ET CONSERVE-LA. CET ANNEAU EST CHASTE, AINSI QUE LE PRÉCÉDENT.

9] SI DONC TU LE GARDES SUR TOI, IL T'AIDERA DANS CE QUE TU VOUDRAS.

10] ET SI TU LE PLACES SUR UN ANIMAL OU SUR UNE STATUE CONSACRÉS AUX DIEUX,

L'ORACLE TE RÉPONDRA CE QUE TU VOUDRAS APPRENDRE DE LUI.

11] LA TÊTE DU POISSON, BRÛLÉE AVEC DE LA MYRRHE, PROVOQUE UN TRANSPORT DIVIN (DÉMONIAQUE) CHEZ CEUX QUI EN RESPIRENT L'ODEUR.

12] MAIS TOI, FROTTE-TOI LES NARINES AVEC DE LA MYRRHE FORTE ET TU NE SERAS PAS ATTEINT DE CE TRANSPORT.

LETTRE O

1] ὈΝΟΘΡΎΣΙΣ GUIMAUVE, PLANTE.

ὌΡΤΥΞ CAILLE, OISEAU.

ὌΡΦΟΣ ORPHE, POISSON.

ὈΝΥΧΊΤΗΣ ONYX, PIERRE CONNUE DÉ TOUS.

2] L'ONOTHYRSE EST UNE PLANTE : LES UNS L'APPELLENT ONOTHOURE, LES AUTRES MAUVE D'ÂNE. C'EST UNE SORTE DE ROSE DONT LES GRECS FONT DES COURONNES POUR LES FÊTES DES DIEUX. LES FEUILLES RESSEMBLENT À CELLES DE LA MAUVE CULTIVÉE ; LES GRECS L'APPELLENT ALTHEA.

3] LA CAILLE EST UN OISEAU CONNU DE TOUS. LA NATURE DE LA CAILLE N'A PAS ÉTÉ FACILE À DÉCOUVRIR, PAS PLUS QUE SON ORIGINE ; CAR LORSQUE LES MAUVAIS TEMPS DURENT LONGTEMPS DANS LES CONTRÉES DÉSERTES DE LA LYBIE, LA MER REJETTE SUR LES RIVAGES LES

PLUS GRANDS THONS ; CEUX-CI PRODUISENT AU BOUT DE QUATORZE JOURS DES VERS, QUI SE TRANSFORMENT ET DEVIENNENT COMME DES MOUCHES, PUIS DES SAUTERELLES, GRANDISSENT ET DEVIENNENT DES CAILLES. PUIS, LORSQUE S'ÉLÈVE LE NOTUS (VENT DU SUD) OU LE VENT DU SUD-SUD-OUEST, ELLES TRAVERSENT LA MER, SE DIRIGEANT VERS LA PAMPHYLIE, LA CILICIE, LA CARIE, LA LYCIE, ET DE NOUVEAU, LORSQUE SOUFFLE LE VENT DU NORD, ELLES S'ENVOLENT VERS LES RÉGIONS MARITIMES DES PAYS D'ASSYRIE ET LES AUTRES

PARTIES DE LA MÉLANITIDE. MAIS, CEUX QUI NE SONT PAS INITIÉS À L'INTELLIGENCE DES CHOSES DISENT QU'ELLES SONT SACRÉES, IGNORANT LEUR NATURE ET NE CONNAISSANT PAS LEUR PRINCIPE.

4] L'ORPHE EST UN POISSON DE MER BIEN CONNU DE TOUS ET BON À MANGER.

5] L'ONYCHITE APPELÉE AUSSI SARDONYX, EST UNE PIERRE CONNUE DE TOUT LE MONDE.

6] LA RACINE DE LA PLANTE, CUITE DANS L'HUILE AVEC DE LA GRAISSE DE CAILLE, PUIS MÉLANGÉE DE CIRE, AGIT CONTRE LES SQUIRRES DE L'UTÉRUS, LES PHLEGMONS, LES PLAIES,

LES ULCÈRES ET TOUTES LES AFFECTIONS DU SEIN DE LA FEMME ; ON LA MÊLE À L'HUILE DE ROSES ET ELLE AGIT SUR LES ULCÈRES MALINS.

7] LES YEUX DE LA CAILLE, APPLIQUÉS AVEC LA RACINE DE LA PLANTE, METTENT FIN AUX FIÈVRES QUOTIDIENNE ET TIERCE, S'ILS SONT APPLIQUÉS AU DÉCLIN DE LA LUNE.

8] AYANT DÉLAYÉ DANS UN PEU D'EAU LES YEUX DE LA CAILLE OU DE L'ORPHE, METS-LES PENDANT SEPT JOURS DANS UN VASE DE VERRE, ENSUITE JETTE DESSUS UN PEU D'HUILE, PUIS

METS-EN DANS UNE LAMPE. SI TU EN ENDUIS SEULEMENT LA MÈCHE, ET QUE TU L'ALLUMES,
EN L'APPROCHANT DE GENS ATTABLÉS, ILS SE VERRONT COMME DES DÉMONS COULEUR DE FEU
ET SE LÈVERONT POUR S'ENFUIR. 9] GRAVE DONC SUR UNE ONYCHITE UNE CAILLE ET, SOUS SES PATTES, UNE ORPHE : PLACE
SOUS LA PIERRE UN PEU DE LA PRÉPARATION SUSDITE, ET PERSONNE NE TE VERRA, QUAND
MÊME TU EMPORTERAIS QUELQUE CHOSE : ENDUIS TON VISAGE AVEC LA COMPOSITION,
PORTE L'ANNEAU, ET PERSONNE NE TE VERRA, QUAND BIEN MÊME TU EMPORTERAIS OU QUE

TU FERAIS QUELQUE CHOSE.

LETTRE Π

1] ΠΟΛΎΓΟΝΟΣ POLYGONUM, PLANTE. ΠΟΡΦΎΡΙΟΝ PORPHYRION, OISEAU. ΠΟΡΦΎΤΑ ΘΑΛΛΑΣΙΑ POURPRE DE MER. ΠΟΡΦΥΡΊΤΗΣ PORPHYRE, PIERRE BIEN CONNUE DE TOUS.

2] POLYGONUM, PLANTE; QUELQUES-UNS L'APPELLENT CAMOMILLE.

3] PORPHYRION, OISEAU D'EAU DOUCE QUI ABONDE DANS LES RIVIÈRES.

4] POURPRE DE MER ; QUELQUES-UNS L'APPELLENT CIRYCION; IL EST SEMBLABLE À UNE COQUILLE.

5] PORPHYRE, PIERRE CONNUE SURTOUT EN MÉLANITIDE.

6] LA RACINE DE LA PLANTE, RÉCOLTÉE PENDANT LE DÉCLIN DE LA LUNE, EMPÊCHE LES YEUX D'ÊTRE MALADES. SON SUC, PRÉPARÉ COMME IL EST INDIQUÉ, AGIT CONTRE BEAUCOUP D'AFFECTIONS CONGESTIVES DES YEUX : CAR, DANS BEAUCOUP DE MALADIES, LES YEUX DE L'HOMME SONT ATTAQUÉS.

7] AU SURPLUS, POUR NE PAS PROLONGER NOTRE DISCOURS, VOICI LES MALADIES DES PAUPIÈRES : LE PRURIGO, LES LENTES, LA MALADIE PÉDICULAIRE, LE MANQUE DE CILS, LE TRICHIASIS, LE RETOURNEMENT DES CILS, LE CHALAZION, LES ORGELETS, LES VERRUES, LA CHUTE

DES CILS, L'ENGORGEMENT DES PAUPIÈRES, EN TOUT ONZE MALADIES ; SOUS LES SOURCILS :
LES ASPÉRITÉS DES PAUPIÈRES, LES HUMEURS AQUEUSES, L'ULCÈRE, LA CROISSANCE DES
POILS, CELA FAIT QUATRE AFFECTIONS; DANS LES ANGLES DES YEUX : LES PUSTULES CUISANTES,
L'OPHTALMIE SÈCHE, LES TACHES SUR LA CORNÉE, L'ULCÉRATION, L'ÉGYLOPS, L'ANCHYLOPS, LA
FISTULE, L'ULCÈRE RONGEANT, L'ÉROSION, NEUF AFFECTIONS. AU GLOBE DE L'ŒIL : LES
MEMBRANES SUR LA CORNÉE, L'ALBUGO, LES ÉPANCHEMENTS DE SANG, LES TÊTES DE

MOUCHES, LE NÉPHÉLION, L'AMBLYOPIE, [SIX AFFECTIONS. A LA PUPILLE] : LA DILATATION, LA CONGESTION, L'AFFAIBLISSEMENT, L'ATROPHIE, LE DÉPÉRISSEMENT, LE GLAUCOME, LA MYDRIASE, LE DOUBLEMENT DE LA PUPILLE, L'HIPPARION, LA NYCTALOPIE, LA MYOPIE, L'OBSCURCISSEMENT, CELA FAIT DOUZE. AUTOUR DE L'ŒIL : L'INFLAMMATION, LE PHIMOSIS, LA SENSATION DE BRÛLURE, LES TROUBLES, LES PETITS ABCÈS, LE CHANCRE, L'ULCÈRE, LES DOULEURS, LES PETITS ABCÈS TUBÉREUX : CELA FAIT NEUF.

8] IL Y A ONZE VARIÉTÉS DE FLUXIONS :
VIOLENTE, SUBITE, CHAUDE, DOUCE,
FROIDE, TIÈDE,
FAIBLE, AIGUË, CHRONIQUE,
SABLONNEUSE, NITREUSE.
9] CE QUI FAIT SOIXANTE AFFECTIONS. [1]
OR, VOICI LA FORMULE DU REMÈDE
POUR TOUTES
LES AFFECTIONS SUSDITES: SUC DE LA
PLANTE, VI ONCES; NERPRUN INDIEN, VI
DRACHMES;
ALOÈS INDIEN, VI DR.; MYRRHE, IV DR. ;
SAFRAN, IV DR. ; ENCENS, IV DR. ;
OPIUM, IV DR. ;
ACACIA NOIR, II DR. ; EAU DE PLUIE, V
ONCES. DÉLAYE DANS UN VASE DE
VERRE.

IL VAUT MIEUX METTRE DU VIN QUE DE L'EAU. C'EST UN PRÉCIEUX REMÈDE CONTRE TOUTES
LES FLUXIONS ET LES MALADIES DES YEUX ET LEUR AFFAIBLISSEMENT : IL ARRÊTE EN EFFET
TOUS LES ÉCOULEMENTS. EN OUTRE, EMPLOYÉ COMME FRICTION, AU BAIN, AINSI QU'EN
ABLUTION, C'EST UN EXCELLENT REMÈDE.
POUR LA MIGRAINE. 10] LA CHAIR CRUE DU PORPHYRION, MISE EN CATAPLASME SUR LE
FRONT, GUÉRIT LA MIGRAINE.
11] DONC SUR LA PIERRE PORPHYRE GRAVE L'OISEAU, ET SOUS SES PATTES, UN CADUCÉE :

APRÈS AVOIR ENFERMÉ SOUS LA PIERRE LA POINTE DE L'AILE DE L'OISEAU, PORTE-LA POUR TE PRÉSERVER DES MAUX DE TÊTE ET DES DOULEURS DE LA MIGRAINE. ELLE EST AUSSI EXCELLENTE POUR LES YEUX RHUMATISANTS. PRÉPARE L'ANNEAU ET LE COLLYRE AU DÉCOURS DE LA LUNE.

1 LE V. I., APRÈS AVOIR ÉNUMÉRÉ CES MALADIES, DIT : ET PASSIONES OMNES SUNT LV.

LETTRE P

1] ῬΆΜΝΟΣ NERPRUN, PLANTE.
ῬΟΜΦΑΊΑ RHOMPHEA, OISEAU.
ῬΑΦΊΣ AIGUILLE, POISSON.
ῬΙΝΌΚΕΡΩΣ RHINOCÉROS, PIERRE.

2] LE NERPRUN EST UNE PLANTE ÉPINEUSE, CONNUE EN TOUS PAYS.

3] LA RHOMPHEA, QUI EST LA CHAUVE-SOURIS, EST CONNUE DE TOUS.

4] L'AIGUILLE EST UN POISSON DE MER, AINSI NOMMÉ, PARCE QU'IL A LA BOUCHE COMME UNE AIGUILLE.

5] LE RHINOCÉROS EST UNE PIERRE QUI SE TROUVE SUR LE NEZ DU RHINOCÉROS; ELLE A L'APPARENCE D'UNE CORNE.

6] SI TU PLACES DANS TA DEMEURE UN RAMEAU DE LA PLANTE, TOUS LES MAUVAIS ESPRITS S'ENFUIRONT.

7] LE SUC DE LA TIGE DE LA PLANTE ET DE SON FRUIT AVEC DU MIEL, MIS SUR LES YEUX,

AIGUISE LA VUE. FAIS-LE BOUILLIR JUSQU'À ÉPAISSISSEMENT.

8] LE FIEL DE LA CHAUVE-SOURIS, MÊLÉ AU SUC DE LA PLANTE ET AU MIEL, EMPLOYÉ EN ONGUENT, AIGUISE LA VUE ET FAIT CESSER LE LARMOIEMENT DES YEUX. ON GRAVERA DONC SUR LA PIERRE UNE CHAUVE-SOURIS ET, SOUS SES PATTES, UNE AIGUILLE ; SOUS LA PIERRE, ON METTRA UNE PETITE RACINE DE LA PLANTE, ET LES DÉMONS FUIRONT CELUI QUI LA PORTERA. SI TU LA CACHES SECRÈTEMENT SOUS LE CHEVET DE QUELQU'UN, IL NE DORMIRA PAS. SEMBLABLEMENT, SI TU COUPES LA TÊTE D'UNE CHAUVE-SOURIS VIVANTE,

QUE TU L'ENVELOPPES DANS UNE PEAU NOIRE ET QUE TU L'ATTACHES AU BRAS DE QUELQU'UN,
IL NE DORMIRA PAS JUSQU'À CE QUE TU LA LUI ENLÈVES, MAIS MÊME SI TU ATTACHES AU
VÊTEMENT OU AU LIT DE QUELQU'UN LES POILS QUE LA CHAUVE-SOURIS A AUTOUR DU COU,

C
E
L
U
I
Q
U
I
L
E

SPORT
ERA
OU
QUI
SERA
CO

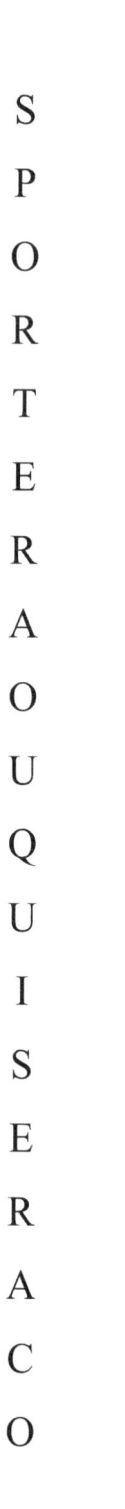

UN TOUCHÉ DANS CE LIT NE POUR

R
A
P
A
S
D
O
R
M
I
R.

LETTRE Σ

1] ΣΑΤΎΡΙΟΣ ORCHIS, PLANTE.

ΣΤΡΟΥΘΟΚΆΜΗΛΟΣ AUTRUCHE, OISEAU.

ΣΆΠΦΕΙΡΟΣ SAPHIR, PIERRE.

ΣΆΛΠΗ MERLUCHE, POISSON.

2] L'ORCHIS EST UNE PLANTE QUI SEMBLE GARNIE DE POINTES ; SA TIGE UNIQUE, QUI S'ÉLÈVE DE TERRE, À DEUX PALMES, ELLE EST COUVERTE DE SEMENCE ; L'ENTRE-DEUX IDES GRAINES EST PLUS JAUNE QUE LE CARTHAME.

3] L'AUTRUCHE EST UN OISEAU CONNU DE TOUS.

4] LA MERLUCHE EST UN POISSON DE MER, ABONDANT, CONNU, BON À MANGER.

5] LA PIERRE DE SAPHIR SANS TACHES EST CONSACRÉE À APHRODITE ; C'EST UNE PIERRE COULEUR DU CIEL, AVEC DES VEINES D'OR ; À CAUSE DE CELA, QUELQUES-UNS L'APPELLENT

CHRYSOSAPHIR; C'EST AVEC ELLE QUE LES PEINTRES FONT LE MEILLEUR AZUR, CELUI QU'ON NOMME NATUREL.

6] AVEC LA PLANTE ON FAIT LA PRÉPARATION QUE JE VAIS DIRE; ELLE EST TRÈS UTILE POUR LES FEMMES AFFAIBLIES PAR UN EXCÈS DE SÉROSITÉ ET INCAPABLES DE CONCEVOIR; ELLE SÈCHE ET AFFERMIT LEURS PARTIES GÉNITALES. SI DONC, AVANT LA COPULATION ON SAUPOUDRE LE MEMBRE VIRIL DE POUDRE SÈCHE DE LA PLANTE ET QU'ENSUITE ON CONNAISSE LA FEMME, ON LA FERA CONCEVOIR. PAR EXEMPLE, AVANT DE SAUPOUDRER LE MEMBRE, IL FAUDRA

L'ENDUIRE DE MIEL ; AUTREMENT, SOUS L'ACTION DE LA POUDRE, IL GONFLERA BEAUCOUP ET PRENDRA UNE GROSSEUR DÉMESURÉE. SEMBLABLEMENT AUSSI LA FEMME : SI ELLE EN ENDUIT SON POIL ET QU'ELLE EN POSE SUR SES PARTIES GÉNITALES, ELLE CONCEVRA FACILEMENT, CAR CETTE POUDRE DESSÈCHE LES PARTIES GÉNITALES DES FEMMES AU POINT DE RENDRE FÉCONDES LES FEMMES IMPRODUCTIVES ET STÉRILES. VOICI LA PRÉPARATION DE CETTE POUDRE : GRAINE D'ORCHIS, II ONCES ; POIVRE, I ONCE ; ALUN ROND, II ONCES ; ALUN

FENDU, II ONCES; APRÈS LES AVOIR BROYÉS, DÉPOSE-LES DANS UN VASE DE VERRE. SUIVANT
UN AUTRE MANUSCRIT : GRAINE D'ORCHIS, II ONCES; POIVRE, I ONCE ; ALUN, II ONCES ;
EXTRAIT SEC, I ONCE ET DEMIE ; FRUIT DU BAUMIER, IV ONCES ; BAUMIER, I ONCE ET
DEMIE.
7] VOICI LA PRÉPARATION DE L'EXTRAIT SEC : COSTUS, I ONCE ; CASSIA, II ONCES ET DEMIE;
AMÔME, I ONCE; CLOU DE GIROFLE, NONCES; MUSC, II GRAMMES; (AUTRE FORMULE)
COSTUS, III ONCES ; NARD, DEMI-ONCE ; FRUIT DU BAUMIER, IV ONCES ; BAUMIER, DEMI ONCE ; ROSES TRIÉES,

IV onces ; bon musc, VI exagies. Pile et remue bien tous ces ingrédients secs. Après avoir pilé dans un mortier et mêlé les roses avec du safran, retire un peu de ce mélange ; dans celui-ci mets du styrax, puis pile avec soin, jusqu'à ce que le styrax soit pulvérisé, et mets les parties sèches avec le reste des roses ; puis, combinant bien le tout, fais des pilules en brûlant au dessous de l'iris, du mastic, du baume et des ongles de castor, et après les avoir fait sécher, dépose-les dans un vase, et lorsque tu en auras besoin, pile, tamise et

FAIS-EN UN EXTRAIT SEC, ET DONNES-EN DEUX ONCES AUX FEMMES QUI NE PEUVENT CONCEVOIR.

8] L'ESTOMAC DES AUTRUCHES APPELÉ SIPHOUCHION, SEC, BROYÉ ET DONNÉ SECRÈTE·MENT, EST UN PHILTRE PROPRE À PRÉPARER LA JEUNE FILLE QUI LE BOIT AUX PLAISIRS DE L'AMOUR.

9] LA PIERRE DE L'ESTOMAC DE L'AUTRUCHE, BROYÉE ET DONNÉE EN ALIMENT OU EN BOISSON PRODUIT UN GRAND DÉSIR, SURTOUT CHEZ CEUX QUI NE PEUVENT AVOIR COMMERCE AVEC UNE FEMME, NI PROCRÉER.

10] LA MÊME PIERRE, SUSPENDUE AU COU, FACILITE BEAUCOUP LA DIGESTION ET PROCURE UNE VIOLENTE ÉRECTION À CEUX QUI NE PEUVENT AVOIR COMMERCE AVEC UNE FEMME.

11] LA PIERRE DU CÔTÉ DROIT DE LA TÊTE DE LA MERLUCHE, SUSPENDUE AU COU, PROVOQUE L'ÉRECTION, CELLE DU CÔTÉ GAUCHE LA SUPPRIME.

12] LA GRAISSE DU POISSON, MÊLÉE AU MIEL ET EMPLOYÉE EN LINIMENT SUR LES PARTIES GÉNITALES DES HOMMES ET DES FEMMES, PROCURE UNE GRANDE JOUISSANCE.

13] GRAVE DONC SUR UN SAPHIR UNE AUTRUCHE TENANT DANS SON BEC UNE MERLUCHE, ENFERME DESSOUS UN PEU DE LA PIERRE TROUVÉE DANS LA CAVITÉ DE L'ESTOMAC DE L'AUTRUCHE, ET PORTE-LA. CETTE PIERRE CONVIENT, EN EFFET, POUR LA BONNE DIGESTION ET L'ÉRECTION, ET LES DÉSIRS RÉCIPROQUES DE L'AMOUR : ELLE PROCURE SURTOUT L'ÉRECTION À CEUX QUI SONT DÉJÀ VIEUX ET À CEUX QUI VEULENT SE LIVRER SOUVENT AUX PLAISIRS DE L'AMOUR ; ENFIN, ELLE REND AGRÉABLE CELUI QUI LA PORTE.

LETTRE T

1] ΤΡΙΦΥΛΛΙΟΣTRÈFLE, PLANTE.

ΤΑΏΣ PAON, OISEAU.

ΤΡΥΓΏΝ ΘΑΛΑΣΣΙΑ PASTENAGUE, POISSON.

ΤΑΊΤΗΣ TAÏTE, PIERRE FLEURIE.

2] LE TRÈFLE EST UNE PLANTE CONNUE DE TOUS; ELLE EST BONNE.

3] LE PAON EST UN OISEAU GRACIEUX, BIEN CONNU, ÉLÉGANT.

4] LA PASTENAGUE EST UN POISSON DE MER PEU PRISÉ.

5] LA TAÏTE EST UNE PIERRE MULTICOLORE, FLEURIE, SEMBLABLE AU PAON, APPELÉE AUSSI PANCHRUS : ELLE SE RAPPROCHE DU PAON PAR SES NOMBREUSES COULEURS QUI CORRESPONDENT À CELLES DU PAON.

6] ON GRAVERA DONC SUR LA PIERRE, UN PAON MARCHANT SUR UNE PASTENAGUE, ET SUR LA PIERRE LE CRI DU PAON QUI EST ALÛ ; ET DESSOUS ON METTRA UNE PETITE RACINE DE LA PLANTE ; ET L'AYANT RENFERMÉE, PORTE LA PIERRE. PORTÉE, C'EST UNE GRANDE ET ADMIRABLE AMULETTE POUR LA VICTOIRE, POUR L'AMITIÉ, LA RÉCONCILIATION, POUR TOUS ET TOUTES, AU POINT QUE TOUT LE MONDE VOUS EST FAVORABLE. ELLE RENSEIGNE AUSSI, PENDANT LE SOMMEIL, SUR CE QUE L'ON VEUT SAVOIR.

7] SI TU LA PLACES SOUS TA TÊTE, ENDORMI, EN ÉTAT DE PURETÉ, TU VERRAS CE QUE L'ON PROJETTE À TON ÉGARD. OR, TU NE DONNERAS CET ANNEAU À PERSONNE, CAR IL EST TRÈS PUISSANT ; TU N'EN TROUVERAIS PAS UN AUTRE SEMBLABLE.

LETTRE Y

1] ὙΠΕΡΕΙΚΟΝ HYPÉRICON, PLANTE.
ὙΠΕΡΩΝΊΣ HYPÉRION, OISEAU.
ὝΛΛΟΣ ANGUILLE, POISSON DE MER.
ὙΕΤΙΟΣ HYÉTITE, PIERRE.

2] L'HYPÉRICON EST UNE PLANTE EXCELLENTE, ELLE RESSEMBLE À UN ARBUSTE ; D'AUCUNS L'APPELLENT PLANTE DE DIONYSIOS; C'EST UNE PLANTE D'ÉTÉ.

3] L'HYPÉRION EST L'AIGLE FEMELLE, COMME IL Y A L'AIGLE MÂLE.

4] L'ANGUILLE DE MER, POISSON CONNU, BON À MANGER, DE MAUVAISE QUALITÉ.

5] L'HYÉTITE, PIERRE CHARRIÉE PAR LES RIVIÈRES ; PETIT CAILLOU DE COULEUR DE SANG.

6] APRÈS AVOIR TRAVAILLÉ LA PIERRE, GRAVE SUR ELLE UN AIGLE DÉCHIRANT LE POISSON. ET

SOUS LA PIERRE, METS UNE PETITE RACINE DE LA PLANTE ET LA POINTE DE L'AILE DE L'OISEAU;

SI TU N'EN AS PAS D'HYPÉRION, PRENDS-EN D'ÉPERVIER, ET APRÈS L'AVOIR RENFERMÉE

DESSOUS, CONSERVE-LA. C'EST UN PUISSANT PHYLACTÈRE POUR LES HOMMES ET POUR LES FEMMES, POUR L'INVERSION DE L'UTÉRUS, SES DÉPLACEMENTS, SES SPASMES, SES HÉMORRAGIES, SES DÉSORDRES, SES PHLEGMONS, SES ÉCOULEMENTS, ET POUR TOUT EN GÉNÉRAL, SAUF LA CHUTE, LA CORROSION ET LE CANCER. DONNE-LE DONC AUX FEMMES ATTEINTES D'INVERSION OU DE DÉPLACEMENT DE L'UTÉRUS, COMME UN REMÈDE MYSTÉRIEUX, BIEN PUISSANT, ET COMME UN SECOURS ASSURÉMENT TRÈS EFFICACE.

LETTRE Φ

1] ΦΡΎΝΗ GRENOUILLETTE, PLANTE.
ΦΡΥ͂ΝΟΣ PHRYNOS, OISEAU.
ΦΏΚΗ PHOQUE, ANIMAL MARIN.
ΦΡΥ͂ΝΟΣ CRAPAUDINE, PIERRE.
2] LA GRENOUILLETTE EST UNE RENONCULE, MAUVAISE PLANTE QUI RESSEMBLE AU PERSIL.
ELLE POUSSE DANS LES ENDROITS HUMIDES; SES PROPRIÉTÉS SONT CAUSTIQUES ET BRÛLANTES.
3] PHRYNOS, OISEAU : LES UNS L'APPELLENT LORIOT, LES AUTRES L'OISEAU JAUNE. IL EST DE LA GROSSEUR DU PASSEREAU.
4] LE PHOQUE MARIN EST UN TRÈS BEL ANIMAL, BIEN CONNU; IL A DES MAINS HUMAINES
ET LE MUFLE D'UNE PETITE VACHE.

5] LA CRAPAUDINE, PIERRE ; D'AUTRES L'APPELLENT BATRACHITE.

6] LA VERTU DE LA PLANTE EST TRÈS GRANDE, LA VOICI : COMME LE FER, ELLE OUVRE LES ABCÈS, RONGE LES FURONCLES, LES TUMEURS SCROFULEUSES ET CONVIENT POUR TOUTES LES INFLAMMATIONS.

7] TU FERAS L'EMPLÂTRE À APPLIQUER DE LA LARGEUR DE DEUX DOIGTE, ET POUR LA LONGUEUR, SUIVANT LA PARTIE QUE TU VEUX OUVRIR, ENVIRON UN DEMI-DOIGT. PLACE SUR LE REMÈDE UN CATAPLASME DE CÉRAT; APRÈS L'AVOIR PORTÉ TROIS OU SIX HEURES, TU trouveras le mal ouvert. Il faut donc l'employer dans les emplâtres destinés à purifier la coupure et les ulcères, pour ceux qui commencent à guérir comme pour ceux qui doivent réunir les bords des fistules.

8] La poudre de l'emplâtre se fait ainsi : suc de la plante, IV drachmes (dans un autre manuscrit : IV drachme) ; arsenic, sandaraque, IV dr. de chaque ; lépidotes rouges, IV dr. ; tithymale, IV dr. ; corps de cantharides, VI dr. ; cèdre ou rosier,

QUANTITÉ SUFFISANTE. APRÈS AVOIR BROYÉ, DÉPOSE DANS UN VASE DE VERRE : VEILLE À NE PAS L'APPLIQUER SUR UN NERF OU SUR UNE VEINE, DE CRAINTE D'OCCASIONNER UN SPASME. APPLIQUÉ HABILEMENT, IL CONVIENT DANS LES FISTULES LACRYMALES ET DANS LES TRICHIASIS. PRÉPARE LES CANTHARIDES EN LEUR COUPANT LES PATTES ET LES AILES QUE TU REJETTERAS, NE CONSERVANT QUE LES CORPS. PROJETTE IV DRACHMES DE [SAVON (V. I.)] GAULOIS ET DE CHAUX VIVE : PILE, AMOLLIS, APLANIS, FAIS UNE SORTE D'EMPLÂTRE ET APPLIQUE.

9] LES POILS LONGS ET DURS QUI SONT ENTRE LE NEZ ET LA BOUCHE DU PHOQUE, AVEC LE MILIEU DU CŒUR DU PHOQUE, LA POINTE DU CŒUR DE LA HUPPE, UN PEU DU FOIE DU PHOQUE ET DE CHRYSANTHÈME, UNE PETITE FOURMI, LA LANGUE D'UNE BERGERONNETTE, UN PEU DE MUSC, LIÉS ENSEMBLE DANS UNE PEAU DE CERF, AVEC L'ŒIL DROIT D'UN LOUP, TE DONNERONT UN TRÈS PUISSANT PHYLACTÈRE POUR LE COMMANDEMENT DES TROUPES ET POUR LA VICTOIRE ; CAR IL MET FIN A TOUT COMBAT ET RAMÈNE L'AMITIÉ ; IL DÉLIVRE DE TOUTE

fâcheuse destinée et des tristes événements, des périls de la mer et des épreuves
sur terre et sur mer, des démons et de toute maladie. Il procure aussi la santé, le
succès, des jours heureux et tous les biens, et réellement c'est un puissant
phylactère de victoire et d'amitié donné par les dieux, surtout si tu y ajoutes de la
racine et du fruit de la pivoine.

10] Les ongles des mains du phoque, tenus ou portés, écartent toute fascination,
toute maladie et tout maléfice. Il ne sera donc pas hors de propos d'ajouter au

PHYLACTÈRE UN ONGLE DE LA PATTE DROITE [DU PHOQUE], IL EN SERA PLUS PUISSANT.

11] LES POILS DU PHOQUE, PLACÉS SUR LA TÊTE DES GENS QUI NE PEUVENT DORMIR, RAMÈNENT LE SOMMEIL, ET ATTACHÉS À LA CUISSE GAUCHE PROCURENT UN GRAND BIEN AUX FEMMES DONT LES COUCHES SONT LABORIEUSES.

12] SA PEAU, PORTÉE COMME CEINTURE SUR LES REINS, GUÉRIT TOUTE DOULEUR DES REINS, ET SI, EN AYANT FAIT DES SANDALES, TU LES PORTES AUX PIEDS, ELLE GUÉRIT LA GOUTTE ET LA DYSURIE.

13] SEMBLABLEMENT AUSSI, LA GRAISSE DE PHOQUE MÊLÉE À DU CÉRAT À LA ROSE,
SOULAGE LES GOUTTEUX ET LES ARTHRITIQUES.
14] SI TU SUSPENDS LE CŒUR DU PHOQUE AU MÂT D'UN NAVIRE, CELUI-CI NE FERA JAMAIS NAUFRAGE.
15] DE MÊME SI TU CLOUES SA PEAU À LA PROUE, LE NAVIRE NE SERA JAMAIS FRAPPÉ DE LA FOUDRE.
16] L'OISEAU, PRIS COMME ALIMENT, GUÉRIT LA JAUNISSE ; C'EST POURQUOI ON L'APPELLE L'OISEAU ICTÉRIQUE.

17] SES ONGLES, SUSPENDUS AU COU, GUÉRISSENT LE FRISSON DE LA FIÈVRE TIERCE : LE LONG DE L'ÉPINE DORSALE, LE FRISSON DE LA FIÈVRE QUOTIDIENNE.

18] SON CŒUR, SUSPENDU LE LONG DE LA COLONNE VERTÉBRALE ET PORTÉ AU BRAS, GUÉ· RIT LE FRISSON DES FIÈVRES TIERCE, QUARTE ET QUOTIDIENNE.

19] SUR UNE PIERRE BATRACHITE GRAVE UN ÉPERVIER, SOUS SES PATTES UNE GRENOUILLE : ENFERME DESSOUS, LA LANGUE D'UNE GRENOUILLE ET UNE PETITE RACINE DE LA PLANTE, LE BOUT DE LA LANGUE DE L'OISEAU, ET, APRÈS FERMETURE, DONNE-LA À PORTER : ELLE GUÉRIT,

EN EFFET, TOUTE HÉMORRAGIE ET LES ASCLÉPIADES ET SAUVE LES ICTÉRIQUES.

20] ELLE CONVIENT ÉGALEMENT À CEUX QUI CRACHENT LE SANG ET AUX FEMMES QUI ONT DES HÉMORRAGIES DE L'UTÉRUS. ELLE CONVIENT POUR CALMER LES MOUVEMENTS DE COLÈRE DES ADVERSAIRES, SURTOUT SI TU AS PLACÉ DESSOUS DES POILS DE PHOQUE; ELLE PRÉSERVE AUSSI DES BÊTES VENIMEUSES. ET CETTE PIERRE A ENCORE D'AUTRES VERTUS DIVINES QUE J'INDIQUERAI.

21] NE SOUFFRE PAS, Ï ÂME, DE TON CORPS MORTEL. TU AS POUR TOI LE COMMENCER

MENT ET LA FIN DES TEMPS. SEULE, LA TERRE SAIT QUE LE CORPS QUE LU GUIDES EST
AMÈREMENT ÉPROUVÉ PAR LES MALADIES ET TOURMENTÉ PAR LES LOIS DE L'UNIVERS, ET NON SEULEMENT PAR CES LOIS, MAIS ENCORE PAR LES CRISES QU'IL ÉPROUVE. TOI DONC, DANS TA LASSITUDE ET DANS TON AFFLICTION, DÉESSE AU NOM DE BÊTE, ÉCOUTE LA PAROLE D'UN DIEU
ET LA MIENNE. SEUL, L'HOMME EST LE MAÎTRE DE TOUTES CHOSES, LES AYANT TOUTES
NOMMÉES, LES VOYANT TOUTES : SEUL, IL CHANTE LES MESSAGERS DES DIEUX ET LES

DÉMONS. EN LUI-MÊME, DIS-LUI QUE LES DÉMONS, NOS MESSAGERS, ANNONCENT DE LA PART DES DIEUX, TOUT CE QUE SEUL IL CRÉE DANS DE DIVINS DISCOURS. MOI AUSSI, JE SUIS AGITÉ PAR DES SYMPATHIES POUR SES MALADIES, POUR SES DESTINÉES, COMME POUR SES JOIES. O DESTIN VÉNÉRÉ PAR LES ÊTRES VIVANTS! L'UNIVERS SYMPATHISANT AU MOMENT PROPICE À LEURS BLESSURES, ENFANTE SEUL, EN UN INSTANT, TOUT POUR LEUR DÉLIVRANCE, PAR LA VOLONTÉ DES DIEUX. ET MOI, APRÈS AVOIR ABANDONNÉ MON CORPS, PUISSÉ-JE

RETOURNER DANS L'ÉTHER D'OÙ JE SUIS VENUE SUR L'ORDRE DU SEIGNEUR !
22] JE DIRAI LES CHOSES DONT L'ÂME A LA PRÉDICTION ; JE DIRAI COMMENT ELLE POSSÈDE
LA NOURRITURE DE LA VIE. VOICI CE QU'ELLE DIT : « O NATURE TRANSFORMÉE D'APRÈS TOUTE NATURE, QUI CONNAIS TOUS LES ÊTRES QUI EXISTENT ET DANS L'AIR ET SUR TERRE, ET LE GAZOUILLIS DES OISEAUX PARMI LES ÊTRES AÉRIENS, ET LES RACES DE QUADRUPÈDES, CELLES QUI MUGISSENT, CELLES QUI ABOIENT COMME LES CHIENS, CELLES QUI SIFFLENT COMME LES

SERPENTS. COMPRENDS LES BRUITS DE TOUTE ESPÈCE, DE LA SOURIS, DU CHAT, DE LA
MUSARAIGNE, DU HIBOU, DE LA BLATTE, DE TOUTE GUÊPE ET DES ABEILLES DE TOUTES SORTES.
»

23] PRENDS DONC UNE PIERRE HIÉRACITE, GRAVE SUR ELLE UN ÉPERVIER ET À SES PIEDS UNE GRENOUILLE, ET SOUS LA PIERRE LES MOTS : ΜΑΛΛΕΝΕΚΑΑ (DANS UN AUTRE MS.
: ΜΑΛΘΑΛΑ) : ET SUR UNE PIERRE D'AIMANT VIVANTE, LA MÊME GRAVURE : SOUS LA
PIERRE TU GRAVERAS CECI : MAMA' ΛΛΑΙΝΑ (D'AUTRES MANUSCRITS DISENT

: MA' ΛAΛΛA) : ET TU L'ATTACHERAS COMME IL CONVIENT.

24] C'EST AINSI QUE S'EXPRIME HARPOCRATION PLUS TARD ; ICI, DE SON CÔTÉ, CYRANUS AVAIT AINSI DÉCRIT LA GRAVURE DE LA PIERRE : SUR LA PIERRE HIÉRACITE, GRAVE UN ÉPERVIER, SOUS SES PATTES, UNE GRENOUILLE ET SUR LE DESSOUS DE LA PIERRE CES MOTS : MA'ΛAA : ET SUR UNE PIERRE D'AIMANT LA MÊME GRAVURE : SOUS LA PIERRE MA'ΛΛENA.

25] PRENANT DONC UN ÉPERVIER COMMUN, CELUI QU'ON APPELLE CIRCÉOS, PLONGE-LE

DANS ENVIRON DEUX COTYLES D'EAU DE FONTAINE, DE FAÇON QU'IL PUISSE ÊTRE ÉTOUFFÉ, ET TIENS-LE SOUS L'EAU JUSQU'À CE QU'IL MEURE. PUIS, L'AYANT RETIRÉ, LAISSE-LE PENDANT DIX HEURES DANS LA SAUMURE. (CYRANUS DIT SEPT JOURS.) ENSUITE, ENFERME ENSEMBLE SES YEUX, SA LANGUE ET SON CŒUR, AVEC LA LANGUE D'UNE GRENOUILLE ET LES DEUX PIERRES, L'AIMANT VIVANT ET L'HIÉRACITE, AVEC UN PEU DE POUDRE DE FER, POUR QUE L'AIMANT VIVE, PUIS FERME LE TOUT, ET TU AURAS UN PUISSANT PHYLACTÈRE. TOUT CELA DEVRA ÊTRE

ENFERMÉ DANS LA PEAU DE L'ÉPERVIER. FORME LE LIEN DU PHYLACTÈRE AVEC LES NERFS DE L'ÉPERVIER, COMME UN LIEN INCASSABLE, TÉNU, LONG, AFIN QUE PORTÉ SUR LA POITRINE, IL DESCENDE JUSQU'AU MILIEU DE L'ESTOMAC ET DU CŒUR, ET TU AURAS LA PRESCIENCE DE TOUTES CHOSES. NE TRANSMETS PAS CELA, NE L'ENSEIGNE PAS, MÊME À TON PROPRE FILS.

26] LE REMÈDE QUI ACCOMPAGNE LE PHYLACTÈRE EST CELUI-CI : METS DANS UN VASE PRÉPARÉ D'AVANCE L'EAU DANS LAQUELLE L'ÉPERVIER A ÉTÉ ÉTOUFFÉ, UNE COTYLE DE miel, IV drachmes de racine de la plante romarin, de bel orge infusé dans l'eau de rivière jusqu'à ce qu'il ait germé et qu'il en sorte XXVIII pointes, IV drachmes de la plante grenouillette, (dans un autre manuscrit : I drachme d'encens, dans un troisième : trois olives de l'olivier nain). Après avoir bien broyé le tout, fais bouillir suivant la formule, jusqu'à consistance d'électuaire, puis mets-le dans un vase de verre, que tu boucheras très bien. Lorsque tu le mettras, joins-y le cœur

D'UNE HUPPE ENCORE CHAUD ET PALPITANT, AVEC UN PEU DE SON SANG. ENSUITE, MANGE LE CŒUR ENCORE PALPITANT D'UNE AUTRE HUPPE EN BUVANT DE L'HYDROMEL, ET TU SERAS INITIÉ JUSQU'À LA FIN DE TA VIE. 27] LORS DONC QUE TU VOUDRAS SAVOIR CE QUI SE PASSE DANS LE MONDE OU DANS LE CIEL, OU DANS UN PAYS, OU DANS UNE VILLE, OU CHEZ UN HOMME, OU DANS TA MAISON OU DANS UNE AUTRE, AU SUJET DES FEMMES, DES HOMMES OU DES VOLEURS, PRENDS UN DOIGT DE LA COMPOSITION, PUIS BOIS DU LAIT DE VACHE ET DE L'HYDROMEL. ENSUITE,

PORTE LE PHYLACTÈRE SUSDIT, PENDU À TON COU, DE FAÇON QU'IL TOUCHE À TON CŒUR ET À
TON ESTOMAC, ALORS TU SERAS EN ÉTAT DE CONNAÎTRE CE QUE TU VOUDRAS SAVOIR. CAR TU CONNAÎTRAS TOUT CE QUI A ÉTÉ DIT PLUS HAUT, LES VIES ET LES DESTINÉES DES HOMMES ET
DES FEMMES, DES VOLEURS ET DES ESCLAVES FUGITIFS, OÙ ET COMMENT, BREF, TOUT.
28] TOUS LES DEUX ONT LA MÊME RÉDACTION. HARPOCRATION AJOUTE CECI : JE T'ADJURE,
MON ENFANT, PAR LE CIEL, PAR L'AIR, PAR LA TERRE, PAR L'ABIME, PAR LES SOURCES ET PAR LES

FLEUVES, PAR LE DIEU QUI RESPIRE EN TOI, DE NE COMMUNIQUER À PERSONNE CE MYSTÈRE,
PAS MÊME À TON PROPRE FILS, À MOINS QU'IL NE SOIT DIGNE DE CONNAÎTRE CETTE NATURE.
TOUS LES DIEUX QUE NOUS ADORONS POSSÈDENT CETTE PUISSANCE ; MAIS NE LE DIS À
PERSONNE, SEULEMENT EMPLOIE-LA COMME UNE ÂME SAGE À L'EXCLUSION DE TOUT AUTRE.

LETTRE X

1] ΧΡΥΣΆΝΘΕΜΟΣ CHRYSANTHÈME, PLANTE.
ΧΡΘΣΌΠΤΕΡΟΝ CHRYSOPTÈRE, OISEAU.
ΧΡΥΣΟΦΌΣ DORADE, POISSON.
ΧΡΥΣΙΤΗΣ CHRYNTE, PIERRE.

2] CHRYSANTHÈME, PLANTE CONNUE DE TOUS.

3] CHRYSOPTÈRE, OISEAU DE LA GROSSEUR DE LA CAILLE.

4] DORADE, POISSON DE MER, BON À MANGER, BIEN CONNU.

5] CHRYSITE, PIERRE DE PLUSIEURS COULEURS, AYANT L'ÉCLAT DE L'OR.

6] LA FLEUR DU CHRYSANTHÈME EST JAUNE D'OR, AYANT LA FORME D'UN CALICE, ET AU MILIEU DE LA FLEUR SE TROUVE UNE SORTE DE PETITES FOURMIS NOIRES, AUX AILES COURTES. ON LES APPELLE SANG COSMIQUE ; ON LES VOIT AVANT LE LEVER DU SOLEIL, LORSQUE CE

DERNIER EST DANS LE SIGNE DU BÉLIER. ON LES MET DANS UN VASE DE VERRE AVEC DE L'HUILE DE ROSES ET UN PEU DE LA FLEUR DE LA PLANTE. PUIS, EN SORTANT LE MALIN, EN ÉTAT DE PURETÉ, PRENDS UN PEU DE LA PRÉPARATION, GRAISSE T'EN LES YEUX, ET MARCHE HARDIMENT : CAR CELA TE RENDRA AGRÉABLE, GRACIEUX, RECOMMANDABLE VIS-À-VIS DE TOUS LES HOMMES ET DE TOUTES LES FEMMES. SI TU FAIS CELA AU LEVER DU SOLEIL, L'EFFET EN SERA MEILLEUR.

7] CELA AGIT CONTRE LES INSUCCÈS PARTIELS, L'ÉLOIGNEMENT DES AFFAIRES ET LES CHOSES

ANALOGUES.

8] POUR LES DOULEURS DES ENFANTS QUI FONT LEURS DENTS, METS-LEUR AU COU, DANS UN MORCEAU D'ÉTOFFE, DE LA RACINE DE LA PLANTE AVEC DE LA PIERRE DE LA TÊTE DU POISSON.

9] LES YEUX DE L'OISEAU CHRYSOPTÈRE, SUSPENDUS AU COU, GUÉRISSENT LA FIÈVRE TIERCE ; SON CŒUR, SUSPENDU AU COU, DÉLIVRE LES FIÉVREUX.

10] LES PIERRES DE LA TÊTE DU POISSON, SUSPENDUES AU COU, GUÉRISSENT LES PHTISIQUES.

11] SUR UNE PIERRE CHRYSITE, GRAVE L'OISEAU AYANT UNE CRÊTE EN FORME DE DISQUE ET

SOUS SES PATTES, LE POISSON : PUIS, APRÈS AVOIR ENFERMÉ DESSOUS UNE PETITE RACINE
DE LA PLANTE, DONNE-LA À PORTER. ELLE EST BONNE POUR LES DOULEURS D'ESTOMAC,
L'INVERSION DE L'UTÉRUS ET POUR LES REINS.
12] ELLE REND GRACIEUX CELUI QUI LA PORTE ET LE FAIT CHÉRIR DE TOUS.
13] ELLE EST EFFICACE AUSSI POUR LES FIÉVREUX, SI ELLE EST JETÉE DANS L'HUILE DONT ON
SE FROTTERA AU COUCHER DU SOLEIL.
14] ELLE A AUSSI D'AUTRES VERTUS POUR LES BREUVAGES D'AMOUR, SI ELLE EST TREMPÉE
DANS DU VIN ET QU'ON LE BOIVE ENSUITE.

15] SI TU AS LA PIERRE DE LA TÊTE DU POISSON AVEC LES CHOSES QUI VIENNENT D'ÊTRE DITES, ELLE SOULAGERA BEAUCOUP LES PHTISIQUES.

LETTRE Ψ

1] ΨΥΛΛΙΟΣ PLANTAIN, PLANTE.
ΨΥΛΛΟΣ PUCE DE MER.
ΨΑΡΌΣ ÉTOURNEAU, OISEAU.
ΨΩΡΙΤΗΣ PSORITE, PIERRE, APPELÉE AUSSI PORUS.

2] LE PLANTAIN EST UNE PLANTE CONNUE DE TOUS.

3] LA PUCE DE MER EST UN PETIT ANIMAL DONT SE SERVENT LES PÉCHEURS AU BORD DE LA MER.

4] ETOURNEAU, OISEAU CONNU DE TOUS.

5] PSORITE, PIERRE QU'ON APPELLE AUSSI PORUS.

6] FAIS BOUILLIR DANS DEUX COTYLES D'EAU, III DRACHMES DE GRAINES DE LA PLANTE, JUSQU'À CONSISTANCE VISQUEUSE, PUIS LES AYANT FILTRÉES DANS UN LINGE, JETTE LE RÉSIDU ET DANS L'EAU DE LA DÉCOCTION METS VI ONCES DE CIRE ET VI ONCES D'HUILE. ENSUITE, FAIS BOUILLIR JUSQU'À CE QUE LA CIRE SOIT FONDUE; ÉCRASE BIEN AU MORTIER; C'EST UN CATAPLASME DIVIN POUR LES MAUX DE PIED ET LES BRÛLURES DANGEREUSES.

7] SI TU DÉLAYES LA PIERRE DANS DU SANG DE L'OISEAU, ET QUE TU LEUR EN FROTTES LE

FRONT, TU SAUVERAS LES GENS ATTEINTS DES FIÈVRES TIERCE ET QUARTE.

8] SI TU DÉLAYES DANS L'INFUSION SUSDITE DE LA PLANTE LA PIERRE ET QUE TU EN FROTTES LE FRONT DES FIÉVREUX ET DES CÉPHALALGIQUES, TU LEUR ENLÈVERAS LA DOULEUR.

9] XXVIII GRAINS DE GRAINE DE PLANTAIN, JOINTS À DES PUCES DE MER, SUSPENDUS AU COU DANS UN LINGE, GUÉRISSENT LA FIÈVRE TIERCE ACCOMPAGNÉE DE FRISSONS.

10] FAIS BOUILLIR UNE GRANDE QUANTITÉ DE PUCES DE MER DANS DE L'EAU DE MER ET

RÉPANDS-LA OÙ IL Y A BEAUCOUP DE PUCES : ELLES DISPARAÎTRONT.

11] SUR UNE PIERRE PSORITE, GRAVE TROIS PUCES DE MER SOUS UN ROSEAU VERT; ENFERME DESSOUS UNE PETITE RACINE DE LA PLANTE ET FAIS-LA PORTER AUX ENFANTS AGITÉS ET QUI GRINCENT DES DENTS.

12] SI UN PÊCHEUR VIGILANT LA PORTE SUR LUI PENDANT LE JOUR SUR UN FLEUVE OU SUR UN ÉTANG, IL FERA TRÈS BONNE PÊCHE.

LETTRE Ω

1] ὬΚΙΜΟΣ BASILIC, PLANTE.

ὨΚΎΤΕΡΟΣ OCYPTÈRE, OISEAU.

ὬΜΙΣ OMIS, POISSON DE MER.

ὨΚΥΤΟΚΙΟΣ OCYTOCIOS, PIERRE.

2] BASILIC, PLANTE BONNE À MANGER, SORTE DE LÉGUME, CONNUE DE TOUS, ODORANTE.

3] OCYPTÈRE, OISEAU, ANIMAL VÉNÉRÉ : C'EST L'HIRONDELLE COMMUNE.

4] L'OMIS, POISSON DE MER, QUI SUIVANT LES UNS EST L'ANCHOIS, SUIVANT LES AUTRES LE LYEMBROS : PETIT ANIMAL QUI SE MANGE ET QU'ON APPELLE MENDOLE.

5] L'OCYTOCIOS, PIERRE, EST LA TRÈS PETITE AÉLITE, SONORE; ELLE EST BELLE À VOIR.

6] NOUS AVONS APPRIS AU SUJET DE LA PLANTE BASILIC QU'ELLE A DE TRÈS GRANDES VERTUS. SI QUELQU'UN, APRÈS L'AVOIR MÂCHÉE À JEUN, SANS QU'ELLE AIL ÉTÉ LAVÉE, LA PLACE

PENDANT SEPT NUITS DANS UN ENDROIT DÉCOUVERT, ÉLOIGNÉ DU SOLEIL, L'ENLEVANT PENDANT LE JOUR, LA LAISSANT EXPOSÉE À L'AIR PENDANT LA NUIT, IL TROUVERA UN SCORPION À SEPT VERTÈBRES, JAUNE. S'IL BLESSE QUELQU'UN, LE BLESSÉ ENFLERA ET MOURRA LE TROISIÈME JOUR.

7] SI, APRÈS L'AVOIR ÉTOUFFÉ DANS DE L'EAU OU DANS DU VIN, TU EN FAIS BOIRE À QUELQU'UN, CELUI QUI L'AURA BU AURA SUR TOUT LE CORPS DES PUSTULES, QUI DÉTERMINERONT DES ULCÈRES INCURABLES.

8] SI TU BROYÉS LE SCORPION AVEC DE LA GRAINE DE L'HERBE AU SCORPION [TOURNESOL], ET
QUE TU EN FASSES DES PILULES, ET QUE LES AYANT DESSÉCHÉES, TU LES METTES DANS UN
VASE DE VERRE ET QUE TU EN DONNES À UN ÉPILEPTIQUE, IL N'AURA PLUS D'ATTAQUES :
DONNE À JEUN PENDANT VII JOURS A LA DOSE DE TROIS PILULES DANS UN MÉLANGE
CONVENABLE. SI TU EN DONNES À QUELQU'UN QUI SOIT BIEN PORTANT, RENDU LUNATIQUE, IL
NE POURRA JAMAIS GUÉRIR.
9] SI TU FAIS POUR UN LINIMENT UN MÉLANGE D'INFUSION DE BASILIC ET DE FIENTE

D'HIRONDELLE, TU DÉLIVRERAS LES GENS MALADES DE LA FIÈVRE QUARTE.

10] SI TU DONNES À TENIR UNE AILE D'HIRONDELLE ET UNE PETITE RACINE DE BASILIC À UNE FEMME DONT LES COUCHES SONT DIFFICILES, AUSSITÔT, ELLE ACCOUCHERA SANS DANGER.

11] SI TU METS DANS N'IMPORTE QUELLE ESSENCE L'AILE DE L'OISEAU, TU AURAS, DE TOUS ET DE TOUTES, TRÈS GRAND BONHEUR ET FAVORABLE ACCUEIL. LE CŒUR DE L'HIRONDELLE, PORTÉ AU COU DANS UNE PEAU DE CERF, SOULAGE LES LUNATIQUES.

12] AU SUJET DU SCORPION COMMUN, JE NE GARDERAI PAS LE SECRET, À CAUSE DE L'ERREUR

DES IGNORANTS. CAR L'ERREUR S'ENGENDRE DANS L'AIR. SI TU METS UN SCORPION COMMUN DANS UNE COTYLE D'HUILE, AU DÉCLIN DE LA LUNE, ET QUE TU LE GARDES EN RÉSERVE, PUIS QUE TU EN FROTTES L'ÉPINE DORSALE DE QUELQU'UN, L'EXTRÉMITÉ DES PIEDS ET DES MAINS ET QUE TU EN FROTTES L'ÉPINE DORSALE DEPUIS LA SECONDE VERTÈBRE DU COU JUSQU'AU BAS, PUIS LE FRONT ET LA TÊTE AVANT L'HEURE DE L'ACCÈS, TU GUÉRIRAS LES FIÈVRES TIERCE, QUARTE ET QUOTIDIENNE; TU SOULAGERAS ÉGALEMENT LES LUNATIQUES ET LES POSSÉDÉS DU DÉMON.

13] SI TU METS DANS D'AUTRE HUILE L'AILE DE L'OISEAU, ET QUE TU EN FROTTES UNE PERSONNE GUÉRIE, LE MAL REVIENDRA ET ELLE NE POURRA ÊTRE SAUVÉE.

14] LE SCORPION COMMUN, GRILLÉ ET MANGÉ PAR DES PERSONNES ATTEINTES DE LA PIERRE, LA LEUR FAIT RENDRE EN URINANT, SANS DOULEUR.

15] AVEC LE DARD DU SCORPION, AVEC LA POINTE DU BASILIC, DANS LAQUELLE EST LA GRAINE, AVEC LE CŒUR DE L'HIRONDELLE, PORTÉS AU COU DANS UNE PEAU DE CERF, TU GUÉRIRAS LES LUNATIQUES DE LEUR FOLIE. CE PHYLACTÈRE CHASSE ÉGALEMENT LES DÉMONS

QUI REFUSENT DE S'ÉLOIGNER.

16] BROIE DONC LA PIERRE DONT IL VIENT D'ÊTRE QUESTION AVEC DU SUC DE LA PLANTE ET DU SANG DE L'OISEAU, AVEC UNE TÊTE D'ANCHOIS ET UN PEU D'EAU ET METS EN RÉSERVE DANS UN VASE DE VERRE; ET LORSQUE TU VOUDRAS EN FAIRE L'EXPÉRIENCE, IMPRÈGNE LES DOIGTS DE TA MAIN DROITE OU DE TA MAIN GAUCHE, TOUCHE ALORS CE QUE TU VOUDRAS, PIERRE TRÈS DURE, BOIS OU OS, IMMÉDIATEMENT ILS SE BRISERONT, DE SORTE QUE LES ASSISTANTS CROIRONT QUE TU ES UN MAGICIEN.

17] NOUS AVONS VU, DIT HARPOCRATION, UNE OPÉRATION TOUT À FAIT DIVINE ET DÉMONSTRATIVE, QUI S'EST PASSÉE DANS LA CAPITALE DE LA BABYLONIE.
18] CAR SI QUELQU'UN PLACE SUR DES CHARBONS ARDENTS LA TÊTE D'UN ANCHOIS FRAIS SUR LA TERRASSE DE LA MAISON, DANS L'AIR PUR DE LA NUIT, IL FERA APPARAÎTRE UN NOMBRE D'ASTRES TEL QUE LE CIEL EN PARAÎTRA REMPLI.
19] SI PENDANT LA PLEINE LUNE ON MET LA TÊTE DE L'ANIMAL DANS UNE FIGUE, PUIS QU'ON LA PLACE SUR LE FEU, LE SOIR, L'AIR ÉTANT CALME, TU VERRAS LE DISQUE DE LA LUNE QUI

SEMBLERA OCCUPER LA MOITIÉ DU CIEL.

20] SI TU MÊLES À TOUT CELA UN PEU D'ÉTOILE DE MER, TU VERRAS APPARAÎTRE STICHIUS, TRÈS GRAND, QUI SE TIENDRA DEBOUT À TES PIEDS.

21] SI TU LA PLACES SUR DE LA PYRITE PULVÉRISÉE, IL SE PRODUIRA DES TONNERRES ET DES ÉCLAIRS.

22] SI TU LA PLACES SUR DE LA TERRE VENANT DE LA MAISON DE CERTAINES PERSONNES, IL SE PRODUIRA LÀ UN TREMBLEMENT DE TERRE.

23] ON A NOMMÉ OMIS, LA MENDOLE, PARCE QU'ELLE A DANS LES ÉPAULES (῎ΩΜΟΣ) UNE

GRANDE VERTU. VOICI LA PRÉPARATION D'UN CATAPLASME : ARÊTES DES ÉPAULES DE LA MENDOLE, I ONCE ; POMME DE MANDRAGORE, I ONCE ; GRAINE DE JUSQUIAME, I ONCE ;
OPIUM, I ONCE; ROSES SÈCHES, I ONCE; ÉCORCE DE RACINE DE COQUERET, III ONCES;
COLOPHANE, I MINE; SOUFRE, I ONCE; NITRE, I ONCE : PRÉPARE COMME TOPIQUE ET METS,
EN CATAPLASME À CELUI QUE TA VOUDRAS, ET RAPIDEMENT TU AURAS RAISON DE LA MALADIE.
24] SI TU FAIS LE CATAPLASME, QUE TU LE POSES AU JOUR INDIQUÉ ET QUE TU VEUILLES,

SOIGNER AUTREMENT, IL NE PRODUIRA AUCUN EFFET, CAR IL NE SERA PAS BON AU-DELÀ
DE VII JOURS : C'EST LE REMÈDE DES MALADIES SUIVANTES.
25] LA MENDOLE EST NOMMÉE MAINIS PARCE QU'ELLE FOURNIT LA PRÉPARATION SUIVANTE
POUR LA FOLIE (ΜΑΝΊΑΣ). APRÈS AVOIR PRIS LES YEUX DE LA MENDOLE, METS-LES, DANS
UNE COTYLE DE VIN (DANS UN AUTRE MANUSCRIT, DANS DE L'HUILE DE LIS) : IL FAUT LES
LAISSER INFUSER SEPT JOURS. ENSUITE, METS DANS LE VIN : GRAINE DE SEMENCE DE

MANDRAGORE, XIV DRACHMES ; GRAINE D'ÉGLANTIER, IV DR. ; GRAINE DE TOURNESOL, IV DR.; FAIS BOUILLIR JUSQU'À RÉDUCTION DE MOITIÉ, ET APRÈS AVOIR FAIT DÉPOSER, EMPLOIE DE LA FAÇON SUIVANTE.

26] SI TU VOIS QUELQU'UN PRIS DE FOLIE, DONNE-LUI DE CE VIN, I DRACHME, AVEC DE L'EAU CHAUDE, ET IL SERA, SAUVÉ. (DANS UN AUTRE MANUSCRIT, C'EST UNE COTYLE QU'IL FAUT DONNER·).

27] SI TU LE DONNES À BOIRE AVEC DU VIN À QUELQU'UN QUI TOMBE [DU MAL CADUC], ET ATTEINT DE FOLIE, IL SERA SOULAGÉ.

28] SI, APRÈS L'AVOIR MÉLANGÉ AVEC UN COLLYRE, TU LE DONNES POUR S'OINDRE LES,
YEUX, CELUI QUI EST ATTEINT DE SUFFUSION DES YEUX SERA GUÉRI EN SEPT JOURS.

29] SI TU SOIGNES AVEC CE REMÈDE QUELQU'UN QUI A MAL AUX OREILLES, IL· DEVIENDRA SOURD·

30] L'ONGUENT FAIT AVEC LES PIERRES DE LA TÊTE DE LA MENDOLE, BROYÉES AVEC DU FIEL
D'ALABÈTE NOIR, MIS SUR LES YEUX, FAIT APPARAÎTRE ET VOIR LES CHOSES DANS L'OBSCURITÉ.

31] SI TU AJOUTES AU MÉLANGE UN PEU DE PIERRE D'AIMANT VIVANT ET UN PEU D'EAU DE

PLUIE, CELUI QUI SE FROTTERA LES YEUX AVEC CET ONGUENT TERRA PENDANT SEPT JOURS LES CHOSES DU CIEL ET DE L'AIR.

32] GRAVE DONC SUR UNE PIERRE UNE HIRONDELLE ET PRÈS DE SES PATTES LE SCORPION SUR UNE MENDOLE : SOUS LA PIERRE, ENFERME LES YEUX DU SCORPION ET DE LA MENDOLE, UNE PETITE RACINE DE TOURNESOL, ET, APRÈS L'AVOIR FERMÉ, PORTE LE PHYLACTÈRE; IL DÉTOURNE TOUS LES ANIMAUX VENIMEUX, QUADRUPÈDES, SERPENTS, REPTILES VENIMEUX, IL HUMILIE AUSSI TOUS LES ENNEMIS ET CEUX QUI DRESSENT DES EMBÛCHES.

33] SI QUELQU'UN EST BLESSÉ PAR UN SCORPION ET QU'IL SCELLE LA BLESSURE AVEC CE SCEAU, AUSSITÔT LA BLESSURE SE CALMERA.

34] SI QUELQU'UN, APRÈS AVOIR ÉTÉ MORDU PAR UN CHIEN ENRAGÉ, DEVIENT HYDROPHOBE ET NE PEUT BOIRE, PRENDS L'ANNEAU, JETTE-LE DANS DE L'EAU, DONNE-LA LUI À BOIRE, ET QUAND IL AURA BU, IL SERA GUÉRI.

35] SI TU LA DONNES À BOIRE AVANT L'ACCÈS À UN MANIAQUE, IL NE SERA PAS FOU.

36] SI TU DONNES À UN MANIAQUE UNE LANGUE DE MENDOLE FRAÎCHE, ÉCRASÉE DANS

L'EAU EN METTANT L'ANNEAU DEDANS, IL SERA GUÉRI : SI C'EST À UNE PERSONNE SAINE D'ESPRIT, ELLE DEVIENDRA FOLLE. POUR LA GUÉRISON, DONNE-LUI À MANGER UNE MENDOLE GRILLÉE. L'HOMME QUI IGNORE TOUT CE QUI VIENT D'ÊTRE DIT, DEVIENDRA FOU. AINSI S'EXPRIME POUR LES MORTELS LA DIVINE CYRANIDE.

37] HARPOCRATION A AINSI TERMINÉ ICI CE LIVRE ; QUANT À SON AUTRE LIVRE DES CYRANIDES, NOUS NE L'AVONS PAS TROUVÉ. MAIS ICI, CE EN QUOI HARPOCRATION A DIFFÉRÉ DE CYRANUS, OU LE SECOND DU PREMIER, J'AI TOUT RECUEILLI DANS L'ORDRE DES

DEUX OUVRAGES, ET J'EN AI FAIT UN LIVRE, SANS RIEN PASSER SOUS SILENCE. MAINTENANT JE PASSERAI AUX AUTRES LIVRES DE CYRANUS, AFIN QUE NOUS PUISSIONS EN TIRER PROFIT.

AINSI PREND FIN LE LIVRE DU TRÈS AUGUSTE ET TOUT PUISSANT [HERMÈS].

FIN DE LA PREMIÈRE CYRANIDE.

DEUXIÈME CYRANIDE

LIVRE D'HERMÈS TRISMÉGISTE SUR L'ÉTUDE, LA CONNAISSANCE, L'INFLUENCE NATURELLE DES QUADRUPÈDES, COMPOSÉ POUR SON DISCIPLE ASCLÉPIOS

LETTRE A

ΠΕΡΙ ΘΗΡΙΟΥ ΑΡΚΤΟΥ

DE LA BÊTE SAUVAGE NOMMÉE OURS.

1] L'OURS EST UN ANIMAL SAUVAGE, TRÈS POILU, PARESSEUX, RESSEMBLANT EN TOUT À L'HOMME, INTELLIGENT ET MARCHANT SPONTANÉMENT DEBOUT.

2] CHACUN DE SES MEMBRES A ÉTÉ FAIT SUIVANT CHACUN DES MEMBRES DE L'HOMME. IL EST UTILE EN MÉDECINE. EN EFFET, LES OS DE SA TÊTE, SUSPENDUS AU COU, SONT SALUTAIRES POUR TOUS LES MAUX DE TÊTE; SON CERVEAU, EN ALIMENT, GUÉRIT L'ÉPILEPSIE; SES YEUX, PORTÉS SUR SOI, ÉCARTENT TOUTES LES MALADIES DES YEUX ; LE CÉRUMEN DE SES OREILLES,

AVEC DE L'HUILE DE ROSES, GUÉRIT TOUS LES MAUX D'OREILLES ; SES DENTS, LES MAUX DE DENTS ; SUSPENDUES AU COU DES ENFANTS, ELLES FONT POUSSER LES DENTS SANS DOULEUR; SES YEUX, PORTÉS SUR SOI, ATTIRENT L'AFFECTION, ET LES ONGLES DE SA PATTE DROITE, PORTÉS SUR SOI, CHASSENT TOUTES FIÈVRES; SES POILS, BRÛLÉS ET PORTÉS, CHASSENT LE MAUVAIS AIR ET TOUTES SORTES DE FIÈVRES. SON FOIE SÉCHÉ, BROYÉ ET PRIS EN POUDRE, GUÉRIT LES MALADIES DU FOIE. LES TENDONS DE SES PIEDS ET DE SES MAINS, PORTÉS, GUÉRISSENT ceux qui ont la goutte aux pieds on aux mains; ses excréments, délayés dans du vinaigre, procurent une vue perçante; son cœur, porté sur soi, rend celui qui le porte, aimable, chanceux et redouté.

3] Sa graisse avec du ladanum et de l'adiante, employée en onguent, fait repousser les cheveux aux gens chauves; mêlée à la noix de galle, au vitriol, à la résine de cèdre, aux mèches de lampe, elle fait également repousser les sourcils

ET LA BARBE QUI TOMBENT. EMPLOYÉE SEULE, SA GRAISSE GUÉRIT LES OREILLONS, LES CREVASSES, LES ENGELURES, LES ÉCROUELLES, LES BUBONS.

4] LE MEMBRE DE L'OURS, PLACÉ AU BAS DE L'UTÉRUS, DE FAÇON QU'IL SOIT APPLIQUÉ CONTRE L'OUVERTURE, GUÉRIT LES ÉTRANGLEMENTS DE L'UTÉRUS. PRÉPARE-LE EN LE SÉCHANT. SA BILE, PRISE AVEC DU MIEL, À LA DOSE D'UNE CUILLERÉE, GUÉRIT PARFAITEMENT LES MALADIES DU FOIE. SA PEAU PLACÉE LÀ OÙ IL Y A DES PUCES, LES FAIT FUIR, ET IL N'EN RESTE PAS.

ENDUIS DE GRAISSE D'OURS LE FRONT D'UN ENFANT, ET IL DEVIENDRA VIGOUREUX AU-DELÀ DE TOUTE EXPRESSION.
SI TU MÉLANGES DE LA GRAISSE D'OURS AVEC DU POIVRE ET QUE TU EN FROTTES UN HOMME CHAUVE, LES CHEVEUX REPOUSSERONT SUR SA TÊTE.
ENDUIS DE GRAISSE D'OURS LES HÉMORROÏDES ET EUES SERONT GUÉRIES.
ΠΕΡΙ ΤΗΣ ΑΛΩΠΕΚΟΣ
DU RENARD.
5] LE RENARD, CONNU DE TOUS, ANIMAL TRÈS MALFAISANT ET TRÈS FUSÉ ET MALIN, MANGE LES OISEAUX ET SENT MAUVAIS.

6] SI QUELQU'UN LE PREND VIVANT À LA CHASSE, ET LE FAIT BOUILLIR DANS DE L'HUILE TRÈS
VIEILLE JUSQU'À RÉDUCTION DES OS, PUIS FILTRE L'HUILE ALORS QU'ELLE EST ENCORE CHAUDE,
CE LINIMENT EST INCROYABLEMENT UTILE AUX ARTHRITIQUES, AUX PODAGRES, À CEUX QUI
ONT LA GOUTTE SCIATIQUE, AUX LANGUISSANTS, À CEUX QUI SOUFFRENT DEPUIS DE LONGUES ANNÉES.
SA GRAISSE TIÈDE, INTRODUITE DANS L'OREILLE, GUÉRIT LES MAUX D'OREILLES.
7] LORSQUE TU LE PRENDRAS À LA CHASSE, TU DEVRAS LUI DIRE LE MOTIF POUR LEQUEL TU

L'AS POURSUIVI.

8] SON TESTICULE DROIT DESSÉCHÉ, MIS EN POUDRE, DÉLAYÉ DANS LA BOISSON, EST UN PHILTRE D'AMOUR POUR LES FEMMES ; LE TESTICULE GAUCHE, POUR LES HOMMES.

9] L'EXTRÉMITÉ DE SON MEMBRE, PORTÉE COMME AMULETTE, PRODUIT UNE TRÈS GRANDE ÉRECTION ; MÊME RÉSULTAT, SI ELLE EST BROYÉE ET MÊLÉE DIRECTEMENT À UN BREUVAGE.

10] ET SES TESTICULES SÉCHÉS, PRIS EN BOISSON, AGISSENT DE MÊME.

11] DONNES-EN LA VALEUR D'UNE CUILLERÉE : À CETTE DOSE, ILS SONT EFFICACES ET TENDENT

L'ÉRECTION SANS DANGER ET CERTAINE.

12] LUI AYANT DONC COUPÉ LES DEUX TESTICULES, LÂCHE-LE VIVANT, MAIS APRÈS L'AVOIR GUÉRI, ET PORTE-LES EN AMULETTE. LORSQUE TU TOUCHERAS À CES TESTICULES, IMMÉDIATEMENT L'ÉRECTION SE PRODUIRA. QUELQUES-UNS LES INTRODUISENT DANS LES HANCHES DU BOUC.

13] SI TU PLACES L'EXTRÉMITÉ DE SON MEMBRE DANS UNE VESSIE OU DANS UNE PEAU SUR LAQUELLE TU AS ÉCRIT, AVEC DE L'ENCRE DE SMYRNE, CES PAROLES TIN'N B'BB

H'ΛΙΘΙ PP G L'·.I.· TINBIN ILITHI (V. I.)] ET QUE TU LA PORTES COMME AMULETTE, LES RAPPORTS SEXUELS SERONT SANS DANGER.

14] LE SANG DU RENARD GUÉRIT LA DOULEUR DES REINS, QUAND IL EST VERSÉ CHAUD-SUR EUX.

15] SES ROGNONS, PRIS COMME ALIMENT OU EN BOISSON, SONT APHRODISIAQUES.

16] SON FOIE, SÉCHÉ, PULVÉRISÉ, EMPLOYÉ À SAUPOUDRER ET BU AVEC DE L'OXYMEL, GUÉRIT MERVEILLEUSEMENT LES MALADIES DE LA RATE ; DE MÊME LA RATE DU RENARD, QUAND ON LÀ PORTE SUR SOI.

17] SON FOIE, BU AVEC DU VIN, GUÉRIT LES ASTHMATIQUES.

18] SON POUMON, GRILLÉ ET MANGÉ, GUÉRIT LA DYSPNÉE.

19] SA GRAISSE ARRÊTE MERVEILLEUSEMENT LA CHUTE DES CHEVEUX.

20] SA FIENTE AVEC DE L'HUILE DE ROSES DANS UN PESSAIRE, FAVORISE LA CONCEPTION.

21] SON CŒUR, PORTÉ EN AMULETTE, MET À L'ABRI DES MALÉFICES.

22] UNE DENT DE RENARD, SUSPENDUE AU COU, SOULAGE LES ESCARRES ET PERMET AUX ENFANTS DE FAIRE LEURS DENTS SANS DOULEUR.

23] SI ON MÉLANGE AVEC DE L'ASPHALTE ET DE L'HUILE D'OLIVES VERTES SES ONGLES, PRÉALABLEMENT BROYÉS DANS DE L'HUILE DE ROSES, L'ONGUENT, APPLIQUÉ EN PESSAIRE, GUÉRIT MERVEILLEUSEMENT L'HYSTÉRIE.

24] SON TESTICULE BROYÉ, MÉLANGÉ AVEC DE LA CIRE, SOULAGE LES OREILLONS.

25] SI QUELQU'UN, APRÈS AVOIR ENVELOPPÉ DANS UN LINGE LES PARTIES GÉNITALES DU RENARD, LES ATTACHE AUTOUR DE SA TÊTE, TOUTE DOULEUR DE TÊTE, MIGRAINE ET VERTIGES SERONT GUÉRIS.

26] SA FIENTE, BROYÉE AVEC DU VINAIGRE, GUÉRIT LES DARTRES.

27] SA FIENTE, MÊLÉE À LA GRAISSE, EMPLOYÉE EN FRICTION, ARRÊTE LA CHUTE DES CHEVEUX.

ΠΕΡΙ ΑΣΦΑΛΗΚΟΣ

DE LA TAUPE.

28] LA TAUPE EST UN ANIMAL AVEUGLE, QUI VIT ET MARCHE SOUS TERRE. SI ELLE VOIT LE SOLEIL, LA TERRE NE LA REÇOIT PLUS ET ELLE MEURT.

29] SON CŒUR, PORTÉ DANS UNE PEAU DE CERF COMME AMULETTE, GUÉRIT LES LUNATIQUES. PORTÉ DANS LA PEAU DE LA HUPPE AVEC LES DEUX YEUX DE L'OISEAU, ELLE SERT À PRÉDIRE

TOUTES CHOSES PENDANT TOUT LE TEMPS QU'ELLE SERA PORTÉE PAR QUELQU'UN DE PUR.

30] SI QUELQU'UN PORTE SON CŒUR, IL DEVIENDRA PLUS GRAND ET MEILLEUR ; CAR LA PUISSANCE DE CET ANIMAL EST DIVINE ET ACTIVE, ET JE NE SAURAIS LA PASSER SOUS SILENCE.

31] VOICI UN BREUVAGE. SI QUELQU'UN, AU SOLEIL LEVANT, EN PREND LA VALEUR D'UN DOIGT, IL SAURA CE QUI ARRIVERA JUSQU'AU COUCHER DU SOLEIL.

32] LA PRÉPARATION DU BREUVAGE EST LA SUIVANTE : PRENANT LA TAUPE, ÉTOUFFE-LA DANS

TROIS COTYLES D'EAU DE PLUIE. FAIS BOUILLIR JUSQU'À CONSISTANCE DE CIRE; APRÈS AVOIR PASSÉ, TU METTRAS L'EAU DANS UN VASE D'AIRAIN ET TU FERAS BOUILLIR ; PRÉPARE ENSUITE DE CETTE FAÇON : RACINE DE VERVEINE (?), IV ONCES ; ARMOISE À TIGE UNIQUE, IV ONCES; STYRAX EN LARMES, MYRRHE D'ETHIOPIE, BDELLIUM, IV ONCES DE CHAQUE ; ENCENS MÂLE EN LARMES, VIII ONCES. AYANT COUPÉ, MÉLANGÉ, BROYÉ, JETTE DESSUS UNE COTYLE DE MIEL DE PREMIÈRE QUALITÉ, PUIS FAIS BOUILLIR JUSQU'À CONSISTANCE DE MIEL ; ENLÈVE

ALORS ET DÉPOSE DANS UN VASE DE VERRE ET UTILISE COMME IL A ÉTÉ DIT. 33] ENTERRE LES OS DE LA TAUPE, DANS TA MAISON, À L'INTÉRIEUR, CAR LA TAUPE, SOIT VIVANTE, SOIT MORTE, DONNE DES PRÉSAGES TOUT COMME LES CHÈVRES. 34] SI DONC QUELQU'UN ATTEINT D'ÉCROUELLES, D'OREILLONS OU DE QUELQUE AUTRE ESPÈCE D'ABCÈS, PREND LA TAUPE VIVANTE ET LA PRESSE DANS SES MAINS SEULEMENT, JUSQU'À CE QU'ELLE MEURE, CELUI QUI L'AURA PRESSÉE SERA PARFAITEMENT GUÉRI DE CES MALADIES ET JAMAIS PLUS IL NE SERA ATTEINT NI NE SOUFFRIRA DE TUMEUR À LA LUETTE, D'AMYGDALITE, DE

TUMEURS À L'AINE, ET N'AURA JAMAIS NI ÉCROUELLES, NI ABCÈS D'AUCUNE SORTE.

35] SA GRAISSE FONDUE GUÉRIT MERVEILLEUSEMENT L'OTALGIE.

36] ENFOUIS DONC LA TAUPE DANS LA TERRE [DANS TA MAISON.]

37] SI QUELQU'UN MANGE SON CŒUR ENCORE PALPITANT, IL AURA LA PRESCIENCE DES CHOSES DE L'AVENIR ÉTERNEL.

ΠΕΡΙ ΑΙΓΩΝ ΘΗΛΕΙΩΝ

DES CHÈVRES.

38] LES CHÈVRES SONT CONNUES DE TOUS ET UTILES; PAR EXEMPLE, SI QUELQU'UN APPLIQUE LA PEAU D'UNE CHÈVRE SUR UN ÉPILEPTIQUE, QU'ON MÈNE ENSUITE AU BORD

D'UN FLEUVE OU DE LA MER, AUSSITÔT, TOMBANT EN TREMBLANT ET ÉCUMANT, IL SERA RECONNU [ÉPILEPTIQUE].

39] LE SANG DE CHÈVRE, CHAUFFÉ AU FEU ET ABSORBÉ, GUÉRIT LA DYSENTERIE ET SAUVE RAPIDEMENT CEUX QUI ONT BU DES POISONS, ET GUÉRIT MERVEILLEUSEMENT LES HYDROPIQUES.

SON LAIT, BU ENCORE CHAUD, EST BON POUR LES PHTISIQUES ET LES GENS ATTEINTS DE LA JAUNISSE. SON SANG BU AVEC DU MIEL GUÉRIT LES ABCÈS.

LE SÉRUM QUI S'ÉCOULE DE SON FOIE GRILLÉ, INSTILLÉ DANS LES FISTULES LACRYMALES, EST très salutaire ; comme aussi la vapeur humide qui en tombe sur les yeux. Sa corne brûlée rend les dents brillantes et guérit les gencives molles. Ses excréments, en cataplasme, dissolvent les enflures dures, et, mélangés au miel, soulagent les hydropiques et les dyspeptiques.

40] Sa bile, en liniment avec du miel non enfumé, est employée pour les obscurcissements de la vue, les taies et le ptérygion.

41] La rate de la chèvre, mangée grillée, guérit la dysenterie.

42] SA CROTTE, MÉLANGÉE À LA FARINE D'ORGE, EN CATAPLASME SUR LES ULCÈRES, SUR LES PIQÛRES DE TARENTULE OU DE BUPRESTE, LES GUÉRIT. SA CROTTE SÈCHE, BUE AVEC UN MÉLANGE DE VIN ET DE MIEL, EST BONNE CONTRE LA DYSURIE ; BOUILLIE AVEC DU VIN. VIEUX ET APPLIQUÉE EN CATAPLASME, ELLE GUÉRIT MERVEILLEUSEMENT L'ŒDÈME DES ARTICULATIONS, LES PHLEGMONS DES TESTICULES, DES SEINS ET DE L'AINE. EN CATAPLASME AVEC DU MIEL, ELLE GUÉRIT CEUX QUI ONT ÉTÉ PIQUÉS PAR DES SERPENTS OU D'AUTRES animaux venimeux, car elle attire à elle tout le venin.

43] La rate de la chèvre fraîchement tuée, chaude, prise en prononçant le nom du malade, déposée sur la rate d'une personne splénique, sera attachée en bandelette pendant un jour. Ensuite, après des imprécations, le malade la suspendra au dessus de la fumée ou l'exposera au vent, afin que la rate de la chèvre se dessèche, et la rate du malade sera diminuée.

44] La peau du chevreau, en boisson, guérit les personnes mordues par les

SERPENTS DIPSADES. LA PEAU DU CHEVREAU A LA DOSE D'UNE OU DEUX COTYLES DANS DU VINAIGRE, GUÉRIT CEUX QUI CRACHENT LE SANG DE LA POITRINE.

45] LA POCHE QUI SECRÈTE LA PRÉSURE, MANGÉE GRILLÉE, SERT À SOIGNER LES DYSENTÉRIQUES ; BOUILLIE AVEC DES NOIX DE GALLES ET DE L'HUILE ET MANGÉE, ELLE ARRÊTE LE FLUX DE VENTRE.

46] SA RATE MANGÉE GRILLÉE, GUÉRIT TOUJOURS CEUX QUI SONT MALADES DE LA RATE.

47] SA PEAU ENFUMÉE RÉVEILLE LES GENS TOMBÉS EN LÉTHARGIE, ET LES ÉPILEPTIQUES QUI

TOMBENT, ET LES HYSTÉRIQUES, ET SES POILS ENFUMÉS PRODUISENT LES MÊMES EFFETS.

LETTRE B

ΠΕΡΙ ΒΟΟΣ ΘΗΛΕΙΑΣ

DE LA VACHE.

1] LA VACHE EST CONNUE DE TOUS. AYANT PRIS DE LA BOUSE SÈCHE, BROYÉ, MÉLANGE ET PÈSES-EN UNE LIVRE; CIRE, VI ONCES; JUS DE CHOU, VI ONCES (DANS UN AUTRE MS. : III ONCES); ŒUFS CRUS, III; BONNE HUILE, UNE LIVRE; SOUFRE, I ONCE : BROIE LES MATIÈRES SÈCHES ET FAIS FONDRE LES MATIÈRES FUSIBLES. AYANT DONC MOULU ET CHAUFFÉ

DOUCEMENT, AYANT JETÉ LES ŒUFS DEDANS, BROYÉ CONVENABLEMENT. FAIS-EN UN CATAPLASME : TU SOULAGERAS AUSSITÔT LES SPLÉNIQUES, LES HÉPATIQUES, LES HYDROPIQUES, ET ÉGALEMENT LES MALADES ATTEINTS D'HYDROCÈLE ET LES PODAGRES. CACHE CECI COMME UN GRAND PRÉSENT.
2] SI TU DÉLAYES DE LA BOUSE DANS DU VINAIGRE ET QUE TU EN COUVRES UN CERTAIN ENDROIT OU UN VASE À MIEL, LES FOURMIS NE POURRONT Y ACCÉDER.
3] LES SABOTS DES VACHES, BOUILLIS ET MANGÉS AVEC DE LA MOUTARDE, SONT UN

ANTIDOTE, COMME NUL AUTRE, CONTRE TOUT POISON.

4] LE FIEL DE LA VACHE FAIT PERCER LES BOUTONS ET REND LE VISAGE BRILLANT.

5] LA BOUSE, BRÛLÉE SOUS LE LIT D'UNE FEMME EN COUCHES, FACILITE LA DÉLIVRANCE, ET FAIT DESCENDRE ET EXPULSER L'ARRIÈRE-FAIX.

VOICI LES PROPRIÉTÉS DU BŒUF : SES VERTÈBRES, RÉDUITS PAR LE FEU ET EMPLOYÉS EN POUDRE SUR LES DENTS, LES CONSERVENT BLANCHES.

SON FIEL, EMPLOYÉ EN PESSAIRE ET PLACÉ À L'ORIFICE DE L'UTÉRUS, L'OUVRE QUAND IL EST FERMÉ.

PRENANT DONC SON FOIE, METS-LE DANS UNE MARMITE NEUVE HERMÉTIQUEMENT BOUCHÉE, AFIN QUE L'AIR N'Y PÉNÈTRE PAS : METS-LA CHAUFFER SUR LA CENDRE CHAUDE D'UN FOURNEAU ET ENTRETIENS LE FEU SEPT JOURS. ENSUITE, APRÈS L'AVOIR BIEN BROYÉ, DONNE-LE À BOIRE AVEC DE L'HYDROMEL OU DU VIN CHAUD À UN HYDROPIQUE ET IL SERA GUÉRI. EN FUMIGATIONS ET EN LINIMENT, IL GUÉRIT LES PIQÛRES DES ABEILLES ET DES GUÊPES...

ΠΕΡΙ ΒΑΤΡΑΧΟΣ
DE LA GRENOUILLE.

6] LA GRENOUILLE EST UN ANIMAL CONNU DE TOUS. SI ON LUI COUPE LA LANGUE ET QU'ON LA RELÂCHE VIVANTE SECRÈTEMENT, PUIS QU'ON ÉCRIVE SUR LA LANGUE XOYO'X' C, ET QU'ON LA POSE SUR LA POITRINE D'UNE FEMME ENDORMIE, ELLE TE DIRA TOUT CE QU'ELLE A FAIT PENDANT SA VIE.

7] SA CENDRE, MÊLÉE À LA POIX, EMPLOYÉE EN ONGUENT, ARRÊTE LA CALVITIE : APPLIQUÉE AVEC DU VINAIGRE, ELLE ARRÊTE TOUTE HÉMORRAGIE DU NEZ, DES ULCÈRES ET DU FONDEMENT ET GUÉRIT LES VEINES, LES ARTÈRES ET LES BRÛLURES.

8] SI ON PREND UNE GRENOUILLE VIVANTE AU NOM DE QUELQU'UN, ALORS QUE NI LE SOLEIL, NI LA LUNE NE SONT AU-DESSUS DE L'HORIZON, PUIS, QU'AVEC DES CISEAUX ON LUI COUPE LES DEUX PATTES DE DERRIÈRE ET QU'ON LES ENVELOPPE DANS UNE PEAU DE CERF, ENFIN, QU'ON LES ATTACHE AUX PIEDS, LA PATTE DROITE AU PIED DROIT, LA PATTE GAUCHE AU PIED GAUCHE, C'EST UN PARFAIT REMÈDE POUR LES GOUTTEUX.

9] SI QUELQU'UN VEUT FAIRE TOMBER LE POIL DE TOUT SON CORPS, APRÈS AVOIR FAIT BRÛLER

LA PEAU DE LA GRENOUILLE, JETTE-LA DANS L'EAU OÙ IL SE BAIGNE ET LES POILS TOMBERONT.

10] AYANT FAIT BRÛLER DE PETITES GRENOUILLES, FAIS-EN UN ONGUENT POUR LA CHUTE DES CHEVEUX ET ELLE SERA ARRÊTÉE. LE SANG DE GRENOUILLE APPLIQUÉ SUR LA TÊTE FAIT TOMBER LES CHEVEUX, LA GRENOUILLE TERRESTRE APPELÉE SACCOS (GRESSET?), DONT L'HALEINE EST VENIMEUSE, A DANS LA MOELLE DE LA TÊTE UNE PIERRE. SI TU LA PRENDS AU DÉCLIN DE LA LUNE, ENFERME LA DANS UN LINGE DE LIN PENDANT QUARANTE JOURS, PUIS L'ENLEVANT DU LINGE ET LA

COUPANT, PRENDS LA SUSDITE PIERRE,
TU AURAS UN PUISSANT PHYLACTÈRE.
SUSPENDU À LA

C
E
I
N
T
U
R
E
,
I
L
G
U
É
R
I

TEN EFFET LES PLEEN ET L'H

YDROPISIE, COMME JE L'AI

ÉPROUVÉ MOI-MÊME.

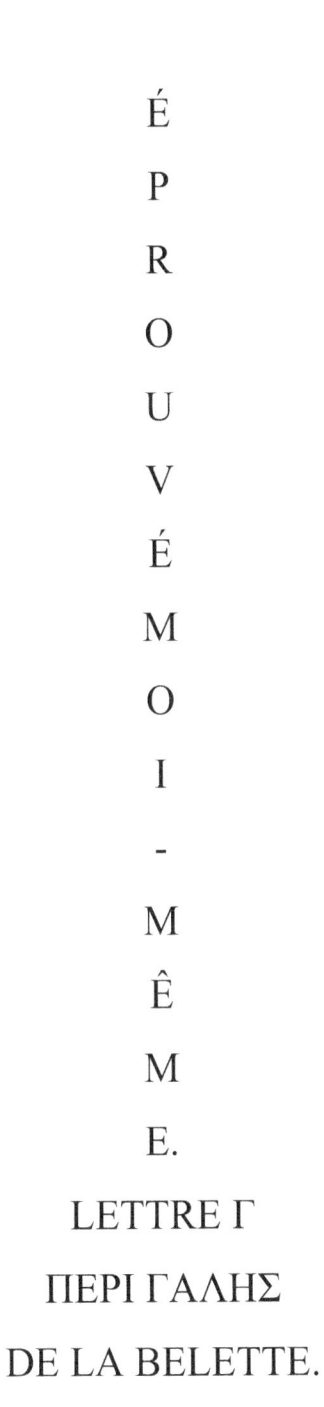

LETTRE Γ

ΠΕΡΙ ΓΑΛΗΣ

DE LA BELETTE.

1] LA BELETTE, PETIT ANIMAL CONNU DE TOUS. SA LANGUE PORTÉE SOUS LES SEMELLES DES SOULIERS FERME LA BOUCHE À TOUS.

2] SI UN JOUR, TU TROUVES UNE BELETTE JETÉE MORTE, RAMASSE-LA, FAIS-LA BOUILLIR DANS L'HUILE JUSQU'À CE QU'ELLE SOIT FONDUE; PUIS AYANT PASSÉ L'HUILE, JOINS-Y QUANTITÉ SUFFISANTE DE CIRE, POUR EN FAIRE UN CÉRAT, ET TU AURAS UN PUISSANT REMÈDE POUR LES ARTHRITIQUES ET POUR TOUTES LES AFFECTIONS NERVEUSES, POUR LES PHLEGMONS DES PIEDS ET DES ARTICULATIONS ET POUR TOUTES SORTES DE FLUXIONS.

3] IL GUÉRIT EN EFFET LES GRANDES ÉCROUELLES, ET LES SEINS ET LES TESTICULES, ET TOUT ABCÈS PROVENANT D'OPÉRATIONS CHIRURGICALES, ET LES, BUBONS.

4] SES TESTICULES SONT TANTÔT FAVORABLES, TANTÔT DÉFAVORABLES À LA CONCEPTION.

5] SI QUELQU'UN APRÈS AVOIR BROYÉ SON TESTICULE DROIT AVEC DE LA MYRRHE, LE PLACE EN PESSAIRE AVEC DE LA LAINE, COMME IL EST DIT, PUIS A DES RAPPORTS SEXUELS, AUSSITÔT IL Y AURA CONCEPTION.

6] MAIS LE TESTICULE GAUCHE, PLACÉ DANS DE LA PEAU DE MULET ET PORTÉ, EMPÊCHE LA

CONCEPTION. IL FAUT ÉCRIRE SUR LA PEAU DU MULET, CES PAROLES : ΙΩΑ', ΩΙΑ', ΡΑΥΙΩ', ΟΥ', ΟΙ'ΚΚΟΧΡ. SI TU NE LE CROIS PAS, FAIS L'ÉPREUVE SUR UN OISEAU QUI POND, ET IL NE PONDRA PLUS.

7] COUPES-LUI LES TESTICULES AU DÉCLIN DE LA LUNE, PUIS LÂCHE-LA VIVANTE, ET DONNE À PORTER SES TESTICULES DANS DE LA PEAU DE MULET : C'EST UN PHILTRE CONTRE LA CONCEPTION, INVINCIBLE ET DOUX.

8] CONSERVE SON SANG AVEC DU VINAIGRE ET DONNE-LE SECRÈTEMENT À BOIRE À UNE, PERSONNE QUI CRACHE LE SANG OU À UN ÉPILEPTIQUE; ET LORSQU'IL L'AURA PRIS, LE MALADE

SERA PARFAITEMENT GUÉRI.

LETTRE Δ

ΠΕΡΙ ΔΟΡΚΑΔΟΣ

DE LA GAZELLE.

1] LA GAZELLE EST UN QUADRUPÈDE QUI A UNE GRANDE, PUISSANCE POUR LA CONCEPTION. SI DONC TU VEUX ÊTRE CAPABLE D'ENGENDRER PUISSAMMENT ET D'UNE MANIÈRE INCOMPARABLE, FAIS CETTE PRÉPARATION : GRAINE DE SATYRION, IV DRACHMES; FIEL DE GAZELLE, TOUT LE LIQUIDE ; MIEL, IN ONCES : AYANT BIEN OPÉRÉ LE MÉLANGE, METS-LE DANS UN VASE DE VERRE : LORSQU'IL SERA NÉCESSAIRE, DONNES-EN SUR DE LA CHARPIE EN

PESSAIRE, ET QUE LE RAPPORT SEXUEL S'ACCOMPLISSE.

2] SI TU VEUX ENFANTER UN GARÇON, PRENDS LE FIEL D'UN MÂLE, SI TU VEUX UNE FILLE, CELUI D'UNE FEMELLE : CAR C'EST UNE GRANDE SOURCE DE JOUISSANCE. S'IL EST SÉCHÉ, AJOUTE DU MIEL EN QUANTITÉ SUFFISANTE.

LETTRE E

ΠΕΡΙ ΕΧΙΔΝΗΣ

DE LA VIPÈRE.

1] LA VIPÈRE EST UN ANIMAL RAMPANT, CONNU DE TOUS. QUELQUES-UNS L'ÉCRASENT VIVANTE, LA METTENT DANS UNE MARMITE NEUVE, GRANDE, AVEC DU SEL, LA PLACENT SUR

UN FOURNEAU PENDANT UN JOUR ET UNE NUIT JUSQU'À CE QU'ELLE SOIT GRILLÉE, PUIS APRÈS
AVOIR BIEN REMUÉ, ILS Y JOIGNENT DES AROMATES. ILS AGISSENT AINSI CONTRE TOUTE
MALADIE, L'ÉLÉPHANTIASIS, LA LÈPRE, L'ÉPILEPSIE, LA PARALYSIE ET TOUTES LES MALADIES
DÉSESPÉRÉES QUE LE SEL GUÉRIT.
2] LA GRAISSE DE LA VIPÈRE REND LA VUE PERÇANTE, ELLE GUÉRIT TOUTE SORTE;
D'AMBLYOPIE.
3] SES YEUX, PORTÉS EN PHYLACTÈRE, GUÉRISSENT TOUTE OPHTALMIE ; SES DENTS,

l'odontalgie ; et grâce à elle, les enfants font leurs dents sans douleur.

4] La pierre gagate, brûlée, la met en fuite, et lorsqu'on la boit mêlée à la moelle de cerf, elle guérit les morsures de la vipère.

ΠΕΡΙ ΕΧΙΝΟΥ ΧΕΡΣΑΙΟΝ

DU HÉRISSON.

5] Le hérisson, appelé aussi porc-épic, est un animal terrestre tout à fait malfaisant. L'ayant pris et salé, tiens-le pour un puissant remède.

6] Toutefois, jette son fiel, parce qu'il est dangereux.

7] SA TÊTE, RÉDUITE EN CENDRES ET FROTTÉE AVEC DU MIEL, ARRÊTE LA CHUTE DES CHEVEUX.

8] UN PEU DE SON CORPS SALÉ ET DONNÉ SEC EN POTION GUÉRIT L'ÉPILEPSIE, LES TREMBLEMENTS, LES VERTIGES, LES MAUX DE TÊTE ET LES AFFECTIONS ANALOGUES, AINSI QUE LES REINS ET LA GOUTTE SCIATIQUE. DONNES-EN I DRACHME.

9] SA PEAU, RÉDUITE EN CENDRE, EN PARTICULIER, PUIS BROYÉE, ARRÊTE LA CHUTE DES CHEVEUX.

10] AYANT DONC SALÉ ET SÉCHÉ LE RESTE DE SON CORPS ENTIER AVEC SES ENTRAILLES, À

L'EXCEPTION DE SON FIEL ET DE SES INTESTINS, APRÈS LES AVOIR BIEN BROYÉS, METS-LES DE CÔTÉ : DONNES-EN À BOIRE, AVEC DE L'OXYMEL, I DRACHME AUX GENS ATTEINTS D'ÉLÉPHANTIASIS, AUX HYDROPIQUES ET À CEUX QUI ONT DES TUMEURS. 11] SEMBLABLEMENT SON FOIE, SES REINS, SON CŒUR ET SON POUMON, SALÉS ENSEMBLE, GUÉRISSENT LES MÊMES MALADIES. ΠΕΑΙ ΑΙΛΟΥΡΟΥ, ΗΤΟΙ ΚΑΤΤΑΣ DU CHAT.
12] LE CHAT EST UN ANIMAL CONNU DE TOUS. SI UN ÉPILEPTIQUE EST PRIS D'UNE ATTAQUE

ET TOMBE À TERRE, OU QU'UN VERTIGE OU L'APOPLEXIE FRAPPE QUELQU'UN ET QUE L'HOMME
SOIT ÉTENDU, COUCHÉ SUR LE DOS, ATTEINT DE CONVULSIONS, SI ON POSE IMMÉDIATEMENT
SUR LUI UN CHAT VIVANT, AUSSITÔT LES SPASMES, LE VERTIGE OU L'ÉPILEPSIE CESSERONT.
PRONONCE AUSSITÔT CE MOT : ΚΟΒΕΛΘΩ'.
13] SA FIENTE, PARFUMÉE D'IRIS, EMPLOYÉE COMME LINIMENT, GUÉRIT LES FIÈVRES LÉGÈRES.
14] LA MÊME DESSÉCHÉE, BROYÉE AVEC DE LA MOUTARDE ET DU VINAIGRE, ARRÊTE LA CHUTE DES CHEVEUX.

ΠΕΡΙ ΕΚΑΦΟΥ
DU CERF.

15] IL Y A TROIS SORTES DE CERFS ; ANIMAL D'AILLEURS CONNU. L'UNE S'APPELLE PLATONIS (DAIM), PARCE QU'IL A LES CORNES LARGES ET ÉLEVÉES; LA SECONDE A LES CORNES RONDES; LA TROISIÈME, LA FEMELLE, N'A PAS DE CORNES. LE MÂLE NE PEUT LA SAILLIR QU'AUPRÈS D'UNE FONTAINE. EN EFFET LORSQU'ELLE A SOIF, ELLE CHERCHE UNE SOURCE, ET LORSQUE BRÛLÉE PAR LA SOIF ELLE BOIT, ALORS LE MÂLE LA SAUTE. CAR PRESSÉE PAR LA SOIF ELLE NE PENSE QU'À BOIRE ET NE PEUT FUIR. DANS TOUTE AUTRE CIRCONSTANCE

ELLE NE SE LAISSE PAS SAILLIR : AUSSITÔT DONC ELLE CONÇOIT. 16] CET ANIMAL VIT CINQ CENTS ANS, À MOINS QU'IL NE SOIT PRIS À LA CHASSE; ET IL FINIT AINSI DE SA PROPRE MORT. 17] DONNE DONC DE LA RACLURE DE CORNE DU VÉRITABLE CERF À CORNES RONDES UNE CUILLERÉE, AVEC DE L'HYDROMEL, PENDANT TROIS JOURS À QUELQU'UN QUI A DES COLIQUES, ET AU BOUT DE CE TEMPS IL SERA DÉLIVRÉ DE SON MAL. SEMBLABLEMENT, PRISE AVEC DU MIEL, ELLE AMOLLIT LA RATE ET FAIT MOURIR LES LOMBRICS.

18] SON FIEL, BU AVEC DU MIEL, FAIT CONCEVOIR ET REND LA VUE. PRENDS UNE PEAU DE CERF, METS DEDANS DU LAIT D'ÂNESSE ET DE LA GRAINE DE JUSQUIAME BROYÉE, PUIS ATTACHE-LA À L'ÉPAULE GAUCHE D'UNE FEMME, ET ELLE N'ENGENDRERA PAS : SI TU VEUX EN FAIRE L'EXPÉRIENCE, ATTACHE LE PHYLACTÈRE À UN OISEAU FEMELLE ET TU VERRAS. [SON FIEL] HACHÉ AVEC DU SATYRION, DANS DE LA CHARPIE EN PESSAIRE, PRODUIT, DE L'AVEU DE TOUS, LA CONCEPTION ET LE PLAISIR.

LA CORNE DE CERF CALCINÉE, DÉLAYÉE DANS DU VIN, APPLIQUÉE SUR LES GENCIVES, CONSOLIDE LES DENTS BRANLANTES ; APRÈS AVOIR ÉTÉ CALCINÉE ET LAVÉE, ELLE GUÉRIT LA DYSENTERIE, LES MAUX DE VENTRE ET LES CRACHEMENTS DE SANG. DEUX GRAINS, PRIS EN BOISSON, SOULAGENT LES DYSENTÉRIQUES ; AVEC DU LAIT DE FEMME, ELLE ENLÈVE LES GRANULATIONS DE L'ŒIL.
SON FOIE, SÉCHÉ AVEC DE L'ARSENIC EN MORCEAUX, PRIS DANS DU VIN, AU BAIN, GUÉRIT LA TOUX ET L'ESQUINANCIE.

SA MOELLE, AVEC L'HUMEUR RECUEILLIE À SES YEUX, PRISE EN BOISSON, SOULAGE LES GENS MORDUS PAR LES FAUVES ET C'EST UN ANTIDOTE CONTRE TOUS LES POISONS. SI QUELQU'UN SE COUCHE SUR UNE PEAU DE CERF, IL NE SAURAIT CRAINDRE LES SERPENTS VENIMEUX.

LETTRE Z

ΠΕΡΙ ΖΑΥΡΑΣ

DU LÉZARD.

1] IL Y A TROIS ESPÈCES DE LÉZARD, L'UNE EST DITE SOLAIRE, L'AUTRE BRONZÉE, LA TROISIÈME VERTE.

LE LÉZARD EST UN ANIMAL RAMPANT IL EST VRAI, MAIS AYANT DES PATTES.

2] LE LÉZARD SOLAIRE EST CONNU DE TOUS. SI QUELQU'UN PORTE SA PATTE DROITE ATTACHÉE
AU BRAS GAUCHE, DANS UN TUBE D'OR SUR LEQUEL EST GRAVÉ : ΕΒΛΟΥ' ΣΑΥΠΕ, IL
ÉVITERA TOUTE MALADIE GRAVE ET TANT QU'IL VIVRA EN LE PORTANT, N'ÉPROUVERA JAMAIS D'INFIRMITÉ.
3] SI ON ARRACHE LES YEUX DU LÉZARD VIVANT AU NOM DU MALADE, TOUTE OPHTALMIE
SERA GUÉRIE : LE LÉZARD SERA RELÂCHÉ VIVANT.
4] SI LU CAPTURES UN MÂLE ET UNE FEMELLE ACCOUPLÉS, ET QUE TU COUPES AU MÂLE SON

MEMBRE, PUIS QU'APRÈS L'AVOIR DESSÉCHÉ TU LE FASSES PRENDRE À UNE FEMME, IL SE PRODUIRA UNE AMITIÉ INDISSOLUBLE.
5] ET SI LORSQU'ILS S'ACCOUPLENT, TU JETTES SUR EUX UN VOILE OU UN LINGE, C'EST UN TALISMAN D'AMOUR ; PORTÉE, [SA QUEUE] PRODUIT L'ÉRECTION.
6] SON FOIE EN CATAPLASME GUÉRIT LES CLOUS.
7] SON FIEL, PUTRÉFIÉ DANS DU VIN PENDANT XLI JOURS DES CHALEURS CANICULAIRES, DÉTRUIT LES POILS QUI POUSSENT DANS LES PAUPIÈRES; LE LÉZARD SOLAIRE A LA MÊME VERTU QUE LE LÉZARD VERT.

8] SI DONC, AYANT FAIT DEUX ÉPINGLES, TU EN ARRACHES LES YEUX D'UN LÉZARD, PUIS QUE TU LE JETTES DANS UNE MARMITE QUI CONTIENT DE LA TERRE VIERGE, ET QUE TU LE LAISSES PENDANT NEUF JOURS ET QU'APRÈS CELA LU OUVRES LA MARMITE, TU TROUVERAS LE LÉZARD VOYANT CLAIR.

9] LÂCHE-LE VIVANT; DES ÉPINGLES FAIS DES BAGUES ET PORTE À LA MAIN DROITE CELLE QUI A ARRACHÉ L'ŒIL DROIT, À LA MAIN GAUCHE, CELLE QUI A ARRACHÉ L'ŒIL GAUCHE, APRÈS AVOIR SERTI DANS CHACUNE D'ELLES UNE PIERRE DE JASPE PORTANT GRAVÉ UN LÉZARD

FLOTTANT SUR LE VENTRE, AVEC L'INSCRIPTION : ΠΕΙΡΑΝ, ET AU-DESSOUS CETTE AUTRE : ΧΟΥΘΕΣΟΥ'ΛΕ, ET PORTE SUR TOI ; TU N'AURAS RIEN À CRAINDRE DU CÔTÉ DES YEUX PENDANT TOUTE TA VIE, ET EN DONNANT TON ANNEAU À PORTER EN TALISMAN TU GUÉRIRAS TOUTES LES OPHTALMIES. SA TÊTE CALCINÉE, APPLIQUÉE COMME ONGUENT, FAIT SORTIR LES ÉPINES, LES VERRUES QUI DÉMANGENT, LES VERRUES À QUEUES MINCES ET LES CLOUS. SON FOIE CALCINÉ, MIS SUR LES DENTS CARIÉES, FAIT CESSER LA DOULEUR.

LE LÉZARD ENTIER, FENDU ET APPLIQUÉ, GUÉRIT LES PIQÛRES DE SCORPION.

LETTRE H

ΠΕΡΙ ΗΜΙΟΝΟΥ ΗΤΟΙ ΒΟΥΡΔΟΝΟΣ

DU MULET OU BOURDON.

LE MULET EST UN ANIMAL PRODUIT PAR L'ÂNE ET LA JUMENT.

1] LE CÉRUMEN DE L'OREILLE DE LA MULE EMPÊCHE ABSOLUMENT LA CONCEPTION, SI ON LE PORTE DANS SA PEAU. SI TU EN DONNES À PRENDRE EN BREUVAGE À UNE FEMME À SON INSU, JAMAIS ELLE NE POURRA CONCEVOIR.

SES SABOTS CALCINÉS PRODUISENT LE MÊME EFFET.

2] DE MÊME, SI TU DONNES FURTIVEMENT À MANGER À UNE FEMME DE L'UTÉRUS DE MULE, CUIT AVEC D'AUTRES VIANDES, ELLE NE CONCEVRA JAMAIS.

3] SI QUELQU'UN, AYANT UN CATARRHE FROID, BAISE LES NARINES D'UN MULET, IL SERA GUÉRI, MÊME S'IL AVAIT UN CORYZA.

4] SI QUELQU'UN PREND SECRÈTEMENT DE L'URINE DE MULET ET LA FAIT BOUILLIR AVEC DE LA CIRE, DE L'HUILE ET DE LA LITHARGE, PUIS QU'IL L'APPLIQUE À UN GOUTTEUX, L'HOMME GUÉRIRA, MAIS LE MULET DEVIENDRA GOUTTEUX ; POUR LES FEMMES, PRENDS DE L'URINE DE MULE.

LETTRE Θ

ΠΕΡΙ ΘΗΡΑΦΟΥ

LA THÉRAPHE, ARAIGNÉE.

1] LA THÉRAPHE, APPELÉE AUSSI TARENTULE, ARAIGNÉE, CAMATÈRE [LABORIEUSE?], PAR QUELQUES-UNS, SALAMINTHE, EST UN PETIT ANIMAL À SIX PATTES, TISSANT DES TOILES LE LONG DES MURS, CONNU DE TOUS; ON L'APPELLE THÉRAPHE [CHASSERESSE?]. SI ON LA PREND AU NOM D'UN MALADE, QU'ON LA PÉTRISSE BIEN DANS LA CIRE ET QU'ON L'APPLIQUE SUR LE FRONT, ELLE GUÉRIT LA FIÈVRE TIERCE ACCOMPAGNÉE DE FRISSONS.

2] SI TU LA METS VIVANTE DANS UN CHALUMEAU OU DANS UN ROSEAU ET QUE TU LA SUSPENDES AU COU, LA FIÈVRE QUOTIDIENNE SERA GUÉRIE.

3] BOUILLIE DANS UN PEU D'HUILE DE ROSES OU DE NARD, ELLE GUÉRIT L'OTALGIE ET LES CREVASSES DES PIEDS.

4] SA TOILE ARRÊTE LE SANG QUI COULE D'UNE VEINE, ET LA GARANTIT CONTRE L'INFLAMMATION.

5] LA THÉRAPHE, QUI FAIT SA TOILE DANS LES ARBRES, QUI EST NOIRE ET PLUS GROSSE QUE LA BLANCHE, PRISE AU NOM D'UN MALADE ET PORTÉE EN AMULETTE, GUÉRIT LES ÉCROUELLES À

LEUR DÉBUT.

6] LA TOILE DE L'ARAIGNÉE BLANCHE, ENFUMÉE AVEC L'ANIMAL, DANS UN ROSEAU, GUÉRIT LES OPHTALMIES, ARRÊTE LES ÉCOULEMENTS ET TOUS LES ACCIDENTS QUI SURVIENNENT DANS LA GORGE.

7] SI L'ON FAIT BOUILLIR LA THÉRAPHE DANS DE L'EAU ET QU'ENSUITE ON FROTTE AVEC CETTE EAU LA TÊTE DE QUELQU'UN QUI NE PEUT DORMIR, IL DORMIRA.

8] SI, DANS LA TOILE DE L'ARAIGNÉE BLANCHE, TU INTRODUIS UN GRAIN DE SEL ET QUE TU L'APPLIQUES SUR UNE DENT CARIÉE, ELLE GUÉRIRA.

ETOUFFANT L'ARAIGNÉE DANS DE L'HUILE, FAIS DE CETTE HUILE UN LINIMENT POUR LES GENS PIQUÉS PAR UN ASPIC; AUSSITÔT LA DOULEUR CESSERA ET LA PLAIE SE REFERMERA.
[GLOSE MARGINALE] COMME TOUT CELA MET EN ÉVIDENCE QU'IL FAUT ADMIRER LA PUISSANCE DE DIEU ET FERMER LA BOUCHE AUX HÉRÉTIQUES ! CAR, SI UN PETIT ANIMAL SI INFIME A REÇU DU CRÉATEUR UNE TELLE PUISSANCE, COMBIEN DOIT ÊTRE PLUS GRANDE CELLE DU CRÉATEUR LUI-MÊME !
LETTRE I
ΠΕΡΙ ΙΠΠΟΥ
DU CHEVAL.

1] LE CHEVAL EST UN ANIMAL ROYAL, RAPIDE, CONNU DE TOUS. PRENANT DÈS SA NAISSANCE L'EXCROISSANCE DE CHAIR QU'IL PORTE AU FRONT ET QUE LES HOMMES DE CHEVAL APPELLENT HIPPOMANE, TU AURAS EN LA PORTANT UN PUISSANT PHYLACTÈRE D'AMOUR ; CAR SI TU LE SUSPENDS SEULEMENT AU COU DE QUELQU'UN, IL T'AIMERA BEAUCOUP ; SI TU LE METS DANS UN BREUVAGE ET QUE TU LE FASSES BOIRE À QUELQU'UN, TU OBTIENDRAS LE MÊME EFFET; ET, DANS UN ALIMENT, TU SERAS PLEINEMENT CHÉRI.

2] LE FIEL DU CHEVAL, ÉDULCORÉ DANS UN VASE DE PLOMB, PRODUIT DE PUISSANTS EFFETS; DONNÉ DANS DU VIN À UN HOMME, IL LUI APPORTE LE SOULAGEMENT.

3] LE LAIT DE JUMENT, EMPLOYÉ EN LINIMENT AVEC DU MIEL, FAIT DISPARAÎTRE LES LEUCOMES.

4] SA CORNE BRÛLÉE FAIT REJETER LE FŒTUS MORT ET, EN FUMIGATIONS, FACILITE L'ACCOUCHEMENT.

5] SON FIEL, EMPLOYÉ AVEC DU MIEL, REND LA VUE PERÇANTE. SON CROTTIN, APPLIQUÉ, ARRÊTE TOUTE HÉMORRAGIE.

LETTRE K

ΠΕΡΙ ΚΑΜΕΛΟΥ

DU CHAMEAU.

1] LE CHAMEAU EST UN ANIMAL CONNU DE TOUS.

2] LE LAIT DE LA CHAMELLE NE CAILLE PAS ET LORS MÊME QU'ON LE MÊLERAIT AVEC D'AUTRE LAIT, CE DERNIER NE PRENDRAIT PAS DAVANTAGE : BU CHAUD, IL DISSIPE LE MAL SACRÉ ET LE GUÉRIT. SA CHAIR, EN ALIMENT, PRODUIT LE MÊME EFFET. SA CERVELLE DESSÉCHÉE, BUE AVEC DU VINAIGRE, GUÉRIT L'ÉPILEPSIE.

3] LE FIEL DU CHAMEAU, COAGULÉ DANS UN VASE DE PLOMB JUSQU'À CE QU'IL SOIT ÉDULCORÉ, PRIS EN ALIMENT, PRODUIT UN BON EFFET DÈS LE PREMIER JOUR ET REND

AGRÉABLE.

4] SA BOUSE, CALCINÉE ET BROYÉE AVEC DE L'HUILE, GUÉRIT MERVEILLEUSEMENT L'ALOPÉCIE ET LA CHUTE DES CHEVEUX QUI SUIT UNE MALADIE.

5] EMPLOYÉE EN CATAPLASME, COMME IL A ÉTÉ DIT, ELLE VIDE LES HYDROPIQUES PAR LES URINES.

6] SÉCHÉE, BROYÉE, DÉLAYÉE DANS DE L'EAU ET PRISE EN BREUVAGE, ELLE GUÉRIT LA DYSENTERIE.

7] EN FUMIGATIONS, ELLE ÉCARTE LES DIFFICULTÉS (?).

8] SA MOELLE, APPLIQUÉE EN LINIMENT AVEC DE L'HUILE DE ROSES SUR LA TÊTE, PAR

DEVANT ET SUR TOUT LE CORPS, GUÉRIT L'ÉPILEPSIE, D'UNE FAÇON INCROYABLE ET AU-DELÀ, DE TOUTE EXPRESSION.

DU CROTON.

LE CROTON EST UN CHIEN, PETIT COMME S'IL VENAIT DE NAÎTRE. SES EXCRÉMENTS, LORSQU'IL TÊTE ENCORE, DESSÉCHÉS, BROYÉS, EN LINIMENT AVEC DU VINAIGRE, GUÉRISSENT L'INFLAMMATION DES PARTIES SEXUELLES.

LE CROTON, DÉCOUPÉ VIVANT ET PLACÉ ENCORE CHAUD SUR LE COU OU LA GORGE DES GENS ATTEINTS D'ESQUINANCIE, LES GUÉRIT ADMIRABLEMENT COMME J'EN AI FAIT L'EXPÉRIENCE.

DU CHIEN.

LE PREMIER LAIT DE LA CHIENNE QUI VIENT DE METTRE BAS, EST BIENFAISANT POUR CEUX QUI ONT ÉTÉ MORDUS PAR UN CHIEN ENRAGÉ. COMME AUSSI LE LAIT BU AU LIT PENDANT SEPT JOURS, À LA DOSE DE XVM SILIQUES, SI LE MALADE NE PEUT DORMIR. LE LAIT TIÈDE, INSTILLÉ DANS LES OREILLES, GUÉRIT LA SURDITÉ.

ΠΕΡΙ ΚΥΝΟΥ ΜΙΚΡΟΥ

DU PETIT CHIEN.

9] CE CHIEN EST L'ANIMAL QUI VIT AVEC NOUS, CELUI QUE NOUS APPELONS ROQUET. SI,

QUAND IL EST PETIT ET TÉTANT ENCORE, ON L'APPROCHE D'UN MALADE ATTEINT DEPUIS LONGTEMPS D'UNE MALADIE CHRONIQUE, ET QU'ON LE FASSE COUCHER SUR LA POITRINE D'UNE FEMME, D'UN HOMME OU D'UN ENFANT, ET QU'IL S'ÉTENDE ENTIÈREMENT SUR LE MALADE DANS LE LIT, LE CHIEN MEURT, ET LE MALADE EST DÉLIVRÉ DE SA MALADIE CHRONIQUE.

10] PLACE LA RATE ENCORE CHAUDE D'UN CHIEN SUR LA RATE D'UN SPLÉNIQUE, IL SERA GUÉRI.

11] SA CROTTE SÈCHE, BROYÉE, DONNÉE EN BREUVAGE, SERT À SOIGNER L'ICTÈRE ET LA

DYSENTERIE.

12] APPLIQUÉE AVEC DU MIEL SUR LA GORGE ET SUR LE CORPS, ELLE GUÉRIT ADMIRABLEMENT L'ESQUINANCIE ; SEULEMENT, APPLIQUE LE REMÈDE SECRÈTEMENT SANS QUE LE MALADE LE SACHE.

13] PRISE EN BREUVAGE, ELLE GUÉRIT MERVEILLEUSEMENT L'HYDROPISIE.

14] BROYÉE ET APPLIQUÉE AVEC DU VINAIGRE, SA CROTTE GUÉRIT L'HYDROCÈLE ET LES PHLEGMONS DES PARTIES GÉNITALES.

15] CALCINÉE DANS UN VASE DE TERRE, BROYÉE AVEC DE L'HUILE DE ROSES, ELLE GUÉRIT LES RHAGADES DU FONDEMENT, ET FAIT TOMBER LES EXCROISSANCES DE CHAIR ET LES

HÉMORROÏDES EXTERNES.

16] APPLIQUÉE AVEC DE LA TÉRÉBENTHINE, ELLE GUÉRIT LES CONDYLOMES ET LES HÉMORROÏDES EXTERNES.

17] AVEC DE L'HUILE DE ROSES, ELLE EST BONNE POUR LES ULCÈRES PURULENTS QUI NE PEUVENT SE CICATRISER, MAIS SURTOUT AVEC DU CÉRAT À LA ROSE : AVEC DE L'HUILE, ELLE EST BONNE POUR LES PIQÛRES D'ABEILLES ET DE GUÊPES.

18] SI QUELQU'UN SAISIT DE LA MAIN GAUCHE LE CŒUR D'UN CHIEN, OU SA LANGUE ENVELOPPÉE DANS UN LINGE, TOUS LES CHIENS SERONT RÉDUITS AU SILENCE ET MIS EN

FUITE.

19] AVEC LES DEUX YEUX D'UN CHIEN BLANC, DE LA PIERRE D'AIMANT, DE LA PIERRE OPSIANOS, FAIS UNE PRÉPARATION, COMME UN COLLYRE SEC, ET, TE TEIGNANT LES CILS LE SOIR, TU VERRAS DANS L'OBSCURITÉ TOUT CE QUI SE PASSE.

20] SI QUELQU'UN EST MALADE, AVEC UN PEU DE LEVAIN FROTTE-LUI LE VISAGE, LES MÂCHOIRES, LES AINES, LES PIEDS ET LES MAINS, PUIS DONNE-LE A MANGER À UN CHIEN. SI LE CHIEN LE MANGE, LE MALADE VIVRA, SINON, IL MOURRA; MAIS QUE LA PÂTE SOIT CHAUDE.

ΠΕΡΙ ΚΥΝΟΠΟΤΑΜΟΥ ΗΤΟΙ ΚΑΣΤΟΡΟΣ
DU CHIEN DE RIVIÈRE OU CASTOR.

21] LE CYNOPOTAME EST LE CASTOR : SES TESTICULES SONT UTILES; ILS DONNENT LE CASTORÉUM. BROYÉ ET APPLIQUÉ COMME PESSAIRE, IL FAIT VENIR LES MENSTRUES ; PRIS EN BREUVAGE AVEC DU CÉRUMEN DE L'OREILLE D'UNE MULE, IL EMPÊCHE LA CONCEPTION ; EN LINIMENT, IL DÉTEND LES MUSCLES ET FAVORISE LA RESPIRATION; FROTTÉ, DÉLAYÉ DANS DU VIN, IL EST UTILE POUR L'HYSTÉRIE ; MÊLÉ À L'HUILE DE RUE, IL GUÉRIT LA COLIQUE ; EN

BOISSON, IL GUÉRIT MERVEILLEUSEMENT LES MAUX D'ESTOMAC.

EN FUMIGATIONS, RESPIRÉ, IL EST TRÈS UTILE POUR LES MALADIES DU CERVEAU ET DU POUMON.

22] SA PEAU, EN CHAUSSURE, GUÉRIT LA GOUTTE.

SES EXCRÉMENTS ARRÊTENT LE FLUX DE SANG DES FEMMES; EN FUMIGATIONS, ILS CHASSENT LES REPTILES.

ΠΕΡΙ ΚΡΟΚΟΔΕΙΛΟΥ

DU CROCODILE.

23] LE CROCODILE TERRESTRE, CONNU DE TOUS, EST UN ANIMAL À QUATRE PATTES, À LARGE TÊTE, À LONGUE QUEUE.

24] SI QUELQU'UN FAIT BRÛLER SA PEAU, LA BROYÉ ET LA FAIT PRENDRE EN POUDRE SÈCHE,
PUIS LA RÉPAND SUR UN ENDROIT [DU CORPS] QU'IL FAUT BRÛLER OU COUPER, CETTE PARTIE
DEVIENDRA INSENSIBLE À LA DOULEUR.
25] SI QUELQU'UN SE FROTTE AVEC DE LA CHAIR DE CROCODILE GRILLÉE, IL NE SENTIRA PAS
LES BLESSURES QU'IL AURA REÇUES.
26] SES DENTS DE DROITE ARRACHÉES, L'ANIMAL ÉTANT RELÂCHÉ VIVANT, ET PORTÉES EN
AMULETTE, PRODUISENT CHEZ LES HOMMES UN TRÈS GRAND DÉSIR; LES DENTS DE GAUCHE,
CHEZ LES FEMMES.

27] SI LES DEUX SONT PORTÉES ENSEMBLE, ELLES PRODUISENT TOUT LEUR EFFET.

28] SA FIENTE, EMPLOYÉE AVEC DE L'HUILE COMME FARD, REND LE VISAGE BRILLANT ;

MÊLÉE DE MIEL ET EMPLOYÉE EN COLLYRE, ELLE GUÉRIT LES LEUCOMES.

29] SON SANG, EMPLOYÉ COMME COLLYRE, SERT À SOIGNER ET GUÉRIT L'AMBLYOPIE.

LE CROCODILE ENTIER, CALCINÉ JUSQU'À CE QU'IL SOIT RÉDUIT EN CENDRES, MÉLANGÉ À LA FARINE D'ORGE, SERT À ENGRAISSER TOUS LES ANIMAUX, CHEVAUX, BŒUFS ET AUTRES ;

QUELQUES-UNS S'EN SERVENT AUSSI POUR ENGRAISSER LES HOMMES, DE CETTE MANIÈRE :
PÉTRISSANT LA CENDRE DE CROCODILE AVEC DE LA FARINE ET DU MIEL, ILS EN NOURRISSENT
UN OISEAU, SANS LUI DONNER AUTRE CHOSE. ENSUITE, ILS LE TUENT, ET APRÈS L'AVOIR FAIT
CUIRE, LE DONNENT À MANGER À CELUI QUI DOIT ÊTRE ENGRAISSÉ, ET IL DEVIENT GRAS, A
MOINS QU'IL N'AIT LAISSÉ QUELQUE CHOSE DES MEMBRES DE L'OISEAU; IL FAUT SEULEMENT
REJETER SON INTÉRIEUR ET SES ENTRAILLES QUI POURRAIENT DEVENIR DANGEREUX.
LETTRE Λ

ΠΕΡΙ ΛΥΚΟΥ
DU LOUP.

1] LE LOUP EST UN ANIMAL SAUVAGE, MALFAISANT.

2] CELUI QUI BOIT DU SANG DE LOUP DEVIENDRA FOU ET NE POURRA JAMAIS GUÉRIR.

3] SON ŒIL DROIT, PORTÉ SECRÈTEMENT SOUS LES VÊTEMENTS, PRODUIT LES PLUS GRANDS EFFETS. IL PERMET DE FUIR AU MILIEU DE SES ENNEMIS SANS ÊTRE VU ; IL FAIT GAGNER TOUS LES PROCÈS ET MET EN FUITE, LOIN DE CELUI QUI LE PORTE, TOUTE ESPÈCE DE FANTÔMES, AINSI QUE TOUT ANIMAL SAUVAGE OU APPRIVOISÉ, ET IL PERMET DE PASSER AU MILIEU DE

SES ENNEMIS SANS ÊTRE VU; IL CHASSE ÉGALEMENT TOUTE ESPÈCE DE FIÈVRE ACCOMPAGNÉE DE FRISSONS.

4] UNE BREBIS NE FRANCHIRA PAS LA PEAU D'UN LOUP.

5] SON FOIE BROYÉ, SÉCHÉ, EMPLOYÉ EN POUDRE SUR LE CORPS, GUÉRIT LES HÉPATIQUES.

6] SON ŒIL DROIT ET SA PREMIÈRE VERTÈBRE PORTÉS ENSEMBLE, TOUS LES DEUX DANS UNE FEUILLE D'OR, RENDENT HONORÉ, VAINQUEUR, SÉDUISANT AUPRÈS DES FEMMES ET TRÈS AMOUREUX.

IL GUÉRIT DE L'OPHTALMIE. FROTTÉ SUR LES YEUX QUI SUPPURENT, IL LES GUÉRIT.

SES EXCRÉMENTS QUI SONT TRÈS BLANCS, SE TROUVENT DANS CERTAINS TAILLIS : PRIS EN BREUVAGE, ILS GUÉRISSENT CEUX QUI ONT LA COLIQUE.

ON LES MÊLE AUSSI À L'AIGREMOINE ET ON LES DONNE EN BREUVAGE. SA GRAISSE, DÉLAYÉE, EN LINIMENT, DÉTEND LES MUSCLES ET LES ARTICULATIONS, ET GUÉRIT LES MEMBRES RETOURNÉS.

SON FIEL, ÉTENDU SUR LA PEAU AVEC DU GICLET, ET APPLIQUÉ SUR LE NOMBRIL, PURGE LE VENTRE MIEUX QUE TOUT AUTRE PURGATIF.

SON CŒUR GRILLÉ, MANGÉ À JEUN APRÈS TROIS JOURS DE JEÛNE, GUÉRIT LA LYCANTHROPIE ET LES CAUCHEMARS. SI QUELQU'UN PORTE DES CHAUSSURES FAITES DE SA PEAU, IL N'AURA JAMAIS MAL AUX PIEDS.

ΠΕΡΙ ΛΑΓΩΟΥ

DU LIÈVRE.

LE LIÈVRE EST UN ANIMAL CONNU DE TOUS.

10] SON POUMON HACHÉ, APPLIQUÉ SUR LES PAUPIÈRES, ARRÊTE LE GONFLEMENT DES YEUX.

12] SES REINS, DESSÉCHÉS, BROYÉS, MÉLANGÉS AVEC DU POIVRE DANS DE L'HYDROMEL,

PRIS EN BREUVAGE, GUÉRISSENT LA NÉPHRITE.

LA CERVELLE DU LIÈVRE GRILLÉE, BROYÉE ET MANGÉE, ARRÊTE LES TREMBLEMENTS ET GUÉRIT L'INCONTINENCE D'URINE.

AYANT DONC BRÛLÉ ET INCINÉRÉ LE VENTRE D'UN LIÈVRE, RÉDUIS EN POUDRE PUIS TAMISE ;

DE MÊME, TROUVE ET PILE DU CAPILLAIRE ROUGE ET DE L'ADIANTHE, ET TAMISE. ENSUITE, MÉLANGE CES PLANTES AVEC DE L'HUILE DE MYRRHE, ENDUIS-EN TA BARBE ET PORTE PENDANT TROIS JOURS CE COSMÉTIQUE ET TA BARBE DEVIENDRA TRÈS ÉPAISSE.

13] SON FIEL, INSTILLÉ DANS LES OREILLES AVEC DU NARD, GUÉRIT LA SURDITÉ.

SON LAIT DESSÉCHÉ, DÉLAYÉ, PRIS EN BREUVAGE AVEC DE LA TERRE DE LEMNOS, SOULAGE

LES GENS QUI CRACHENT LE SANG.

AVEC DU SATYRION, SA BILE, SON LAIT ET SA CERVELLE, PLACÉS EN PESSAIRE, PROCURENT LA

CONCEPTION.

SA GRAISSE ET SON LAIT APPLIQUÉS, GUÉRISSENT LES ULCÈRES VENIMEUX.

16] SES POILS, BRÛLÉS ET PILES, SEMÉS SUR LES BRÛLURES, RENDENT LA CICATRICE TRÈS

NETTE ET FONT REPOUSSER LES POILS.

APPLIQUÉS AVEC DU BLANC D'ŒUF, ILS ARRÊTENT TOUTE

SORTE D'HÉMORRAGIE.

18] LA CERVELLE DU LIÈVRE BOUILLIE, HACHÉE ET MANGÉE, EST TRÈS SALUTAIRE POUR LES ENFANTS QUI FONT LEURS DENTS, CAR ELLE LES LEUR FAIT POUSSER SANS DOULEUR.

LETTRE M

ΠΕΡΙ ΜΥΟΣ

DU RAT.

1] LE RAT DE MAISON EST CONNU DE TOUS. EN BRÛLANT SA TÊTE AVEC DE LA GRAISSE DE PORC OU D'OURS, ET EN RÉDUISANT LA CENDRE EN POUDRE, TU GUÉRIRAS LES ALOPÉCIES.

2] AYANT BRÛLÉ LE RAT TOUT ENTIER, SI TU FAIS DES FRICTIONS AVEC DU VIN, DU NAVET OU

DE L'HUILE DE ROSES, TU GUÉRIRAS MERVEILLEUSEMENT LES OTALGIES CHRONIQUES.

3] COUPE TOUTES LES EXTRÉMITÉS D'UN RAT VIVANT, ATTACHE-LES ENSEMBLE, SUSPENDS-LES AU COU, ET TU FERAS CESSER TOUT FRISSON DE FIÈVRE.

SI AVEC UNE AIGUILLE TU FAIS PASSER UN FIL PAR SA GUEULE, PUIS QUE TU L'APPLIQUES SUR LE FONDEMENT APRÈS AVOIR ATTACHÉ LE FIL, IL GUÉRIRA LES GENS DE LA COLIQUE.

4] SA CROTTE SÈCHE, DÉLAYÉE AVEC DU VINAIGRE, DISSIPE LES INDURATIONS ET LES DOULEURS INFLAMMATOIRES DU SEIN.

5] SAUPOUDRÉE SÈCHE, ELLE FAIT DISPARAÎTRE LES HÉMORROÏDES. EN LINIMENT DANS L'EAU, ELLE GUÉRIT LES LÈPRES ET LES DARTRES.

ΠΕΡΙ ΜΥΡΜΗΚΟΣ

DES FOURMIS.

1] LA FOURMI EST CONNUE DE TOUS. IL Y A SEPT ESPÈCES DE FOURMIS : LES COMMUNES QUI SONT CONNUES, D'AUTRES À GROSSES TÊTES, QUI SONT NOIRES, D'AUTRES SONT GRANDES ET AILÉES, D'AUTRES VIVENT DANS LES CHAMPS, D'AUTRES COURENT SUR LES ROUTES, D'AUTRES ENCORE SONT APPELÉES FOURMIS-LIONS, ÉTANT PLUS GRANDES QUE LES AUTRES ET DE

COULEURS VARIÉES. CELLES-CI, PAR NATURE, SONT CARNIVORES ET MEURENT PLUS VITE.

2] SI ON FROTTE AVEC LA TÊTE COUPÉE DES FOURMIS COMMUNES LES PAUPIÈRES, LES ORGELETS QUI S'Y FORMENT SONT GUÉRIS. SEMBLABLEMENT, LES FOURMIS DES CHAMPS QUI RAMASSENT DU BLÉ, PRODUISENT LES MÊMES EFFETS.

3] SI APRÈS AVOIR FAIT BOUILLIR DES FOURMIS AVEC DU SUC D'ASPHODÈLE, TU LE FAIS BOIRE À QUELQU'UN, IL SERA SANS FORCE LE RESTE DE SES JOURS.

4] SI QUELQU'UN FAIT BOUILLIR DES FOURMIS DANS L'EAU JUSQU'À RÉDUCTION DU TIERS, ET

S'Y BAIGNE LES PIEDS OU LES MAINS, IL EN FERA DISPARAÎTRE LES FOURMILLEMENTS.

LETTRE N

ΠΕΡΙ ΝΥΚΤΕΡΙΔΟΣ

DE LA CHAUVE-SOURIS DITE AUSSI OPHEA.

1] LA CHAUVE-SOURIS EST UN ANIMAL À QUATRE PATTES. ELLE VOLE COMME L'HIRONDELLE, ELLE ENFANTE ET ALLAITE COMME UN QUADRUPÈDE.

2] SI TU FAIS DE SON SANG UN LINIMENT POUR FROTTER LA PLACE DES CILS ARRACHÉS, ILS NE REPOUSSERONT PLUS. SI TU DONNES SA TÊTE À PORTER EN AMULETTE À QUELQU'UN QUI SOUFFRE DE FIÈVRE TIERCE

OU QUARTE, OU DE LÉTHARGIE OU DE SOMNOLENCES, IL GUÉRIRA.

3] SON CŒUR OU SA TÈTE, PORTÉS EN AMULETTE, CAUSENT SEMBLABLEMENT UNE GRANDE INSOMNIE.

SI TU EN PRENDS TROIS ET QUE TU LES SUSPENDES DANS LES LIEUX ÉLEVÉS DU PAYS, UNE NUÉE DE SAUTERELLES SURVENANT EN SERA ÉCARTÉE. SEMBLABLEMENT, SI TU LES SUSPENDS DANS DES ARBRES ÉLEVÉS ET QUE TU LES DÉPLOYÉS, TOUTES LES SAUTERELLES SE RASSEMBLERONT AUTOUR D'ELLES. LE MÊME PROCÉDÉ EST EMPLOYÉ EN SYRIE.

SI UNE FEMME REÇOIT UNE BANDELETTE OU UN PESSAIRE AVEC DU SANG DE CHAUVE SOURIS ET QU'ELLE LES METTE AVEC DU SATYRION À L'ENTRÉE DE L'UTÉRUS, PUIS QU'ELLE COUCHE AVEC UN HOMME, ELLE CONCEVRA, QUAND MÊME JUSQU'ALORS ELLE EUT ÉTÉ INCAPABLE DE CONCEVOIR.

DU FAON.

LE FAON EST LE PETIT DE LA BICHE : L'HUMEUR DE SES YEUX, DONNÉE AVEC DE L'EAU, EST UN TRÈS PUISSANT ANTIDOTE POUR CEUX QUI ONT BU UN BREUVAGE DÉLÉTÈRE. SA GRAISSE, EN LINIMENT AVEC DE LA STAPHISAIGRE, PURIFIE LES ULCÈRES, LES HUMEURS ET

LES PITYRIASIS DE LA TÊTE.

LE MEMBRE DU CERF, BROYÉ SEC AVEC DU VIN, SOULAGE CEUX QUI ONT ÉTÉ PIQUÉS PAR UNE VIPÈRE. ON LE MÉLANGE À D'AUTRES REMÈDES AYANT LES MÊMES EFFETS.

LETTRE Ξ

1] LE XYLOBATE [QUI MARCHE SUR LES ARBRES], QUE D'AUCUNS APPELLENT TŒCHOBATE [QUI MARCHE SUR LES MURS], A L'ASPECT D'UN PETIT CROCODILE.

2] GRILLÉ ET FROTTÉ SUR LE CORPS, IL EMPÊCHE DE SOUFFRIR CEUX QUI SONT FOUETTÉS. IL PORTE BEAUCOUP À L'AMOUR.

3] CES PETITS CROCODILES, MANGÉS COMME POISSONS, RENDENT CEUX QUI LES MANGENT
IMPUDENTS ET EFFRONTÉS.
4] SA FIENTE, AVEC DU MIEL ET DU LAIT DE FEMME, GUÉRIT L'AMBLYOPIE ET LES LEUCOMES.
5] LE CÔTÉ DROIT DE SA MÂCHOIRE, PORTÉ, PRODUIT L'ÉRECTION ; LE CÔTÉ GAUCHE, PORTÉ
PAR UNE FEMME, PRODUIT SEMBLABLEMENT LE DESSÈCHEMENT.

LETTRE O

ΠEPI ONOY

DE L'ÂNE.

1] L'ÂNE EST UN ANIMAL CONNU DE TOUS. VOICI QUELLES SONT SES VERTUS. SI AVEC LE

SABOT DE SA PATTE DROITE DE DEVANT TU FAIS UNE BAGUE OU UN ANNEAU ET QUE TU LA DONNES À PORTER À UN DÉMONIAQUE, IL SERA SAUVÉ.

2] SON CROTTIN ARRÊTE TOUTES LES HÉMORRAGIES.

3] SI QUELQU'UN CRACHE LE SANG, QU'ON PRENNE LE SANG DE L'ANIMAL OÙ ON JETTERA ET LAVERA LE MORS DE L'ÂNE, QU'ON LE DONNE AU MALADE À MANGER OU À BOIRE ET IL SERA DÉLIVRÉ.

4] EN BOISSON, IL SERT À SOIGNER CEUX QUI ONT ÉTÉ PIQUÉS PAR UN SCORPION.

5] LE SANG D'UN ÂNE VIVANT AVEC DE L'ÉCHINOPS ET DE L'HUILE, EMPLOYÉ EN LINIMENT,

GUÉRIT LA FIÈVRE QUARTE.

6] CELUI QUI FAIT UNE BAGUE DU PETIT ANNEAU DE SON MORS ET QUI LA PORTE, MET EN FUITE LES DÉMONS ET DÉTOURNE LES FIÈVRES.

LE LAIT D'ÂNESSE AVEC DU MIEL NON ENFUMÉ, EN INJECTION, EST BON POUR SOIGNER LES ÉCOULEMENTS ACRES DES YEUX.

LE SABOT DE L'ÂNE, CALCINÉ AVEC DU LAIT DE FEMME AYANT EU UN ENFANT MÂLE, MIS SUR LES YEUX, ENLÈVE LE TRACHOME DES PAUPIÈRES.

7] SI L'ON DORT SUR UNE PEAU D'ÂNE, ON NE CRAINT NI LES DÉMONS, NI GELLO

[LESBIENNE], NI LES RENCONTRES NOCTURNES.

8] APRÈS AVOIR MÉLANGÉ DES LARMES D'ÂNE À L'HUILE, VERSE-LA DANS UNE LAMPE ET ALLUME-LA, TU VERRAS CEUX QUI SERONT ATTABLÉS AVEC UNE TÊTE D'ÂNE, ET ILS SE VERRONT DE MÊME ENTRE EUX.

9] SI APRÈS AVOIR PRIS DU POIL PROVENANT D'UN COUP DONNÉ À UN ÂNE, ON LE BRÛLE, ON LE PILE ET ON LE DONNE À BOIRE À UNE FEMME, ELLE NE CESSERA PAS DE PÉTER SI LE POIL EST CELUI D'UNE ÂNESSE.

10] SI QUELQU'UN EST BLESSÉ PAR UN SCORPION ET QU'IL DISE À L'OREILLE D'UN ÂNE : « UN

SCORPION M'A BLESSÉ », LE BLESSÉ SERA GUÉRI, MAIS LA BLESSURE PASSERA À L'ÂNE.

DU SERPENT.

LE SERPENT EST UN ANIMAL MALFAISANT, SANS PATTES, RAMPANT. CELUI-CI, LORSQU'IL VIEILLIT ET QUE SA VUE S'OBSCURCIT, VEUT DE NOUVEAU REDEVENIR JEUNE. POUR CELA, IL VA ET VIENT PENDANT XL JOURS ET XL NUITS JUSQU'À CE QUE SA PEAU SE DÉTENDE; PUIS, CHERCHANT DANS UNE PIERRE UN TROU ÉTROIT, IL S'Y INTRODUIT ET Y FROTTANT SON CORPS, IL DÉTACHE SA PEAU ET REDEVIENT JEUNE.

SA PEAU, CALCINÉE ET BROYÉE AVEC DU SEL, MISE SUR LES DENTS, FAIT CESSER L'ODONTALGIE. EN FUMIGATIONS, À L'INSU DU MALADE, AVANT L'ACCÈS, ELLE FAIT DISPARAÎTRE LES FRISSONS DELÀ FIÈVRE CHRONIQUE. AVEC III, V OU VII NOYAUX D'OLIVES EN FUMIGATIONS, ELLE SOULAGE, COMME AUCUN AUTRE REMÈDE, LES HÉMORROÏDES INTERNES ET EXTERNES. SA PEAU, APPLIQUÉE AUTOUR DE LA TÊTE, GUÉRIT LES MIGRAINES. LA GRENOUILLE D'EAU, FENDUE VIVANTE, APPLIQUÉE ET ATTACHÉE, GUÉRIT LES PIQÛRES DES

SERPENTS, CAR ELLE FAIT IMMÉDIATEMENT SORTIR AU DEHORS LE VENIN.

LETTRE Π

ΠΕΡΙ ΠΡΟΒΑΤΟΥ

DU MOUTON.

1] LE MOUTON EST CONNU DE TOUS. SA GRAISSE ET SA MOELLE FONT LE SAVON. IL SERT À DE NOMBREUX USAGES.

2] VOICI LES EFFETS DU BÉLIER : SI ON SCIE SA CORNE ET QU'ON EN FASSE UN PETIT PEIGNE, EN S'EN SERVANT, IL EST BON POUR LA MIGRAINE. MAIS, CELUI FAIT AVEC LA CORNE DROITE EST UTILE POUR LE COTÉ DROIT, CELUI FAIT AVEC LA CORNE GAUCHE, POUR LE CÔTÉ GAUCHE.

3] LORSQUE LE SOLEIL EST DANS LE SIGNE DU BÉLIER, SI TU FAIS SÉCHER LA CROTTE DU
MOUTON ET QUE TU L'APPLIQUES AVEC DU VINAIGRE À CEUX QUI ONT DES MAUX DE TÊTE, ILS
SERONT SOULAGÉS.
4] LES VERS QUI SONT DANS L'INTÉRIEUR DES CORNES, SONT UN PHILTRE D'AMOUR INCOMPARABLE.
5] LA FUMÉE DE SA CORNE BRÛLÉE CALME L'HYSTÉRIE.
6] LE POUMON DU MOUTON, MANGÉ À JEUN, GARANTIT DE L'IVRESSE CELUI QUI LE MANGE,
QUELLE QUE SOIT LA QUANTITÉ QU'IL BOIVE.

7] SON FOIE BOUILLI, APPLIQUÉ SUR LES JOUES DES FEMMES, LEUR DONNE DES COULEURS ET
UN JOLI VISAGE.
8] SA GRAISSE EST EMPLOYÉE POUR LES PESSAIRES.
9] LE POUMON DE L'AGNEAU, SÉCHÉ ET BROYÉ, DONNÉ À BOIRE À CEUX QUI SONT
INTOXIQUÉS, LES SAUVE DU DANGER [DE MORT],
10] LE FIEL ET LE SANG DE L'AGNEAU SERVENT À SOIGNER LES ÉPILEPTIQUES.
LA CRÈME DE SON LAIT, EN LINIMENT, DÉTOURNE LA PESTE.
SA CERVELLE GRILLÉE, BROYÉE ET MANGÉE, AIDE MERVEILLEUSEMENT LA DENTITION DES
ENFANTS.

SA LAINE, NON DÉPOUILLÉE DE SA CRASSE ET SALE, SERT À DISSIPER L'INFLAMMATION QUI SUIT LES BLESSURES DE TRAITS OU DE PIERRES. AVEC UN MÉLANGE D'HUILE ET DE VIN, CHAUFFÉE DOUCEMENT ET EMPLOYÉE EN LINIMENT, PUIS BRÛLÉE, ELLE DEVIENT SICCATIVE AU POINT DE FAIRE DISPARAÎTRE LES CHAIRES AMOLLIES PAR LES ULCÈRES. SON POUMON, QUAND LE MOUTON EST JEUNE, EMPLOYÉ COMME CATAPLASME, GUÉRIT L'ENFLURE DES MAINS ET DES PIEDS. CROIS QUE SA GRAISSE PEUT T'ÊTRE UTILE.

LETTRE P

ΠΕΙ PINOKEPOY

DU RHINOCÉROS.

1] LE RHINOCÉROS EST UN QUADRUPÈDE RESSEMBLANT AU CERF, AYANT SUR LE NEZ UNE TRÈS GRANDE CORNE. ON NE PEUT LE PRENDRE QUE PAR LE PARFUM ET LA BEAUTÉ DE FEMMES BIEN HABILLÉES; IL EST, EN EFFET, TRÈS PORTÉ À L'AMOUR.

2] LA PIERRE QUI SE TROUVE À L'INTÉRIEUR DE SON NEZ OU DE SA CORNE, PORTÉE, CHASSE LES DÉMONS.

3] SES TESTICULES OU SON MEMBRE, PRIS EN BREUVAGE, PROVOQUENT AU PLUS HAUT DEGRÉ LES RAPPROCHEMENTS SEXUELS ENTRE LES HOMMES ET LES FEMMES.

LETTRE Σ

ΠΕΡΙ ΣΥΑΓΡΟΥ
DU SANGLIER.

1] LE SANGLIER EST UN PORC SAUVAGE. SES TESTICULES, PRIS EN BREUVAGE, PROVOQUENT LES DÉSIRS VÉNÉRIENS.

2] SES EXCRÉMENTS, BROYÉS AVEC DU VINAIGRE, GUÉRISSENT L'ÉRYSIPÈLE : SON FIEL ÉGALEMENT.

3] SA PRÉSURE, EN BOISSON, EST EFFICACE DANS LES EMPOISONNEMENTS MORTELS, CAR C'EST UN CONTREPOISON. SES SABOTS, CALCINÉS, DÉLAYÉS DANS DU VIN, PRIS EN BREUVAGE À JEUN, GUÉRISSENT LES MAUX DE VENTRE.

SA CERVELLE, DÉLAYÉE AVEC DE L'AMIDON ET DE L'HUILE DE ROSES, EMPLOYÉE EN LINIMENT, CALME LES DOULEURS DE LA GOUTTE.

LA POINTE DE SON FOIE HACHÉE, DÉLAYÉE AVEC UN PEU D'EAU, ÉTENDUE AVEC UNE PLUME, EST BONNE POUR SOIGNER LES ÉRYSIPÈLES ET LES HERPÈS.

SES EXCRÉMENTS, EN FUMIGATIONS, SUPPRIMENT LA FIÈVRE TIERCE ET GUÉRISSENT L'HYSTÉRIE.

LES EXCRÉMENTS DE LA LAIE, DÉLAYÉS AVEC DU MIEL, GUÉRISSENT LES ÉCROUELLES ET TOUTES LES INDURATIONS DES SEINS.

ΠΕΡΙ ΣΚΙΓΓΟΥ ΖΩΟΥ

DU CAÏMAN.

4] LE CAÏMAN EST UN ANIMAL TERRESTRE, SEMBLABLE AU CROCODILE, QUI SE TROUVE DANS LA MÉLANITIDE.

5] L'EXTRÉMITÉ DE SA QUEUE, SES TESTICULES ET SES REINS EXCITENT LE MEMBRE À LA COPULATION, SI ON LES DONNE EN BREUVAGE.

ΠΕΡΙ ΣΑΛΑΜΑΝΔΡΑΣ

DE LA SALAMANDRE.

6] LA SALAMANDRE EST UN QUADRUPÈDE PLUS GRAND QUE LE LÉZARD VERT, QUI VIT DANS LES BUISSONS ET DANS LES BOIS.

7] SON CŒUR, PORTÉ, REND LE PORTEUR SANS CRAINTE DU FEU, INTRÉPIDE DANS L'INCENDIE

ET INCOMBUSTIBLE.

8] L'ANIMAL, JETÉ DANS LE FEU OU DANS UN FOURNEAU, ÉTEINT TOUTE FLAMME.

9] ET SI ON FAIT PORTER SON CŒUR EN AMULETTE AUX GENS BRÛLÉS PAR LA FIÈVRE, AUSSITÔT LA FIÈVRE TOMBE.

10] SI UNE FEMME LE PORTE ATTACHÉ À SES GENOUX, ELLE NE CONCEVRA PAS ET ELLE NE VERRA PLUS SES ÉPOQUES.

11] SI TU L'ENFERMES DANS UNE PEAU NOIRE ET QUE TU LE SUSPENDES AU COUDE, TU GUÉRIRAS LA FIÈVRE TIERCE, QUARTE ET TOUTE ESPÈCE DE FIÈVRE.

12] BRÛLÉE ET SAUPOUDRÉE, ELLE FAIT DISPARAÎTRE LES FOURMILLEMENTS ET LES CLOUS DES MAINS ET DES PIEDS. QUELQUES-UNS MÉLANGENT AUSSI CETTE CENDRE POUR LE PSORIASIS, LA LÈPRE ET LES ABCÈS PURULENTS.

LETTRE T

ΠΕΡΙ ΤΑΥΡΟΥ

DU TAUREAU.

1] LE TAUREAU EST CONNU DE TOUS ET AUDACIEUX.

2] LE FIEL DU TAUREAU, MÉLANGÉ AVEC DES JAUNES D'ŒUFS, EMPLOYÉ EN LINIMENT, REND LES CICATRICES DE LA MÊME COULEUR QUE LA PEAU ENVIRONNANTE.

3] MÉLANGÉ AVEC DU VINAIGRE ET DE LA TERRE DE CIMOLE, IL GUÉRIT LES DARTRES NOIRES, LE PITYRIASIS DE LA TÊTE, LES TACHES DE ROUSSEURS ET LES ÉPHÉLIDES QUI SURVIENNENT AUX FEMMES À LA SUITE DE COUCHES; CAR L'ANIMAL N'EST PAS SEULEMENT PUISSANT, MAIS SA VERTU PÉNÈTRE À L'INTÉRIEUR (V. I.). ET SI UN HOMME LE (?) PORTE IL CONNAÎTRA TOUT.

4] ÉGALEMENT, SI UNE CHÈVRE SANS CORNES LE (?) PORTE, ELLE RENDRA DES ORACLES.

5] SI ON LE SUSPEND AU COU D'UNE STATUE, ELLE RENDRA AUSSI DES ORACLES, ET CEUX QUI font de faux serments révéleront leur secret et feront des aveux ; et ils apporteront de très grandes offrandes religieuses dans ce lieu même.

6] Prenant donc un épervier de mer, étouffe-le dans de l'eau de pluie ; étouffe également une huppe dans l'eau ; puis, leur arrachant les yeux, prépare-les avec de la myrrhe, du safran et fais-les sécher à l'ombre, loin du soleil.

7] Veillant sur leurs corps, enfouis-les dans la terre à l'endroit où est celui qui les porte, soit homme, soit tout autre être.

8] PRENANT LEURS YEUX, PORTE-LES.

9] APPLIQUÉ AVEC DU MIEL, LE FIEL DE TAUREAU GUÉRIT MERVEILLEUSEMENT LES MALADIES DE L'ESTOMAC.

10] MÊLÉ AVEC LE DOUBLE D'HUILE D'IRIS ET APPLIQUÉ EN PESSAIRE, IL FAIT VENIR LE JOUR MÊME LES MENSTRUES EN ABONDANCE.

11] AVEC DE L'HUILE DE MARJOLAINE ET DE LA FLEUR DE NITRE, APPLIQUÉ [EN PESSAIRE], IL FAIT SORTIR LE FŒTUS MORT.

12] SEUL, EMPLOYÉ EN LINIMENT AUTOUR DE L'ANUS OU DU NOMBRIL, LE FIEL FAIT ÉVACUER LE VENTRE MIEUX QU'UN CLYSTÈRE.

13] EN CATAPLASME SUR LE NOMBRIL, IL FAIT SORTIR LES HELMINTHES.

14] LA BOUSE DU TAUREAU ARRÊTE LES HÉMORRAGIES NASALES, L'ALOPÉCIE ET LA CHUTE DES CHEVEUX APRÈS UNE MALADIE.

15] SON SANG DESSÉCHÉ, DÉLAYÉ AVEC DE L'HUILE DE FRUITS VERTS, ET EMPLOYÉ COMME TEINTURE, NOIRCIT LES CHEVEUX BLANCS, MAIS IL FAUT QUE LE TAUREAU SOIT NOIR.

16] LORSQU'UN TAUREAU MEURT, DANS LES VII JOURS IL ENGENDRE DES VERS QUI AU BOUT DE XXI JOURS ENFANTENT DES ABEILLES QUI FONT DU MIEL : IL FAUT LES RASSEMBLER DANS DES RUCHES ET LES CONSERVER.

SON SANG DESSÉCHÉ ET ABSORBÉ MÛRIT LES ABCÈS ET GUÉRIT LA DYSENTERIE.

SA CORNE CALCINÉE, ABSORBÉE AVEC DE L'EAU, ARRÊTE LE FLUX DES FEMMES. BRÛLÉE ET DÉLAYÉE DANS DE L'HUILE DE FRUITS VERTS, ELLE SERT À NOIRCIR LES CHEVEUX BLANCS.

ΠΕΡΙ ΤΡΑΓΟΥ

DU BOUC.

17] LE SANG DU BOUC, SEC, AVEC DES NOIX DE GALLES ET DU GRENADIER SAUVAGE, DONNÉ EN ALIMENT, SERT À SOIGNER LES GENS ATTEINTS DE DYSENTERIE.

18] SEMBLABLEMENT, ENFERME-LE DANS UN CHATON D'OR ROND AVEC DE LA LANGUE DE

GRENOUILLE, DU CINNAMONE OU DU MUSC; PUIS, APRÈS L'AVOIR COUSU DANS UNE PEAU DE CERF, PORTE-LE COMME AMULETTE OU PLACE-LE DANS UNE FIGURE D'ANIMAL, ET DANS CET ENDROIT IL Y AURA DES SACRIFICES RENOMMÉS. ET L'ÉPERVIER COMMUN FAIT LA MÊME CHOSE. MAIS TIENS CELA SECRET.

19] LA GRAISSE PROVENANT DE SES REINS, CUITE AVEC DE L'EAU DE GRUAU OU DE RIZ, SERT À SERINGUER LES OREILLES.

20] LE LADANUM QUI PROVIENT DE SA BARBE, MÉLANGÉ AVEC DU VIN ET DE L'HUILE DE

FRUITS VERTS, AGIT CONTRE LES ALOPÉCIES ET LA CHUTE DES CHEVEUX; EMPLOYÉ EN FRICTIONS AVEC DU VINAIGRE, IL CALME LES MAUX DE TÊTE.

21] SA GRAISSE, AVEC DU GUI ET DE LA SANDARAQUE BROYÉS, MISE SUR LES ONGLES ATTEINTS DE LA GALE, LES DÉRACINE.

22] SI QUELQU'UN ENDUIT DE MYRRHE LES NARINES D'UN BOUC ET LES FROTTE AVEC SA MAIN, ON LUI FAIT PAR LE PLAISIR ÉMETTRE DU SPERME; SI DE CE SPERME ON ENDUIT LE MEMBRE D'UN HOMME, IL AURA UNE TRÈS GRANDE ÉRECTION, IRRÉSISTIBLE ET REDOUTABLE POUR LES FEMMES.

LETTRE Y
ΠΕΡΙ ΥΑΙΝΗΣ
DE L'HYÈNE.

1] L'HYÈNE EST UN QUADRUPÈDE SAUVAGE, DE DOUBLE NATURE : CAR ELLE NAIT FEMELLE ET APRÈS UNE ANNÉE DEVIENT MÂLE : ENSUITE, APRÈS UNE NOUVELLE ANNÉE, ELLE REDEVIENT FEMELLE : DE SORTE QUE TANTÔT ELLE SAILLIT, TANTÔT ELLE EST SAILLIE, PORTE ET ALLAITE.

VOICI SES VERTUS.

2] LE FIEL DE CET ANIMAL ÉDULCORÉ EST PUISSANT. ON PRÉPARE GRÂCE À LUI UNE TRÈS GRANDE APPARITION. EN VOICI LA COMPOSITION : LES YEUX DU POISSON GLAUCUS ET TOUTE

LA PARTIE LIQUIDE DU FIEL DE L'HYÈNE : BROYÉ LE TOUT ENSEMBLE ET DÉPOSE DANS UN VASE DE VERRE, SURTOUT COUVRE-LE BIEN.

3] SI TU VEUX FAIRE UNE TRÈS GRANDE APPARITION, AGIS AINSI. APRÈS AVOIR DISPOSÉ UNE LAMPE, SI TU MÊLES DE LA GRAISSE D'UN REPTILE OU D'UN ANIMAL QUELCONQUE AVEC UN PEU DE LA COMPOSITION SUSDITE ET QUE TU EN ENDUISES UNE MÈCHE DE PAPYRUS OU DE LAINE ET QUE TU MONTRES AUX SPECTATEURS DES TABLEAUX ÉCLAIRÉS PAR LA LAMPE, ILS

CROIRONT VOIR L'ANIMAL DONT LA GRAISSE EST LÀ, SOIT LION, SOIT TAUREAU, SOIT SERPENT, SOIT TOUT AUTRE.

4] SI TU VEUX FAIRE APPARAÎTRE UN ANIMAL, MÉLANGE AVEC UN PEU DE LA COMPOSITION LA GRAISSE DE CELUI QUE TU VOUDRAS ET METS-LA SUR DES CHARBONS ARDENTS AU MILIEU DE TA MAISON ET L'ANIMAL DONT TU AURAS EMPLOYÉ LA GRAISSE APPARAÎTRA. LA MÊME COMPOSITION AGIT POUR LES OISEAUX.

5] SI TU MÊLES UN PEU D'EAU DES FLOTS DE LA MER À LA COMPOSITION ET QUE TU EN JETTES

DES GOUTTES SUR LES CONVIVES D'UN BANQUET, TOUS PRENDRONT LA FUITE, CONVAINCUS QUE LA MER ARRIVE AU MILIEU D'EUX.

6] SI LU SACRIFIES UNE HYÈNE PENDANT QUE LA TERRE EST DANS LES GÉMEAUX OU DANS LA VIERGE, ET QUE TU DONNES SECRÈTEMENT DE SON POUMON BOUILLI AUX LUNATIQUES, ILS SERONT GUÉRIS. J'AI SU CELA EL J'EN AI ÉTÉ SURPRIS AU SUJET D'UN ÉPILEPTIQUE QUI ÉTAIT SOUVENT ATTEINT DE CRISE ET QUI N'EST PLUS JAMAIS TOMBÉ. DONNES-EN II OU III ONCES. J'AI EU CONNAISSANCE DE CE REMÈDE ET JE M'EN SAIS SERVI.

7] IL Y A ÉGALEMENT UNE AUTRE PRÉPARATION. CAR SON FIEL EST EFFICACE POUR LES AMBLYOPIES, LA JAUNISSE AU DÉBUT, LES COMMENCEMENTS DE LA CATARACTE, LES NÉPHÉLIONS, LA CHUTE DES CILS ET CELLE DES SOURCILS.

8] VOICI LA FORMULE : FIEL VI DRACHMES; NERPRUN INDIEN, II DR; BAUME, I DR. ; MYRRHE, III DR. ; PILOSELLE (C'EST LA LAITUE SAUVAGE), VIII DR. ; POIVRE, I DR. ; MIEL, VI ONCES. APRÈS AVOIR BIEN BROYÉ LE TOUT ET FAIT UN COLLYRE LIQUIDE, METS-LE DANS UN VASE DE TERRE ET EMPLOYÉ.

9] SI TU DONNES DE LA GRAISSE D'HYÈNE À UN HYDROPHOBE OU À UN HOMME MORDU PAR UN CHIEN ENRAGÉ, IL SERA SAUVÉ. MAIS DONNE-LA SANS QU'ILS LE SACHENT.

10] SI TU ARRACHES LES DEUX YEUX D'UNE HYÈNE VIVANTE ET QUE TU LES PORTES À TON BRAS DANS UN MORCEAU DE POURPRE, TU ÉCARTERAS TOUTE CRAINTE NOCTURNE ET GELLO QUI ÉTRANGLE LES PETITS ENFANTS ET EMPÊCHE LES ACCOUCHEMENTS, ET TOUT DÉMON SERA MIS EN FUITE.

11] SON VENTRE SÉCHÉ, COUPÉ ET MÉLANGÉ AVEC DE L'HUILE D'IRIS, ET EMPLOYÉ EN

FRICTIONS, SERT À SOIGNER LES CHOLÉRIQUES ET CEUX QUI SOUFFRENT D'UNE GRANDE ÉVACUATION ET DE DOULEURS DANS LES ARTICULATIONS.

12] SI TU SUSPENDS SA PATTE DROITE DANS UN VASE ET QUE TU FASSES BOIRE DANS CE VASE UN HOMME MORDU PAR UN CHIEN ENRAGÉ OU UN HYDROPHOBE, AUSSITÔT IL SERA SAUVÉ.

13] SON FOIE, DONNÉ EN ALIMENT, GUÉRIT LA FIÈVRE QUARTE ET CEUX QUI SONT ATTEINTS DE TREMBLEMENT OU DE MALADIES DE CŒUR. DANS TOUS LES CAS, DONNE-LE SECRÈTEMENT.

14] SI QUELQU'UN PORTE SA LANGUE DANS SA CHAUSSURE DROITE ET MARCHE, HOMMES ET CHIENS, TOUS SERONT RÉDUITS AU SILENCE, CAR ELLE INSPIRE LE SILENCE.

15] L'ÉPIPLOON DE SES INTESTINS, FONDU AVEC DE L'HUILE, EST EFFICACE POUR TOUTES LES INFLAMMATIONS.

16] LA MOELLE DE SON ÉPINE DORSALE, EMPLOYÉE COMME LINIMENT, GUÉRIT TOUTE DOULEUR DES REINS ET DE L'ÉPINE DORSALE.

17] LA GRAISSE DES OS DE SES HANCHES, PASSÉE DANS LA FUMÉE, EST D'UN GRAND SECOURS AUX FEMMES DONT L'ACCOUCHEMENT EST LABORIEUX.

18] LA VESSIE DE L'HYÈNE SÈCHE, BROYÉE, DONNÉE À BOIRE AVEC DU VIN AUX ENFANTS
QUI URINENT INVOLONTAIREMENT AU LIT, LES GUÉRIT.
19] UN PEU DE SA PEAU, PORTÉE, OU DES CHAUSSURES FAITES AVEC CETTE PEAU ET
PORTÉES, SERVENT À SOIGNER LES PODAGRES, CEUX QUI SOUFFRENT DES GENOUX, DES
MAINS, LES ARTHRITIQUES ET FAIT IMMÉDIATEMENT CESSER TOUTE ESPÈCE DE RHUMATISMES
ET DE DOULEURS DES MUSCLES.
20] SON FIEL, FROTTÉ SUR LE FRONT ET SUR LES PAUPIÈRES, GUÉRIT TOUS LES RHUMATISMES

DES YEUX, TOUTE OPHTALMIE ; EN FRICTION AVEC DU MIEL, ELLE DONNE UNE VUE PERÇANTE.

21] LA PEAU DE L'HYÈNE ÉLOIGNE LES CHIENS; SUSPENDUE DEVANT LES PORTES, ELLE ÉCARTE TOUTE TRAHISON.

LETTRE Φ

ΠΕΡΙ ΦΩΚΗΣ

DU PHOQUE.

1] LE PHOQUE EST UN ANIMAL À QUATRE PATTES, AQUATIQUE, AMPHIBIE. IL ENFANTE COMME LES QUADRUPÈDES, IL A BEAUCOUP DE VERTUS. EN EFFET, SA CERVELLE PRISE EN BOISSON, CHASSE LES DÉMONS.

IL A LES PATTES DE DEVANT SEMBLABLES AUX MAINS HUMAINES ; SA TÊTE EST CELLE D'UN VEAU.
SA PRÉSURE A LA VERTU DU CASTORÉUM.
2] SA TÊTE, CALCINÉE ET BROYÉE AVEC DE LA RÉSINE DE CÈDRE, SERT À SOIGNER L'ALOPÉCIE ET LES MALADIES ANALOGUES.
SON POUMON SÉCHÉ, BU AVEC DU VIN, GUÉRIT LA FOLIE ET L'ÉPILEPSIE.
3] SON ŒIL DROIT, PORTÉ DANS UNE PEAU DE CERF, FAIT AIMER ET RÉUSSIR CELUI QUI LE PORTE.
4] EGALEMENT, SON CŒUR OU SA PRÉSURE, PORTÉS, ÉLOIGNENT TOUTE DIFFICULTÉ ET

PROCURENT TOUTES SORTES DE BIEN À CELUI QUI LES PORTE.

5] SI TU PORTES, ATTACHÉS DANS UNE PEAU DE CERF, LES POILS DU NEZ D'UN PHOQUE, JE DIS LES GRANDS ET DURS, ET QUE TU T'AVANCES AU MILIEU D'ENNEMIS, ILS T'ACCUEILLERONT TOUS COMME UN AMI. SI AVEC SA PEAU ON FAIT DES CHAUSSURES ET QU'ON LES PORTE, ON N'AURA PAS MAL AUX PIEDS. SES EXCRÉMENTS FONT DISPARAÎTRE L'OBÉSITÉ ET ONT BEAUCOUP D'AUTRES VERTUS.

6] SA LANGUE, PORTÉE SOUS LES SANDALES, DONNE LA VICTOIRE.

7] SA GRAISSE GUÉRIT TOUTE ESPÈCE D'INFLAMMATION ET DE DOULEUR DES ARTICULATIONS,
ET SERT À SOIGNER LES ENFANTS NOUÉS COMME UN PETIT PHOQUE.
8] SA PEAU, PORTÉE EN CEINTURE, SERT À SOIGNER LES REINS ET LES HANCHES.
9] SA VIANDE, MANGÉE, ET SON SANG SÉCHÉ, BU AVEC DU VIN, EN SECRET, GUÉRIT
L'ÉPILEPSIE, LA FOLIE, LES ÉTOURDISSEMENTS ET TOUTES LES AFFECTIONS DE MÊME NATURE.
10] EGALEMENT SON FOIE, SON POUMON ET SA RATE SÉCHÉS, EN BOISSON, GUÉRISSENT LES
AFFECTIONS SEMBLABLES ET TOUTES LES MALADIES ANALOGUES.

11] LA FUMÉE DE SES OS BRÛLÉS ACCÉLÈRE L'ACCOUCHEMENT.

12] SON FIEL, EMPLOYÉ COMME COLLYRE AVEC DU MIEL, SERT À SOIGNER TOUTE ESPÈCE DE MALADIES.

13] SA CERVELLE, EN BOISSON, SERT À SOIGNER LE MAL SACRÉ.

14] SI QUELQU'UN ENFERME DANS UNE PEAU DE CERF, OU DE PHOQUE UN CŒUR DE

PHOQUE, LA POINTE DE SA LANGUE, LES POILS DE SON NEZ, SON ŒIL DROIT ET SA PRÉSURE, ET

PORTE CE PHYLACTÈRE, IL SERA VAINQUEUR DE TOUS SES ENNEMIS À LA GUERRE, SUR TERRE ET

SUR MER; TOUTE MALADIE, SOUFFRANCE, CRISES, DÉMON, BÊTES FÉROCES SERONT ÉCARTÉS DE LUI ; IL SERA RICHE, HEUREUX ET DÉSIRÉ.

ΠΕΡΙ ΦΡΥΝΟΥ ΒΑΤΡΑΧΟΣ

DU CRAPAUD.

15] LE CRAPAUD A L'ASPECT D'UNE GRENOUILLE JAUNÂTRE, VIVANT SUR TERRE. S'IL BAVE SUR UN HOMME, CELUI-CI DEVIENT TOUT À FAIT CHAUVE.

16] SON SANG DÉTRUIT LES POILS.

17] UNE GRANDE QUANTITÉ DE CRAPAUDS, JETÉS EN VIE DANS L'HUILE AVEC UNE TOUFFE DE THYM, DE MARRUBE ET DE SCILLE ET BOUILLIS PENDANT TROIS JOURS ET TROIS NUITS DANS UN

FOURNEAU DE BAINS, GUÉRISSENT INCROYABLEMENT LES GOUTTEUX.

18] SI, APRÈS AVOIR BROYÉ SON FOIE, ON LE JETTE DANS L'EAU D'UN BAIN, CELUI QUI SE BAIGNE PERDRA TOUS SES CILS.

19] SI TU JETTES UN CRAPAUD DANS UNE MARMITE NEUVE ET QUE TU LE DÉCHIQUETTES JUSQU'AU MOMENT OU IL SERA RÉDUIT EN CHARBON, SA CENDRE, PURIFIÉE AVEC DU VINAIGRE, GUÉRIRA TOUTE HÉMORRAGIE DES HOMMES ET DES FEMMES, DES REINS OU DE L'UTÉRUS, ET ELLE ARRÊTERA L'ÉCOULEMENT D'UNE VEINE OU LA COUPURE D'UNE ARTÈRE, ET

POUR TOUT DIRE, TOUTE HÉMORRAGIE D'OÙ QU'ELLE PROVIENNE. SI TU VEUX EN FAIRE L'ÉPREUVE, PRENDS UN COUTEAU, FAIS UNE FRICTION DE CENDRE, SAIGNE UN QUADRUPÈDE, CELUI QUE TU VOUDRAS, SON SANG NE COULERA PAS.

LETTRE X

ΠΕΡΙ ΧΑΜΑΙΛΕΟΝΤΟΣ

DU CAMÉLÉON.

1] LE CAMÉLÉON EST UN ANIMAL QUI RESSEMBLE AU CROCODILE. A CHAQUE HEURE DU JOUR IL CHANGE DE COULEUR. IL A LA FACE D'UN LION, LES PIEDS ET LA QUEUE D'UN

CROCODILE, sa couleur est changeante. De sa tête à sa queue s'étend un muscle dur : «n l'arrachant au nom d'un malade et le suspendant à son cou, il guérit la contracture des muscles. 2] Son fiel édulcoré est bon le jour même ; quant à ses autres membres ils ont les mêmes vertus que ceux du phoque et de l'hyène. 3] Sa langue, portée et retenue avec de la racine de son herbe (chaméléon, atractylis gummifera) et de buglosse, est un phylactère très puissant pour faire taire ses ennemis. Du cochon.

LE COCHON, APPELÉ AUSSI PORC, EST CONNU DE TOUS.

SON POUMON SERT À SOIGNER LES MEURTRISSURES FAITES PAR LES CHAUSSURES.

L'URINE DES PORCS CHÂTRÉS EST PARFAITE POUR PURIFIER; CEUX QUI EN ONT BU EN TEMPS DE PESTE ONT ÉTÉ SAUVÉS ; ELLE SERT À SOIGNER LES LÈPRES ET LES PURULENCES DES PLAIES, LES HUMEURS PURULENTES ET LES DARTRES FARINEUSES, ET ELLE AGIT SUR LES BLESSURES DES PIEDS AU POINT DE LES PRÉSERVER DE TOUTE INFLAMMATION.

SON FIEL ET SA GRAISSE, MÊLÉS À L'HUILE D'AMANDES, INSTILLÉS DANS LES OREILLES, FONT

CESSER LES MAUX D'OREILLES.
SA CERVELLE, BOUILLIE AVEC DU MIEL, ÉCRASÉE ET MISE EN EMPLÂTRE, DÉTRUIT LE
CHARBON; AVEC DE L'AMIDON EN CATAPLASME, ELLE SOULAGE LES GOUTTEUX.
LA GRAISSE DU VERRAT, DÉLAYÉE AVEC DE L'HUILE DE ROSES, SERT À SOIGNER LES PUSTULES MALIGNES ET LES HUMEURS PURULENTES.
LE FOIE DU VERRAT SEC, BROYÉ, BU AVEC DU VIN, GUÉRIT LES PIQÛRES DES SERPENTS.
LETTRE Ψ
ΠΕΡΙ ΨΑΜΜΟΔΥΤΟΥ
DE LA PSAMMODYTE.

1] LA PSAMMODYTE EST LA TAUPE DONT IL A ÉTÉ PARLÉ DANS LA PREMIÈRE LETTRE. AUTANT ELLE A DE MEMBRES, AUTANT ELLE A DE VERTUS UTILES, À CE POINT QU'ELLE SERT À SOIGNER L'ÉPILEPSIE, LES DARTRES, LES MAUX DE PIEDS, L'ÉLÉPHANTIASIS, L'OPHIASIS ; PUIS L'ANIMAL EST TRÈS UTILE, AVANTAGEUX ET TOUT À FAIT AFFECTUEUX.

ΠΕΡΙ ΨΥΛΛΟΥ ΘΑΛΑΣΣΙΟΥ

DE LA PUCE DE MER.

2] LA PUCE TROUVÉE SUR LES RIVAGES DE LA MER, BOUILLIE AVEC DE L'HUILE DE ROSES OU DE PEUPLIER BLANC, SOULAGE LES MAUX D'OREILLES.

3] FAIS BOUILLIR UN BON NOMBRE DE PUCES DE MER DANS DE L'EAU DE MER AVEC LA PLANTE PSYLLIUM (PLANTAIN DES SABLES) ET ASPERGE L'ENDROIT OÙ IL Y A BEAUCOUP DE PUCES, JAMAIS ELLES NE REVIENDRONT.

4] SI UN PÊCHEUR SE SERT DE PUCES POUR APPÂT, SA PÊCHE SERA HEUREUSE. ATTACHE-LES AVEC UNE LIGATURE DE PEAU DE DAUPHIN.

LETTRE Ω

ΠΕΡΙ ΩΩΝ

DES ŒUFS.

1] QUANT AUX ŒUFS DE L'ARAIGNÉE, TROUVÉS AU COMMENCEMENT DU PRINTEMPS SUR LES

ROUTES, ET À CEUX DE LA TARENTULE MÊME, SI TU LES PRENDS AU NOM D'UN MALADE, QUE TU LES ENVELOPPES DANS UN CHIFFON NOIR, QUE TU LES SUSPENDES AU BRAS GAUCHE, ILS GUÉRISSENT LES FIÈVRES TIERCE, QUARTE ET QUOTIDIENNE. IL FAUT LES PRENDRE AU DÉCLIN DE LA LUNE, QUAND ELLE EST DANS LE SIGNE DU POISSON, UN JOUR DE SABBAT, VERS LA IXe HEURE, POUR LA FIÈVRE QUOTIDIENNE I, POUR LA DEMI-TIERCE N, POUR LA TIERCE M, POUR LA QUARTE IV, ET LES SUSPENDRE AU COU OU AU COUDE.

LES COQUILLES D'ŒUFS D'OISEAUX, CALCINÉES, DÉLAYÉES AVEC DE L'OXYMEL ET PRISES EN BREUVAGE, GUÉRISSENT L'HÉMORRAGIE DE LA VESSIE.

L'ŒUF ENTIER, CALCINÉ JUSQU'À RÉDUCTION EN CENDRES, DÉLAYÉ AVEC DE L'ARSENIC ET INSUFFLÉ DANS LES NARINES, ARRÊTE LES SAIGNEMENTS DE NEZ.

LE BLANC DE L'ŒUF, EN LINIMENT AVEC DE LA CÉRUSE ET DE L'AMIDON, CALME LES INFLAMMATIONS.

2] EN FUMIGATIONS OU EN APPLICATIONS, LES ŒUFS ACCÉLÈRENT L'ACCOUCHEMENT.

FIN DE LA DEUXIÈME CYRANIDE.

TROISIÈME CYRANIDE

DES OISEAUX
LIVRE MÉDICAL SOMMAIRE D'HERMÈS TRISMÉGISTE
DE LA CONNAISSANCE SCIENTIFIQUE ET DE L'INFLUENCE PHYSIQUE DES ANIMAUX,
COMPOSÉ POUR SON ÉLÈVE ASCLÉPIOS.
— DÉBUT.

LETTRE A
ΠΕΡΙ ΑΕΤΟΥ
DE L'AIGLE.

1] L'AIGLE, ROI DE TOUS LES OISEAUX, EST DE COULEUR SOMBRE : QUAND IL VOLE SOUS L'ÉTHER, TOUT VOLATILE FRÉMIT.

2] IL A UNE GRANDE PUISSANCE. APRÈS L'AVOIR PRIS À LA CHASSE, GARDE-LE VIVANT UN

JOUR ET UNE NUIT ; ENSUITE APRÈS AVOIR LIÉ D'ABORD L'AIGLE ET SON BEC, DIS À SON OREILLE : « AIGLE, AMI DE L'HOMME, MAINTENANT JE T'IMMOLE POUR TOUTE CURE DANS LAQUELLE TU ES EFFICACE. » PUIS, PRENANT UNE ÉPÉE TOUTE EN FER ET BRÛLANT DES PARFUMS, DIE : « Ï MERVEILLE ! » 3] AYANT PRIS UN AIGLE À LA CHASSE, CELUI QUI PORTERA SON CŒUR, LA PEAU DE SA TÈTE, SES YEUX ET LA POINTE DE SES GRANDES AILES, SERA AMOUREUX ET CHÉRI. ET CELUI QUI LES PORTE DANS UN PHYLACTÈRE SERA RENDU PAR LÀ PACIFIQUE, AIMÉ ET AMOUREUX : ET S'IL

S'AVANCE AU MILIEU DES COMBATS, IL NE SERA PAS BLESSÉ, IL NE SUBIRA PAS DAVANTAGE
DE DOMMAGES DE LA TEMPÊTE OU DE LA FOUDRE, MAIS EN TOUT IL SERA BIEN VU ET
TRANQUILLE. MAIS IL FAUT LE PORTER COUSU DANS SA PROPRE PEAU, ET PLACÉ DANS UN TUBE
D'OR.
4] SI QUELQUE PÊCHEUR PORTE SUR LUI SON VENTRE OU SA TÊTE OU LA POINTE DE SES AILES,
JAMAIS IL NE FERA NI MAUVAISE PÊCHE NI MAUVAISE CHASSE.
5] LA SAPONAIRE, CUITE AVEC SES AILES, GUÉRIT LES GENS POSSÉDÉS. PLACÉ DANS UNE
MAISON, IL DÉTOURNE LES COMBATS.

(VOIR LES ADDITIONS DU VIEIL INTERPRÈTE LATIN DANS LE TEXTE GREC).

SON FIEL, DÉLAYÉ AVEC UNE DÉCOCTION DE POIREAU, D'OPOBALAAMUM ET DE MIEL, EN LINIMENT, GUÉRIT L'AMAUROSE, LES TROUBLES DE LA VUE ET LA CATARACTE.

LA FUMÉE DE SES PLUMES GUÉRIT LA LÉTHARGIE, L'HYSTÉRIE ET LA FRÉNÉSIE. (CF. TEXTE GREC, §§ 13 ET 14).

SES ONGLES, BRÛLÉS ET BROYÉS AVEC DU VIN VIEUX, EMPLOYÉS EN LINIMENT, GUÉRISSENT LA DOULEUR DE LA TUMEUR DE LA LUETTE. PRIS EN BREUVAGE, ILS DÉLIVRENT LES GENS

EMPOISONNÉS.

SI UNE FEMME PREND EN BREUVAGE LA MOELLE DE CET ANIMAL ET QU'ELLE S'EN METTE UN PEU SUR LE COL DE L'UTÉRUS, ELLE DEVIENDRA INCAPABLE DE CONCEVOIR. METS DE CÔTÉ SES OS BRÛLÉS, RÉDUITS EN POUDRE SÈCHE : ILS GUÉRISSENT, EN EFFET, LORSQU'ON LES SAUPOUDRE DESSUS, LES ULCÈRES DES OREILLES; INJECTÉS AVEC DU VIN, ILS SONT EXCELLENTS POUR L'ODONTALGIE. LE CŒUR DE L'AIGLE, BOUILLI ET DONNÉ EN SECRET EN ALIMENT, OU SEC DANS UN

BREUVAGE, PROCURE AUX FEMMES UNE GRANDE AMITIÉ, ET C'EST UN PHILTRE D'AMOUR À L'ÉGARD DE LEURS MARIS. SES PATTES, PORTÉES, ONT UNE GRANDE EFFICACITÉ POUR FAIRE REMPORTER LA VICTOIRE SUR LES ENNEMIS.

ΠΕΡΙ ΑΛΕΚΤΟΡΟΣ

DU COQ.

LE COQ EST UN ANIMAL DOMESTIQUE CONNU DE TOUS. SON VENTRE BRÛLÉ, BROYÉ ET PRIS EN BREUVAGE, GUÉRIT LES DYSENTÉRIQUES. SI ON MANGE SOUVENT SES TESTICULES ET SON CROUPION, IL EN RÉSULTE L'ÉRECTION ET UN TRÈS GRAND DÉSIR DE RAPPROCHEMENT SEXUEL.

(VOIR LE V. I. DANS LE TEXTE GREC.)

ΠΕΡΙ ΑΛΚΥΟΝΟΣ

DE L'ALCYON.

L'ALCYON EST UN OISEAU TOUT À FAIT JOLI, COULEUR DE LAPIS LAZULI CHANGEANTE, QUI VIT SUR LES CÔTES DE LA MER ET DANS LES ÉTANGS. IL ENGENDRE DANS L'EAU. LORS DONC QU'IL PONDRA SES ŒUFS, C'EST UN PRONOSTIC DE GRAND CALME SUR LA MER, ANNONÇANT QUE LES FLOTS NE SERONT PAS AGITÉS : EN EFFET, IL POND SUR LE BORD DE LA MER LÀ OÙ LES FLOTS DÉFERLENT LE PLUS. IL SE NOURRIT DE PETITS POISSONS. LORSQU'IL AURA COUVÉ ET QUE SES

PETITS VOLERONT, DE NOUVEAU LA MER, COMME À L'ORDINAIRE, RECOMMENCERA À BATTRE.
SI QUELQU'UN PREND CET OISEAU À LA CHASSE ET L'ATTACHE À SA TÊTE DANS UN CHIFFON,
CELUI QUI DORT BEAUCOUP ÉLOIGNERA DE LUI LE SOMMEIL.
LE PILOTE DE NAVIRE QUI PORTERA SES YEUX, GOUVERNERA SON NAVIRE EN TOUTE SÉCURITÉ
ET SANS QUE LES FLOTS SOIENT AGITÉS.
(VOIR LE V. I. — REPRISE DU TEXTE GREC.)
ΠΕΡΙ ΑΙΘΥΙΑΣ
DE LA MOUETTE.
6] LA MOUETTE, OISEAU DE MER INSATIABLE, CONNU DE TOUS. S'IL RENCONTRE UN NAVIRE

voguant et qu'en volant il plonge dans la mer, il annonce un danger au vaisseau,
mais s'il vole au-dessus ou se pose sur un rocher, il présage une heureuse navigation.

7] Son sang est un remède contre les bêtes venimeuses.

8] Son ventre séché, pris en breuvage ou porté, procure une bonne digestion et le bon état de l'estomac.

9] Son fiel, avec de la résine de cèdre, employé en collyre, ne laisse pas repousser les poils des paupières qui ont été arrachés.

10] LA MOUETTE TOUT ENTIÈRE, SALÉE ET MANGÉE, GUÉRIT L'ÉLÉPHANTIASIS. ELLE A LA MÊME VERTU POUR LA RATE.
11] SES ŒUFS GUÉRISSENT LA DYSURIE, LES REINS ET L'ESTOMAC.

LETTRE B

DU BOROS.

LE BOROS [LE GOURMAND] EST UN OISEAU NOIR CONNU DE TOUS, CAR C'EST CELUI QUE TOUS APPELLENT CORNEILLE. SA FIENTE, BUE AVEC DU VIN, GUÉRIT LA DYSPNÉE ET LA TOUX. SON SANG DESSÉCHÉ, BU DANS DU VIN, À LA DOSE D'UNE COTYLE, GUÉRIT L'HYDROPISIE. SON

CŒUR RÔTI, DONNÉ À UNE FEMME À SON INSU, SOIT COMME ALIMENT, SOIT COMME BREUVAGE, EST UN PHILTRE D'AMOUR POUR ELLE À L'ÉGARD DE L'HOMME, ET SI UNE FEMME ET UN HOMME QUI SE DISPUTENT RÉCIPROQUEMENT OU L'UN DES DEUX CONTRE L'AUTRE, PRENNENT COMME ALIMENT OU COMME BREUVAGE CE QUI VIENT D'ÊTRE DIT, ILS CHANGENT LEUR HAINE EN BON ACCORD. LA CERVELLE DE L'OISEAU, EMPLOYÉE EN POMMADE AVEC DU MIEL ET DU SATYRION SUR LE MEMBRE D'UN HOMME, LUI PROCURE UN TRÈS GRAND PLAISIR

PENDANT SES RAPPORTS AVEC UNE FEMME, ET CELLE-CI LE PRÉFÉRERA À TOUT AUTRE ET N'AURA DE RAPPORTS QU'AVEC LUI.

ΠΕΡΙ ΒΟΥΦΟΥ

DU HIBOU.

1] QUELQUES-UNS DISENT QUE LE HIBOU EST UN OISEAU QUI AIME À VEILLER : NE SORTANT PAS PENDANT LE JOUR, LA NUIT IL FAIT GRAND BRUIT ET POUSSE DES CRIS.

2] SON ONGLE, PORTÉ AU COU PAR LES HOMMES, EST UN PORTE-BONHEUR ET UN PHYLACTÈRE CONTRE LES CALOMNIES, CONTRE LES PILLARDS ET LES MENTEURS.

LETTRE Γ

DU VAUTOUR.

1] LE VAUTOUR EST UN TRÈS GRAND OISEAU, TRÈS UTILE, CONNU DE TOUS. VOICI L'UTILITÉ DU PETIT DU VAUTOUR. LES OS DE SA TÊTE, ATTACHÉS PAR UN FIL DE POURPRE AU COUDE, GUÉRISSENT LA CÉPHALALGIE ET LE VERTIGE CHRONIQUE DE LA TÊTE.

2] SA CERVELLE, BROYÉE AVEC DE LA RÉSINE DE CÈDRE ET DE L'HUILE VIEILLE, EMPLOYÉE EN FRICTIONS SUR LES TEMPES, GUÉRIT TOUTE CÉPHALALGIE ET LA LÉTHARGIE.

3] SON FIEL AVEC DU MIEL ET DU SUC DE MARRUBE, SERT À SOIGNER LA CATARACTE.

4] SA GRAISSE, MÊLÉE À LA GRAISSE DE PORC, SERT AUX ARTHRITIQUES, AUX GENS ATTEINTS

DE TREMBLEMENTS ET DE FRISSONS, AUX GOUTTEUX, AUX DYSPEPTIQUES, AUX PARALYTIQUES, ENFIN À CEUX QUI SONT MALADES À LA SUITE D'ÉVACUATIONS.

5] DE PLUS, SON CŒUR, ENFERMÉ DANS SA PEAU, ARRÊTE TOUTE HÉMORRAGIE : TOUT DÉMON, BRIGANDS OU BÊTES SAUVAGES FUIRONT CELUI QUI LE PORTE. IL SERA BIEN VU DE TOUS LES HOMMES ET DE TOUTES LES FEMMES, IL VIVRA DANS L'ABONDANCE, IL AURA DU SUCCÈS DANS TOUTES LES AFFAIRES.

6] LE CŒUR DU VAUTOUR ADULTE, BOUILLI ET DONNÉ AUX FEMMES SECRÈTEMENT À

manger, ou sec dans un breuvage, est pour elle un puissant philtre d'amitié et de
désir amoureux.

7] Ses pattes, portées, sont merveilleusement et incroyablement efficaces pour le succès des discours, la réussite des affaires, le silence des ennemis et la victoire sur les adversaires.

8] Ses ongles, calcinés et broyés avec du vin vieux et employés en frictions sur
tout le corps et pris en breuvage sont efficaces pour vaincre ses ennemis.

9] SON BEC AVEC SA LANGUE, PORTÉ SUR SOI, EST BON POUR LES VOYAGES NOCTURNES; EN EFFET, IL ÉLOIGNE LES DÉMONS, LES BÊTES FÉROCES, TOUS LES SERPENTS, TOUT MALHEUR, ET POUR TOUT DIRE, IL PROCURE TOUTE VICTOIRE, L'ABONDANCE DES RICHESSES, LE BONHEUR DES PAROLES, ET FAIT OBTENIR À CELUI QUI LE PORTE BONNES CAUSES, GLOIRE ET HONNEUR.

10] PORTE DONC AVEC SA LANGUE SES YEUX, ÉTANT PUR DE CORPS.

11] SI UNE FEMME FAIT FONDRE LA MOELLE DE L'OISEAU ET S'EN FROTTE PENDANT SEPT

JOURS LE VENTRE, PUIS QU'ELLE FROTTE LE VENTRE DE SON PROPRE MARI, ELLE NE CONCEVRA JAMAIS.

12] DE SES OS CALCINÉS ET BROYÉS, FAIS UNE POUDRE SÈCHE; CAR ELLE GUÉRIT TOUT ULCÈRE QUI EN EST SAUPOUDRÉ : BUE AVEC DU VIN ET EMPLOYÉE POUR LAVER LES DENTS, ELLE GUÉRIT L'ODONTALGIE.

13] SON FIEL AVEC UNE DÉCOCTION DE MARRUBE, D'OPOBALSAMUM ET DE MIEL, EN COLLYRE, GUÉRIT SUPÉRIEUREMENT L'AMAUROSE, LES TROUBLES DE LA VUE ET LA CATARACTE.

14] LES FUMIGATIONS FAITES AVEC SES AILES SERVENT À SOIGNER LA LÉTHARGIE, LES SPASMES HYSTÉRIQUES ET LA FRÉNÉSIE.

15] TOUTES LES VERTUS DE L'AIGLE, LE VAUTOUR LES A ÉGALEMENT; MAIS SI NOUS AVONS PASSÉ SOUS SILENCE LES PLUS NOMBREUX DE SES EMPLOIS, IL FAUT QUE TU L'UTILISES COMME L'AIGLE.

DE LA CHOUETTE.

LA CHOUETTE EST UN OISEAU QU'ON APPELLE AUSSI CORBEAU DE NUIT : ELLE A UN DIADÈME QUI RESSEMBLE À UN NIMBE OU À UNE COURONNE AU-DESSUS DU VISAGE.

SON FOIE, INSTILLÉ AVEC DE L'HUILE DE ROSES ET DU NARD, GUÉRIT LES MAUX D'OREILLES.

SON BOUILLON, BU OU MANGÉ, FAIT VENIR LE LAIT.

SA TÈTE, EN ALIMENT, SERT À SOIGNER LES MAUX DE TÊTE ET LES VERTIGES.

SON ŒUF, MAIS LE MÂLE, TEINT LES CHEVEUX BLANCS. VOICI COMMENT TU RECONNAÎTRAS L'ŒUF MÂLE : ENFILANT UNE AIGUILLE AVEC DU FIL BLANC, TU PERCERAS UN TROU AU MILIEU DE L'ŒUF ET TU LE TRAVERSERAS, SI LE FIL NOIRCIT, L'ŒUF EST MÂLE, SI NON IL EST FEMELLE.

SI, AU DÉCLIN DE LA LUNE, TU FAIS BOUILLIR CET OISEAU ET QUE TU LE DONNES À MANGER À

UN ÉPILEPTIQUE, IL SERA SAUVÉ; TRAITE SEMBLABLEMENT CELUI QUI TOMBE FRAPPÉ DU MAL SACRÉ, CAR IL EST EXCELLENT POUR SOIGNER CETTE MALADIE.

DE LA GRUE.

LA GRUE EST UN OISEAU RECONNAISSABLE POUR TOUS : C'EST TOUT À FAIT UN OISEAU DE PRÉSAGE. LORSQUE LES HIVERS DOIVENT ÊTRE DURS, ABANDONNANT LES CONTRÉES SEPTENTRIONALES, ELLES GAGNENT L'EGYPTE ET Y VIVENT, PUIS, À L'ÉPOQUE DU PRINTEMPS, ELLES REVIENNENT. SI EN VOLANT ELLES CRIENT, C'EST SIGNE DE BEAU TEMPS; SI ELLES SE

TAISENT, SIGNE DE PLUIE. DANS LEUR VOL, ELLES IMITENT LES ÉLÉMENTS DES LETTRES.

SA GRAISSE, EN LINIMENT, APPORTE RAPIDEMENT LA SANTÉ AUX MALADES, QUELLE QUE SOIT LA MALADIE.

SON VENTRE, EN ALIMENT, PROCURE À CELUI QUI LE MANGE UNE BONNE DIGESTION.

LETTRE Δ

ΠΕΡΙ ΔΡΥΚΟΛΑΠΤΟΥ

DU PIC-VERT.

1] LE PIC-VERT, QUE CERTAINS APPELLENT DENDROCOLAPTE EST UN OISEAU AU BEC TRÈS FORT QUI, LORSQU'IL POND, FAIT SES ŒUFS DANS LE CREUX D'UN ARBRE. SI QUELQU'UN BOUCHE

SON NID DE QUELQUE FAÇON QUE CE SOIT, SOIT AVEC UNE PIERRE, SOIT AVEC DU BOIS OU
UNE LAME DE FER, PUIS S'ÉLOIGNE, LE PIC-VERT VIENDRA ET APPORTERA UNE PLANTE QU'IL
CONNAÎT ET EN L'APPLIQUANT, IL OUVRIRA TOUTES LES FERMETURES.
2] SES YEUX, PORTÉS SUR SOI, PROCURENT UNE VUE PERÇANTE.
3] SON BEC, SUSPENDU AU COU, GUÉRIT TOUS LES MAUX DE DENTS, LES DOULEURS DE LA
LUETTE, L'AMYGDALITE ET L'ESQUINANCIE ; MANGÉ BOUILLI, IL REND PROMPTEMENT LA SANTÉ
AUX MALADES ET PROCURE UN BIEN-ÊTRE MERVEILLEUX À CEUX QUI SONT LIÉS PAR DES

PHILTRES MAGIQUES.

LETTRE E

ΠΕΡΙ ΕΡΩΔΙΟΥ

DU HÉRON.

1] LE HÉRON EST UN OISEAU QUI FAIT SON NID SUR LES TOITS OU SUR LES MAISONS DES VILLES COMME L'HIRONDELLE ; IL A SUR LA TÊTE UNE AIGRETTE, COMME UNE COURONNE, HAUTE D'ENVIRON TROIS DOIGTS.

2] SI TU SUSPENDS AU COU DE CEUX QUI NE PEUVENT DORMIR SON BEC AVEC DU FIEL D'ÉCREVISSE DANS UNE PEAU D'ÂNE, TU LES FERAS DORMIR.

3] SI DANS UN DINER QUELQU'UN MET DANS LE VIN LE LINGE QUI RENFERME LE BEC, «EUX

QUI LE BOIRONT S'ENDORMIRONT,
COMME SI DEPUIS PLUSIEURS JOURS ILS
NE DORMAIENT
PAS.

ΠΕΡΙ ΕΔΩΝΟΣ

DU ROSSIGNOL.

4] LE ROSSIGNOL EST UN PETIT OISEAU
CONNU. AU PRINTEMPS, IL NE CESSE DE
CHANTER
NUIT ET JOUR ET SON CHANT EST
MÉLODIEUX ET SON NOM LUI VIENT DE
CE QU'IL CHANTE
TOUJOURS.
5] SI QUELQU'UN AVALE SON CŒUR
[ENCORE] PALPITANT AVEC DU MIEL,
PUIS QU'IL PORTE
UN AUTRE CŒUR AVEC LA LANGUE DE
L'OISEAU, IL SERA BEAU PARLEUR,
AURA UNE VOIX CLAIRE

ET SERA ÉCOUTÉ AVEC PLAISIR.

6] SI QUELQU'UN PORTE SES YEUX, IL NE CESSERA DE DORMIR TANT QU'IL LES PORTERA.

7] SON FOIE AVEC DU MIEL, EN COLLYRE, REND LA VUE PERÇANTE.

LETTRE Z

ΠΕΡΙ ΖΗΝΗΣ

DE LA ZÉNÉ.

1] LA ZÉNÉ EST LE PETIT OISEAU DU DIEU JUPITER : IL A SUR LA TÊTE DES PLUMES ROUGES ET DES PLUMES JAUNES AUX AILES, EN UN MOT IL EST DE PLUSIEURS COULEURS. QUELQUES-UNS L'APPELLENT CHARDONNERET.

2] MANGÉ RÔTI, IL EST TRÈS BON POUR LES MAUX DE VENTRE ET LA COLIQUE, ET CEUX QUI

ENTENDENT SON CHANT DEVIENNENT TEMPÉRANTS.

LETTRE H

ΠΕΡΙ ΗΛΙΟΔΡΟΜΟΥ

DE L'HÉLIODROME.

1] L'HÉLIODROME EST UN OISEAU INDIEN QUI, AUSSITÔT NÉ, VOLE VERS LE SOLEIL QUI SE LÈVE ; MAIS QUAND LE SOLEIL A TOURNÉ, ALORS IL VOLE VERS LE COUCHANT. IL NE VIT PAS PLUS D'UNE ANNÉE, MAIS IL ENFANTE SES PETITS, MÂLES ET FEMELLES. IL A CETTE QUALITÉ :
SI QUELQU'UN, APRÈS L'AVOIR OUVERT, PORTE SES ENTRAILLES EMBAUMÉES, IL DEVIENDRA

TRÈS RICHE : MANGÉ, IL PROCURE LA SANTÉ, ET L'HOMME QUI LE PORTERA NE SERA PAS
MALADE PENDANT TOUS LES JOURS DE SA VIE ET S'ENRICHIRA CONSIDÉRABLEMENT.
DU THÉRATÈS.
LE THÉRATÈS [LE CHASSEUR] EST UN OISEAU APPELÉ AUSSI GUÉPARD. SA GRAISSE,
MÉLANGÉE AVEC DU VITRIOL BLEU, GUÉRIT LES GANGRÈNES : AVEC DE LA CIRE ET DE LA
LITHARGE, ELLE EST BONNE POUR LES ANCIENNES BLESSURES ET LES FISTULES.
SA FIENTE, MÉLANGÉE AVEC DU VINAIGRE ET DE L'HUILE DE ROSES, EN FRICTIONS, GUÉRIT LES

MIGRAINES.

LETTRE Θ

ΠΕΡΙ ΘΩΠΕΙΟΥ

DU THOPEIOS.

1] LE THOPEIOS EST UN OISEAU DE NUIT ; SES YEUX ET SON CŒUR, PORTÉS SUR SOI, ÉCARTENT LA CRAINTE PENDANT LA NUIT ET GARANTISSENT LES YEUX ; MANGÉ, IL PROCURE LE BIEN ÊTRE ET LA BONNE DIGESTION.

LETTRE I

ΠΕΡΙ ΙΕΡΑΚΟΣ

DE L'ÉPERVIER.

1] L'ÉPERVIER A LA MÊME PUISSANCE QUE LE VAUTOUR, MAIS MOINDRE. SA FIENTE, BUE

AVEC DU VIN SUCRÉ, FACILITE L'ACCOUCHEMENT, BUE SURTOUT EN QUANTITÉ.

2] PLUMÉ VIVANT ET BOUILLI AVEC DE L'HUILE DE LIN JUSQU'À DISSOLUTION, L'HUILE ÉTANT FILTRÉE, CELUI QUE TU EN FROTTERAS SERA GUÉRI DES TROUBLES DE LA VUE ET DE TOUTE AMBLYOPIE.

3] CET OISEAU, MANGÉ RÔTI, GUÉRIT LE MAL SACRÉ.

4] SES YEUX, SUSPENDUS AU COU, FONT CESSER LA FIÈVRE TIERCE.

5] SON CŒUR, PORTÉ SUR UNE PARTIE DU CORPS, CONSERVE INDEMNE CELUI QUI LE PORTE.

SON FIEL, AVEC DU NERPRUN ET DU CROCOLYTE, EN COLLYRE, GUÉRIT LES TROUBLES DE LA VUE
ET L'AMBLYOPIE.

DU MILAN.

LE MILAN EST UN OISEAU SACRÉ. SA TÊTE, PLUMÉE, DESSÉCHÉE, PELÉE ET ABSORBÉE DANS
DE L'EAU À LA DOSE D'UNE EXAGIE, EST BONNE POUR LES GENS QUI ONT LA GOUTTE AUX
PIEDS ET AUX MAINS.

LETTRE K

ΠΕΡΙ ΚΟΡΑΚΟΣ

DU CORBEAU.

1] LE CORBEAU, APPELÉ AUSSI MAMYGÈRE, EST CONNU DE TOUS. PRIS ET ENFOUI VIVANT

DANS DU CROTTIN DE CHEVAL PENDANT XL JOURS, PUIS BRÛLÉ ET MIS EN POMMADE, C'EST UN REMÈDE EXCELLENT POUR CEUX QUI ONT LA GOUTTE AUX PIEDS ET AUX MAINS.

2] SA FIENTE, EN FUMIGATIONS, GUÉRIT LES DARTRES BLANCHES ET LA LÈPRE BLANCHE.

3] SES ŒUFS, AVEC DE L'ALUN, NOIRCISSENT LES CHEVEUX BLANCS.

ΠΕΡΙ ΚΟΡΩΝΗΣ ΤΗΣ ΚΑΡΔΙΔΟΝΗΣ

DE LA CORNEILLE CARDIDONE (?)

4] LE CŒUR DE LA CORNEILLE, PORTÉ SUR SOI, PROCURE LA CONCORDE ENTRE L'HOMME ET LA FEMME.

5] SI TU DONNES EN SECRET SON INTÉRIEUR RÔTI À UNE FEMME, ELLE TE CHÉRIRA TOUT À FAIT.
6] SI TU FROTTES TON MEMBRE AVEC SON CERVEAU MÉLANGÉ À DU MIEL ET DU SATYRION ET
QUE TU AIES DES RAPPORTS AVEC UNE FEMME, ELLE TE CHÉRIRA ET NE SE DONNERA PAS À UN
AUTRE QU'À TOI.
7] SON SANG DESSÉCHÉ, MÊLÉ À DEUX CUILLERÉES DE VIN, PRIS DANS UN BREUVAGE,
GUÉRIT MERVEILLEUSEMENT LES HYDROPIQUES.
8] SI QUELQU'UN A MAL AU PIED, PRENDS UNE CORNEILLE SANS BLESSURE, COUPE-LUI

L'ERGOT DE LA PATTE DROITE AUPRÈS DE L'ARTICULATION, PUIS APRÈS AVOIR FAIT UN PHYLACTÈRE, ATTACHE-LE SOUS LE PIED DU MALADE EN ÉTAT DE PURETÉ ; PUIS AYANT FROTTÉ TOUTE LA CORNEILLE AVEC DE L'ESSENCE DE TÉRÉBENTHINE OU AVEC DE L'HUILE, LAISSE-LA S'ENVOLER VIVANTE. ATTACHE SON ERGOT AU PIED MALADE; SI C'EST LE PIED GAUCHE, L'ERGOT DE GAUCHE, SI C'EST LE PIED DROIT, L'ERGOT DE DROITE. MAIS QUE LE PHYLACTÈRE NE SOIT PAS MOUILLÉ ET QU'IL NE TOMBE PAS À TERRE, MAIS QU'IL SOIT PORTÉ ATTACHÉ DANS

UNE PEAU DE CERF. ET LORSQUE TU COUPES L'ERGOT, DIS : « J'ENLÈVE TON ERGOT POUR LA GUÉRISON DE LA SCIATIQUE, DE LA GOUTTE ET DE TOUTES LES ARTICULATIONS. » ET L'AYANT FROTTÉE, LAISSE-LA PARTIR.

DE LA CALANDRE.

LA CALANDRE EST UN PETIT OISEAU CONNU DE TOUS ; ELLE A UNE HUPPE SUR LA TÊTE. BOUILLIE ET MANGÉE CONTINUELLEMENT AVEC SON BOUILLON, ELLE EST EXCELLENTE POUR LA COLIQUE ET LA DYSENTERIE.

ΠΕΡΙ ΚΙΣΣΑΣ

DE LA PIE.

9] LA PIE EST UN OISEAU INTELLIGENT QUI IMITE LA VOIX DE L'HOMME.

10] SON CŒUR, PORTÉ SUR SOI, AVEC DE LA RACINE DE LIERRE, CALME LES ATTAQUES DE NERFS DES FEMMES. SEMBLABLEMENT, C'EST UN REMÈDE POUR LA DYSURIE.

11] C'EST UN OISEAU DE COULEUR CHANGEANTE, QUI REND VERTUEUX CELUI QUI LE MANGE.

ΠΕΡΙ ΚΟΣΣΥΦΟΥ

DU MERLE.

12] LE MERLE EST UN OISEAU À LA VOIX AGRÉABLE, QUI CHANTE BEAUCOUP PENDANT L'ÉTÉ : SON PLUMAGE EST ENTIÈREMENT NOIR : SEUL SON BEC EST COULEUR D'OR.

13] BOUILLI DANS DE L'HUILE VIEILLE, JUSQU'À DISSOLUTION, SI ON FROTTE DE CETTE HUILE UN MALADE QUI A LES MEMBRES RETOURNÉS, IL SERA GUÉRI ; IL EST ÉGALEMENT UN REMÈDE POUR LA SCIATIQUE.

LETTRE Λ

ΠΕΡΙ ΛΑΡΟΥ

DE LA MOUETTE.

1] LA MOUETTE EST UN OISEAU DE MER. ELLE A LES MÊMES VERTUS QUE L'ALCYON.

2] POSSÉDANT UN CŒUR DE MOUETTE, ENTRE CHEZ UNE FEMME DONT L'ACCOUCHEMENT EST PÉNIBLE, ELLE ENFANTERA AUSSITÔT; MAIS PENDANT QU'ELLE ACCOUCHE, RETIRE-TOI, DE PEUR

QU'ELLE NE REJETTE QUELQUE CHOSE DE PLUS.

3] SON VENTRE, SÉCHÉ, PRIS EN BREUVAGE ET PORTÉ, PROCURE UNE EXCELLENTE DIGESTION.

ΠΕΡΙ ΛΑΜΠΥΡΙΔΟΣ

DU VER LUISANT.

4] LE VER LUISANT EST UN VER AILÉ QUI VOLE PENDANT L'ÉTÉ, ET QUI BRILLE PENDANT LA NUIT COMME UNE ÉTOILE : IL A UNE LAMPE DANS LE SPHINCTER.

5] SI TU L'ENVELOPPES DANS UNE PEAU DE MULET ET QUE TU LE SUSPENDES AU COU D'UNE FEMME, ELLE SERA INFAILLIBLEMENT HORS D'ÉTAT DE CONCEVOIR.

6] SI ON MET UN VER LUISANT DANS UN ENDROIT OÙ IL Y A DES PUCES, ELLES S'ENFUIRONT.

LETTRE M

ΜΕΡΙ ΜΕΡΟΠΟΣ

DU GUÊPIER.

1] LE GUÊPIER EST UN OISEAU TOUT VERT; MAIS SES AILES SONT COULEUR DE POURPRE : QUELQUES-UNS L'APPELLENT GANGRÈNE. IL EST INTELLIGENT ET A BEAUCOUP DE VERTUS COMME L'ALCYON. LORSQU'IL A DES PETITS ET QUE QUELQU'UN VEUT LES LUI PRENDRE, IL LES TRANSPORTE DE PLACE EN PLACE ; ET LORSQU'IL LEUR DONNE À MANGER, IL VOLE DANS

DIFFÉRENTS ENDROITS POUR QU'ON NE SACHE PAS OÙ IL LES NOURRIT.

2] SON CŒUR EST UTILE POUR COMPOSER DES PHILTRES; MANGÉ, IL SOULAGE LES GENS MALADES DU CŒUR, DU FOIE OU DE L'ESTOMAC.

3] IL EST NOMMÉ MÉROPS [MORTEL], PARCE QU'IL PREND PLACE IMMÉDIATEMENT APRÈS L'HOMME ET MET SON AMITIÉ EN LUI.

4] SON FIEL, AVEC DU MIEL ET DU SUC DE RUE, GUÉRIT LA CATARACTE. SA FIENTE AVEC DU VIN, EN ONGUENT, SOULAGE LES GENS MALADES DU CŒUR. SON CŒUR, BROYÉ ET PRIS EN BREUVAGE, SECOURT LES MALADES DU FOIE ET PROCURE L'AMITIÉ.

LES MELISSOI, OISEAUX À HUPPE NOIRE. LE MELISSOS [PROTECTEUR DES ABEILLES], EST UN OISEAU QUI CHANTE BIEN L'ÉTÉ. CALCINÉ, BROYÉ AVEC DU MIEL, EN LINIMENT, C'EST UN REMÈDE POUR LES MÉLICÉRIS ET LES TUMEURS GRAISSEUSES. MANGÉ RÔTI, IL GUÉRIT LA DYSENTERIE.

LETTRE N

ΠΕΡΙ ΝΗΣΣΗΣ

DU CANARD.

1] LE CANARD DE RIVIÈRE ET D'ÉTANG EST UN OISEAU CONNU DE TOUS. 2] SON SANG CHAUD OU SÉCHÉ, BU DANS DU VIN, SAUVE CEUX QUI LE BOIVENT QUAND ILS

ONT ÉTÉ MORDUS PAR DES ANIMAUX MALFAISANTS OU PAR UNE VIPÈRE, ET PROCURE LA
FORCE ET LA SANTÉ.
SA GRAISSE, EN ONGUENT, EST UTILE POUR LA BONNE SANTÉ ET POUR DE NOMBREUX USAGES.

LETTRE Ξ

ΠΕΡΙ ΞΟΘΥΡΟΥ
DU XOUTHROS.

1] LE XOUTHROS, QUE D'AUTRES NOMMENT STROUTHOS EST UN OISEAU APPELÉ
AUSSI PYRGITE OU TROGL[OD]ITE [QUI NICHE DANS LES TOURS].
2] SA FIENTE, BUE DANS DU VIN, CAUSE UNE GRANDE ÉRECTION.

3] EMPLOYÉE EN POMMADE, AVEC DE LA GRAISSE DE PORC, ELLE ARRÊTE L'ALOPÉCIE.

4] MANGÉ RÔTI, IL PROCURE AUX HOMMES LA JOUISSANCE.

SA GRAISSE, EN CATAPLASME AVEC DE RADIANTE, [APPLIQUÉE] DEUX FOIS PAR JOUR SUR LES BRÛLURES, PROCURE DU SOULAGEMENT.

LETTRE O

ΠΕΡΙ ΟΡΝΙΘΟΣ

DES POULES.

L'OISEAU DOMESTIQUE, APPELÉ AUSSI POULE, EST CONNU DE TOUS.

1] LA CERVELLE DE L'OISEAU DE BASSE-COUR, EN FRICTIONS, AIDE À LA DENTITION DES PETITS ENFANTS.

2] BUE AVEC DU VIN, ELLE GUÉRIT LES GENS MORDUS PAR UN SCORPION.

3] SON CŒUR ENCORE PALPITANT, ATTACHÉ À LA CUISSE, EST EXCELLENT POUR FACILITER L'ACCOUCHEMENT.

4] SON FOIE, BROYÉ ET APPLIQUÉ EN CATAPLASME AVEC DE LA FARINE D'ORGE ET DE L'EAU, SOULAGE LES GOUTTEUX.

5] SA GRAISSE, FONDUE AVEC DU NARD, EST UTILE POUR LES MAUX D'OREILLES ; ELLE SERT À FAIRE DES PESSAIRES POUR LES FEMMES, ET POUR LES AFFECTIONS NERVEUSES.

6] LES POUSSINS, COUPÉS EN MORCEAUX ET POSÉS CHAUDS SUR LES ULCÈRES VENIMEUX,

TIRENT TOUT LE VENIN : MAIS IL FAUT CONTINUELLEMENT LES CHANGER JUSQU'À CE QU'ILS NE DEVIENNENT PLUS DU TOUT CHAUDS; ENSUITE, APRÈS AVOIR COUPÉ DES FEUILLES VERTES D'OLIVIER, LES APPLIQUER AVEC DE L'HUILE ET DU SEL SUR LES ULCÈRES. 7] LA FIENTE FRAÎCHE DES POULES, APPLIQUÉE, GUÉRIT LES ENGELURES ET LES BLESSURES OCCASIONNÉES PAR LES CHAUSSURES ; ELLE GUÉRIT ÉGALEMENT LES VERRUES QUI CAUSENT DES DÉMANGEAISONS ; BUE AVEC DU VIN COUPÉ, ELLE PROTÈGE CEUX QUI MANGENT DES

CHAMPIGNONS [VÉNÉNEUX]. SÈCHE, BROYÉE AVEC DU SEL DE NITRE ET DE LA MYRRHE
SÈCHE, ELLE ARRÊTE RAPIDEMENT L'ALOPÉCIE.
SA FIENTE, BUE AVEC DE L'OXYMEL, CONVIENT À CEUX QUI ONT DES COLIQUES; APPLIQUÉE
EN LINIMENT, ELLE GUÉRIT LES VERRUES QUI CAUSENT DES DÉMANGEAISONS ET LE CHARBON.
SA GRAISSE, MÉLANGÉE À LA STAPHISAIGRE, GUÉRIT SUPÉRIEUREMENT LES SUPPURATIONS ET
LE PITYRIASIS DE LA TÊTE.
ΠΕΡΙ ΟΡΤΥΓΟΣ
DE LA CAILLE.

8] LA CAILLE EST CONNUE DE TOUS. SES YEUX, SUSPENDUS AU COU, GUÉRISSENT L'OPHTALMIE, LA FIÈVRE TIERCE ET LA FIÈVRE QUARTE. 9] SON BOUILLON AMOLLIT LE VENTRE ;
EN ALIMENT, ELLE SERT À SOIGNER LES REINS.

LETTRE Π

ΠΕΡΙ ΠΕΛΑΡΓΟΥ

DE LA CIGOGNE.

1] LA CIGOGNE EST UN OISEAU TRÈS COURAGEUX. EN EFFET, LORSQUE LE PRINTEMPS ARRIVE,
ELLES PRENNENT TOUTES LEUR VOL, ENRÔLANT TOUTES SORTES D'OISEAUX, LES OIES SAUVAGES,
LES CANARDS ET TOUTE ESPÈCE D'OISEAUX, PUIS QUITTENT L'EGYPTE, LA LYBIE, LA SYRIE ET

SE DIRIGENT VERS LA LYCIE, VERS UN FLEUVE QUI S'APPELLE LE XANTHUS, ET LÀ, ENGAGENT LA GUERRE CONTRE LES CORBEAUX, LES CORNEILLES, LES GEAIS, LES VAUTOURS ET TOUS LES OISEAUX CARNIVORES. COMME CEUX-CI CONNAISSENT L'ENDROIT, ILS SE TROUVENT TOUS LÀ. 2] L'ARMÉE DES PÉLICANS [LIRE DES CIGOGNES] SE RANGE EN BATAILLE SUR UN DES CÔTÉS DU FLEUVE : SUR L'AUTRE RIVE SE DISPOSE CELLE DES CORBEAUX, DES VAUTOURS ET DES AUTRES OISEAUX CARNIVORES : PENDANT TOUT LE SEPTIÈME MOIS, ILS SE PRÉPARENT À LA

GUERRE : ILS SAVENT, EN EFFET, LES JOURS OÙ ILS DOIVENT COMMENCER LA GUERRE : ET LORSQU'ILS COMMENCENT LA GUERRE, LEURS CRIS S'ENTENDENT JUSQU'AU CIEL : ET DES FLOTS DE SANG DES OISEAUX BLESSÉS COULENT VERS LE FLEUVE, AINSI QUE DES PLUMES DONT ON NE SAURAIT DIRE LA QUANTITÉ. LES LYCIENS LES UTILISENT POUR GARNIR LEURS LITS. APRÈS LEUR RETOUR DE LA GUERRE, ON POURRAIT VOIR LES CORNEILLES BLESSÉES, AINSI QUE LA FOULE DES AUTRES OISEAUX CARNIVORES : NOMBREUX AUSSI SONT LES BLESSÉS PARMI LES

CIGOGNES, LES PÉLICANS ET LES OISEAUX QUI LES ACCOMPAGNENT : BEAUCOUP D'ENTRE EUX AUSSI TOMBENT MORTS PENDANT LA BATAILLE.

3] LA GUERRE QU'ILS SE LIVRENT ENTRE EUX ET LA VICTOIRE DES UNS OU DES AUTRES FOURNIT AUX HOMMES UN PRÉSAGE : CAR SI L'ARMÉE DES CIGOGNES REMPORTE LA VICTOIRE, IL Y AURA GRANDE QUANTITÉ ET ABONDANCE DE BLÉ ET DES AUTRES GRAINS : SI LA MASSE DES CORNEILLES EST VICTORIEUSE, IL Y AURA ABONDANCE DE BREBIS, DE BESTIAUX, DE BŒUFS ET D'AUTRES QUADRUPÈDES.

4] LES CIGOGNES ONT AUSSI UNE AUTRE PARTICULARITÉ REMARQUABLE : CAR LORSQUE LES PARENTS VIEILLISSENT ET NE PEUVENT PLUS VOLER, LEURS ENFANTS, LES SOUTENANT DE CHAQUE CÔTÉ SOUS LES AISSELLES, LES TRANSPORTENT D'UNE PLACE À L'AUTRE ET LES NOURRISSENT AINSI. ET LORSQU'ILS N'Y VOIENT PLUS CLAIR, LEURS ENFANTS LEUR METTENT LA NOURRITURE DANS LE BEC ET CET ÉCHANGE, CE PAYEMENT EN RETOUR, S'APPELLE ἈΝΤΙΠΕΛΆΡΓΩΣΙΣ, PIÉTÉ FILIALE.

5] LES ŒUFS DE LA CIGOGNE ONT CETTE PROPRIÉTÉ : DISSOUS DANS DU VIN, ILS NOIRCISSENT les cheveux. Mais il faut frotter le front et les yeux avec du levain : il faut aussi après avoir teint les cheveux, les laver et les oindre d'huile de myrrhe ou de verjus, dans quoi on aura fait fondre de la graisse d'ours ou de sanglier.

6] Si tu prends un petit poussin d'une cigogne, que tu le mettes dans une marmite neuve, et qu'après l'avoir lutée, tu le mettes cuire à sec sur le fourneau, lorsqu'il sera carbonisé, tu enlèveras la cendre, tu la broieras convenablement et lu auras

UN COLLYRE SEC POUR LE NÉPHÉLION, LE LARMOIEMENT, LE TRICHIASIS ; ET TOUT CELA, FAIS LE COMME UN HOMME DE L'ART ; SI TU VEUX EN FAIRE UN COLLYRE MOU, METS LA CENDRE DANS DU MIEL NON ENFUMÉ, EN QUANTITÉ SUFFISANTE, MÉLANGE BIEN ET EMPLOIE.

7] AYANT ENLEVÉ À UNE CIGOGNE VIVANTE LES TENDONS DES PATTES, DES JAMBES ET DES AILES, DONNE-LES À PORTER À DES GOUTTEUX DES PIEDS ET DES MAINS, MEMBRE POUR MEMBRE, ET ILS SERONT GUÉRIS.

8] UNE CIGOGNE, MANGÉE BOUILLIE UNE FOIS CHAQUE ANNÉE, AU PRINTEMPS, AVANT

QU'ELLE SE SOIT ENVOLÉE POUR LA GUERRE, CONSERVE INDEMNES ET SANS DOULEURS LES
NERFS ET LES ARTICULATIONS DE CELUI QUI L'A MANGÉE : CAR ELLE FERA FUIR LA GOUTTE AUX
PIEDS, AUX MAINS, AUX GENOUX, LA SCIATIQUE, L'ARTHRITE, L'OPISTHOTONOS ET TOUTES LES MALADIES NERVEUSES ET ARTICULAIRES.

9] SA FIENTE, EN CATAPLASME AVEC DES FEUILLES DE JUSQUIAME ET DE LAITUE, SOULAGE
LES GOUTTEUX.

10] PRENDS LA PEAU DE SON ESTOMAC, LAVE-LA DANS DU VIN, FAIS-LA SÉCHER À L'OMBRE,

TIENS-LA BIEN UNIE. SI QUELQU'UN A BU UN BREUVAGE MORTEL, GRATTES-EN, METS LA RACLURE DANS DU VIN AVEC DE L'EAU DE MER, DONNE À BOIRE ET L'ON SERA CONSERVÉ INDEMNE.

11] SES INTESTINS, MANGÉS, GUÉRISSENT LES COLIQUES ET LES MAUX DE REINS.

12] SON FIEL, EN LINIMENT, REND LA VUE PERÇANTE.

13] SI QUELQU'UN PREND LE CŒUR D'UNE CIGOGNE VICTORIEUSE DANS LA GUERRE ET LE LIE DANS UNE PEAU D'ÉPERVIER OU DE VAUTOUR VAINCUE, ET QU'IL ÉCRIVE SUR LE CŒUR CECI :

« J'AI VAINCU MES ADVERSAIRES », PUIS QU'IL SUSPENDE LE TOUT À SON BRAS : LE PORTEUR
SERA TERRIBLE ET ADMIRÉ ; IL VAINCRA TOUS SES SUPÉRIEURS À LA GUERRE ET DANS LES
PROCÈS. C'EST UN PHYLACTÈRE INVIOLABLE, DONNANT LA VICTOIRE ET TRÈS PUISSANT.

ΠΕΡΙ ΠΕΡΙΣΤΕΡΑΣ
DE LA COLOMBE.

14] LA COLOMBE EST UN OISEAU CONNU DE TOUS. IL EXISTE DANS L'INDE UN ARBRE
APPELÉ PÉRIDEXION; SON FRUIT EST SI DOUX ET SI BON QUE LES COLOMBES, APRÈS EN AVOIR

MANGÉ RESTENT DANS L'ARBRE ET Y FONT LEUR NID. LE SERPENT CRAINT CET ARBRE AU POINT D'EN FUIR MÊME L'OMBRE. SI L'OMBRE DE L'ARBRE S'ÉTEND VERS L'ORIENT LE SERPENT FUIT VERS L'OCCIDENT ; SI L'OMBRE VIENT VERS L'OCCIDENT, LE SERPENT COURT VERS L'ORIENT; ET LA PUISSANCE DE L'ARBRE L'EMPÊCHE D'ATTRAPER LES COLOMBES. MAIS SI QUELQU'UNE DES COLOMBES S'ÉLOIGNE DE L'ARBRE, LE SERPENT LES ATTIRE PAR SON SOUFFLE ET LES MANGE. MAIS SI ELLES S'ENVOLENT TOUTES ENSEMBLE, NI LE SERPENT, NI LES OISEAUX AU VOL

RAPIDE N'OSENT LES TOUCHER. LES FEUILLES DE L'ARBRE OU SON ÉCORCE, EN FUMIGATIONS,
CHASSENT TOUTE ESPÈCE DE MAL.
15] LE SANG CHAUD DE LA PLUME DE LA COLOMBE, VERSÉ GOUTTE À GOUTTE, CALME ET
GUÉRIT LES TROUBLES ET LES IRRITATIONS PURULENTES DES YEUX.
16] SA FIENTE, MÉLANGÉE À DE LA FARINE D'ORGE ET D'IRIS, DE LA GLU ET DE LA GRAISSE DE
PORC, DÉTRUIT TOUT À L'ENTOUR LES GANGRÈNES ET FAIT SORTIR LES ÉCROUELLES ; EN
POMMADE, AVEC DU VINAIGRE, ELLE FAIT DISPARAÎTRE LES BOUTONS ET LES TACHES DU

VISAGE ET LES MARQUES. AVEC DE LA RACINE DE CÈDRE ELLE GUÉRIT MERVEILLEUSEMENT, LES DARTRES BLANCHES, LES LICHENS, LA LÈPRE. AVEC DE LA TERRE D'EGYPTE, DE L'EUPHORBE ET DU SAFRAN, ET FROTTÉE SUR LE FRONT, ELLE GUÉRIT MERVEILLEUSEMENT LE MAL DE TÊTE. AVEC DE L'HUILE, APPLIQUÉE EN ONGUENT, ELLE DÉGAGE LE VENTRE.

17] LES TESTICULES DU MÂLE, DONNÉS PAR LES HOMMES AUX FEMMES, SONT UN PHILTRE D'AMOUR; IL EN EST DE MÊME DE L'UTÉRUS DE LA FEMELLE DONNÉ AUX HOMMES.

ΠΕΡΙ ΠΕΡΔΙΚΟΣ

DE LA PERDRIX.

18] LA PERDRIX EST UN OISEAU FOURBE; ELLE FAIT PRENDRE À LA CHASSE SES SEMBLABLES ET COUVE LES ŒUFS DES AUTRES COMME LES SIENS; PUIS, LORSQUE LES PETITS SONT GRANDS, ELLE S'ÉLOIGNE POUR S'APPAIRER, LAISSANT SEULE CELLE QUI A COUVÉ.

19] LE FIEL DE LA PERDRIX, AVEC DU MIEL ET DU JUS DE BAUMIER ET DE FENOUIL, PROCURE UNE VUE PERÇANTE : BOUILLI AVEC DES COINGS ET DES POMMES, ET MANGÉ EN PRENANT ENSUITE UNE POTION ASTRINGENTE, IL SERT À SOIGNER LES COLIQUES ET LES MAUX D'ESTOMAC.

20] SES ŒUFS, EN ALIMENT, EXCITENT LES DÉSIRS VÉNÉRIENS : ON EN FAIT DES PHILTRES D'AMOUR ; MÉLANGÉS À LA GRAISSE D'OIE ET APPLIQUÉS AU BOUT DU SEIN DES NOURRICES, ILS FONT VENIR BEAUCOUP DE LAIT. LES COQUILLES DE SES ŒUFS, CASSÉES, BROYÉES, MÊLÉES À LA CIRE ET À LA CADMIE, REDRESSENT LES SEINS TOMBANTS DES FEMMES.

LETTRE P

ΠΕΡΙ ΡΑΦΙΟΣ

DU RAPHIS.

1] LE RAMPHIOS EST UN OISEAU QUI VOLE LE LONG DES RIVES DU NIL ; ON L'APPELLE AUSSI

PÉLICAN. IL VIT DANS LES MARAIS D'EGYPTE ET VOICI COMMENT IL AIME SES ENFANTS.

LORSQU'ILS SONT NÉS ET QU'ILS COMMENCENT À GRANDIR, SES PETITS LE FRAPPENT AU

VISAGE. NE POUVANT SUPPORTER CELA, LES PÉLICANS BATTENT LEURS PETITS SUR LA TÊTE ET

LES TUENT. MAIS, PLUS TARD, LEURS ENTRAILLES SONT ÉMUES ET ILS PLEURENT LES PETITS

QU'ILS ONT FAIT MOURIR. LE MÊME JOUR, LA MÈRE A PITIÉ DE SES PROPRES ENFANTS, ELLE SE

DÉCHIRE LES FLANCS ET LES OUVRE, ET SON SANG DÉGOUTTANT SUR LES PETITS CADAVRES LES

RAMÈNE À LA VIE ET ILS RESSUSCITENT NATURELLEMENT.

2] LEUR FIEL, MÊLÉ AU NITRE, GUÉRIT LES DARTRES NOIRES, REND LES CICATRICES NOIRES DE LA COULEUR DE LA PEAU, FAIT BRILLER L'ARGENT TERNI ET GUÉRIT TOUTE TACHE NOIRE.

3] LEUR SANG, EN POTION, GUÉRIT L'ÉPILEPSIE.

LETTRE Σ

ΠΕΡΙ ΣΠΙΝΟΥ

DU PINSON.

1] LE PINSON EST UN JOLI PETIT OISEAU, CONNU DE TOUS, QUI VIT DANS LES CHAMPS.

2] SI ON LE MANGE, IL DONNE LA BEAUTÉ ET PRÉSERVE L'HOMME DE L'IVRESSE.

ΠΕΡΙ ΣΕΙΣΟΠΥΓΙΟΥ

DU HOCHE-QUEUE.

3] LE HOCHE-QUEUE EST UN PETIT OISEAU QU'ON RENCONTRE LE LONG DES BERGES ET DES RIVES DES COURS D'EAU. SA QUEUE EST SANS CESSE AGITÉE, D'OÙ VIENT SON NOM.

4] SI DONC QUELQU'UN LE MET AVEC SES PLUMES DANS UNE MARMITE ET QU'APRÈS L'AVOIR CARBONISÉ ET BROYÉ, LE DONNE DANS UN BREUVAGE À UNE FEMME, ELLE SE CONSUMERA D'AMOUR. CAR, C'EST UN INVINCIBLE PHILTRE D'AMOUR, QUE PERSONNE NE CONNAÎT.

LETTRE T

ΠΕΡΙ ΤΑΩΝΟΣ

DU PAON.

1] LE PAON EST UN OISEAU SACRÉ DE TOUTES COULEURS, TRÈS BEAU, AYANT SON CHARME DANS SA QUEUE. LORSQU'IL CHAUSSE, IL POUSSE UN CRI, ET QUAND IL A CHAUSSÉ, IL S'ÉLOIGNE. IL CHAUSSE SEULEMENT AU PRINTEMPS. SES ŒUFS SONT PRÉCIEUX POUR LA CONFECTION DE L'OR, COMME CEUX DE L'OIE. LORSQUE LE PAON EST MORT, IL NE SE PUTRÉFIE PAS ET N'EXHALE PAS UNE MAUVAISE ODEUR, MAIS IL DEMEURE COMME EMBAUMÉ DE MYRRHE.

2] SON CERVEAU EST UN BREUVAGE D'AMOUR.

3] SON CŒUR, PORTÉ, PROCURE LA BEAUTÉ ET LE SUCCÈS.

4] SON SANG, EN POTION, CHASSE LES DÉMONS.

5] SES ENTRAILLES ET SA FIENTE, EN FUMIGATIONS, ÉCARTENT TOUTE LAIDEUR ET TOUTE FOLIE.

6] MANGÉ LUI-MÊME, IL SERT À GUÉRIR LA DYSENTERIE.

7] SA FIENTE, EN POTION, GUÉRIT L'ÉPILEPSIE.

ΠΕΡΙ ΤΡΥΓΟΝΟΣ

DE LA TOURTERELLE.

8] LA TOURTERELLE EST UN OISEAU CONNU DE TOUS; ELLE N'A QU'UN MÂLE.

9] SA FIENTE, AVEC DU MIEL, PURIFIE LES LEUCOMES ; MÊLÉE À L'HUILE DE ROSES, EN

LINIMENT, ELLE SERT À SOIGNER L'UTÉRUS.

10] LA TOURTERELLE, EN ALIMENT, INSPIRE AUX HOMMES ET AUX FEMMES LA MODÉRATION DANS LEURS DÉSIRS RÉCIPROQUES. SON SANG, INSTILLÉ CHAUD DANS LES YEUX, EN GUÉRIT LES CONGESTIONS.

DE L'HIRONDELLE DE MER.

L'HIRONDELLE DE MER EST UN OISEAU CONNU DE TOUS. SES EXCRÉMENTS, BUS DANS DU VIN, PRODUISENT L'ÉRECTION; DÉLAYÉS DANS DE LA GRAISSE DE PORC ET EMPLOYÉS EN LINIMENT, ILS ARRÊTENT L'ALOPÉCIE. SA GRAISSE AVEC DE RADIANTE, EN CATAPLASME,

[APPLIQUÉE] DEUX FOIS PAR JOUR, SOULAGE LES BRÛLURES.

LETTRE Y

ΠΕΡΙ ΥΠΕΡΙΟΝΙΔΟΣ

DE L'HYPÉRION.

1] L'HYPÉRION EST LA FEMELLE DE L'AIGLE. SA VERTU EST LA MÊME QUE CELLE DU MÂLE.

2] SA FIENTE, AVEC DU MIEL, GUÉRIT MERVEILLEUSEMENT LES GENS ATTEINTS D'ESQUINANCIE, SOULAGE TOUTES LES AFFECTIONS DE LA GORGE ET LA TOUX.

3] SON CŒUR, MANGÉ PAR LES FEMMES, LES REND FORTES ET SAINES, PLUS FORTES QUE LES HOMMES, ET MODÉRÉES DANS LEURS DÉSIRS.

LETTRE Φ

DU PIGEON RAMIER.

LE PIGEON RAMIER EST UN OISEAU CONNU DE TOUS.

SON SANG CHAUD, INSTILLÉ DANS LES YEUX, GUÉRIT LEURS CONGESTIONS, ET MIS SUR LA DURE-MÈRE, EST UN REMÈDE POUR LA FOLIE SURVENANT À LA SUITE DE COUPS. SON VENTRE, BROYÉ ET BU PEU À PEU, FAIT SORTIR LES CALCULS DES REINS.

ΠΕΡΙ ΦΗΝΗΣ

DE L'ORFRAIE.

1] L'ORFRAIE EST UN OISEAU BRISEUR D'OS, QUI NON SEULEMENT SE NOURRIT DE CHAIR, MAIS MANGE MÊME LES OS.

2] SI APRÈS AVOIR BROYÉ SON VENTRE SÉCHÉ, ON LE BOIT AVEC DU VIN, IL FACILITE MERVEILLEUSEMENT LA DIGESTION ; SI ON LE PORTE, IL PRODUIT LE MÊME EFFET ; IL SERT ÉGALEMENT À SOIGNER LA PIERRE ET LA DYSURIE.

3] L'OS DE LA CUISSE DE L'OISEAU, ATTACHÉ À LA CUISSE, EST SALUTAIRE POUR LES VARICES DES PIEDS.

4] SON FIEL, EMPLOYÉ EN LINIMENT AVEC DU MIEL, FAIT CESSER LES LEUCOMES ET LES LÈPRES.

ΠΕΡΙ ΦΑΣΙΑΝΟΣ

DU FAISAN.

5] LE FAISAN EST UN OISEAU CONNU DE TOUS.

6] SA FIENTE, EMPLOYÉE EN LINIMENT ET BUE, PRODUIT L'ÉRECTION.

7] SA GRAISSE SOULAGE BEAUCOUP LES GENS ATTEINTS DU TÉTANOS, ET LES AFFECTIONS DE L'UTÉRUS.

8] SON SANG EST UN ANTIDOTE CONTRE LES POISONS.

9] SON FIEL PROCURE UNE VUE PERÇANTE.

ΠΕΡΙ ΦΑΛΑΡΙΔΟΣ

DE LA POULE D'EAU.

10] LA POULE D'EAU EST L'OISEAU DIT, « AU FRONT BLANC », CAR IL EST EXTRÊMEMENT NOIR,

MAIS LE DESSUS DE SON BEC EST BLANC. IL SE TROUVE DANS LES FLEUVES ET DANS LES ÉTANGS.

11] SA CERVELLE, MÉLANGÉE À DE LA VIEILLE HUILE, SERT À SOIGNER TOUTES LES MALADIES DU FONDEMENT DE L'HOMME.

12] L'OISEAU LUI-MÊME, MANGÉ, EST L'ANTIDOTE NÉCESSAIRE CONTRE LES POISONS.

LETTRE X

ΠΕΡΙ ΧΕΛΙΔΟΝΟΣ

DE L'HIRONDELLE.

1] L'HIRONDELLE, QUI LE MATIN RÉVEILLE TOUT LE MONDE PAR SON CHANT, A CES VERTUS : SI

ON MET SES PETITS DANS UNE MARMITE, ET QU'APRÈS L'AVOIR LUTÉE AVEC DE LA TERRE, ON CHAUFFE FORTEMENT, PUIS QU'ON OUVRE LA MARMITE ET QU'ON REGARDE, ON TROUVE DEUX PETITS SE BÉCOTANT ET DEUX QUI SE DÉTOURNENT L'UN DE L'AUTRE. 2] SI DONC TU PRENDS CEUX QUI S'AIMAIENT, QUE TU LES BROYÉS AVEC DE L'HUILE ET QUE TU EN FROTTES UNE FEMME, IMMÉDIATEMENT ELLE TE SUIVRA. 3] SI TU LUI DONNES A BOIRE DE LEUR CENDRE, ELLE DEVIENDRA FOLLE D'AMOUR ; TU LA DÉLIERAS AINSI : PRENDS DE LA CENDRE DES PETITS QUI SE DÉTOURNAIENT L'UN DE L'AUTRE,

FROTTES-EN LA FEMME OU FAIS LUI EN BOIRE, EL L'AMOUR EXCESSIF SERA DÉTOURNÉ.

4] LEUR CENDRE ET CELLE DES MÈRES, EN LINIMENT, AVEC DU MIEL, GUÉRIT L'ESQUINANCIE;

BUE AVEC DE L'HYDROMEL, LES ULCÉRATIONS DE LA TRACHÉE-ARTÈRE.

5] L'HIRONDELLE ELLE-MÊME, MANGÉE D'UNE FAÇON CONTINUE, SERT À SOIGNER LE MAL SACRÉ.

6] LES PIERRES QUI SE TROUVENT DANS L'INTÉRIEUR DU VENTRE DES PETITS, SUSPENDUES AU BRAS DROIT, GUÉRISSENT LES HÉPATIQUES; ELLES PRÉSERVENT DE LA TOUX, DU CORYZA, DE

L'ENFLURE DE LA LUETTE ET DES AMYGDALES, ET DE TOUTE OPHTALMIE.
7] LEURS YEUX, ATTACHÉS AU FRONT, CALMENT L'OPHTALMIE ET GUÉRISSENT TOUTE FIÈVRE ACCOMPAGNÉE DE FRISSON. MANGÉS, ILS CALMENT L'ÉPILEPSIE ET DONNENT UNE VUE PERÇANTE.
8] LEUR CENDRE, EN LINIMENT, REND LA VUE PERÇANTE. EN ONCTIONS, ELLE EST ÉGALEMENT EXCELLENTE POUR SOIGNER LES ULCÈRES DU PHARYNX ET DE LA LANGUE, LES CHANCRES RONGEANTS ET LES GANGRÈNES.
9] LA TERRE DE SON NID, DÉLAYÉE DANS L'EAU ET APPLIQUÉE SUR LA GORGE ET SUR LE

PHARYNX, GUÉRIT LES PHLEGMONS ET L'ESQUINANCIE ; AVEC DU VINAIGRE, ELLE CALME LES MAUX DE TÊTE.

10] SA FIENTE, EN BREUVAGE, GUÉRIT LES ABCÈS. MÉLANGÉE À DU FIEL DE CHÈVRE, ELLE TEINT LES CHEVEUX EN NOIR ET GUÉRIT LES DARTRES BLANCHES. SA CERVELLE, AVEC DU MIEL, EST ÉGALEMENT BONNE POUR LA CATARACTE. LE FIEL DE L'ANIMAL, AVEC DE LA TERRE DE CIMOLE, TEINT LES CHEVEUX.

ΠΕΡΙ ΧΑΡΑΔΡΙΟΥ

DU PLUVIER.

11] LE PLUVIER, OISEAU À HUPPE, QUI PRÉVOIT L'AVENIR. CAR SI QUELQU'UN EST MALADE

ET QUE L'OISEAU PLACÉ DEVANT LUI DÉTOURNE LE VISAGE DU MALADE, CELUI-CI MEURT :
MAIS S'IL FIXE LES YEUX SUR LE MALADE, IL ENLÈVE TOUTE MALADIE, PUIS S'ENVOLE VERS LE SOLEIL ET REJETTE LA MALADIE, ET MALADE ET OISEAU SONT SAUVÉS.
12] SON CŒUR ET SA TÊTE, SI ON LES PORTE, RENDENT LE PORTEUR EXEMPT DE MALADIE ET INDEMNE DE TOUTE SOUFFRANCE PENDANT TOUTE SA VIE.
ΠΕΡΙ ΧΗΝΑΡΙΟΥ
DE L'OISON.
13] L'OIE EST UN OISEAU CONNU DE TOUS.

14] SI ON COUPE AVEC UN CISEAU LA LANGUE D'UNE OIE VIVANTE ET QU'ON LA METTE SUR
LA POITRINE D'UN HOMME OU D'UNE FEMME ENDORMIS, ILS AVOUERONT TOUT CE QU'ILS ONT
FAIT.
15] SA CERVELLE, BOUILLIE EN DÉCOCTION DANS SA PROPRE GRAISSE AVEC DU MÉLILOT,
APPLIQUÉE, EST EXCELLENTE POUR LES CREVASSES, LES HÉMORROÏDES ET TOUTES LES
INFLAMMATIONS DE L'ANUS. BROYÉE AVEC DE L'HUILE DE ROSES, DE LA GRAISSE, DES JAUNES
D'ŒUFS DURS, ELLE EST SALUTAIRE POUR LES INFLAMMATIONS DE L'UTÉRUS. AVEC DE LA

MOELLE DE CERF, ELLE CONVIENT POUR LES CREVASSES DES LÈVRES ET POUR LES ENGELURES.
INJECTÉE AVEC DE L'HUILE DE LIS, ELLE FAIT SORTIR LES FŒTUS MORTS. AVEC DU SUC DE
SOLANUM, ELLE EST EXCELLENTE POUR LES APHTES; AVEC DU MIEL, ELLE GUÉRIT LES
AFFECTIONS DE LA LANGUE. AVEC DU POIVRE, ELLE EST BONNE POUR LES ÉCOULEMENTS DES
OREILLES, MÊME CHRONIQUES. BROYÉE AVEC DE LA STAPHISAIGRE, ELLE PURIFIE LES ULCÈRES CHARBONNEUX.
16] SON FIEL, SURTOUT CELUI DE L'OIE SAUVAGE, AVEC DU SUC DE MARRUBE OU DE

POLYGONUM, EN PESSAIRE, AIDE À LA CONCEPTION ET PRODUIT L'ÉRECTION CHEZ LES HOMMES.

17] SA GRAISSE EST UTILE POUR LES PESSAIRES, LES REMÈDES FORTIFIANTS, LES CATAPLASMES ÉMOLLIENTS.

18] SA FIENTE, EN BOISSON DANS L'EAU, CALME LA TOUX ; CELLE DE L'OIE SAUVAGE, EN FUMIGATIONS, ÉLOIGNE LES DÉMONS ; ELLE GUÉRIT AUSSI LA LÉTHARGIE ET L'HYSTÉRIE.

19] SON FIEL, AVEC DU FIEL DE BŒUF ET DE L'EAU DE LAURIER, GUÉRIT LA SURDITÉ.

20] SON BOUILLON, BU AVEC DU VIN, EST SECOURABLE À CEUX QUI BOIVENT DU VIN, SOIT D'ACONIT, SOIT DE DORYCNIUM.

21] L'INTÉRIEUR DE L'OIE RÔTIE CONVIENT, LE FOIE À CEUX QUI ONT MAL À L'ESTOMAC, LE VENTRE À CEUX QUI ONT MAL AU VENTRE, LES INTESTINS À CEUX QUI ONT LA COLIQUE ; SON CŒUR ET SES POUMONS GUÉRISSENT LES PHTISIQUES.

LETTRE Ψ

ΠΕΡΙ ΨΙΤΤΑΚΟΥ

DU PERROQUET.

1] LE PERROQUET EST UN BEL OISEAU VERT : SES PATTES ET SON BEC SONT ROUGES. ON LE

TROUVE DANS LA THÉBAÏDE D'EGYPTE ET DANS L'INDE. SON BEC EST DUR AU POINT DE COUPER LES BARREAUX DE FER. IL IMITE LA VOIX DE L'HOMME ET DE TOUS LES ANIMAUX.

2] SON BEC, QUAND ON LE PORTE, CHASSE LES DÉMONS, TOUTE FIÈVRE ; ET IL A LES MÊMES PROPRIÉTÉS QUE L'OIE.

3] MANGÉ, IL GUÉRIT PARFAITEMENT LA JAUNISSE ET LA PHTISIE.

ΠΕΡΙ ΨΑΡΟΥ

DE L'ÉTOURNEAU.

4] L'ÉTOURNEAU, PETIT OISEAU MOUCHETÉ, CONNU DE TOUS, QUI MANGE LA CIGUË, COMME LA CAILLE, L'ELLÉBORE.

5] MANGÉ, IL VIENT AU SECOURS DE CEUX QUI ONT BU N'IMPORTE QUEL BREUVAGE
DÉLÉTÈRE : S'IL EST MANGÉ D'AVANCE, ON N'AURA PAS DE MAL, ON NE COURRA AUCUN
DANGER.
LORSQU'IL MANGE DU RIZ, SA FIENTE DEVIENT PURGATIVE, DE SORTE QU'ELLE PEUT NETTOYER ENTIÈREMENT : ELLE GUÉRIT LES TACHES DE ROUSSEUR ET LES PUSTULES DU VISAGE.
DE L'OUTARDE.
L'OUTARDE EST UN GROS OISEAU, CONNU DE TOUS.
SA GRAISSE, MÊLÉE À L'ENCENS ET À LA MYRRHE, EN ONGUENT, SERT À SOIGNER LA GALE.

CELUI QUI MANGE D'UNE FAÇON CONTINUE, À JEUN, DES ROGNONS D'OUTARDE, N'AURA JAMAIS MAL AUX REINS.

LETTRE Ω

ΠΕΡΙ ΩΩΝ

DES ŒUFS D'OISEAUX.

1] LE BLANC D'ŒUF FRAIS, ÉTENDU AVEC UNE PLUME, GUÉRIT LES BRÛLURES; MÊLÉ AU BLANC DE CÉRUSE, IL FAIT BLANCHIR LES CICATRICES NOIRES.

2] L'ŒUF QUI VIENT D'ÊTRE PONDU, EN LINIMENT, ACCÉLÈRE L'ACCOUCHEMENT. IL EST TRÈS UTILE ET NÉCESSAIRE DANS LES MALADIES DES YEUX.

3] LE JAUNE D'ŒUF, CUIT AVEC DE LA MYRRHE, GUÉRIT LES ÉCORCHURES CAUSÉES PAR LES CHAUSSURES : IL ARRÊTE TOUTE INFLAMMATION ET TOUT ÉCOULEMENT. IL EST UTILE EN PESSAIRE, AINSI QUE POUR LES AFFECTIONS DU FONDEMENT; IL GUÉRIT TOUTE DOULEUR, PRINCIPALEMENT LES INFLAMMATIONS DES ÉRYSIPÈLES ET DES ABCÈS. AVALÉ CRU, IL ARRÊTE LES CRACHEMENTS DE SANG CHEZ LA FEMME ET IL FORTIFIE LES ARTÈRES: IL CONVIENT MERVEILLEUSEMENT CONTRE TOUTE INFLAMMATION, CREVASSE, DOULEUR DE L'ANUS.

4] LA COQUILLE D'ŒUF CALCINÉE ET BROYÉE DOIT ÊTRE RESPIRÉE POUR L'HÉMORRAGIE NASALE; FROTTÉE SUR LES DENTS, ELLE LES FAIT BRILLER.

5] SA PELLICULE EST SALUTAIRE CONTRE LES CREVASSES DES LÈVRES ET LES ÉROSIONS DE LA LANGUE. ELLE AGIT EFFICACEMENT POUR LA CONFECTION DE L'OR. LES ŒUFS DE L'OIE ET DU PAON PRODUISENT LES MÊMES EFFETS.

6] L'ŒUF DE L'IBIS, DUR, CHASSE LES BÊTES SAUVAGES.

7] LES ŒUFS DE LA CORNEILLE, EN ONGUENT, SUR LES PARTIES GÉNITALES, PORTENT À LA

VOLUPTÉ ET PRODUISENT UN PHILTRE. LES ŒUFS DE L'HIRONDELLE PRODUISENT LES MÊMES EFFETS ET DE PLUS NOIRCISSENT LES CHEVEUX BLANCS.

8] LES ŒUFS DE LA COLOMBE, QUAND ON LES MANGE, PRODUISENT L'ÉRECTION.

9] LES ŒUFS DE LA PERDRIX, MÉLANGÉS AU MIEL, PROCURENT UNE VUE PERÇANTE ET ACCÉLÈRENT L'ACCOUCHEMENT.

10] L'ŒUF D'AUTRUCHE, EN LINIMENT, SOULAGE LES GOUTTEUX.

11] LES ŒUFS D'ARAIGNÉE, PRIS EN BREUVAGE, TROIS POUR LA FIÈVRE TIERCE, QUATRE POUR

LA FIÈVRE QUARTE, CHASSENT ET LA FIÈVRE QUOTIDIENNE ET TOUTE MAUVAISE FIÈVRE.

12] FAIS CUIRE DANS L'URINE D'ÂNE DES ŒUFS DE POULE NON FÉCONDÉS, DONNE-LES À MANGER À CEUX QUI SOUFFRENT DES REINS OU DE COLIQUES, ET TU LES GUÉRIRAS D'UNE FAÇON SURPRENANTE.

13] LES ŒUFS DE TORTUE DE MER, MANGÉS, GUÉRISSENT LES LUNATIQUES.

LES COQUILLES D'ŒUFS DE POULE, CALCINÉES ET BROYÉES, AVEC DE L'OXYMEL, EN BREUVAGE, GUÉRISSENT L'HÉMORRAGIE DE LA VESSIE.

L'ŒUF ENTIER, CALCINÉ JUSQU'À SA RÉDUCTION EN CENDRE, MÉLANGÉ AVEC DE L'ARSENIC, INSUFFLÉ DANS LES NARINES, ARRÊTE L'HÉMORRAGIE NASALE.

LE BLANC D'ŒUF AVEC DE LA CÉRUSE ET DE L'AMIDON, EN LINIMENT, CALME L'INFLAMMATION.

L'ŒUF CRU, AVALÉ À JEUN, PRÉSERVE LES VOYAGEURS DE LA SOIF.

LES ŒUFS, FRITS DANS LA POÊLE AVEC DU NITRE ET DE LA CIRE, MANGÉS À JEUN, ARRÊTENT LE COURS DE VENTRE.

LE LINIMENT COMPOSÉ D'HUILE MÊLÉE À DES ŒUFS, EST EXCELLENT POUR TOUTES LES INFLAMMATIONS ET LES ARRÊTE COMME PAS UN AUTRE REMÈDE.

POUR LES CONTUSIONS, PRENDS DES JAUNES D'ŒUFS SANS LES BLANCS, BATS-LES, MÊLES-Y DE LA POIX SÈCHE ET FAIS CUIRE AU FEU, DONNE À PRENDRE : LE REMÈDE EST TOUT À FAIT EFFICACE.

A CEUX QUI ÉPROUVENT DE VIOLENTES DOULEURS AU FONDEMENT, LES JAUNES D'ŒUFS, SANS LE BLANC, MÊLÉS À DE LA POIX SÈCHE, CUITS AU FEU ET AVALÉS, PROCURENT UN GRAND SOULAGEMENT.

ON DIT QUE LES ŒUFS DE PERDRIX MANGÉS EXCITENT LES DÉSIRS VÉNÉRIENS.

FIN DE LA TROISIÈME CYRANIDE.

QUATRIÈME CYRANIDE

DES POISSONS

LIVRE D'HERMÈS TRISMÉGISTE SUR LA CONNAISSANCE SCIENTIFIQUE ET L'INFLUENCE NATURELLE DES ANIMAUX MARINS, POISSONS DE MER, COMPOSÉ POUR ASCLÉPIOS, SON DISCIPLE. — DÉBUT DE LA LETTRE A.

LETTRE A

ΠΕΡΙ ΑΕΤΟΥ ΙΧΘΥΟΣ

DU POISSON APPELÉ AIGLE.

1] L'AIGLE EST UN POISSON DE MER, SANS ÉCAILLES, DE LA COULEUR DE L'ÉPERVIER DE MER, MAIS PLUS NOIR, SEMBLABLE EN TOUT À LA PASTENAGUE, SAUF L'ÉPINE.

2] LES PIERRES DE LA TÊTE DE CE POISSON, SUSPENDUES AU COU, GUÉRISSENT LES GENS

ATTEINTS DE LA FIÈVRE QUARTE.

3] SON FIEL, EN LINIMENT, PROCURE UNE VUE PERÇANTE.

4] SES ARÊTES, BRÛLÉES SUR DES SARMENTS, CHASSENT LES DÉMONS.

5] LE POISSON, MANGÉ, GUÉRIT L'ÉPILEPSIE.

ΠΕΡΙ ΑΝΘΙΟΥ

DU SERRAN.

6] LE SERRAN, TRÈS GROS POISSON.

7] SON FIEL, DÉLAYÉ AVEC DU MIEL, EN LINIMENT, SERT À SOIGNER LES ÉRUPTIONS ET REND LE VISAGE FLORISSANT.

8] SA GRAISSE, AVEC DE LA CIRE, SOULAGE LES ULCÈRES CHARBONNEUX, LES TUMEURS

GRAISSEUSES, LES ABCÈS, LES MALADIES DES SEINS ET LES FURONCLES.

9] LES PIERRES DE SA TÈTE, SUSPENDUES AU COU, GUÉRISSENT LA CÉPHALALGIE ET TOUTES LES AFFECTIONS DE LA TÊTE ET DU COU.

ΠΕΡΙ ΑΜΙΑΣ ΙΧΘΥΟΣ

DU THON.

10] LE THON, POISSON TRÈS AUDACIEUX, QUI ATTAQUE LES AUTRES POISSONS.

11] SES DENTS, SI ON LES FAIT PORTER AUX ENFANTS, LEUR FONT POUSSER LES DENTS. 12] MANGÉ, IL ARRÊTE LA DYSURIE.

13] SES DENTS, MISES AUPRÈS DES RACINES DES ARBRES OU DANS LES PLANTS DE ROSIERS,

FONT POUSSER BEAUCOUP DE FLEURS.

ΠΕΡΙ ΑΧΑΡΝΩΝ

DES ACHARNES.

14] VOIR LE VIEIL INTERPRÈTE, DANS LE TEXTE GREC.

ΠΕΡΙ ΑΣΤΑΚΟΥ

DU HOMARD.

15] LE HOMARD EST UN CRUSTACÉ, DONT LA COULEUR RESSEMBLE À CELLE DE L'HUÎTRE. SA CARAPACE CALCINÉE, DÉLAYÉE DANS DE L'EAU DE RIZ, EN BOISSON, GUÉRIT LES COLIQUES ET LA DYSENTERIE ; AVEC DU VIN NOIR, ELLE ARRÊTE L'HÉMORRAGIE. SA CHAIR, EN ALIMENT, FACILITE LA DIGESTION.

LETTRE B

ΠΕΡΙ ΒΑΤΟΥ ΙΧΘΥΟΣ

DE LA RAIE.

1 ET 2] LA RAIE, POISSON DE MER. LES ROMAINS L'APPELLENT TUPINA. BOUILLIE FRAÎCHE, SON BOUILLON EST LAXATIF, PRIS SEUL OU AVEC DU VIN. MANGÉE FRÉQUEMMENT, ELLE EST STOMACHIQUE ET EXCITE LES DÉSIRS VÉNÉRIENS CHEZ CEUX QUI LA MANGENT.

ΠΕΡΙ ΒΟΥΓΛΩΣΣΟΥ ΙΧΘΥΟΣ

DE LA SOLE.

3] LA SOLE, POISSON DE MER APPELÉ SCYTHOPOME : PLACÉE SUR LE FOIE DES GENS MALADES DU FOIE ET FIXÉE AVEC DES BANDELETTES, ELLE DISSIPE NATURELLEMENT LA

MALADIE. MAIS IL FAUT LA SUSPENDRE PENDANT TROIS JOURS SUR DE LA FUMÉE.

ΠΕΡΙ ΒΔΕΛΛΩΝ

DES SANGSUES.

4] DÉLAYE DANS DU VINAIGRE LA CENDRE DE SANGSUES CALCINÉES, ARRACHE LES POILS QUI POUSSENT DANS LES PAUPIÈRES, OINS LA PLACE AVEC CE LINIMENT ET ILS NE REPOUSSERONT PLUS.

PLACÉES VIVANTES SUR L'ENDROIT DU CORPS OÙ SURABONDENT LES MATIÈRES IMPURES, ELLES LES ATTIRENT ET RENDENT LA SANTÉ AUX MALADES.

5] APPLIQUÉES SUR LE FRONT, ELLES CONVIENNENT AUX GENS MALADES DE LA RATE, À
L'HYDROPISIE, AUX FLUXIONS DES YEUX.
6] ENFUMÉES, ELLES DÉTRUISENT LES PUNAISES.
7] LES PUNAISES, EN FUMIGATIONS, FONT RENDRE LES SANGSUES QU'ON AURAIT AVALÉES ;
CAR ELLES SONT LE CONTRAIRE LES UNES DES AUTRES.
ΠΕΡΙ ΒΛΑΝΙΟΥ
DU BLANIUS.
8. V. I] LE BLANIUS (IL FAUT PEUT-ÊTRE LIRE ΒΛΑΚΕΙΑΣ) EST UN POISSON DES FLEUVES.

9] SA TÊTE CALCINÉE, MÊLÉE AVEC DU MIEL ET EMPLOYÉE EN ONCTION, REND LA VUE PERÇANTE : SON FIEL PRODUIT LES MÊMES EFFETS.

ΠΕΡΙ ΒΟΥΦΕΩΝ

DES BOGUES.

10] LES BOGUES QUE QUELQUES-UNS APPELLENT BOUPES OU GOUPES SONT SEMBLABLES À DES PETITS MUGES. MANGÉS CUITS DANS LEUR JUS, ILS GUÉRISSENT LA NÉPHRITE. LEUR FIEL, EN LINIMENT AVEC DU LAIT DE FEMME, REND LA VUE PERÇANTE. SES ARRÊTES CALCINÉES, EN POUDRE SÈCHE, PURIFIENT LES ULCÈRES.

LETTRE Γ

ΠΕΡΙ ΤΩΝ ΕΝΤΕΡΩΝ

DES INTESTINS DE LA TERRE [VERS DE TERRE].

1] LES VERS DE TERRE, APPLIQUÉS SUR LES NERFS BLESSÉS, LES GUÉRISSENT MERVEILLEUSEMENT ; CAR IMMÉDIATEMENT ILS PROCURENT UN SOULAGEMENT ADMIRABLE.

2] ILS CONVIENNENT ÉGALEMENT AUX ABCÈS DES SEINS ; DÉLAYÉS AVEC DU MIEL, ILS RÉSORBENT LES TUMEURS SOUS-CUTANÉES ; EN APPLICATION, ILS GUÉRISSENT LES MORSURES DES SCORPIONS ET LES PIQÛRES DES MURÈNES DE MER.

3] BROYÉS AVEC DU VIN ET BUS SANS LE SAVOIR, ILS DISSOLVENT LA PIERRE ET GUÉRISSENT

LA DYSURIE ; BUS COMME IL A ÉTÉ DIT, ILS FONT VENIR BEAUCOUP DE LAIT AUX NOURRICES.

LEUR APPLICATION EST TOUT À FAIT EXCELLENTE POUR LE MAL DE DENTS. BOUILLIS DANS L'HUILE DE NARD OU DANS DU BEURRE, JUSQU'À DISSOLUTION, LES FRICTIONS DE CETTE HUILE GUÉRISSENT LES MAUX D'OREILLES. LA CENDRE DE VERS CALCINÉS, DÉLAYÉE AVEC DU VINAIGRE, EMPLOYÉE EN FRICTIONS, GUÉRIT L'ÉRYSIPÈLE.

LEUR CENDRE, DÉLAYÉE DANS DE L'URINE DE VIERGE ET EMPLOYÉE COMME POMMADE, EMPÊCHE LES CHEVEUX DE BLANCHIR.

desséchés avec de l'armoise, broyés et appliqués sur le nombril, ils font évacuer les helminthes.
Broyés avec une décoction d'éryngium ou de dictame, en potion, ils guérissent la dysurie.
4] Mis dans les cavités des molaires gâtées, il les font sortir sans douleur, au point qu'on peut enlever même la racine avec la main. Réduits en poudre, mêlés au cérat, appliqués avec des œufs, ils guérissent la goutte.

ΠΕΡΙ ΓΟΓΓΟΥ ΙΧΘΥΟΣ

DU CONGRE.

5] LE CONGRE EST UN GROS POISSON DE MER QUI RESSEMBLE À L'ANGUILLE. FAIS BOUILLIR DANS L'HUILE JUSQU'À DISSOLUTION, FILTRE L'HUILE ET AJOUTE DE LA CIRE. SI TU FAIS UN CATAPLASME AVEC L'ONGUENT AINSI COMPOSÉ : HUILE DU CONGRE NI ONCES ; CIRE, II ONCES; AMIDON, I ONCE ET DEMIE; IL EMPÊCHERA LES FEMMES ENCEINTES D'AVOIR LE VENTRE DÉCHIRÉ. IL SOULAGE AUSSI L'ARTHRITE ET LES CREVASSES DES PIEDS.

ΠΕΡΙ ΓΛΑΝΕΟΥ ΙΧΘΥΟΣ

DU SILURE.

6] LE SILURE EST UN POISSON DE RIVIÈRE ET D'ÉTANG. SES OS, CALCINÉS, CHASSENT LES DÉMONS.

7] SON FIEL, EN LINIMENT, PURIFIE LES LEUCOMES.

8] SON FOIE, MANGÉ, GUÉRIT L'ÉPILEPSIE.

9] DANS SON ENTIER CE POISSON EST STOMACHIQUE, QUOIQUE PLUSIEURS L'ÉCARTENT. CALCINE LA TÊTE D'UN SILURE SALÉ, BROIE-LA, PUIS APRÈS AVOIR LAVÉ AVEC DE L'EAU TIÈDE L'ENDROIT DES HÉMORROÏDES, METS-Y LA POUDRE, ET TU LES GUÉRIRAS.

ΠΕΡΙ ΓΛΑΥΚΟΥ ΙΧΘΥΟΣ

DU GLAUCUS.

10] LE GLAUCUS, TRÈS GROS POISSON DE MER. BOUILLI AVEC DES LÉGUMES OU DU FENOUIL
ET MANGÉ, IL DONNE BEAUCOUP DE LAIT AUX FEMMES.
11] LES PIERRES QU'IL A DANS LA TÊTE, SUSPENDUES AU COU, GUÉRISSENT L'OPHTALMIE ET
LES MAUX DE TÈTE.
SES YEUX, PORTÉS, SONT UN REMÈDE POUR L'OPHTALMIE.
12] SON FIEL NOIRCIT LES YEUX VERTS DES ENFANTS; IL GUÉRIT LES YEUX ET LES LEUCOMES.
13] SI TU FAIS UN MÉLANGE DE SES DEUX YEUX, DE CEUX DE L'ORPHE, DU THON, DE

L'ÉTOILE DE MER ET DU FIEL DE L'HYÈNE ET QUE TU Y MÊLES DE LA GRAISSE DE L'ANIMAL SAUVAGE QUE TU VOUDRAS, LA LAMPE UNE FOIS ALLUMÉE, FAIS-EN UNE FUMIGATION, ET LES SPECTATEURS CROIRONT QUE L'ANIMAL DONT TU AS MÉLANGÉ LA GRAISSE EST LÀ. SEMBLABLEMENT, SI TU Y MÊLES DE L'EAU DE MER, ILS CROIRONT QUE LA MER EST LÀ; L'EAU D'UN FLEUVE, QUE LE FLEUVE EST LÀ; DE L'EAU DE PLUIE, QU'IL PLEUT. QUANT À L'ÉTOILE DE MER, METS-LA TOUTE ENTIÈRE, APRÈS L'AVOIR BROYÉE.

V. I.] SA GRAISSE EST UTILE POUR LES MALADIES DU FONDEMENT ET DE L'UTÉRUS.

DES POISSONS GNAPHIS.

LE BOUILLON DES POISSONS GNAPHIS, MÊLÉ À LA LESSIVE DE CENDRES, ÉCLAIRCIT LES YEUX DES VIEILLARDS ET EMPÊCHE QU'ILS SE FATIGUENT. LES PIERRES DE LEURS TÊTES, SUSPENDUES AU COU, AMÈNENT L'INSOMNIE ; MANGÉES, ELLES DONNENT DES CAUCHEMARS.

DE LA LICHE.

LA LICHE, POISSON DE MER CONNU DE TOUS. LE BOUILLON DU POISSON FRAIS AMOLLIT LE

VENTRE, SEUL, BU AVEC DU VIN ; SES DENTS, SUSPENDUES AU COU, GUÉRISSENT LES MAUX DE DENTS DES VIEILLARDS COMME DES JEUNES GENS.

LETTRE Δ

ΠΕΡΙ ΔΕΛΦΙΝΟΣ ΙΧΘΥΟΣ

DU DAUPHIN.

1] LE DAUPHIN, GROS CÉTACÉE, EST UN ANIMAL MARIN. ON LE TROUVE EN GRANDE QUANTITÉ DANS LE PONT-EUXIN ; ON EN TIRE L'HUILE DE DAUPHIN ET LA COLLE DE POISSON.

2] SA PEAU GONFLÉE, TOURNÉE VERS LE NORD, FAIT SOUFFLER BORÉE ; TOURNÉE VERS LE SUD, FAIT SOUFFLER LE NOTUS ; ELLE AGIT DE MÊME POUR LES AUTRES VENTS.

3] SES DENTS, SUSPENDUES AU COU DES ENFANTS, FAVORISENT LEUR DENTITION.

4] SON ESTOMAC, DESSÉCHÉ ET BROYÉ, PRIS COMME POTION, GUÉRIT LES GENS MALADES DE LA RATE.

LE FOIE DU DAUPHIN, MANGÉ, GUÉRIT MERVEILLEUSEMENT LES FIÈVRES TIERCE, QUARTE ET DEMI-TIERCE.

ΠΕΡΙ ΔΡΑΚΟΝΤΟΣ

DE LA VIVE.

5] LA VIVE EST UN POISSON TOUT À FAIT VENIMEUX : OUVERT ET APPLIQUÉ, IL SERT À SOIGNER LA BLESSURE QU'IL A FAITE.

6] SON AIGUILLON, CALCINÉ, PLACÉ SUR UNE DENT AVEC UNE DÉCOCTION DE SUC D'EUPHORBE, LA DÉRACINE.

7] LES PIERRES QU'IL A DANS LA TÊTE, PRISES EN BOISSON, SERVENT À SOIGNER LA PIERRE DE LA VESSIE.

8] INCINÉRÉE ET EMPLOYÉE EN POUDRE, AVEC DU SOUFRE, ELLE SERT À SOIGNER LES ULCÈRES QUI PROVIENNENT DE SA PIQÛRE.

9] SON AIGUILLON, ENFONCÉ DANS UN ARBRE, LE FAIT AUSSITÔT SÉCHER. LE POISSON DANS SON ENTIER, CALCINÉ ET RÉDUIT EN CENDRES, EN POTION, GUÉRIT LA PIERRE ET LA STRANGURIE.

LA TÊTE SEULE, AVEC SES AIGUILLONS, CALCINÉE ET RÉDUITE EN CENDRES, EN POTION,
DISSIPE LE FRISSON DE LA FIÈVRE : PRENEZ PLUSIEURS TÊTES AVEC LEURS AIGUILLONS, CAR LE POISSON EST PETIT.
LA CENDRE DU POISSON, MÊLÉE AU SUC DE GOUET, EN LINIMENT, GUÉRIT LES DARTRES ET LES LÈPRES.

LETTRE E

ΠΕΡΙ ΕΓΧΕΛΥΟΣ

DE L'ANGUILLE.

L'ANGUILLE EST UN POISSON TRÈS ALLONGÉ, SEMBLABLE AU SERPENT. ELLE SE TROUVE LE PLUS SOUVENT DANS LES ÉTANGS SITUÉS AU BORD DE LA MER.

1] SI TU BROIES LE FOIE ENTIER DE L'ANGUILLE AVEC SON FIEL, QUE TU LE DÉLAYES DANS DU VIN ET QUE TU LE DONNES À BOIRE À QUELQU'UN SANS QU'IL LE SACHE, IL NE POURRA PLUS JAMAIS BOIRE DE VIN.

2] L'ANGUILLE ELLE-MÊME, ÉTOUFFÉE DANS LE VIN, COMBAT L'IVRESSE, SI TU FAIS BOIRE LE VIN DANS LEQUEL ELLE A ÉTÉ ÉTOUFFÉE.

3] MANGÉE GRILLÉE, ELLE GUÉRIT LES GENS MALADES DE L'ESTOMAC ET ATTEINTS DE DYSENTERIE.

DÉPECÉE ET APPLIQUÉE, ELLE GUÉRIT LES PIQÛRES D'ASPIC.

ΠΕΡΙ ΕΛΟΠΟΣ

DE L'ESTURGEON.

VOIR LE VIEIL INTERPRÈTE, DANS LE TEXTE GREC.

ΠΕΡΙ ΕΧΙΝΟΥ

DE L'OURSIN.

5] LA CHAIR DE L'OURSIN DE MER, MANGÉE, AMOLLIT LE VENTRE, ET PRISE AVEC DU VIN AROMATISÉ, ELLE SERT À SOIGNER SUPÉRIEUREMENT LES REINS ET LA PIERRE.

6] L'OURSIN, CALCINÉ ET RÉDUIT EN CENDRE, PUIS SAUPOUDRÉ, GUÉRIT LA LÈPRE, CICATRISE RAPIDEMENT LES ULCÈRES DES SOURCILS ET AMÈNE AUSSI À L'ÉTAT DE CICATRICE TOUTES SORTES D'ULCÈRES.

7] EMPLOYÉ EN POMMADE AVEC DE LA GRAISSE D'OURS OU DE DAUPHIN OU DE PORC, IL ARRÊTE L'ALOPÉCIE.

ΠΕΡΙ ΕΧΕΝΗΙΔΟΣ

DU RÉMORA.

8] LE RÉMORA EST UN POISSON PUISSANT. S'IL S'ATTACHE À UN NAVIRE EN MARCHE, PORTÉ PAR UN VENT FAVORABLE, IL L'ARRÊTE. 9] PRENANT DONC UN RÉMORA VIVANT, METS-LE DANS L'HUILE DE PÉTROLE POUR L'ÉTOUFFER, ET LORSQUE TU VOUDRAS LE FAIRE BOUILLIR, PÈSE LE POISSON. S'IL PÈSE UNE LIVRE, AJOUTE UN SETIER DE PÉTROLE AU POISSON DÉPECÉ ; PUIS FAIS BOUILLIR SUR UN FEU DOUX, ET

LORSQUE TU T'APERCEVRAS QUE LE POISSON EST DISSOUS ET QUE SON JUS EST MÉLANGÉ À L'HUILE, CLARIFIE ET MÊLE III ONCES DE BEURRE DE PREMIÈRE QUALITÉ AVEC CE JUS DE POISON ET LE SETIER D'HUILE, ET LORSQUE LE MÉLANGE EST AUSSI BOUILLI, METS DANS UN VASE DE VERRE, PUIS, SERS-T-EN POUR FROTTER LES PIEDS, LES MAINS, LES ARTICULATIONS. CAR LORS MÊME QUE L'AFFECTION DE LA GOUTTE DATERAIT DE DIX ANS, ELLE SERA GUÉRIE, QU'ELLE SOIT AUX PIEDS, AUX MAINS, AUX GENOUX. EMPLOIE AU LIT ET AU SORTIR DU BAIN.

EN FAISANT BOUILLIR, FAIS ATTENTION QUE LE PÉTROLE NE BOUILLE PAS TROP, CAR IL PRENDRAIT FEU. FAIS DONC BOUILLIR À CIEL OUVERT ET NON DANS LA MAISON, METTANT LE POIDS SUSDIT. SI LE POISSON EST DE IX LIVRES OU DE VA AN MOINS, METS LE MÊME POIDS D'HUILE, ET VII ONCES DE BEURRE. L'HUILE DE PÉTROLE EST LE NAPHTE.

LETTRE Z

ΠΕΡΙ ΖΜΥΡΑΙΝΗΣ

DE LA MURÈNE.

1] LA MURÈNE EST UN ANIMAL MARIN, MALFAISANT ET MÉCHANT, SANS ÉCAILLES, AYANT

DES TACHES NOIRES SUR L'ÉPINE DORSALE ET SUR LA PEAU, VENIMEUX ET S'ATTAQUENT À L'HOMME. LA MURÈNE EST L'ENNEMIE DU POULPE ET LE DÉTRUIT. LE HOMARD, AU CONTRAIRE, DÉTRUIT LA MURÈNE, AU POINT QUE LORSQU'ON FAIT CUIRE ENSEMBLE UN HOMARD ET UNE MURÈNE, LA MURÈNE DISPARAÎT. HAIS LE POULPE, À SON TOUR, DÉTRUIT LE HOMARD.
2] LES DENTS DE LA MURÈNE, SUSPENDUES AU COU DES ENFANTS, FACILITENT LEUR DENTITION.

3] MANGÉE DANS UN BOUILLON AU POIVRE, ELLE GUÉRIT LES NÉPHRÉTIQUES ET GUÉRIT SUPÉRIEUREMENT L'ÉLÉPHANTIASIS ET LES AFFECTIONS GALEUSES.

DU MARTEAU.

LE MARTEAU EST UN POISSON AYANT UNE TÊTE LARGE ET PLATE ; POUR LE RESTE DU CORPS IL RESSEMBLE AU CYNOGALEOS. SON FIEL, AVEC DU SUC DE BAUMIER, EN LINIMENT, REND LA VUE PERÇANTE.

LETTRE H

DE L'HÉDONIA.

L'HÉDONIA, QUE QUELQUES-UNS NOMMENT ABIDIS, EST UN POISSON DE MER ET D'ÉTANG,

CAR IL VIT DANS CES DEUX ÉLÉMENTS ;
MANGÉ ET BU EN BOUILLON, IL
PRODUIT L'ÉRECTION ;
IL SOULAGE AUSSI LES NÉPHRÉTIQUES.

ΠΕΡΙ ΗΠΑΤΟΣ

DU FOIE.

1] LE FOIE EST UN POISSON MOU, PARESSEUX, AYANT UN GROS FOIE.

2] SON FIEL, BU AVEC DE L'HYDROMEL, GUÉRIT MERVEILLEUSEMENT LES MALADIES DE FOIE.

3] SON FOIE DESSÉCHÉ, SAUPOUDRÉ, GUÉRIT TOUTE INFLAMMATION ET LA GOUTTE DES PIEDS.

4] SA TÊTE CALCINÉE, EMPLOYÉE EN POUDRE SÈCHE, SERT À SOIGNER LES VIEUX ULCÈRES ET LES PLAIES CANCÉREUSES.

LETTRE Θ

ΠΕΡΙ ΘΥΝΝΟΥ
DU THON.

Le thon est un poisson de mer, connu de tous. Son fiel, avec du suc de joubarbe, en injections, détruit les leucomes.

1] Si quelqu'un broyé les yeux d'un thon et un poumon marin, et qu'il en mette sur le toit d'une maison, le soir, ceux qui seront dans la maison croiront voir des étoiles.

2] Si, voyageant par une soirée sans lune, tu en frottes un bâton, tu croiras que du bâton jaillit une lumière.

3] SI TU DESSINES [AVEC LA COMPOSITION], SUR UN MUR OU SUR UN PAPIER, UN ANIMAL SAUVAGE QUELCONQUE OU QUE TU LE PEIGNES, ON NE LE VERRA PAS LE JOUR, MAIS LE SOIR LES SPECTATEURS SERONT FRAPPÉS D'EFFROI.

4] LE FIEL ET LE FOIE DES THONS, BROYÉS ENSEMBLE ET MIS SUR LA PLACE DES POILS DES PAUPIÈRES PRÉALABLEMENT ARRACHÉS, LES EMPÊCHENT DE REPOUSSER. LES AUTRES PROPRIÉTÉS DE SES YEUX, CHERCHE-LES DANS LE POISSON GLAUCUS : LÀ, TU LES APPRENDRAS.

CE MÉLANGE, C'EST-À-DIRE CELUI DÛ FIEL, APPLIQUÉ COMME ONGUENT, GUÉRIT LES ENGELURES. [1]

ΠΕΡΙ ΘΡΙΣΣΗΣ

DE L'ALOSE.

L'ALOSE EST UN PETIT POISSON DE MER.

5] L'ALOSE RÉDUITE EN POUDRE, PUIS MANGÉE, GUÉRIT LA DYSURIE.

6] CALCINÉE, SA CENDRE AVEC DE L'HUILE D'IRIS OU DE LIS, EN POMMADE, EMBELLIT ET ÉPAISSIT LES CHEVEUX ET EN ARRÊTE LA CHUTE.

7] GRILLÉE, ELLE CALME LES COLIQUES ET LES MAUX D'ESTOMAC.

[1] NOTE DE PREMIÈRE MAIN DANS LE MANUSCRIT M : « ON DIT QUE LE THON LUI MÊME, LORSQU'IL EST IRRITÉ ON

AFFAMÉ DÉVORE SES PROPRES PETITS. HÉLAS, QUELLE PITIÉ ! »

LETTRE I

ΠΕΡΙ ΙΠΠΟΥΡΟΥ

DE LA LAMPUGE.

1] LA LAMPUGE, POISSON DE MER, QUE QUELQUES PERSONNES APPELLENT CORYPHÉE. 2] SON FIEL, EMPLOYÉ AVEC DU MIEL NON ENFUMÉ, EN COLLYRE, GUÉRIT TOUTE AMBLYOPIE ET AMAUROSE.

ΠΕΡΙ ΙΠΠΟΚΑΜΠΟΥ

DE L'HIPPOCAMPE.

L'HIPPOCAMPE EST UN ANIMAL MARIN. CALCINÉ, SA CENDRE, MÉLANGÉE À LA POIX liquide et à de la graisse d'ours, arrête l'alopécie. La carapace de l'oursin de mer produit les mêmes effets.

ΠΕΡΙ ΙΟΥΛΙΔΟΣ

DE LA JOULIE.

5] La joulie est un poisson moucheté, connu de tous.

6] Ses dents, portées au cou, chassent les démons et les fantômes.

7] Ses yeux repoussent les sorts ; mangés d'une manière continue, ils sont bons pour les épileptiques.

LETTER K

ΠΕΡΙ ΚΕΦΑΛΟΥ

LE MUGE.

1] LE MUGE EST UN POISSON DE MER, CONNU DE TOUS. SA TÊTE SALÉE, CALCINÉE, EN ONGUENT, AVEC DU MIEL, EST BONNE POUR LES TUMEURS DU FONDEMENT, LES HÉMORROÏDES ET LES AFFECTIONS SITUÉES AILLEURS. LA TÊTE DU THON PÉLAMIS A ÉGALEMENT LA MÊME VERTU. IL FAUT DONC EMPLOYER AVEC GRAND SOIN UN MÉLANGE DES DEUX.

ΠΕΡΙ ΚΟΡΑΚΟΥ

DU KORAX.

VOIR LE VIEIL INTERPRÈTE, DANS LE TEXTE GREC.

ΠΕΡΙ ΛΥΝΟΣ ΘΑΛΑΣΣΙΟΥ

DU CHIEN DE MER.

LE CHIEN DE MER EST UN POISSON MALFAISANT, CONNU DE TOUS.
3] SES DENTS CALCINÉES, EMPLOYÉES AVEC DU MIEL ET DE L'OS DE SÈCHE, SONT BONNES POUR LES GENCIVES MALADES.
4] SA PEAU, SI ON LA PORTE, MET LES CHIENS EN FUITE ; BIEN LISSE, PLACÉE SUR LES MORSURES DES CHIENS DE TERRE, ELLE LES GUÉRIT.

ΠΕΡΙ ΚΥΠΡΙΝΟΥ

DE LA CARPE.

5] LA CARPE EST UN POISSON DE RIVIÈRE ET D'ÉTANG. SON FOIE, EN FUMIGATIONS, CALME L'ÉPILEPSIE.
6] LA FUMÉE DE SA GRAISSE ET DE SON FOIE, MET LES DÉMONS EN FUITE.

7] SON FIEL, AVEC DU MIEL, EN COLLYRE, PURIFIE TOUTE AMAUROSE, AMBLYOPIE, NÉPHÉLION, LEUCOME ET LEURS ENVAHISSEMENTS.

8] SA GRAISSE EST UN EXCITANT VÉNÉRIEN. SI QUELQU'UN, APRÈS L'AVOIR FAIT FONDRE, EN FROTTE LE GLAND DE SON MEMBRE, IL SE PRODUIRA AUSSI UNE VIVE COULEUR ET LA CONCEPTION.

ΠΕΡΙ ΚΩΒΙΩΝ ΗΤΟΙ ΚΟΒΕΝΩΝ
DES GOUJONS (?).

9] LE GOUJON EST UN POISSON DE MER (?). SON BOUILLON, AVEC DU LAIT, PRODUIT LE RELÂCHEMENT DU VENTRE.

ΠΕΡΙ ΚΙΧΛΗΣ

DE LA GRIVE DE MER.

10] LE BOUILLON DE GRIVE DE MER RELÂCHE LE VENTRE, PROCURE UNE BONNE DIGESTION, PORTE AUX RAPPORTS SEXUELS ET DONNE DU LAIT AUX NOURRICES.

ΠΕΡΙ ΚΑΡΙΔΟΣ

DE LA SQUILLE.

11] SQUILLE, ANIMAL MARIN. EN APPLICATIONS, ELLE GUÉRIT LA PIQÛRE DES SCORPIONS. EN EFFET, SI TU INSCRIS SUR L'ENDROIT DE LA PIQÛRE : « SQUILLE, ENLÈVE PROMPTEMENT LA DOULEUR », À L'INSTANT LE BLESSÉ SERA GUÉRI.

11 BIS] SI ON GRAVE SUR UNE PIERRE DE JAIS UNE SQUILLE ET QU'ON PORTE LA PIERRE DANS

UN ANNEAU, ON NE SERA JAMAIS PIQUÉ PAR UN SCORPION.

ΠΕΡΙ ΚΑΡΚΙΝΟΥ

DE L'ÉCREVISSE.

12] LES ÉCREVISSES DE RIVIÈRES, BROYÉES, BUES AVEC DU LAIT DE CHÈVRE, SERVENT À SOIGNER LES GENS PIQUÉS PAR LES SCORPIONS ET CEUX MORDUS PAR LES VIPÈRES DIPSAS ET CÉRASTES.

13] DONNÉES DANS DU VIN NOIR AUX FEMMES DONT LES COUCHES SONT LABORIEUSES, ELLES PROCURENT UN ACCOUCHEMENT FACILE.

13 BIS] MISES EN POUDRE SUR LES BLESSURES DES FLÈCHES, ELLES FONT SORTIR LES POINTES

DES TRAITS, LES ÉCHARDES, LES ÉPINES ET TOUTES LES CHOSES ANALOGUES.

14] AVEC DE LA CIRE, EN CATAPLASME, ELLES GUÉRISSENT LES ENGELURES.

14 BIS] L'ÉCREVISSE DE MER CRUE, CALCINÉE AVEC DU PLOMB, PUIS BROYÉE, GUÉRIT LES CARCINOMES.

15] SA CENDRE AVEC DE L'HUILE DE VERJUS, EN APPLICATIONS SOULAGE LES ENGELURES ; AVEC DE LA CIRE, LA GOUTTE.

ΠΕΡΙ ΚΑΡΑΒΟΥ

DU CRABE.

LE CRABE EST UN ANIMAL DES BORDS DE LA MER, PLUS PETIT, MAIS SEMBLABLE AU HOMARD.

16] LE CRABE, CUIT, SOULAGE CEUX QUI ONT DES MAUX D'ESTOMAC.

17] SON BOUILLON, BU AVEC DU VIN, GUÉRIT LA NÉPHRITE ET LA DYSURIE, ET MET LE VENTRE EN MOUVEMENT.

ΠΕΡΙ ΚΟΧΛΙΩΝ ΘΑΛΑΣΣΙΩΝ
DES COQUILLAGES DE MER.

18] LE BOUILLON DE COQUILLAGES MARINS, D'ACHARNES, DE PHOCIDES, D'ANCHOIS ET DE LÉPADES, AMOLLIT ET ASSOUPLIT LE VENTRE DEVENU DUR. LES COQUILLAGES DE TERRE ET DE MER SONT PETITS, MAIS ILS SERVENT À GUÉRIR LES PLUS GRAVES AFFECTIONS : CALCINÉS, ILS SOULAGENT LA DYSENTERIE, QUAND ELLE N'EST PAS

PURULENTE ; BROYÉS, SANS ÊTRE CALCINÉS, PLACÉS SUR LE VENTRE DES HYDROPIQUES, SUR LES ARTICULATIONS DES ARTHRITIQUES JUSQU'À CE QU'ILS FORMENT D'EUX-MÊMES UN DÉPÔT, ILS SONT UTILES, PARCE QU'A TRAVERS LA PROFONDEUR, ILS DESSÈCHENT L'EAU. LEURS CARAPACES, RÉDUITES EN CENDRE, FONT DISPARAÎTRE TOUTES SORTES DE DARTRES. ET SI TU LES JOINS AU MIEL, TU GUÉRIRAS L'ŒDÈME DU VENTRE, LES BLESSURES DES MUSCLES, LES OBSCURCISSEMENTS DES YEUX, L'HÉMORRAGIE NASALE, ET, PLEIN D'ADMIRATION, TU CHANTERAS LA PUISSANCE DIVINE.

ΠΕΡΙ ΚΗΡΥΚΩΝ

DES BUCCINS OU TROMPES MARINES.

19. V. I.] LES BUCCINS DE MER, ATTACHÉS À UNE FEMME QUI VIENT D'ACCOUCHER, CALMENT LES DOULEURS ET LES ENGORGEMENTS DES SEINS.

20] LEUR CENDRE, EN FRICTIONS AVEC DU MIEL, GUÉRIT LES TACHES DE ROUSSEUR, LES TUMEURS DU VISAGE ET LES ULCÈRES RONGEANTS.

21] LES POURPRES ET LES TROMPES, CUITES ENSEMBLE ET MANGÉES, SONT SALUTAIRES À CEUX QUI ONT BU DE LA CIGUË OU DE L'ACONIT.

22] ET LEUR BOUILLON TRÈS CUIT, EST FORT SALUTAIRE À CEUX QUI ONT PRIS QUELQUE DROGUE DANGEREUSE.

23] LEURS CORNES (?), BRÛLÉES, GUÉRISSENT LES TENDONS RETOURNÉS.

24] LEURS COQUILLES, CALCINÉES ET MÊLÉES AU MIEL, GUÉRISSENT LES FLUXIONS DES JOUES ET LES ULCÈRES RONGEANTS.

25] DÉLAYÉS AVEC DE L'EAU, ILS FONT SORTIR LES ESQUILLES D'OS ET RENAÎTRE LES CHAIRS.

26] LEUR CHAIR, MÊLÉE AU BLANC D'ŒUF, APPLIQUÉE SUR LE FRONT, GUÉRIT LES DOULEURS RHUMATISMALES DE LA MIGRAINE.

ΠΕΡΙ ΚΟΧΛΙΟΥ

DE L'ESCARGOT.

27. V. I.] L'ESCARGOT OU LIMAÇON TERRESTRE, BROYÉ ET EMPLOYÉ EN CATAPLASME, CALME LES DOULEURS DU FRONT ET LA FLUXION DES YEUX, FAIT DISPARAÎTRE LES SCROFULES, ET, EN LOTIONS, GUÉRIT LES PLAIES DES OREILLES ET LES FRACTURES.

28] L'ESCARGOT SANS COQUILLE, MÉLANGÉ AVEC DE LA MANNE, C'EST-À-DIRE DU PYROGRANE DU LIBAN, INSUFFLÉ DANS LES NARINES, ARRÊTE LE SAIGNEMENT DE NEZ ET OUVRE L'ENTRÉE FERMÉE DE L'UTÉRUS.

29] LORSQUE LE SOLEIL MONTE AU CIEL, FENDS L'ENTRE-DEUX DES CORNES D'UN ESCARGOT

SANS COQUILLE ET ENLÈVE, AVEC UN BÂTON TRÈS POINTU, L'OS QUI S'Y TROUVE; EN L'ENVELOPPANT DANS UNE ÉTOFFE DE LIN, CONSERVE-LE POUR TOUTE ESPÈCE D'OPHTALMIE.

MANGÉ, IL EMPÊCHE LE DÉVELOPPEMENT DE TOUTE OPHTALMIE ET DES AFFECTIONS DU PHARYNX, DE LA GORGE, DE LA TOUX ET LES MAUX DE TÊTE ET TOUS LES ACCIDENTS QUI PEUVENT ARRIVER AUTOUR DE LA TÊTE ET DU COU. SI ON EN ÉTAIT ATTEINT, EN LE PORTANT AU COU, ON SERAIT GUÉRI.

30] LA BAVE DES ESCARGOTS DÉTRUIT LES POILS DES PAUPIÈRES.

31] UNE POTION D'ESCARGOTS, PILES AVEC LEURS COQUILLES, AVEC DU VIN, DE LA MYRRHE
ET DES DATTES, GUÉRIT LA COLIQUE.
32] LEUR CENDRE, EN POUDRE, SUR DU CÉRAT, GUÉRIT LA CHUTE DU FONDEMENT.
LETTRE Λ
ΠΕΡΙ ΛΑΜΒΡΑΚΟΣ
DU LOUP DE MER.
1] LE LOUP EST UN POISSON DE MER SEMBLABLE AU MUGE. SON FIEL, EN LINIMENT AVEC
DU MIEL, DISSIPE LES LEUCOMES ET PROCURE UNE VUE PERÇANTE. ON EN COMPOSE UN
COLLYRE DE CETTE FAÇON : FIEL DE LOUP ET DE VAUTOUR, DE CHAQUE, VI EXAGIES; ENCENS

MÂLE, IX EX.; MYRRHE, II EX. ; LITHARGE, I EX. ; BAUME ET EAU DE JOUBARBE, DE CHAQUE, VIII EX. ; MIEL NON ENFUMÉ, III ONCES. IL EST UTILE POUR L'AMBLYOPIE ET LES DÉBUTS DE LA CATARACTE, LES NÉPHÉLIONS, LA NYCTALOPIE, LES ASPÉRITÉS INTERNES DE LA PAUPIÈRE, LES POCHES D'EAU QUI SE FORMENT SOUS LES PAUPIÈRES, LES PUSTULES DES PAUPIÈRES, LES FISTULES LACRYMALES. EN VIEILLISSANT, IL DEVIENT MEILLEUR.
2. V. I.] SON VENTRE, MANGÉ, FACILITE LA DIGESTION ET FAIT BEAUCOUP MANGER.
3] PORTÉ, IL A LES MÊMES VERTUS.

4] LE CRISTALLIN DE SES YEUX, PORTÉ, GUÉRIT L'OPHTALMIE.

5] LES PIERRES QU'IL A DANS LA TÊTE GUÉRISSENT LES MAUX DE TÊTE ET LA MIGRAINE, CELLE DE DROITE DOIT ÊTRE APPLIQUÉE À DROITE, CELLE DE GAUCHE À GAUCHE.

6] SES DENTS, SUSPENDUES AU COU DES ENFANTS QUI FONT LEURS DENTS, LEUR SONT UTILES.

7] L'OS QU'IL A AU SOMMET DE LA TÊTE, PLACÉ SUR LA TÊTE, FAIT SORTIR LES ÉPINES QU'ON A AVALÉES.

ΠΕΡΙ ΛΑΓΩ

DU LIÈVRE DE MER.

8] LE LIÈVRE DE MER, BROYÉ ET APPLIQUÉ EN COLLYRE, NE LAISSE PAS REPOUSSER LES POILS

DES PAUPIÈRES QUI ONT ÉTÉ ARRACHÉS.

9] A CEUX QUI EN ONT MANGÉ, FAIS BOIRE LE SANG CHAUD D'UNE OIE NOUVELLEMENT TUÉE : C'EST UN CONTREPOISON DES CHOSES DÉLÉTÈRES.

LETTRE M

ΠΕΡΙ ΜΑΙΝΙΔΟΣ

DE LA MENDOLE.

LES MENDOLES SONT DES POISSONS DE MER. LEURS TÊTES CALCINÉES, RÉDUITES EN CENDRE, AVEC DE LA GRAISSE D'OURS, EN POMMADE, ARRÊTENT L'ALOPÉCIE. DANS LEUR ENTIER, ELLES SONT UTILES AUX GENS MORDUS PAR DES CHIENS OU PIQUÉS PAR

DES SCORPIONS. ELLES ARRÊTENT LES ULCÈRES RONGEANTS.

1. V. I.] LA TÊTE DE LA MENDOLE, CALCINÉE, EN ONGUENT, GUÉRIT LES FIES, LES ONGLES PURULENTS, LES CREVASSES DE L'ANUS ET LES LOUPES.

2] LE GARUM ET LA SAUMURE DE MENDOLES GRASSES, SONT BONS POUR LA GALE : EN GARGARISME, ILS GUÉRISSENT MERVEILLEUSEMENT LES INFLAMMATIONS PURULENTES ET LES ULCÈRES DE LA GORGE.

3] MANGÉ RÔTI, LE POISSON GUÉRIT LES REINS ET LA DYSURIE, IL EST BON POUR L'ESTOMAC ET FACILITE LA DIGESTION.

LA MENDOLE ENTIÈRE CALCINÉE, EN ONGUENT, FAIT DISPARAÎTRE LES FOURMILLEMENTS, LES VERRUES ET LES CLOUS.
LE BOUILLON DE MENDOLES ET LEUR CHAIR FONT UN BON ESTOMAC ET GUÉRISSENT CEUX QUI ONT LA COLIQUE OU DES CRAMPES.
5. V. I.] CUITES AVEC DU FENOUIL, LEUR BOUILLON DONNE DU LAIT AUX FEMMES.

ΠΕΡΙ ΜΕΛΑΝΟΥΡΟΥ

DU BOGUE.

6] LE BOGUE, MANGÉ RÔTI, REND LA VUE PERÇANTE.
7] SON BOUILLON, EN BOISSON, GUÉRIT LES GENS QUI SE TORDENT DE COLIQUES.

ΠΕΡΙ ΜΥΩΝ

DES MOULES.

8. V. I.] LES MOULES MARINES, CUITES AVEC DU MACERON, DES POIREAUX, DU PERSIL, MANGÉES EN BUVANT DU VIN, GUÉRISSENT LA SCIATIQUE.

9] LES MOULES SONT DES ANIMAUX À COQUILLES. LEUR BOUILLON, EN BOISSON, AMOLLIT LE VENTRE.

10] LEURS COQUILLES, CALCINÉES ET BROYÉES, EMPLOYÉES EN POUDRE SÈCHE, ARRÊTENT LES ULCÈRES RONGEANTS ET LES GANGRÈNES, ET SONT BONNES POUR SOIGNER LES VIEUX ULCÈRES.

11] EN COLLYRE, AVEC DU MIEL, ELLES ENTRAVENT L'ÉPAISSISSEMENT DES PAUPIÈRES ET ÉCLAIRCISSENT LES LEUCOMES; MAIS IL FAUT LAVER LA CENDRE DANS DE L'EAU SUCRÉE.

LETTRE N

ΠΕΡΙ ΝΑΡΚΑΣ

DE LA TORPILLE.

1] LA TORPILLE EST UN POISSON DE MER QUE BEAUCOUP APPELLENT MARGA; APPLIQUÉE ENCORE VIVANTE SUR LA TÊTE DES GENS QUI ONT MAL À LA TÊTE, ELLE ENLÈVE LA DOULEUR; BOUILLIE VIVANTE DANS L'HUILE, JUSQU'À DISSOLUTION, APRÈS FILTRAGE, EN LINIMENT, ELLE

APAISE LES DOULEURS DES ARTHRITIQUES. CALCINÉE, RÉDUITE EN CENDRES, EMPLOYÉE EN POUDRE SÈCHE, ELLE RÉTABLIT LA CHUTE DU FONDEMENT.

SA GRAISSE, ÉTENDUE SUR DE LA LAINE ET PLACÉE SUR LE FONDEMENT, ARRÊTE LES INVERSIONS DE L'UTÉRUS. SI UNE FEMME S'EN FROTTE LES PARTIES HONTEUSES, SON MARI N'AURA PAS DE RAPPORTS AVEC ELLE.

LETTRE Ξ

DE L'ESPADON.

L'ESPADON EST UN POISSON DE MER SEMBLABLE À LA JOULIE, MAIS PLUS PETIT ET PLUS

MINCE. FRIT AVEC DU SUC DE BETTE ET DU PLOMB, SON HUILE, EN POMMADE, PURIFIE LES
CROÛTES ET LA TEIGNE DE LA TÊTE. ET SON FIEL, MÊLÉ AUX PRÉPARATIONS PROPRES À RENDRE
LA VUE BONNE, CONVIENT PARFAITEMENT.

ΠΕΡΙ ΞΥΘΟΥ

DU XYTHE.

1] LE XYTHE EST UN POISSON QUE QUELQUES-UNS APPELLENT PICAREL.
2] SA TÊTE SALÉE, CALCINÉE, RESSERRE LES PLAIES AVEC EXCROISSANCES DE CHAIR, ARRÊTE
LES ULCÈRES RONGEANTS, FAIT DISPARAÎTRE LES CLOUS ET LES EXCROISSANCES DE CHAIR ;

CRUE, ELLE CONVIENT AUX GENS MORDUS PAR UN SCORPION OU PAR UN CHIEN ; COMME AUSSI, SALÉE, POUR TOUS LES MAUX.

LETTRE O

ΠΕΡΙ ΟΝΟΥ ΘΑΛΑΣΣΙΟΥ

DE L'ÂNE MARIN.

1] L'ÂNE MARIN QUE LES UNS APPELLENT POULPE, LES AUTRES OCTAPODE.

2] LE METTANT DANS UNE MARMITE NEUVE ENCORE VIVANT, FAIS-LE BOUILLIR, ET L'EAU QUI EN SORTIRA, FAIS-LA BOIRE AU BAIN, DANS DU VIN VIEUX, AUX GENS MALADES DES REINS OU AYANT LA PIERRE, ET ILS SERONT GUÉRIS, ET RENDRONT DANS LEUR URINE, LE CALCUL, FIN

COMME DU SABLE.
LES ÂNES QU'ON TROUVE SOUS LES EAUX, SONT DES PETITS ANIMAUX À PATTES NOMBREUSES, AYANT UNE VERTU PURGATIVE ET DESSICATIVE. DÉLAYÉS DANS DU VIN, EN POTION, ILS GUÉRISSENT LA DYSURIE ET LA JAUNISSE ET, EN LINIMENT AVEC DU MIEL, ILS SONT BONS POUR LES MAUX DE GORGE· INJECTES-EN DANS LES OREILLES POUR L'OTALGIE, APRÈS LES AVOIR FAIT CHAUFFER AVEC DE L'HUILE DE ROSES.
DE L'ORPHE.
L'ORPHE EST UN POISSON DE MER. SON SANG, EN LINIMENT, GUÉRIT LES DARTRES BLANCHES;

SON FIEL, EN LINIMENT, GUÉRIT LESLEUCOMES. MANGÉ, CE POISSON FACILITE LA DIGESTION ET REND L'ESTOMAC BON, IL GUÉRIT LA NÉPHRITE ET LA DYSURIE. LA PIERRE QU'IL A DANS LA TÊTE, SUSPENDUE AU COU, GUÉRIT TOUS LES MAUX DE TÊTE. EGALEMENT, SES YEUX, PORTÉS, GUÉRISSENT MERVEILLEUSEMENT L'ÉPANCHEMENT DE L'OPHTALMIE.

LETTRE Π

ΠΕΡΙ ΠΕΛΩΡΙΔΩΝ

DES PÉLORES.

1] LES PÉLORES SONT DES PETITS POISSONS DE MER.

2] LEUR BOUILLON ET CELUI DES CRABES, BU AVEC DU VIN, AMOLLIT LE VENTRE.

ΠΕΡΙ ΠΝΕΥΜΟΝΟΣ

DU POUMON MARIN [MÉDUSE].

LE POUMON MARIN EST UN ANIMAL INFORME, QUI NE NAGE PAS, REPLIÉ SUR LUI-MÊME.

BROYÉ ET EN EMPLÂTRE, IL FAIT CESSER LES DOULEURS DE LA GOUTTE.

SI TU L'ENVELOPPES DANS UN MORCEAU D'ÉTOFFE PROPRE ET QUE TU LE FASSES SÉCHER AU SOLEIL, LA NUIT TU LE VERRAS BRILLER COMME UNE LAMPE.

4. V. I.] IL SAIT ATTIRER FRÉQUEMMENT AU-DESSUS DE LUI TOUS LES OISEAUX DU CIEL, DE TELLE SORTE QUE LORSQU'ILS VIENNENT POUR LE MANGER, IL LES PREND.

5. V. I.] SES OS, EN FUMIGATIONS, ÉLOIGNENT TOUS LES MAUX, COMME LE FAIT L'ÉTOILE DE MER.

ΠΕΡΙ ΠΗΛΑΜΥΔΟΣ

DU THON PÉLAMYDE.

LE THON PÉLAMYDE EST UN POISSON DE MER QUI, CALCINÉ AVEC SA TÊTE, BROYÉ ET POSÉ EN EMPLÂTRE, ARRÊTE LES ULCÈRES RONGEANTS ET GUÉRIT LA GANGRÈNE. SON GARUM GUÉRIT LES MAUX D'OREILLES.

ΠΕΡΙ ΠΕΡΚΗΣ

DE LA PERCHE.

VOIR LE VIEIL INTERPRÈTE, DANS LE TEXTE GREC.

ΠΕΡΙ ΠΕΤΡΕΩΣ

DE LA LAMPROIE.

IBID.

DU POULPE.

LE POULPE OU OCTAPODE : MANGÉ CUIT DANS SON JUS, IL GUÉRIT LA NÉPHRITE ET LA DYSURIE. LA SUBSTANCE NOIRE QU'IL LAISSE ÉCHAPPER, SERT POUR ÉCRIRE.

DE LA POURPRE.

LA POURPRE DE MER, APPELÉE AUSSI CONCHYLE, EST PLUS PETITE QUE LE BUCCIN.

EN FUMIGATIONS, ELLE ARRÊTE LES INVERSIONS DE L'UTÉRUS ET FAIT CESSER L'HYSTÉRIE.

SON BOUILLON, EN BOISSON, AMOLLIT LE VENTRE ET PROVOQUE L'ÉVACUATION.

SI TU BROYÉS LA CHAIR CRUE DE LA POURPRE ET QUE TU L'APPLIQUES AVEC DE LA MYRRHE,
ELLE CALMERA LA MIGRAINE, COMME LA DOULEUR DE TOUTE AUTRE PARTIE DU CORPS.
ATTACHÉE ET FIXÉE, ELLE GUÉRIT TOUS LES MAUX DE TÊTE.

LETTRE P

ΠΕΡΙ ΡΑΦΙΔΟΣ

DE L'AIGUILLE.

1] L'AIGUILLE EST UN POISSON DE MER APPELÉ AUSSI BELONIS. SON BEC EST LONG ET RESSEMBLE À CELUI DE LA SPHYRÈNE [MARTEAU]. SON BEC, PORTÉ OU EN FUMIGATIONS, CHASSE LES DÉMONS.

2] CALCINÉE ET BROYÉE AVEC DE L'HUILE D'IRIS, ELLE FAIT REPOUSSER LES CHEVEUX DANS L'ALOPÉCIE. QUEL GRAND DON ET QUEL REMÈDE !

ΠΕΡΙ ΡΙΝΗΣ

DE L'AUGE.

L'AUGE EST UN POISSON DE MER. SA PEAU, CALCINÉE ET BROYÉE, EN POUDRE, GUÉRIT LES TUMEURS ET ARRÊTE LES HÉMORRAGIES NASALES.

LETTRE Σ

ΠΕΡΙ ΣΑΛΠΗΣ

LA MERLUCHE.

LA MERLUCHE EST UN POISSON DE MER, BON À MANGER.

LES PIERRES QU'IL A DANS LA TÊTE, PORTÉES, CELLE DE DROITE CONTRE LE TESTICULE DROIT,
CELLE DE GAUCHE CONTRE LE TESTICULE GAUCHE, PRODUISENT L'ÉRECTION. SA GRAISSE, EN POMMADE, EST TOUT À FAIT EXCELLENTE POUR LES PLAISIRS SEXUELS.

ΠΕΡΙ ΣΑΥΡΟΥ

DU SAURE.

LE SAURE [1] EST UN POISSON DE MER, CONNU DE TOUS.
SON FIEL, EN LINIMENT SUR LES SEINS DES FEMMES, FAIT VENIR BEAUCOUP DE LAIT.
EGALEMENT AUSSI LES STELLINES (?). MANGÉES, ELLES DONNENT DU LAIT AUX FEMMES : ET

LE BOUILLON DE STELLINES PRODUIT LE MÊME EFFET.

MACÉRÉES AVEC DE LA RÉSINE DE CÈDRE, EN COSMÉTIQUE, ELLES NE LAISSENT PAS REPOUSSER LES POILS QUI ONT ÉTÉ ARRACHÉS.

DU SCORPION.

LE SCORPION EST UN POISSON DE MER, CONNU DE TOUS. ETOUFFE-LE DANS DU VIN QUE TU DONNERAS À BOIRE AUX GENS MALADES DE LA RATE, ET ILS SERONT GUÉRIS MERVEILLEUSEMENT.

SI TU EN FAIS BOIRE À UNE FEMME HÉMORROÏSSE, LE SANG S'ARRÊTERA IMMÉDIATEMENT.

SI TU VEUX ARRÊTER UNE HÉMORRAGIE, FAIS RÔTIR LE SCORPION ET DONNE-LE À MANGER ET AUSSITÔT LE SANG CESSERA DE COULER.

ΠΕΡΙ ΣΗΠΙΩΝ

DE LA SÈCHE.

4] L'OS DE LA SÈCHE ENLÈVE LES ASPÉRITÉS DES PAUPIÈRES ET SUPPRIME LES POILS DU CORPS, COMME LA PIERRE PONCE. RAMASSE-LE DONC SUR LES RIVAGES DE LA MER ; EMPLOYÉ COMME POUDRE SÈCHE, FRÉQUEMMENT, IL FAIT DISPARAÎTRE LES LEUCOMES.

ΠΕΡΙ ΣΥΝΑΓΡΙΔΟΣ

DU SYNAGRE.

5] LE SYNAGRE EST UN POISSON DE MER, CONNU DE TOUS. SES DENTS, SUSPENDUES AU COU DES ENFANTS QUI FONT LEURS DENTS, LES LEUR FONT SORTIR SANS DOULEUR ET GUÉRISSENT TOUS LES MAUX DE DENTS.

6] SON FIEL, AVEC DE L'HUILE D'AMANDES, GUÉRIT LES MAUX D'OREILLES.

ΠΕΡΙ ΣΑΡΓΟΥ

DU MUGE.

7] LES DENTS DU MUGE, PORTÉES, ÉLOIGNENT TOUS LES MAUX DE DENTS.

1 LE SAURE EST AINSI NOMMÉ DE SA RESSEMBLANCE AVEC LE LÉZARD ; ET LA STELLINE, DONT NOUS NE TROUVONS PAS LE NOM, DOIT ÊTRE LE STELLIO LATIN QUI VEUT

également dire lézard : c'est donc un synonyme de saure.

LETTRE T

ΠΕΡΙ ΤΡΙΓΛΑΣ

DU MULET.

Le mulet est un poisson de mer. Calciné avec du miel, en onguent, il détruit les ulcères charbonneux et les guérit complètement. Etouffé, dans du vin, ce vin, donné à boire, facilite les couches laborieuses.

1] Si on coupe les barbes d'un mulet encore vivant qu'ensuite on relâche dans la mer, et qu'on les donne à une femme dans une potion, elles provoqueront chez

ELLE UN TRÈS GRAND DÉSIR ÉROTIQUE ET UNE GRANDE AMITIÉ.

2] PORTÉ, IL PROCURE LA RÉUSSITE EN TOUTES AFFAIRES.

3] SI APRÈS AVOIR BROYÉ SES YEUX, ON EN FROTTE LES YEUX D'UNE PERSONNE, ELLE SERA AUSSITÔT ATTEINTE D'AMBLYOPIE. VOICI LE REMÈDE : LE FIEL DU POISSON AVEC DU MIEL, EN COLLYRE, PROCURERA DANS LA SUITE UNE VUE PERÇANTE. SON BOUILLON, EN BOISSON, SOULAGE CEUX QUI ONT BU DU POISON. SON FOIE, BROYÉ, EN CATAPLASME SUR LES PIQÛRES DES PASTENAGUES, DES VIVES, DES SCORPIONS, DES LAMPROIES, LES GUÉRIT MERVEILLEUSEMENT.

SA CENDRE AVEC DU MIEL, EN ONGUENT, FAIT SORTIR LES ÉPINES ET SERT À SOIGNER LES ÉCHARDES.

DE LA SARDINE.

LA SARDINE EST UN POISSON DE MER. SA TÊTE CALCINÉE, EN LINIMENT AVEC DU MIEL, GUÉRIT LES ULCÈRES MOUS ET ARRÊTE L'ALOPÉCIE. FONDUE AVEC DE L'HUILE, FILTRÉE, AVEC DU LADANUM ET DE L'ADIANTE, ELLE ARRÊTE LA CHUTE DES CHEVEUX.

ΠΕΡΙ ΤΡΙΦΩΝΟΣ

DE LA PASTENAGUE.

4] L'AIGUILLON DE LA PASTENAGUE, FICHÉ DANS UN ARBRE, LE FAIT SÉCHER. SI ELLE EST

DÉPOSÉE DANS UNE MAISON HABITÉE OU DANS UN NAVIRE, ELLE PRÉSAGE L'INSUCCÈS, CAR, EN TOUTES CHOSES, ELLE EST CAUSE DE GRAND DOMMAGE.

LETTRE Y

ΠΕΡΙ ΥΔΡΟΥ

DE L'HYDRE.

1] L'HYDRE EST UN SERPENT, VIVANT LA PLUPART DU TEMPS DANS L'EAU, NAGEANT DANS LES ÉTANGS, SE TENANT JUSQU'À LA POITRINE AU-DESSUS DE L'EAU ; C'EST UN ANIMAL DANGEREUX. IL A UNE PIERRE DANS LA TÊTE. SI DONC ON LE PREND, ON TROUVERA LA PIERRE SORTANT DE LA TÊTE.

2] LE SERPENT, ÉTANT SUSPENDU ET EXORCISÉ AFIN QU'IL VOMISSE LA PIERRE, L'ENFUMANT AVEC DU LAURIER, PRONONCE CES PAROLES : « PAR LE DIEU QUI T'A CRÉÉ, QUE TU ADORES JUSTEMENT AVEC TA LANGUE DOUBLE, SI TU ME DONNES LA PIERRE, JE NE TE FERAI PAS DE MAL, MAIS JE TE RENVERRAI DANS TES PROPRES DEMEURES; » ET LORSQU'IL AURA REJETÉ LA PIERRE, PRENDS UN MORCEAU DE SOIE ET GARDE-LA PRÉCIEUSEMENT. ET S'IL REFUSE, PRENDS UN COUTEAU ET FENDS-LUI LE SOMMET DE LA TÊTE ET TU TROUVERAS LA PIERRE,

COMME BEAUCOUP D'AUTRES ANIMAUX EN ONT, POSSÉDANT DES VERTUS NATURELLES.

3] VOICI COMMENT ON ÉPROUVE LA VERTU DE CETTE PIERRE : REMPLIS D'EAU UN VASE D'AIRAIN, METS-Y LA PIERRE EN L'ATTACHANT AU VASE : FAIS UNE MARQUE ET TU TROUVERAS CHAQUE JOUR L'EAU DIMINUÉE DE DEUX COTYLES (C'EST-À-DIRE UN SETIER).

4] POUR MOI, J'AI ATTACHÉ UNE FOIS LA PIERRE À UNE FEMME HYDROPIQUE ET, SANS LA FAIRE SOUFFRIR, JE SUIS DEVENU MAÎTRE DE SA MALADIE. JE MESURAIS CHAQUE JOUR SON

VENTRE AVEC UNE BANDE DE PAPYRUS, ET JE TROUVAIS CHAQUE JOUR QU'IL DIMINUAIT DE
QUATRE DOIGTS: ARRIVÉ À LA TAILLE NATURELLE, J'ENLEVAI LA PIERRE. CAR SI LA PIERRE
DEMEURAIT ATTACHÉE, ELLE ABSORBERAIT L'EAU NATURELLE ET RENDRAIT ABSOLUMENT SEC
CELUI QUI LA PORTE.
5] CAR, ATTACHÉE AVEC MESURE, ELLE CONVIENT NON SEULEMENT AUX HYDROPIQUES, MAIS
AUX RHUMATISMES DES PIEDS, AU FLUX DE LARMES, ET À N'IMPORTE QUEL MEMBRE.
6] SA TÊTE SERT À SOIGNER LES RHUMATISMES DES PIEDS, EN RAISON DES ANTIPATHIES DE

SA NATURE.

7] TELLES SONT LA NATURE ET LES VERTUS POSSÉDÉES PAR LA PIERRE DU SERPENT QU'ON APPELLE HYDRE.

DU PAGRE.

LE PAGRE EST UN TRÈS BEAU POISSON DE MER. LA PIERRE QUI EST DANS SA TÊTE FAIT CRACHER LES ARÊTES AVALÉES.

SON FIEL, EN COLLYRE, PROCURE UNE VUE PERÇANTE.

LES PIERRES, TROUVÉES DANS SA TÊTE, GUÉRISSENT LES MAUX DE DENTS ET FAVORISENT LE TRAVAIL DE LA DENTITION.

LETTRE Φ

ΠΕΡΙ ΦΩΚΗΣ

DU PHOQUE.

1] SI L'ON SUSPEND À SON COU LA PRÉSURE DU PHOQUE, ON AURA GAIN DE CAUSE CONTRE
SES ADVERSAIRES AU TRIBUNAL. ELLE DONNE EN EFFET LA VICTOIRE ET EST EFFICACE.
2] LES POILS QUI ENTOURENT SON NEZ, PORTÉS DANS SON CŒUR, SONT UN GAGE DE SUCCÈS
ET UN CHARME TRÈS GRAND.
3] SI ON PLACE SA PEAU DANS UNE MAISON, DANS UN NAVIRE, OU SI ON LA PORTE, AUCUN
MALHEUR N'ARRIVERA À CELUI QUI LA PORTE, CAR ELLE DÉTOURNE LE TONNERRE, LES DANGERS,
LES SORTS, LES DÉMONS, LES BRIGANDS, LES RENCONTRES NOCTURNES.

4] IL FAUT AVOIR EN MÊME TEMPS QU'ELLE, LA PIERRE MARINE APPELÉE CORAIL.

6] CELUI QUI, AYANT LA GOUTTE AUX PIEDS, PORTERA DES CHAUSSURES EN PEAU DE PHOQUE, SERA GUÉRI : S'IL EST BIEN PORTANT, IL N'AURA PAS LA GOUTTE AUX PIEDS.

7] SI QUELQU'UN ATTACHE [SA PEAU] AU MÂT D'UN NAVIRE, IL NE FERA JAMAIS NAUFRAGE.

8] SI TU DRESSES AU MILIEU D'UNE VIGNE UNE TÊTE DE PHOQUE, TOUJOURS LES FRUITS EN SERONT TRÈS ABONDANTS.

9] LE CERVEAU DU PHOQUE, EN POTION, CHASSE LES DÉMONS ET SERT À SOIGNER LE MAL

SACRÉ.

10] SES YEUX GUÉRISSENT TOUTE OPHTALMIE. SON ŒIL DROIT DONNE À CELUI QUI LE PORTE BEAUCOUP DE CHARME ET DE SUCCÈS. [LA SUITE COMME CI-DESSUS, DANS LA DEUXIÈME CYRANIDE.]

LETTRE X

ΠΕΡΙ ΧΑΝΝΟΥ

DU SERRAN.

1] LE SERRAN EST UN POISSON DE MER ; MANGÉ RÔTI, IL DONNE UNE VUE PERÇANTE. EN POMMADE, SUR LA TÊTE, IL FAIT DISPARAÎTRE L'ALOPÉCIE ET LA TEIGNE. SON FIEL AVEC DU MIEL, EN COLLYRE, GUÉRIT LES CICATRICES DES YEUX ET ÉCLAIRCIT LES TRÈS ANCIENS LEUCOMES.

ΠΕΡΙ ΧΕΛΩΝΗΣ

DE LA TORTUE.

2] LE SANG DE LA TORTUE DE MER EST UN REMÈDE CONTRE TOUTES LES BÊTES FÉROCES; ET SÉCHÉ, EN POTION, IL GUÉRIT TOUTES LES MORSURES DES ANIMAUX SAUVAGES.

3] SES ŒUFS, MANGÉS, GUÉRISSENT LES ÉPILEPTIQUES ET LES LUNATIQUES.

4. V. I.] L'URINE DE LA TORTUE DE CETTE ESPÈCE, EN BOISSON, GUÉRIT CEUX QUI ONT ÉTÉ MORDUS PAR UN ASPIC OU PAR UNE VIPÈRE.

5. V. I.] LE SANG DE LA TORTUE DE TERRE, EN POTION, GUÉRIT MERVEILLEUSEMENT LES

ÉPILEPTIQUES ET CEUX QUI ONT ÉTÉ MORDUS PAR UNE VIPÈRE OU PIQUÉS PAR UN SCORPION.

EN POMMADE SUR LA TÊTE, IL GUÉRIT L'ALOPÉCIE ET FAIT TOMBER LES PELLICULES.

6. V. I.] DÉLAYÉ DANS DU VINAIGRE, AVEC DE LA PEAU DE SERPENT, IL GUÉRIT LES DOULEURS D'OREILLES ET LES BRÛLURES.

7. V. I.] AVEC DU MIEL, SON FIEL FAIT ÉNORMÉMENT DE BIEN AUX CICATRICES ET AUX LEUCOMES.

8. V. I.] CALCINÉE TOUTE ENTIÈRE, ET PRISE AVEC DU MIEL, AVEC SUITE, ELLE ÉCLAIRCIT LES

VIEUX LEUCOMES; ET LE COLLYRE GUÉRIT LES DOULEURS ET LES NÉPHÉLIONS : AVEC DU VIEUX BEURRE, EN ONGUENT, ELLE GUÉRIT LES ULCÈRES CHARBONNEUX.

9. V. I.] LE SANG DE LA TORTUE DE MARAIS, QUI S'APPELLE EMYLUS, EN FRICTIONS SUR LE FRONT, GUÉRIT LA MIGRAINE ET TOUS LES MAUX DE TÊTE.

10. V. I.] SA CENDRE, AVEC DU CÉRAT À LA ROSE, EN LINIMENT, GUÉRIT ADMIRABLEMENT LES ÉRYSIPÈLES ET LA GOUTTE CHAUDE. SA CENDRE, EN POUDRE, ARRÊTE TOUTES LES ÉRUPTIONS DE SANG, DU NEZ ET DES PLAIES.

11.V. I.] LE SANG DE LA TORTUE DE MARAIS, EN FRICTIONS SUR LA TÊTE, GUÉRIT MERVEILLEUSEMENT LES MAUX DE TÊTE INVÉTÉRÉS.

12.V. I.] EN POTION, LE SANG DE LA TORTUE DE MER SOULAGE CEUX QUI SONT MORDUS PAR UNE VIPÈRE : EN ONCTION, IL SOULAGE ÉGALEMENT LES ULCÈRES.

13.V. I.] MANGÉ AVEC DES PURÉES DE LÉGUMES, ET BU, IL GUÉRIT L'ORTHOPNÉE ET CEUX QUI ONT ABSORBÉ QUELQUE POISON.

14.V. I.] LES PIERRES DE LA TORTUE, PORTÉES AVEC UNE RACINE DE PIVOINE, DONNENT LE SUCCÈS.

15.V. I.] SON FIEL, EN COLLYRE, ÉCARTE L'AFFAIBLISSEMENT DES YEUX.

16.V. I.] SON FOIE, EN POTION, GUÉRIT LA JAUNISSE.

BROYÉE AVEC DU NITRE ET EN ONGUENT, LA TORTUE DE TERRE GUÉRIT LA LÈPRE ET LES DÉMANGEAISONS.

ΠΕΡΙ ΧΕΛΙΔΟΝΟΣ ΘΑΛΑΣΣΙΟΥ

DE L'EXOCET VOLANT.

17] L'EXOCET VOLANT EST UN PETIT POISSON QUI VOLE AU-DESSUS DES FLOTS DE LA MER.

LORSQU'IL EST EN TROUPE ET AGITÉ, LES MARINS PENSENT QU'IL ANNONCE LE VENT ET LA TEMPÊTE SUR MER.

18] SI QUELQU'UN LE PREND ET LE PORTE APRÈS L'AVOIR FAIT SÉCHER, IL SERA VIF, AGILE ET HEUREUX.

ΠΕΡΙ ΧΕΙΛΩΝΟΣ

DU MUGE AUX GROSSES LÈVRES.

19] LA GRAISSE DU MUGE, AVEC UNE DÉCOCTION DE FENUGREC, EN LINIMENT, GUÉRIT LES CREVASSES DES LÈVRES.

ΠΕΡΙ ΧΡΥΣΩΧΟΥ

DE LA DORADE.

LA DORADE EST UN POISSON DE MER. SES YEUX, PORTÉS AU COU, ÉCARTENT LA FIÈVRE TIERCE ET LA FIÈVRE QUARTE ET GUÉRISSENT L'OPHTALMIE.

20] LES PIERRES DE LA TÊTE DE LA DORADE, PORTÉES AU COU, GUÉRISSENT LES PHTISIQUES.
PORTÉ DANS UNE ENVELOPPE PURE, OU EN ONCTIONS, SON FIEL PROCURE UNE BONNE ODEUR
ET UNE ÉLÉGANTE PRESTANCE.
21. V. I.] SON FIEL, EN ONCTIONS, SUR LE MEMBRE VIRIL, DONNE LE DÉSIR ET PROCURE LE
PLAISIR DANS LES RAPPORTS SEXUELS.
DU PORC MARIN.
LE PORC EST UN POISSON DE MER. SA PEAU, DÉPOSÉE DANS UNE MAISON, ÉCARTE TOUTE
ESPÈCE DE MAUVAIS SORTS ET LES DÉMONS.
LETTRE Ψ
ΠΕΡΙ ΨΑΡΩΝ

DE LA VIELLE.

1] LA VIELLE EST UN POISSON DE MER ; CUIT FRAIS DANS SON JUS, ET MANGÉ EN BUVANT DU VIN, IL FAIT UN BON ESTOMAC.

ΠΕΡΙ ΨΥΛΛΩΝ

DES PUCES DE MER.

2] SI TU FAIS BOUILLIR, DANS L'EAU DE MER, DES PUCES DE MER AVEC DU PLANTAIN ET QUE TU EN ARROSES UNE MAISON OÙ IL Y A DES PUCES, ELLES DISPARAÎTRONT.

LETTRE Ω

DES OEUFS.

1] LES OEUFS DES POISSONS SALÉS, MANGÉS EN TOUS TEMPS, SURTOUT CEUX DES MUGES,

DES LOUPS ET DES POISSONS DE CETTE ESPÈCE, DÉBARRASSENT DE TOUTE ANORÉXIE.

2] MANGÉS FRAIS ET SALÉS, ILS GUÉRISSENT TOUT DÉGOÛT.

3] TELLES SONT LES VRAIS VERTUS QUE LA DIVINE NATURE A DONNÉ POUR L'UTILITÉ DES HOMMES À TOUS LES ANIMAUX QUI VIVENT DANS L'AIR, SUR TERRE ET DANS LES EAUX, AFIN QUE RIEN DANS LA VIE NE DEMEURÂT SANS PRÉSENT.

4] MAIS ENCORE, LA BIENHEUREUSE NATURE N'A PAS SEULEMENT MONTRÉ DANS LES PIERRES, DANS LES ARBRES, DANS LES PLANTES, DANS LES EAUX, SA PUISSANCE, ET NE NOUS A

PAS SEULEMENT ACCORDÉ EN DON, LES CHOSES NÉCESSAIRES SANS LESQUELLES LA VIE EST IMPOSSIBLE, COMME L'EAU, LE FEU, MAIS ELLE Y A JOINT ENCORE LES NÉCESSITÉS DE L'EXISTENCE, CE QUI EST DANS L'AIR, LE SOLEIL, LA LUMIÈRE ET TOUT CE QUI S'ENSUIT. QUANT AUX CHOSES NON NÉCESSAIRES À LA VIE, ELLES LES A RENDU DIFFICILES À SE PROCURER, AFIN QUE LES CHOSES QU'ON RECHERCHE À TORT, MANQUENT À CETTE VIE, COMME LES PIERRES PRÉCIEUSES ET LES MINÉRAUX SUR LESQUELS NOUS DISSERTERONS PLUS TARD. ET D'ABORD

NOUS FERONS L'HISTOIRE DES MINÉRAUX QUI SONT DANS LA TERRE, SOUS LA CONDUITE ET L'INFLUENCE DE DIEU.

Printed in France by Amazon
Brétigny-sur-Orge, FR